找回时间:
时间与公共政策制定研究

堵琴囡 著

复旦大学出版社

国家社科基金后期资助项目
出版说明

  后期资助项目是国家社科基金设立的一类重要项目,旨在鼓励广大社科研究者潜心治学,支持基础研究多出优秀成果。它是经过严格评审,从接近完成的科研成果中遴选立项的。为扩大后期资助项目的影响,更好地推动学术发展,促进成果转化,全国哲学社会科学工作办公室按照"统一设计、统一标识、统一版式、形成系列"的总体要求,组织出版国家社科基金后期资助项目成果。

全国哲学社会科学工作办公室

时间性议题、时间维度与当代公共政策理论研究的进展

唐贤兴

在过去十多年里,时间问题作为一个"新"的研究议题日益受到公共政策研究者的重视。公共政策在相当程度上是一个时间现象或问题。[①] 在任何一种政策情景中,时间(temporal)和空间(spatial)因素始终对公共政策构成了制约。打造公共政策意涵的初始资源、贯彻其实践的根本因素、续展其要旨的基础义项、衡量其目标的关键尺度,都包含着时间。[②] 仔细研读文献可以发现,属于时间范畴的一些概念或现象,并不是新近才引起学术界的兴趣。时间因素几乎无处不在,遍布于政治科学、公共行政和公共政策的研究文献,比如,学者们在研究立法行为、比较政治制度和总统政治等问题时,都讨论了时间在政治和政策中的各种影响。[③] 由此,诸如时间或时机(timing)、顺序(sequence)、速度(speed)、持续时间(duration)、时间预算(time budgets)、时间限制(time limits)或时间界限(time horizons)等术语充斥于各种文献之中。

---

① 唐贤兴、堵琴囡:《时间中的公共政策制定:一个概念化的分析框架》,《复旦学报》(社会科学版)2015年第6期。
② 周晓中:《公共政策的"时间"问题》,《中共中央党校学报》2012年第2期。
③ See E. Scott Adler and John D. Wilkerson, *Congress and the Politics of Problem Solving*, Cambridge University Press, 2012; Alessandra Bonfiglioli and Gino Gancia, "Uncertainty, Electoral Incentives and Political Myopia", *The Economic Journal*, 2013, 123(568); Janet M. Box-Steffensmeier and Bradford S. Jones, "Time is of the Essence: Event History Models in Political Science", *American Journal of Political Science*, 1997, 41(4); Klaus H. Goetz and Jan-Hinrik Meyer-Sahling, "Political Time in the EU: Dimensions, Perspectives, Theories", *Journal of European Public Policy*, 2009, 16(2); Matthew Soberg Shugart, "The Electoral Cycle and Institutional Sources of Divided Presidential Government", *American Political Science Review*, 1995, 89(2); Alan M. Jacobs, *Governing for the Long Term: Democracy and the Politics of Investment*, Cambridge University Press, 2011.

早期研究文献中"政策生命周期"[①]和"政策周期"[②]这样的术语或分析框架,既表明公共政策总是在时间的长河中变迁,也早已提醒人们应该把时间因素带入政策分析中来。在这个传统的阶段论分析框架里,公共政策过程被隐含或明确地解释为一个有着生命周期的过程。[③] 至于这个过程或周期的时间之长短,没有定规,在不同的政治体系下是有差异的。根据很多研究者的认识,政策过程通常情况下需要10年甚至20年至40年的时间,否则人们无法认识公共政策复杂的原因及其结果。[④] 显然,时间因素会加剧公共政策及其过程的复杂性,因为周期越长的政策过程,其不确定性和复杂性程度一般会更大,因此存在或产生"夜长梦多"的风险或成本。而政策周期越短,甚至人为缩短政策过程,则经常会带来"欲速则不达"的后果。早些年我曾关注过公共政策"短期化"行为[⑤],注意到了现实中的很多政策是在时间压力和发展压力下匆匆忙忙地制定出来的。很多研究文献强调了时间是决策中独一无二的稀缺资源,但是,在经验世界中,并不是所有的决策者都能够很好地认识并利用好这一稀缺资源。为研习公共行政和公共政策的学生与学者所熟知的"垃圾桶模型"[⑥]和"多源流"分析框架[⑦],对决策机会源流(choice opportunities stream)和政策之窗(policy window)等时间因素进行了详细的阐述,它们强调了时间因素在决策中的重要性,并告诫政策制定者需要审慎和巧妙地把握决策时机。

[①] See Harold Dwight Lasswell, *The Decision Process: Seven Categories of Functional Analysis*, University of Maryland Press, 1956.

[②] See Charles O. Jones, *An Introduction to the Study of Public Policy*, Brooks/Cole Publishing Company, 1984.

[③] 政策过程或政策生命周期一般是指从发现问题到决策到实施政策和政策影响评估,再到政策的终结这样一个循环所需要的最短期限。参见 Michael Kirst and Richard Jung, "The Utility of a Longitudinal Approach in Assessing Implementation", in Walter Williams, ed., *Studying Implementation*, Chatham House, 1982; Paul A. Sabatier and Hank C. Jenkins-Smith, *Policy Change and Learning: An Advocacy Coalition Approach*, Westview Press, 1993。

[④] See Martha Dertick and Paul Quirk, *The Politics of Deregulation*, Brookings Institution, 1985; Frank R. Baumgartner and Bryan D. Jones, *Agendas and Instability in American Politics*, University of Chicago Press, 1993; Marc Allen Eisner, *Regulatory Politics in Transition*, Johns Hopkins University Press, 1993.

[⑤] 唐贤兴、唐豫鹏:《社会转型时期的公共政策:走出短期化的诱惑》,《理论学习月刊》1997年第2期。

[⑥] Michael D. Cohen, James G. March and Johan P. Olsen, "A Garbage Can Model of Organization Choice", *Administrative Science Quarterly*, 1972, 17(1).

[⑦] See John W. Kingdom, *Agendas, Alternatives, and Public Policies*, 2d ed., Harprt Collins, 1995.

尽管时间问题作为一个研究主题一直以来为政治科学、公共行政和公共政策理论的研究者所关注，但是，总体来说，有关的思考和研究并不能令人满意。

首先，那些涉及时间议题的研究文献，通常只是以含蓄的或隐含的（implicit）方式来思考时间性问题。[①] 我认为，就连那些具有影响力的政策分析模型，也没有将时间看作影响政策过程的一个"明确因素"（an explicit factor）而纳入分析。政策时间（timing of policy）应该被视为整个政策过程的有机组成部分，毕竟，政策都是为政府所明确选择的。然而，公共政策的理论研究和应用分析不但都忽视了政策制定（formation）的时间维度，而且正如一些研究者所批评的，很多人只是简单地将时间维度视为政策制定过程的一个外生性（exogenous）因素或事件。[②] 忽视时间的重要性，或者仅把时间看作一个隐含的、外在的变量，使得有关的政治、行政和政策的理论研究，无法对时间问题和时间影响作出很好的阐释。

其次，相比较而言，在过去的几十年里，公共行政和公共政策对政治生活和政府过程的研究，更多地聚焦于共时性（synchronic）而非历时性（diachronic）要素。学术界对空间以及与此相关的问题已经作出了很好的阐述和解释，并在认识论和方法论上取得了很大进展，比如，跨国或跨部门的比较研究、府际关系理论、政策网络理论、整体性治理理论，等等。与此形成对照，对历时性因素的阐述和探讨，却并没有成为学界的重点或焦点。公共政策的制定、实施及其结果与影响有不同的时间跨度。[③] 有些政治和政策行为是短期性的，比如针对预算周期和选举周期内的问题而作出的选择，但它们很有可能会产生长远的影响（无论是有益的还是有害的）。而有些决策行为是致力于追求长远利益的，其决策和实施的时间跨度会超过几十年乃至更长时间，决策者和民众尽管不一定在眼下就能看得到预期目标，但决策者确实依然在对这类问题采取行动。在理查德·巴克（Richard Barke）和克

[①] Mark Elchardus, "The Rediscovery of Chronos: The New Role of Time in Sociological Theory", *International Sociology*, 1988, 3(1); Helga Nowotny, "Time and Social Theory: Towards a Social Theory of Time", *Time & Society*, 1992, 1(3).

[②] Klaus Mittenzwei, David S. Bullock and Klaus Salhofer, "Towards a Theory of Policy Timing", *The Australian Journal of Agricultural and Resource Economics*, 2012, 56(4).

[③] 巴克和格利很有趣地将时间跨度分为"眼前时间"（near time）、"中等时间"（medium time）、"深度时间"（deep time），认为这三种时间的跨度是不一样的，他们以此描述和解释了不同时间跨度下的政治和政策行为。参见 Richard Barke and Kristie Champlin Gurley, "Public Policy Models in Deep Time", paper presented at the Annual Meeting of the Midwest Political Science Association, April 11-14, 2013, Chicago, Illinois。

里斯汀·格利(Kristie Gurley)看来,大多数政策理论和分析模型只研究了有限时间跨度内的政策行为,并没有将时间跨度和长期时间效应当作一个明确的变量,因此往往无法抓住时间因素对政策结果可能产生的明确影响。① 这是共时性研究视角的局限。在我看来,时间性因素往往比共时性因素更为复杂。许多在眼前产生的政策问题会随着时间的推移而复杂化,任何共时性因素都是由历时性因素的变迁而累积形成的结果。有关行政和决策的理论研究对时间问题作出的考察,不仅在很大程度上是以非历史的(ahistorical)或非时间的(atemporal)方式或路径作出的分析,而且也缺乏系统的处理时间问题的方法论。②

总之,到目前为止,学术界还远没有很好地建立起有关时间和时间影响的系统分析框架。③ 当然,这种情形并非一直没有得到改变,相反,学术界在几个重要的方面取得了一些进展。我将通过对几个重要文献的评述来介绍这些进展。

其中一个重要进展是系统地把时间带回政治研究,也就是要把政治放在时间语境下进行考察。这方面最杰出的研究文献是美国政治科学家保罗·皮尔逊的《时间中的政治》(*Politics in Time*)一书。④ 在这部运用社会学视角来透视政治现象的里程碑著作中,皮尔逊推动了政治学(更一般地说,是社会科学)方法论的转向。社会科学研究从来不曾缺乏历史取向的路径或方法,但是,过往(past)基本上是充当经验材料的源头,而不是当代社会科学家严肃考察政治如何随时间而发生的动力。结果,学术界对社会过程和政治过程的时间界限只给予了有限的关注。皮尔逊对政治学研究中的这种日益严重的"去语境化"(decontextualization)提出了批评,按照克里斯托弗·波利特(Christopher Pollitt)的理解和评价,"去语境化"的一个主要

---

① Richard Barke and Kristie Champlin Gurley, "Public Policy Models in Deep Time", paper presented at the Annual Meeting of the Midwest Political Science Association, April 11-14, 2013, Chicago, Illinois.
② Michael Howlett and Klaus H. Goetz, "Introduction: Time, Temporality and Timescapes in Administration and Policy", *International Review of Administrative Sciences*, 2014, 80(3).
③ Diane Stone, "Learning Lessons and Transferring Policy Across Time, Space and Disciplines", *Politics*, 1999, 19(1); Kathleen Thelen, "Timing and Temporality in the Analysis of Institutional Evolution and Change", *Studies in American Political Development*, 2000, 14(1).
④ See Paul Pierson, *Politics in Time: History, Institutions, and Social Analysis*, Princeton University Press, 2004.该书的中文版参见[美]保罗·皮尔逊:《时间中的政治:历史、制度与社会分析》,黎汉基、黄佩璇译,江苏人民出版社2014年版。

形式是理论上明确缺失对时间的重视。① 在评述理性选择理论和历史制度主义等研究框架的基础上,皮尔逊建构了一个用以解释社会过程和政治过程中的时间性议题的分析框架②,即:路径依赖(path dependence)、时机与次序问题(issues of timing and sequence)、"缓慢行进"过程的重要性和独特性(significance and distinctiveness of "slow-moving" processes),以及制度起源和变迁问题(problems of institutional origins and change)。

尽管皮尔逊的分析框架提醒了社会科学家需要着眼于社会和政治过程如何在长时段(extended periods of time)显现,但是,他并没有注意到一般的管理学理论、公共管理理论、公共政策理论等领域中同样存在着严重的"去语境化"问题。在这些研究领域,学者们普遍没有将他们的思想、观点和主张置于特定的历史或文化情景中。把时间因素系统地带入公共管理和公共政策研究中来的,主要是克里斯托弗·波利特的贡献。波利特在他的《时间、政策与管理》(*Time*, *Policy*, *Management*)一书中,看到了学术界普遍忽视时间维度而产生的严重后果,强调要重新把时间(time)和过往(past)置于公共行政、公共政策研究的中心。③ 的确,在我们看来,每一个管理和政策问题都存在时间维度,而有意识地解决问题的方法却不容易找到,除非我们能对过往和时间的影响及其对未来所形成的制约作出明确和认真的分析。时间维度是极端重要的,累积、沉淀和继承下来的各种设置、法律形式、政治关系、管理体系乃至态度和文化规范,都会对现在和未来形成某种规定和制约。我们无法抛弃历史和过往,而必须承认它们,并与之对话与和解;未来也不是可以催促前进的。正因为如此,波利特对那种排斥过往与历史、只聚焦于现在和未来的公共行政和公共政策研究提出了严肃的批评,认为这种研究路径导致了学术研究的贫困化和政策与管理实践的幼稚化。④

在公共政策和管理研究中实现过往、历史和时间的"复兴",并把时间过程的特性当作政治-政策-管理过程的基本要素方面,波利特的研究走出了很重要的第一步。但这只是一个起点。在建构时间与公共政策的关系和逻辑方面,尚有大量的领域和议题需要去充实和完善。下面,我想花一点笔墨和时间来简要述评一下公共政策理论中关于时间研究的第三个进展。

---

① Paul Pierson, *Politics in Time: History, Institutions, and Social Analysis*, Princeton University Press, 2004, p.7.
② Ibid., p.9.
③ See Christopher Pollitt, *Time, Policy, Management: Governing with the Past*, Oxford University Press, 2008.
④ Ibid., p.29.

第三个进展是更为精细化和概念化框架的建构。这个贡献和进展不是来自某个单一的研究文献,而是由《国际行政科学评论》(International Review of Administrative Sciences,IRAS)2014年第3期上的一组专题论文完成的。由5篇论文组成的这期专刊,循着波利特的足迹检验了政治、公共行政和公共政策中的时间性(temporality)和时间变量(temporal variables),试图就时间与政治、政府、行政和公共政策的关系建立一个更一般的概念化、方法论和认识论框架。首先,这个框架是建立在借用和解释三个传统的关键概念的基础之上的,它们分别是"政治时间"(political time)、"时间性"(temporality)或"历史时间"(historical time)、"时间景象"(timescapes)。[①]其次,作者们探究了时间的不同方面以及它们如何影响政府行为和公共政策。由此,他们提出和使用了与行政和决策相关的一系列时间术语,比如,持续时间、同步性、时间压力、时间游戏、时间限制,等等。再次,时间作为一种制度与资源的作用被作者们整合到分析框架之中。在这里,政治时间被制度化了,它既被理解为政治决策中约束行为体的一种制度,同时也被看作行为体的一种资源。这个分析框架试图通过时间规则(time rule)和时间规制(temporal regularities)来建构以时间为中心的制度设置(time-centric institutional setting)与政策制定的动力之间的关联。最后,这个一般性的概念化框架没有从矫正共时性研究中走向极端,而是试图结合历时-历史的(diachronic-historical)视角和共时性视角来探讨时间中的公共政策。为此,作者们仔细地讨论了时间景象的客观和主观构造,以及有关时间景象的概念可以如何被操作化。

通过上述对公共政策理论关于时间性议题的研究进展的回顾和总结,我们可以发现,关于时间性议题的研究是如此地充满魅力,以至于不少研究

[①] 其中,"政治时间"是斯科夫罗内克(Skowronek)讨论美国总统制的核心概念,指的是某种政治和政策现象的特定历史-时间位置(historical-temporal location),参见 Stephen Skowronek, *The Politics Presidents Make: Leadership from John Adams to George Bush*, Belknap Press of Harvard University Press, 1993; Stephen Skowronek, *Presidential Leadership in Political Time: Reprise and Reappraisal*, University Press of Kansas, 2008。戈茨(Goetz)和梅伊-塞林(Mayer-Sahling)认为"时间性"或"历史时间"的概念能更好地理解特定时间位置内存在和运作的政治-政策特征,参见 Klaus H. Goetz and Jan-Hinrik Meyer-Sahling, "Political Time in the EU: Dimensions, Perspectives, Theories", *Journal of European Public Policy*, 2009, 16(2)。由社会学家巴巴拉·亚当(Barbara Adam)提出的"时间景象"概念被定义为"一组时间性的特征",这是一个更宽泛的包括了政治时间和历史时间的概念,参见 Barbara Adam, *Timescapes of Modernity: The Environment and Invisible Hazards*, Routledge, 1998; Barbara Adam, *Time*, Polity Press, 2004。

者将它视为一座研究宝库。在此,我很高兴向各位读者推荐堵琴囡的著作《找回时间:时间与公共政策制定研究》,并就该著作的写作背景和内容再写上一些文字。

堵琴囡是我2013级的公共政策专业博士生。从她进入复旦大学的这一年开始,我与她就共同确定了时间与公共政策这个研究主题。因为那时候,我们已经读到了皮尔逊的《时间中的政治》和波利特的《时间、政策与管理》这两本著作的英文版。受他们的启发和影响,同时我们也发现数量颇多的公共政策研究文献高度碎片化地阐述过有关时间性问题,这让当时的我们有些许的兴奋,并立即定下了这个主题,试图系统地关注时间与公共政策问题,并希望能从一般性的意义上对它进行概念化分析。尽管在此之前的十多年里我在给研究生和MPA学生讲授"公共政策分析"这门课程时,一直强调要把时间因素当作公共政策分析中的一个关键主题和内容,来分析政策过程所遭遇的制约和动力,但我本人因各种原因并没有去做深入细致的探讨。我很高兴堵琴囡向我表达了她对这个挑战性工作的强烈兴趣,于是便有了我们两周一次的不断讨论。那是一段至少对我来说是十分美好的探索之旅,我想,对堵琴囡来说可能也是一样的感受。后来,我与她合作的两篇研究论文分别发表在《复旦学报》和《公共行政评论》上,就是这种探索的一个阶段性成果。

经过三年的努力,堵琴囡完成了她的博士学位论文,并在此后不久获得了国家社科基金后期资助项目的支持。经过一些修改,形成了这部正式出版的著作。我在此对这本著作作出评价时,不想吝啬我的赞许之词——尽管这部著作因以大量理论文献为基础而不能被称为开创性的著作,但它所建构的分析框架既具有新颖性,又具有相当的解释力,至少在国内学术界(我把它缩小到国内公共政策学界),它算得上是一个具有挑战性的研究探索。当然,我愿意把这样的评价看作对一个青年学者的肯定和鼓励。

在公共政策的各个方面和它的整个过程中,到处是一个时间问题。堵琴囡的研究没有去做好高骛远的努力,而是把研究聚焦于政策制定中的时间议题。这一聚焦是必要的,有利于分析框架能够较顺利地建构。在本书中,关于时间与公共政策制定的概念化框架由三个维度构成:认知维度的时间观念、制度维度的时间规则和行动维度的时间策略。这三个维度很好地涵盖了公共政策制定过程中的时间含义和意义。对于政治和政策过程中的各个行为体(actors),尤其是决策者来说,他们对时间的认知,比如,时间是什么,时间对公共政策意味着什么,所要解决的政策问题是什么,时间跨度和时间里的问题,等等,不只是决策者对决策条件的认识,更是决策内容的一个内在要素。更进一步,决策者总是在特定的情景和场域里来作出决策与选择的,他们的角色和行动都是被高度地制度化和结构化的,其中,时间规则(正式的和非正式的)就是这样一种制度化维度。通过时间规则,决策者的授权和任期长度得到确立,决策者可以决定何时(timing)、以什么次序(sequence)、多快(speed)和多久(duration)可以采取行动。决策者必须遵守和适应时间规则,当然他们也会有打破或调整时间规则的可能性和空间。从逻辑上来说,决策者的行动策略显然受制于其时间观念和其所处的时间规则。时间策略包含决策者对时间资源的有效运用,对决策时效和时滞的合理预期和正确判断,对决策节奏的有效控制,对决策动力机制的适时构建和运用,等等。总之,公共政策的制定大体上是在这三个时间维度下完成的。

诚然,三个维度的分析框架依然是一种简约化的努力,但这种努力是方法论上的一个贡献。从写作意图上来看,作者试图综合或调和现有的各种公共政策过程理论和模型中的时间要素。这可以从她非常细致和系统的文献回顾和梳理工作中管窥到这一企图。我在前面评论过,既有的各种文献及其所体现的分析框架对时间因素的理解是碎片化的,尚未把时间性问题作为公共政策的一个内生变量和要素来形成整合的、一般性的理论框架。我不敢确定现在是不是到了建立综合理论模型的时候,也不敢确定作者本身是否具有了充分的能力来作出这个努力。但是我看到,作者的目的并不是批评这些理论模型,而是想从它们那里获得信息、灵感和方法。一方面,已有的各种分析模型,它们每一个都为我们理解复杂的政治和政策过程提供了极大的帮助,为分析公共政策过程中的时间问题提供了"单一透镜"(a single lens)。另一方面,如果试图要将这些理论整合起来,那么理论的集合能否提供一个集体透镜(a collective lens),以便能有意识或无意识地将所提出的问题、所研究的概念、所运用的测量方法和被检验的假设结合起来,这显然超出了作者的能力和她这本书的研究范围。因此,我们从她建构的分析框架中能够看到的是,从时间性维度来反思公共政策研究是一项挑战性工作,就像实践部门那样如果忽视时间规定性的话,公共政策及其过程将遭遇一系列特殊的挑战。

建构分析模型是困难的,同时,如何检验该框架的解释力和适用性,也同样是一件困难的工作。在本书中,作者采用了多案例和跨案例的方法,来检验其分析框架的解释力。我们看到,作者对每一个维度的分层和分类工作,做得很认真和细致;与此同时,为验证每个分析维度的解释力,作者选取了我认为是比较恰当的多个案例。这些案例的绝大多数都来自中国的公共政策实践,且多为人们所了解。有些案例反映了公共政策实践的成功,而有些则不是,它们或多或少体现了某种程度的政策失败。也许,多国的或跨国的政策案例的比较是必要的,但这会给建构和验证分析框架的工作增加难度。我认为,通过堵琴囡的这本著作,中国的公共行政和公共政策工作可以从中受到启发,知道如何能够从对时间、时间性和时间景象的系统关注和重视中获益。考虑到国内学术界鲜有对时间与公共政策的系统关注,我认为针对这一议题的中国案例的分析,是理论研究本土化的一个尝试。当然,这只是作者跨出的很小的一步,但是它十分重要。

目录
Contents

第一章 导论 ·· 1
  一、研究背景 ·· 1
  二、研究对象与研究意义 ·· 5
    （一）研究对象 ·· 5
    （二）研究意义 ·· 6
  三、研究方法与全书结构安排 ··· 8
    （一）研究方法 ·· 8
    （二）全书结构安排 ··· 9

第二章 时间与公共政策概述 ·· 11
  一、公共政策研究中的时间：基础性概念 ··························· 11
  二、公共政策时间研究的理论脉络和知识谱系 ····················· 12
    （一）语境论：作为一种场景或坐标的时间 ······················ 13
    （二）现象论：作为政策特征与现象的时间 ······················ 15
    （三）结构论：作为结构性影响力的时间 ·························· 17
    （四）资源论：作为制度化水平与行动资源的时间 ············ 19
  三、时间与公共政策：研究议题和视角 ······························· 21
    （一）时间影响力：时间如何作用于公共政策 ·················· 21
    （二）时间发生学：政策过程时间特征及其塑造因素 ········ 25
  四、政策过程理论与分析框架中的时间研究 ······················· 30
    （一）政策周期理论（阶段论） ·· 30
    （二）渐进决策模型 ··· 31
    （三）多源流分析框架 ·· 32
    （四）间断均衡理论 ··· 34
    （五）倡议联盟框架 ··· 34
  五、小结：找回时间 ·· 36

第三章　公共政策制定中的时间：一个概念化的分析框架 …… 38
一、理解时间的视角：政策制定主体 …… 38
二、时间的三个分析维度 …… 41
  （一）认知层面：时间观念 …… 41
  （二）制度层面：时间规则 …… 45
  （三）行动层面：时间策略 …… 48
  （四）三个时间分析维度之间的关系 …… 51
三、时间与政策制定研究的一个新分析框架 …… 52
  （一）概念化分析框架的具体内容 …… 52
  （二）概念化分析框架与政策过程分析框架的比较 …… 56
四、小结：再认识时间与公共政策制定 …… 58

第四章　时间观念与公共政策制定的塑造 …… 59
一、政策制定主体拥有的时间观念：主要类型与表现形式 …… 60
  （一）失忆型：忽视过去 …… 62
  （二）陀螺型：延续过去 …… 66
  （三）求诊型：只顾当下 …… 69
  （四）树木型：兼顾过去、当下与未来 …… 72
二、影响政策制定主体时间观念形成的主要因素 …… 75
  （一）政策特征 …… 76
  （二）任期制度 …… 79
  （三）绩效考核与问责制度 …… 82
  （四）决策结构 …… 84
  （五）政府组织结构 …… 87
  （六）权力监督约束机制 …… 89
三、时间观念与公共政策制定的因果联系 …… 92
  （一）公共政策产生和发展于过去、现在、未来的时间之中 …… 93
  （二）政策问题、政策目标、政策方案、政策制定过程等具有时间结构 …… 94
  （三）政策制定主体经常面对成本与收益跨时期分配的政策制定 …… 96
  （四）政策制定主体通过特定时间观念为自身提供合法性和正当性的证明 …… 98

四、时间观念对公共政策制定的塑造：案例分析 …………… 100
　　　　（一）忽视过去的时间观念与政策冲突 ………………… 100
　　　　（二）忽视过去的时间观念与政策搁置 ………………… 102
　　　　（三）延续过去的时间观念与政策滞后 ………………… 104
　　　　（四）延续过去的时间观念与政策连续 ………………… 108
　　　　（五）只顾当下的时间观念与政策朝令夕改 …………… 110
　　　　（六）兼顾过去、当下与未来的时间观念与政策长远性 …… 113
　　五、小结：从时间观念考察公共政策制定 ………………… 117

第五章　时间规则与公共政策制定的约束 …………………… 120
　　一、时间规则的类型与具体形态 …………………………… 121
　　　　（一）来自社会层面的时间规则 ………………………… 122
　　　　（二）来自政治层面的时间规则 ………………………… 127
　　　　（三）来自行政层面的时间规则 ………………………… 129
　　二、时间规则约束公共政策制定的主要方式 ……………… 135
　　　　（一）以时序效应和时刻的情景效应影响政策制定主体的
　　　　　　　权力 ……………………………………………… 137
　　　　（二）以时段效应和速度效应影响政策制定过程 ……… 142
　　　　（三）以关键时刻的触发效应影响政策要素的选择 …… 150
　　　　（四）以时序效应和时刻效应影响政策制定主体之间的
　　　　　　　互动 ……………………………………………… 154
　　三、时间规则的建设：中国决策程序发展的分析 ………… 158
　　　　（一）作为一种时间规则的决策程序 …………………… 158
　　　　（二）中国决策程序的建设和发展历程 ………………… 161
　　　　（三）决策程序发展过程中公共政策制定的优化 ……… 166
　　　　（四）时间规则建设的基本特征和表现 ………………… 170
　　四、多重时间规则的约束：互联网信息搜索服务监管政策的
　　　　分析 ……………………………………………………… 172
　　　　（一）案例介绍 …………………………………………… 172
　　　　（二）多重时间规则及具体表现 ………………………… 173
　　　　（三）不同时间规则对政策制定的影响与制定表现 …… 177
　　　　（四）多重时间规则下的政策制定特征 ………………… 181
　　五、时间规则的遵从：中国地方政府邻避项目决策的分析 …… 184
　　　　（一）地方政府邻避项目决策应遵从的时间规则 ……… 185

（二）地方政府对于时间规则的遵从表现 …………………… 187
　　（三）地方政府遵从时间规则的现象 ………………………… 190
　六、小结：从时间规则审视公共政策制定 ………………………… 193

第六章　时间策略与公共政策制定的选择 …………………………… 196
　一、政策制定主体运用的时间策略清单 …………………………… 199
　二、政策制定主体运用时间策略的动力因素 ……………………… 209
　　（一）公共政策制定的时机性特征 …………………………… 209
　　（二）公共政策的时效性特征 ………………………………… 213
　　（三）政策制定主体面临时间规则的约束 …………………… 215
　　（四）社会主体对政府回应的时间需求 ……………………… 218
　三、政策制定主体运用时间策略产生的影响 ……………………… 223
　　（一）时间策略的运用与政策制定过程的节奏 ……………… 224
　　（二）时间策略的运用影响公共政策的绩效 ………………… 228
　　（三）时间策略的运用影响公共政策的合法性 ……………… 235
　四、时间策略的运用：深圳市小汽车限购政策制定的分析 ……… 239
　　（一）深圳市政府决策者运用时间策略的过程分析 ………… 239
　　（二）深圳市政府决策者运用时间策略的动力因素 ………… 242
　　（三）时间策略运用对小汽车限购政策的影响 ……………… 244
　　（四）地方政策制定中时间策略运用的启示 ………………… 246
　五、时间策略的常态化：中国规范性文件明确有效期的分析 …… 247
　　（一）作为时间策略的"明确规范性文件有效期" …………… 248
　　（二）中国规范性文件有效期制度的提出与发展 …………… 251
　　（三）明确有效期的运用对规范性文件带来的影响 ………… 253
　　（四）公共政策制定中时间策略常态化现象 ………………… 257
　六、小结：从时间策略理解公共政策制定 ………………………… 260

第七章　结语：让公共政策制定中的时间运转起来 ………………… 263
　一、主要结论 ………………………………………………………… 263
　二、公共政策制定的时间基础：一些行动建议 …………………… 268
　三、有待进一步研究的问题 ………………………………………… 271

主要参考文献 …………………………………………………………… 273
后记 ……………………………………………………………………… 287

第一章 导 论

一、研 究 背 景

公共政策是推动国家发展和治理现代化的重要力量。政策制定是公共政策过程的首要环节,影响和决定着政策执行、政策评估、政策监管等其他政策环节的质量和走向。对公共政策制定的研究不仅成为公共管理学和政治学等学科的研究重点,而且公共政策制定以其实践的复杂性和多样化成为一个非常引人入胜的研究领域。现有的研究文献已经从过程、制度、结构、行动者等多个角度对公共政策制定作出了深入而细致的剖析。有一个因素与公共政策制定紧密相关,并以其丰富的形态相伴于政策制定的实践过程中,那就是时间。

所有的政策制定都在时空之中进行,整个政策过程始终贯穿着时间因素。打造公共政策意涵的初始资源、贯穿其实践的根本因素、续展其要旨的基础义项、衡量其目标的关键尺度,都包含着时间。[①] 政策利益诉求的表达、政治权力的运用、公民权利的行使、公共价值的分配,这些政策制定过程所包含的关键环节,都是以公共政策的时间存在为转移,也依托时间的公共政策平台而存在。政策制定的动力、情景、行为表现和政策内容的安排等均产生和发展于时间之中。可以认为,以上这些要素都是关于时间的函数。政策制定的意义、内涵和过程都存在时间边界,时间边界又对政策制定的意涵打造进行了某种限定。

作为政策制定主体,他们需要去思考如何从时间上安排好各个阶段环节,时间管理理所当然地成为他们的任务之一。具体包括:政策制定整个过程的时间节奏与各阶段环节的时间花费;政策问题的时间特征的识别;政策制定的时机选择;政策方案的可持续性安排;备选政策方案或政策工具在

---

① 周晓中:《公共政策的"时间"问题》,《中共中央党校学报》2012年第2期。

时间特征方面的比较和选择；决策快慢的计划；政策制定各个阶段环节的时序安排等诸多方面。

时间遍及人类活动，深深地嵌入社会构成中。政策主体无法回避时间对他们的认知和行动上的约束与限制。同时，他们也总想方设法地去逃脱时间、遵照时间、利用时间，以便实现他们的各种目的。这样的案例可以说不胜枚举。1962年，古巴导弹危机为美国的外交政策制定带来了时间压力，在一定程度上限制了总统仔细斟酌和收集信息所需的时间。欧盟扩大化后，成员国数量增多，欧盟委员会的政策制定为此面临政策同步化、政策协调等时间统一性难题。在中国，政府建设的速度与经济、技术发展速度之间的时间紧张性常常被看成一些地方政府出现政策制定阻滞，甚至是政策失败的原因所在。当然，作为具有能动性的政策主体来说，他们常常会以多种方式去运用时间。为了应对欧盟扩大化给欧盟委员会政策制定带来的时间统一性难题，欧盟委员会作出了任期调整、时间截止点、路线图、计划表等时间性行为。在美国，政策议程设置者往往将公共交通议案和公路议案安排在同一个更新周期。利用这样的时间安排，两个议案相互捧场从而共同进入政府议程。当政策制定涉及一些重大事项时，为了提高公共政策的科学性和合法性，专家论证和公众参与经常成为最终决策的前置程序。至于"运动式治理"的现象，比如，在某一特定时间出台"严打""扫黄打黑"等措施，以此来获得一些短期绩效，则存在于很多地方的政策过程中。[①]

时间，在某种程度上成为一种推动力量，为公共政策的制定打开政策窗口，提供良机。《城市生活无着的流浪乞讨人员救助管理办法》与《国有土地上房屋征收与补偿条例》是这方面的典型例子。孙志刚事件引起了新闻媒体和公众的广泛关注，3位法学博士上书全国人民代表大会常务委员会法制工作委员会，要求对《城市流浪乞讨人员收容遣送办法》进行违宪审查，《城市生活无着的流浪乞讨人员救助管理办法》在两个月时间内出台。唐福珍自焚事件发生前，虽然各地已经发生过多起拆迁暴力冲突事件，但是直到这一事件的发生，有关《城市房屋拆迁管理条例》的修改工作才进入政府议程。2011年1月，《国有土地上房屋征收与补偿条例》颁布实施。

在评估政策制定的成功或失败、分析政策制定的趋同或差异现象时，时间因素同样会受到政策主体的关注。中国的房地产市场调控政策经过了"从紧—宽松—再从紧—再宽松"的周期性变化，正是这种政策变化的时间

[①] 唐贤兴、堵琴囡:《时间中的公共政策制定：一个概念化的分析框架》,《复旦学报》(社会科学版)2015年第6期。

特征,为人们评估房地产调控政策的成败提供了依据。① 另外,时间同样为研究者提供了开展比较公共政策分析的有益视角。当把各国的医疗保健政策视为一个正在进行的历史过程时,私人保险计划、公共保险方案、国民健康保险三个政策的时序安排成为一些国家医疗保健政策路径差异化发展的原因。由于先前的养老金政策造成了利益代表结构的差异,英国和美国在制定紧缩政策过程中所面临的困难程度迥然不同。较之美国,英国相对更加容易制定并实施紧缩政策。

政策制定呈现的时间现象为研究者们打开了认识与分析公共政策的新窗口。当发现公共政策呈现周期性变动时,研究者们才能打破政策认识的局限性,把公共政策与更大的环境、更多的行动结构联系起来,依据更大的视野看待公共政策。正是查尔斯·E.林德布洛姆(Charles E.Lindblom)发现了决策的渐进性表现,决策分析才能突破传统的理性分析,将"决策过程理解为政治过程,而不把它认为是知识分析的过程"。② 同样因为叶海卡·德罗尔(Yehezkel Dror)揭示了逆境的特殊意义,一套适用于逆境之中的政策制定原则与方法才得以形成。

社会正迈向以复杂性和不确定性为主要特征的后工业社会,伴随而来的是时间变化。时间越加交叉重叠和具有不确定性,因信息技术发展而被缩短的时空距离,赋予了个体同时性的时间感,时间也在不断地被社会成员所建构。时间的这些特征和变化都使得它逐渐成为政策制定主体的考虑关键与策略选择。在中国,绝大多数的政府工作报告都会提出,未来一年政府所面临的时间特点。比如,社会转型时期、互联网时代、复杂社会、大数据时代。而未来一年的政策规划也将围绕这些时间的考虑而进行。如果政策制定主体没有对时间的意义予以足够重视,甚至忽视时间要素,则政策失败、政策不协调等情况便难以避免。③ 一些环境政策没有考虑污染活动的成本持续时间长于收益、政策收益滞后十年或更久这两个时间特征,导致环境政策在技术选择上的错误。例如,深圳市以突击式、运动式的方式制定《深圳市人民政府关于实行小汽车增量调控管理的通告》,导致该政策的合法性遭到了广泛质疑。

---

① 唐贤兴、堵琴囡:《时间中的公共政策制定:一个概念化的分析框架》,《复旦学报》(社会科学版)2015年第6期。
② [韩]吴锡泓、金荣枰:《政策学的主要理论》,金东日译,复旦大学出版社2005年版,第4页。
③ 唐贤兴、堵琴囡:《时间中的公共政策制定:一个概念化的分析框架》,《复旦学报》(社会科学版)2015年第6期。

从国际组织到国家,从国家到地方政府部门,它们的政策实践表明,时间是政策制定中一个普遍且重要的要素,时间与政策制定存在复杂的内在相关性,理论研究有必要重视时间这一要素。实际上,一些学者已然指出理论研究关注时间的重要性。哈罗德·D.拉斯韦尔(Harold D. Lasswell)就曾把时间与政治的研究明确为政治学研究的主要议题之一。[①] 杰伊·沙夫里茨(Jay M. Shafritz)等强调,政策科学是一门对于时间和空间都非常敏感的学问,即它所选择的政策分析模型必须在时间上和空间上加以明确记录。[②] 回顾现有公共政策的时间研究文献,尽管这些研究文献已经积累了丰富的知识,提出了一些观点与理论主张,但是现有研究仍然存在系统性不足、碎片化现象等问题。在时间与公共政策制定内在关系的系统论证与阐述方面,现有理论与分析框架无法为这种努力提供足够有力的支撑。为此,公共政策制定理论研究需要把时间置于公共政策制定的分析中心,建构关于时间与政策制定的一般性分析框架,进而对两者的关系作出系统阐述。在此基础上,为理解公共政策制定提供新的认识和有效的行动建议。

本书的主要核心问题是:在公共政策领域中,时间是个什么样的因素?时间与公共政策制定之间存在何种内在关系?为何在一些时间中,公共政策制定表现出了独有的现象?围绕上述核心问题,本书要探究的具体问题主要如下。

(1)在现有公共政策时间研究文献中,研究分析者们是如何认识政策过程中的时间问题的?关于时间与公共政策、公共政策制定之间内在关系的探讨,已有的进展程度如何,他们已经给出了哪些解释与理论性主张?这些研究存在哪些局限性?

(2)为了补充和丰富现有公共政策时间研究,可以用于系统解释时间与公共政策制定内在关系的分析框架是什么?这一分析框架由哪些部分所构成?这一分析框架与政策过程分析框架在时间研究方面的主要区别是什么?

(3)时间以哪些形态普遍性存在于公共政策领域中?这些时间形态是否会对公共政策制定产生影响?如果会产生影响,这些时间以什么样的影响方式作用于公共政策制定?又会对公共政策制定带来什么样的影响?关于公共政策制定和时间之间影响的分析,在我们审视公共政策制定的过程中能够带来哪些理论启示?

---

① 参见[美]哈德罗·D.拉斯韦尔:《政治学:谁得到什么?何时和如何得到?》,杨昌裕译,商务印书馆1992年版。
② [美]杰伊·M.沙夫里茨、卡伦·S.莱恩、克里斯托弗·P.博里克:《公共政策经典》,彭云望译,北京大学出版社2008年版,第2页。

(4) 基于各种各样的"时间以丰富形态相伴于政策制定过程中"的实践现象而揭示的时间与公共政策制定之间内在关系的相关结论,可以为公共政策实践提供哪些方面的行动建议?

二、研究对象与研究意义

(一) 研究对象

为了更好地诠释这些研究问题与开展此项研究,本书对一些研究对象作出一些限定与说明。

第一,公共政策制定构成本书的核心概念之一。学术界关于政策制定的内涵界定存在着广义与狭义两种理解。一些学者从广义上去界定公共政策制定,认为政策制定就是整个政策过程。在这种界定下,政策执行、政策评估等都属于广义上的政策制定。与此同时,另外一些学者则从狭义上去界定政策制定,他们强调政策制定只是政策过程的起点,它是整个政策过程的首要环节。基于这种理解,政策制定被界定为精英集团将自己的价值观和兴趣喜好自上而下转化的过程;或是一个各种决策力量聚合与斗争的政治过程等。本书从狭义上理解政策制定,认为政策制定是政策过程的第一个环节。与政策执行、政策评估等环节不同,政策制定由问题界定、方案设计与选择、决策、政策合法化等阶段环节所构成,在制定过程中涉及政策制定主体、权力、资源等多种要素。

第二,无论是从词源上理解,还是从一些学科所给出的内涵界定看,时间是个复杂性概念。《牛津高阶英汉双解词典》(第七版)共给出了9种关于"time"(时间)的解释。在哲学学科中,由于时间是构建哲学理论的入口之一,哲学家们提供了"时间性之为领会着存在的此在的存在"[1]等多种解释。其他学科,如物理学、社会学,同样基于各自的学科角度赋予时间更多的内涵。考虑到完全地借鉴其他学科关于时间的界定无法有效体现公共政策的学科属性,而且存在适用性问题。为此,本书没有采取直接对时间作出明确界定的方式,而是通过理论分析框架的构建去明确公共政策领域中的时间。通过这种方式所作出的时间内涵界定,实际上也是对这一研究概念进行了

---

[1] [德]马丁·海德格尔:《存在与时间》(修订译本),陈嘉映、王庆节译,生活·读书·新知三联书店 2014 年版,第 21 页。

必要限定。

第三，本书还涉及一个重要概念——政策制定主体。不同的公共政策分析模型对政策制定主体的范围认定存在差异。理性选择模型将政策制定主体聚焦于政府。精英主义模型认为，政策制定主体局限于为数不多的精英群体。多元主义、团体模型则把利益集团、社会团体纳入政策制定主体行列之中。伴随着政策网络理论的兴起，政策制定主体的范围得到进一步扩大，强调专家、研究机构、大众媒体、社会公众也不同程度地参与政策制定过程。可以认为，政策制定主体随着国家、政策领域、时间的不同而不同。① 然而，需要强调的是，无论政策制定主体范围如何依据具体情境而发生变化，能够确定的是政府始终构成其中的重要主体。另外，从上述提及的主体与政策制定之间关系（核心、中心、边缘）、影响力来看，政府常常处于最核心的位置，并对政策制定产生直接的影响力。基于这些方面的考虑，也为更加准确地诠释研究问题，本书所指的政策制定主体包括政府决策者和其他参与政策制定过程的主体，但主要聚焦于政府决策者。具体而言，在第三章"一个概念化的分析框架"的建构中，研究视角指的是以政府决策者为核心的政策制定主体普遍从认知、制度、行动三个层面去理解时间。在第四章、第五章、第六章的具体内容阐述过程中，所涉及的政策制定主体也主要指向政府决策者。

(二) 研究意义

1. 理论意义

对于公共政策制定而言，各类政策要素及其相互之间的组合关系都是时间的函数，共同围绕着时间而变动。从这一层面讲，本书探讨公共政策制定中的时间问题，有助于更好地把握政策制定过程的动态性。虽然国内外公共政策时间研究的文献已经积累了较为丰富的知识，并且提出了不少关于时间与公共政策的重要命题或理论主张，但是仅将时间作为公共政策的场景、现象、结构、资源。本书通过对大量中国场景下公共政策制定实践现象的总结提炼和分析，提出对于时间与公共政策制定之间关系的认识，应当突破"时间中的政策制定"（policy making in time）、"政策制定的时间表现"（the time of policy making）等现有认知，将时间与公共政策制定关系拓宽为"按照时间进行政策制定"（policy making by time）、"政策制定的时间治

---

① ［美］迈克尔·豪利特、M.拉米什：《公共政策研究：政策循环与政策子系统》，庞诗等译，生活·读书·新知三联书店2006年版，第92页。

理"(policy making with time)。这能够扩大公共政策制定研究中关于时间的既有假定,增进研究者的共同理解和多样化选择。对时间作出三个维度的划分,形成时间观念、时间规则、时间策略三个概念,可以补充公共政策学中时间的概念体系。

本书在现有理论研究的基础上,以时间与公共政策制定内在关系探讨为核心问题,建构时间与公共政策制定的一般性理论分析框架,并在该框架下系统阐述时间与公共政策制定的关联性、时间的影响力、政策制定的时间现象等理论问题,有助于为现有理论研究存在的碎片化与系统性不足提供补充,增进该领域的知识积累,进一步加强对公共政策制定的认知与理解。

本书也能够拓宽公共政策制定理论研究的范围,引导研究者关注"按照时间进行政策制定""政策制定的时间治理"两大主题,政策制定及其各类政策要素的时机、节奏、时序、速度、时间花费,或政策主体的时间观念、时间规则、时间策略等研究议题。与此同时,本书可为理解公共政策制定实践提供一种理论分析工具,有助于政策分析工作。书中通过对时间与公共政策制定内在关系等内容的阐述,揭示了在政策制定实践中"回应时间"等现象,也增进了对公共政策制定的冲突、滞后、搁置、短期化、突击式、"半夜鸡鸣"等政策现象的解释、剖析与预测。

本书收集、整理并运用了朝阳市万商国际城市广场项目政策、河南省烟花爆竹禁止燃放政策、深圳市禁摩限电政策、西安市交通限行管理政策、沁阳市招商引资政策、《校车安全管理条例》、绍兴市被征地农民参加基本养老保险衔接的政策、深圳市小汽车限购政策、互联网信息搜索服务监管政策等大量涉及不同政策领域的公共政策案例,可以为"时间与公共政策制定"议题的研究提供来自中国场景的实证材料,补充现有研究主要以美国、英国、欧盟组织为考察对象的不足,有助于扩大实证论据的范围。

2. 实践意义

尽管时间普遍存在于公共政策领域中,并且影响着政策制定过程,但在当前政策实践中,仍然存在着政策制定主体没有赋予时间足够的重视等问题。一方面,他们在政策制定过程中缺乏适当的时间观念作为引领,也未能充分认识到时序安排、时机、恰当的时间花费等的重要意义,以及从制度层面建构时间能够为他们的政策行为带来的积极效应。另一方面,他们常常会错误地运用、利用、操纵、管理时间。这些不重视时间的表现造成了公共政策绩效低下、公共政策合法性危机等不良结果。

本书的相关研究结论可为有效解剖公共政策制定时间性病理现象提供理论依据,进而改善与解决这些病理现象及其不良后果。同时,基于这些理论分析而提出的一些行动方面的政策建议能够为政策实践提供有效参考，促使政策制定主体给予时间充分的关注，从而提高公共政策绩效与公共政策合法性。

三、研究方法与全书结构安排

（一）研究方法

1. 文献法

在本书中，文献法的运用主要体现在两个方面。

其一，运用文献法获得相关理论知识，为开展本研究奠定必要理论基础。通过对已有研究文献进行系统梳理，形成公共政策时间研究的知识谱系与理论脉络，归纳总结既有研究的主要观点与局限性。同时，在借鉴现有研究文献的概念、理论观点等基础上，建构时间与公共政策制定的一般性分析框架。

其二，研究分析所用的案例主要通过文献法收集而来。具体的方式有网络检索和书报查阅。网络检索主要采用两个方面的渠道。一方面，在Scopus、Web of Science、中国知网等数据库上对国内外与本研究相关的期刊、学位论文、会议论文进行检索与收集。另一方面，在互联网上对新闻报道、政府文件、政府领导人讲话等各种公开资料进行检索，并综合整理。书报查阅主要利用复旦大学图书馆、上海图书馆、浙江省图书馆、浙江理工大学图书馆等进行，除了以相关检索词而查阅到的图书与报刊外，还通过这些图书所附的参考文献、报刊文章所提及的案例信息，以滚雪球的方式扩大图书报刊的范围。

2. 案例分析法

为提高理论分析框架的解释力，并能够系统化地论述时间与公共政策制定之间内在关系，本书的论证同时运用了案例分析法。事实上，国内外公共政策实践过程中的许多例子都凸显了时间因素，并且能够为本书的理论探讨提供佐证。这些案例包括《校车安全管理条例》的颁布实施、国家互联网信息办公室（简称"网信办"）发布《互联网信息搜索服务管理规定》、深圳市出台《深圳市人民政府关于实行小汽车增量调控管理的通告》、美国公路议案与公路交通议案的议程设置、欧盟组织制定《欧洲共同能源政策》、中国地方政府邻避项目决策、《国务院关于印发统筹推进世界一流大学和一流学科建设总体方案的通知》、西安市政府《关于延续新能源汽车推广应用优惠政策的通知》、《永安市 2009 年高中阶段招生工作意见》等多个案例。这些案例主要来自中国、美国、英国、欧盟组织等地的政策制定实践,以来自中国的案例为主。案例中的政府层级涉及国家级、省级、地市级、乡镇级。这些案例所在的政策领域有劳动就业政策、城市建设政策、交通政策、税收优惠政策、高等教育管理政策、医疗卫生政策、互联网信息管理政策、房地产市场调控政策、招商引资政策等。

考虑到案例样本并非大样本,以及各个案例与研究问题之间的关联点存在差异,本书没有对这些案例进行量化处理,而是把这些案例作为支撑理论分析的佐证材料,分散于研究的各部分论述中。在论证过程中,案例分析法的具体运用采取了两种方式。一种是对案例予以详细的描述与展开。如第五章中互联网信息搜索服务管理政策、地方邻避项目决策;第六章中深圳市小汽车限购政策、规范性文件有效期制度等。另一种是进行概括式、简约式的案例分析。如第四章中 38 个案例根据时间观念类型的差异共分为 3 组,对三组案例进行概括式分析;第五章、第六章中部分内容的论证也涉及案例的这种运用方式。

案例运用的方式的选择综合考量了研究目的、内容、案例特点、所需论证的理论观点等多个方面。总体上,这些案例的材料来自期刊文章、图书专著、报刊与新闻报道、政府文件以及实证访谈法。不同的案例类型资料来源存在一些差异,但案例材料的来源基本在两种及以上。通过案例来源的多元化,确保案例材料能够得到相互印证。

3. 访谈法和观察法

深圳市小汽车限购政策、《杭州市客运出租汽车管理条例》的制定等案例材料的收集还运用了访谈法和观察法。笔者分别在 2016 年 6 月、11 月对深圳市小汽车限购政策相关的职能部门人员就小汽车限购政策出台的背景、出台过程、出台前后考虑的因素、市民的质疑等内容进行了电话访谈。笔者报名参加了杭州市于 2017 年 11 月 7 日下午组织举行的《杭州市客运出租汽车管理条例(草案)》的立法听证会,作为旁听者全程观察了整个听证会的过程。

(二) 全书结构安排

全书共分为七章。

第一章是导论,主要交代研究背景、需要研究的基本问题及对其进行的简单扩展说明、研究意义和研究目的,以及开展此研究所运用的研究方法和研究思路。

第二章是有关时间与公共政策的文献综述。通过系统梳理现有公共政策时间研究对于时间这一基础性概念的认识、时间研究的主要脉络和知识谱系、主要研究议题和视角，以及政策过程理论与分析框架中的时间研究，归纳总结现有研究的主要观点与理论主张、局限性。

第三章建构时间与公共政策制定一般性的理论分析框架。在现有时间研究不足的基础上，基于政策制定主体视角建构形成概念化的分析框架。同时，指出这一概念化分析框架所包括的具体内容，并将该分析框架与现有主要的政策过程分析框架进行比较。

第四章探讨时间观念对公共政策制定的塑造。主要分析政策制定主体拥有的时间观念类型与具体表现、影响政策制定主体特定时间观念形成的因素、时间观念与政策制定及其过程的因果联系，以及时间观念如何塑造公共政策制定，即在时间观念的塑造下，公共政策制定为何呈现政策冲突、政策搁置、政策滞后等现象。

第五章阐述了时间规则对公共政策制定的约束。具体而言，第五章探讨的议题有：政策制定主体所面临的时间规则类型，这些时间规则类型是如何依据时间特质和政策制定特征被建构的，以及不同时间规则的差异性；时间规则约束公共政策制定的主要方式，政府决策者对于时间规则的建设与遵从情况，以及在多种时间规则"在场"的情况下，公共政策制定的表现。

第六章分析了时间策略与公共政策制定的选择。主要包括政策制定主体可运用的时间策略清单、政策制定主体运用时间策略的动力因素、政策制定主体运用时间策略对公共政策带来的影响，以及时间策略的运用过程和时间策略如何在各种公共政策领域被常态化运用的问题。

第七章是结论与行动建议。笔者在全书的最后一章总结得出研究的主要结论，为政策实践提供行动建议；同时，阐述研究的创新点与不足，以及有待进一步研究的问题。

第二章 时间与公共政策概述

本章系统梳理现有各种公共政策文献中有关时间的研究,展现和评估这方面的知识体系。文献综述工作主要围绕四个方面展开:现有研究关于时间这一概念的认知;时间研究的理论脉络和知识谱系;公共政策时间的研究议题和视角;既有政策过程理论与分析框架中的时间研究。

一、公共政策研究中的时间:基础性概念

要深入把握公共政策中时间研究的理论旨趣,首先需要理解现有公共政策研究中对时间概念的界定。时间,从词源上看,有很多种的理解与解释。《牛津高阶英汉双解词典》(第七版)给出了9种"time"(时间)的解释,包括:以分钟、小时、天等计量的时间;钟表上所显示的时间、钟点、时刻;世界某一地区所计量的时、时间;某事发生或应该发生的时间、时候;用于工作或休息等的一段时间;或长或短的一段时间;时期、年代、时代、世道;拍子、节拍;乐曲正确的速度。

或许源自时间概念的多重含义及其复杂性,且哲学、物理学、社会学、政治学等学科早已深入探讨过时间的内涵,现有的公共政策理论关于时间的研究,普遍回避对时间的概念及其内涵作出必要的界定。研究者们似乎默认,时间这一概念是众所周知的,因而不需要加以言明。不仅如此,研究者们对时间的关注和研究有不同的聚焦点和侧重点,而且交叉使用 time、temporality、timescapes 这些的确可以互换的概念。不同的政策分析框架充斥着诸如时机(timing)、时序(sequence)、持续时间(duration)、周期(cycle)、长期趋势(long-term trends)、截止时间(deadline)、路径依赖(path dependency)、关键节点(critical juncture)、时间观念(time perceptions)、时间规则(time rules)、时间策略(time strategies)、政治时间(political time)等

术语。它们既是时间的某种表现形式,也是时间的具体内容,自然可以用来分析和研究时间,但碎片化因此难以避免。

多样化术语的使用,反映了研究者们认知时间的不同视角。尽管我们未见现有公共政策研究对时间内涵的确切定义,但我们依然可以归纳出研究者们认知时间的四种主要视角。第一种是语境视角,时间被理解为公共政策得以存在与发展变化的场景或坐标尺度。采用这一角度来认识时间,一般会从特定时刻或某一长时间段来展开对公共政策的分析。由于时间相当于一种场景或坐标尺度,这种角度下的公共政策理论对时间的研究,常常虚化或边缘化时间,没有把它看作一个真正有意义的要素。第二种是现象视角,把时间视为公共政策表现出来的一种特征。从这一角度来理解时间,源起于政策阶段论,而后随着公共政策的政治过程被发现,研究者们逐渐揭示了公共政策的许多时间特征。历史制度主义和政策反馈理论为我们提供了认知时间的第三种角度,即结构视角。在这个视角下,时间被视为一种长期持久且影响深远的结构形式。在那里,政策遗产、过去、历史、政策反馈等术语经常被研究者们用来表示时间。第四种是资源视角,顾名思义,是把时间看成公共政策过程中可以运用的资源,且该视角受到经济学的影响,把时间看成一种稀缺资源。其中,一类研究者将时间当成制度资源,因而,时间的内涵被指向制度化水平,是由正式和非正式的规则管理着的时间维度。在这里,时间表、进度表、计划表、政治辩论开始和结束时间的规定、时间分配的规定、时间顺序的规定、预算周期、立法周期、选举周期、任命周期、学期等一系列形式,构成了公共政策过程中时间规则的内容。另一类研究者则将时间视为行动资源,将时间指向政策主体所选择的时间要素,以及政策主体对时间的操纵。

二、公共政策时间研究的理论脉络和知识谱系

认知时间的角度构成了不同的分析框架来研究时间与公共政策的逻辑起点,研究者们由此确定了研究对象,形成了不同的理论主张。这部分的内容将基于上述四种时间认知的角度,梳理公共政策中时间研究的发展脉络,以此勾勒一个这方面的知识谱系(表2-1)。这四种角度各自有所侧重,也各自有其用武之地。语境论是公共政策时间研究最基础的视角。现象论通过时间把公共政策与其他一些要素连接了起来,因而它有助于研究者从更大的视野或更独特的视角研究公共政策。结构论和资源论已经开始关注时

间与公共政策的因果联系,对于时间的认知更加深入,是公共政策时间研究的主要生长领域。

表 2-1 公共政策时间研究的四种角度

认知时间的角度	学科基础	内涵	特点
语境论	物理学、哲学	时间是一种场景或坐标尺度	相对普遍且广泛,时间并不构成独立主题
现象论	管理学、政治学	时间是公共政策表现出来的一种特征与现象	时间构成独立主题,揭示公共政策与其他因素的因果关系
结构论	政治学、经济学、历史学	时间是一种长期持久且影响深远的结构形式	静态层面呈现时间与公共政策的因果关系
资源论	组织学、社会学、经济学、管理学	时间是公共政策中可以运用的资源	动态层面呈现时间与公共政策的因果关系

(一)语境论:作为一种场景或坐标的时间

在一些物理学家和哲学家的视野中,时间是一个客观存在。时间是一切物体存在和发展的根本形式,它们只有在空间和时间内才得以存在。受此种认识的影响,公共政策的早期研究者更多地把时间看成一种场景或坐标尺度。不过,即便如此,时间的意义和对它的研究也并非一开始就受到关注。

任何公共政策本身有一个生命过程,也就是说,它都有一个产生、发展、变化以及终结的过程。因此,它在特定的时间里存在,离开时间的考察,公共政策就无法得到解释。从这个意义上说,公共政策的研究必然也必须与时间相联系。然而,除了拉斯韦尔的阶段论分析框架涉及时间,早期的公共政策理论基本上与时间无涉。研究者们集中关注的是政策主体因素(包括政府、政治家、政党、利益集团、社会组织、思想库、专家学者、媒体)以及影响这些主体的政治制度、行政制度等制度和结构因素。他们只是视时间为政策主体因素和制度因素存在的自然常态,很少考虑时间发挥了怎样的作用。

直到时刻突破自然常态,变成特殊时刻,时间作为场景的意义才引起研究者们注意,比如逆境、公共危机、时代等。德罗尔在《逆境中的政策制定》

(*Policy Making under Adversity*)中分析了逆境下政策制定的特征,以及如何应对逆境给政策制定带来的挑战。在德罗尔看来,逆境是政策制定的一个普遍条件,它具有"模糊赌博性",渗透、制约甚至主宰着政策制定现实的特征。在逆境这一时间中,政策制定不但不能听任于"从尝试与错误中慢慢吸取经验教训"之类的政策传统,而且常常作出与常规情景下不同的反应,诸如否认、简单化、大规模的行政改革,以及政策制定责任的再分配等。① 与德罗尔的研究类似,彼得·古勒维奇(Peter Gourevitch)探讨了艰难时世下美国等五国的经济政策制定。古勒维奇认为,在经济繁荣时期,研究者很容易忘记政策制定过程中政治力量的重要性。然而,经济困难时期让一个事实变得清晰,即政策决定是在相互冲突的政策主张之间的政治斗争中产生的。②

由于公共危机的特殊情景,很多学者探究了公共政策制定如何更好地应对公共危机,并提出了决策能力提升、政策工具运用等一系列建议。黄健荣和胡建刚指出,公共危机对决策的信息获取与处理能力、资源动员和整合能力、制定能力等带来了挑战,认为公共危机的能力建构应走向多元参与共治,决策方式应聚焦于前瞻预警。③ 唐庆鹏和钱再见认为,适配的政策工具的回应对于解决公共危机非常关键,多元化的政策工具应当随着公共危机情景的演化而组合应用,并寻求政策工具的不断优化创新。④

另有一些学者关注到时代的时间情景,并分析了在不同的时间情景下政策过程的表现。李兆友等指出,由科学技术高速发展和社会急剧变化所形成的时代情景制约了政府决策的水平和决策能力。⑤ 向玉琼分析了不同时间情景下的政策过程,发现在工业社会的单一线性时间情景中,政策过程得到了严格的规范和约束,并被导向与效率和高速相关的体系中。但是,在全球化和后工业社会的"多体性、多节奏和多意向"时间情景中,政策过程则需要情景化,在多元主体、多元行动和多元体验中建构出来。⑥

---

① 参见[以]叶海卡·德罗尔:《逆境中的政策制定》,王满传、尹宝虎、张萍译,上海远东出版社1996年版。
② [美]彼得·古勒维奇:《艰难时世下的政治:五国应对世界经济危机的政策比较》,袁明旭、朱天飚译,吉林出版集团有限责任公司2009年版,第5页。
③ 黄健荣、胡建刚:《公共危机治理中政府决策能力的反思与前瞻》,《南京社会科学》2012年第2期。
④ 唐庆鹏、钱再见:《公共危机治理中的政策工具:型构、选择及应用》,《中国行政管理》2013年第5期。
⑤ 李兆友、师容:《时间语境中的政府行政决策研究》,《东北大学学报》(社会科学版)2014年第4期。
⑥ 向玉琼:《建构时间:论政策过程中的时间与管理》,《浙江学刊》2020年第2期。

如果说上述研究是以相对静态的某个"时刻"来表明时间的场景意义的话,那么关于政策变迁的研究文献则是从动态的长时间段来阐释时间场景的意义的。政策变迁理论的研究者很少提到他们为什么从长期时间来考察与分析研究对象,却不约而同地采取了这种方式。政策变迁的研究隐含着一个未加言明的基本前提预设,那就是:只有将研究对象置于放大的视野下,才能发现变迁的真实形态,找出激发变迁的根本原因及其复杂组织。变迁往往是缓慢的,政策变迁是随着时间推移而发生的稳定变化;而变迁的生发动力因素具有积累效应,需要在时间的长河中积累,它们在某些时刻是隐藏的。①

语境论给出了时间作为场景或坐标尺度的意义。由于公共政策依托时间而存在,语境论下的公共政策时间研究相对普遍且广泛。但是,也正因为在语境论中时间仅被看成一种场景或坐标尺度而得到认知,语境在宽泛的意义上仅表示细节,这些公共政策的时间研究并不构成独立主题,时间与公共政策也没能形成变量上的关联。

(二)现象论:作为政策特征与现象的时间

随着人们逐渐发现公共政策是一个政治过程,公共政策的许多时间性特征因而逐步显现出来,作为一种知识体系的现象论由此获得了发展。现象论的时间研究文献认为,时间是公共政策表现出来的一种特征与现象。这一研究以公共政策的时间现象为线索,探究在公共政策的时间现象背后权力、利益、知识、制度、政策形象等的关系,进而提炼和发展出相应的公共政策基本理论。

其实,在政策科学建立之初,时间的现象论已经在公共政策研究中有所体现。由拉斯韦尔、加里·D.布鲁尔(Garry D. Brewer)、詹姆士·E.安德森(James E. Anderson)等学者建立并发展的政策周期理论是其中的代表。②从20世纪50年代起,政策分析就与政策过程由一系列分开的阶段演进而成这一观点紧密联系在一起。这些学者简化了复杂的公共政策过程,遵循从问题输入到政策输出的逻辑,把公共政策过程划分为一系列阶段。政策

---

① See Daniel Carpenter, *The Forging of Bureaucratic Autonomy: Reputation, Networks and Policy Innovation in Executive Agencies: 1862-1923*, Princeton University Press, 2001;参见[美]保罗·A.萨巴蒂尔、汉克·C.詹金斯-史密斯:《政策变迁与学习:一种倡议联盟途径》,邓征译,北京大学出版社2011年版。

② See Harold D. Lasswell, *The Decision Process: Seven Categories of Functional Analysis*, University of Maryland Press, 1956; Garry D. Brewer, "The Policy Sciences Emerge: To Nurture and Structure a Discipline", *Policy Sciences*, 1974, 5(3); James E. Anderson, *Public Policymaking: An Introduction*, Houghton Mifflin College Div, 1990.

周期理论把政策过程视为正在进行的周期。自此,政策周期作为全面和系统地理解政策制定的一个规范性机制而引起关注。

除了政策生命周期外,政策变动周期描述的是公共政策有规律且反复变化的现象。亚瑟·M.施莱辛格(Arthur M. Schlesinger)在考察美国的公共政策时发现,美国的公共政策遵循一个可预测的模型,即:公共政策在依赖最小政府干预的时期后,总跟着重大的政策干预和改革时期;或者说,在一段自由主义时期之后,总跟着一段保守主义时期,整个周期自我重复。①

政治科学家林德布洛姆和约翰·W.金登(John W. Kington)也是现象论时间研究的重要代表人物。林德布洛姆用渐进主义分析框架描述了决策"按部就班、修修补补"的时间性特征。可以认为,渐进主义不仅是有关决策应该如何作出的理论模型,也是对实际决策如何作出的恰当描述。② 决策的渐进主义具体表现为:决策是一种补救性的修正,它着眼于减轻或消除当前的问题;在方案的选择上,以满意为标准,并且只考虑与现状差异小的几个政策方案;在对决策可能产生的结果的考虑方面,只对预期决策后果之间的边际差异进行比较。③ 通过发现决策的渐进主义现象,林德布洛姆把决策与多元的政治权力结构、技术困难、现行计划的沉淀成本联系了起来。

对政策议程设置的时间性特征所进行的最为系统的阐释,则来自金登。金登将组织决策的垃圾桶模型作为基础,建立了一个基于时间概念的新的逻辑框架,即多源流分析框架。金登认为,由于政治生活中存在成问题的偏好(problematic preference)、不清晰的技术(unclear technology),以及组织成员的流动性(fluent member)等模糊性因素,政策议程设置是一个如何把握时机的问题。时机的到来或失去,就是"政策之窗"(policy window)的打开或关闭。④ 从政策动力学的角度来看,"政策之窗"的含义,就是政策过程中的问题源流、政策源流和政治源流三流合一的那个时间或机会。一旦"政策之窗"被打开,政策企业家就要迅速抓住这一机会,把相关问题提上政策议程。虽然多源流分析框架遭到一些学者的质疑,但是金登通过对议程设置的偶然性和时机性的揭示,使公共政策研究突破了理性分析的传统,从而将政策

---

① See Arthur M. Schlesinger, *The Cycles of American History*, Houghton Mifflin company, 1986.
② [英]米切尔·黑尧:《现代国家的政策过程》,赵成根译,中国青年出版社2004年版,第85页。
③ See Charles Edward Lindblom, *The Policy Making Process*, Prentice Hall, 1968.
④ [美]约翰·W.金登:《议程、备选方案与公共政策》(第二版),丁煌、方兴译,中国人民大学出版社2004年版,第131页。

共同体与更宽泛的重大事件结合了起来,让人们能以更大的视野来看待公共政策。

另一个把时间视为公共政策现象的研究是弗兰克·R.鲍姆加特纳(Frank R. Baumgartner)和布莱恩·琼斯(Bryan D. Jones)的间断均衡理论。[①] 琼斯和鲍姆加特纳的研究揭示了美国政治过程中政策制定在时间上的稳定性和变动性。他们发现,美国的政策制定同时存在跳跃和几乎停滞的时期,渐变和剧变是美国政策制定的两个重要特征,而导致这种现象的原因主要是美国特有的政治制度,以及人们对政策形象的认知变化。[②] 这意味着,通过发现美国政策制定的渐变和剧变这一时间性特征,政治制度尤其是政策形象在政策过程中的关键性作用凸显了出来,在此前,政策形象比较少得到研究者们的注意。间断均衡理论产生之后,便被运用于多个政策领域中,诸如财政政策、水政策、健康政策等,这些研究同样属于现象论的范畴。

此外,公共政策研究对路径依赖现象、时间分配现象、快速变化现象、短期化现象、时间成本现象等的关注和重视,也可以被归入时间研究的现象论范畴之中。从研究对象来看,公共政策所表现出的这些时间现象既存在于中国,也同样出现在美国等国家。

相对而言,现象论把时间当作一个独立的主题来对待,围绕着时间现象,研究者们把公共政策与权力、制度,甚至是一些容易被忽视的要素联系了起来。由于公共政策的时间性特征不断显现,许多公共政策的时间研究都属于现象论的范畴。不过,现象论的研究旨趣在于,通过公共政策的时间性特征,揭示公共政策与其他变量因素的因果关系。因此,从这一意义上说,它只看到了公共政策的时间性特征这一面,而没有关注到时间与公共政策存在着的相关关系。结构论和资源论则试图弥补这方面的不足。

(三) 结构论:作为结构性影响力的时间

与语境论、现象论不同,结构论所关切的时间,被看成一种长期持久且影响深远的结构形式。由于历史学家一直强调"历史要紧",自经济学家提出并发展路径依赖的概念之后,时间的这种结构性影响力在政策科学研究中得到充分体现。毫无疑问,公共政策研究中的时间结构论深受历史学和经济学的启发。

[①] 当前存在间断均衡理论、间断平衡理论多种译法,本书以间断均衡理论为准。
[②] 参见[美]弗兰克·鲍姆加特纳、布莱恩·琼斯:《美国政治中的议程与不稳定性》,曹堂哲、文雅译,北京大学出版社2011年版;参见[美]布莱恩·琼斯:《再思民主政治中的决策制定:注意力、选择和公共政策》,李丹阳译,北京大学出版社2010年版。

在结构论者那里,结构形式的时间通常是用政策遗产、过去、历史、政策反馈等话语来阐述的。所有的过程都是在过去中发生的。人们可以在很多政策研究文献里读出"公共政策受制于结构式的时间"这样的命题。克里斯托弗·波利特(Christopher Pollitt)在其《政策、时间与管理》(Time, Policy, Management)一书中强调,任何事情均发生在由过去所强加的限制和成本之中,政策与管理也概莫能外。① 迈克尔·豪利特(Michael Howlett)在对新旧政策设计进行比较时指出,面对着既有政策的混合,政策设计者必须考虑政策遗产,因为,政策设计不仅受既定的情景和政体的影响,还受到政策遗产的影响。② 保罗·皮尔逊(Paul Pierson)在探究了英国和美国的紧缩型福利政策后发现,今天的决策者必须在一个被继承自过去的政策所根本塑造了的环境下实施政策变革。③

从结构视角认知时间,并在公共政策理论中展开深入的时间研究,繁兴于历史制度主义被引入公共政策研究之后。历史制度主义理论形成有关时间的论断,是以肯定路径依赖的存在为起点的。在历史制度主义看来,过去或历史不单纯是时间长河中的某一段,而是内含有制度遗产的有意义存在。历史制度主义理论家在分析公共政策时,自然会形成关于时间的共同认知,他们倾向于把时间看成一种对后来的选择施加影响的结构。研究者们在分析公共政策的发展过程和结果时作出了这样的预设,即:政策最初发起时所选择的政策,将持续和极大地决定着至少是影响着未来的政策。公共政策研究的历史制度主义分析所蕴含的结构性时间的观点,除了表现为过去外,基于过去所延伸出的时序,也同样体现了时间的结构性。雅各布·哈克(Jacob S. Hacker)对医疗保健政策的研究④,伊夫林·休伯(Evelyn Huber)和约翰·斯蒂芬斯(John D. Stephens)对福利政策的研究⑤,都令人信服地解释了时序安排通过结构化公共政策发展的具体节点和先后次序对公共政策的国别差异所带来的影响。

---

① Christopher Pollitt, *Time, Policy, Management: Governing with the Past*, Oxford University Press, 2008, p.15.
② Michael Howlett, "From the Old to the New Policy Design: Design Thinking Beyond Markets and Collaborative Governance", *Policy Science*, 2014, 47(3).
③ [英]保罗·皮尔逊:《拆散福利国家:里根、撒切尔和紧缩政治学》,舒绍福译,吉林出版集团有限责任公司2007年版,第13页。
④ Jacob S. Hacker, "The Historical Logic of National Health Insurance: Structure and Sequence in the Development of British, Canadian and US Medical Policy", *Studies in American Political Development*, 1998, 12(1).
⑤ See Evelyn Huber and John D. Stephens, *Development and Crisis of the Welfare State: Parties and Policies in Global Markets*, University of Chicago Press, 2001.

因为与过去建立起了某种联系,政策反馈研究可被视为关于时间的研究。政策反馈的研究强调,原先执行的政策对后来的政治行为和政策选择产生了影响,即过去的政策会产生政治结果。把先前的政策看成政治产生的结构,意味着政策反馈的研究关于时间的认识属于结构论。至于过去的政策(或时间)形成了何种结构,政策反馈研究把它归为两种类型。第一种是激励结构。过去的政策为利益集团、政府精英、公众等主体提供了激励。①第二种是信息结构。过去的政策是政府、专家和公众等获取信息和意义的来源,从而影响他们的社会认知过程。②

无论是公共政策的历史制度主义分析,还是政策反馈的研究,都强调了时间作为一种结构的力量,公共政策必须在由时间打造的结构下进行。由此,结构论关注到了时间与公共政策之间存在的因果联系。不过,结构论的局限在于,它是静态的,或者说是机械的,忽视了公共政策中行动主体对于时间的能动性。

(四) 资源论:作为制度化水平与行动资源的时间

与结构论相比,资源论动态地体现了时间与公共政策之间的因果联系。资源论把时间看成公共政策中可以运用的资源。这种认识并不算新颖,因为组织学、管理学、社会学和经济学等学科很早就认识到了时间是一种独一无二的稀缺资源。事实上,在实际的管理中,很多政策制定者和执行者最关心的是如何有效地管理时间而不是管理任务。既然如此,理论研究就应该寻找一种遵循时间而不是遵循理性的分析框架。但是,在公共政策的早期研究中,我们只能零星地发现有关时间的资源论观点。真正较为系统地把时间视为资源,并且把它纳入公共政策的研究中来,则是伴随着欧洲加快一体化与民主化进程发生的。这些进程对欧盟组织的公共政策实践带来了挑战。作为对挑战的一个回应,资源论从多个角度对政策实践中的时间问题进行了卓有成效的分析。

资源论从两个方向上发展了对时间的研究。一些研究者把时间定义为

---

① Paul Pierson, "The Path to European Integration: A Historical Institutionalist Analysis", *Comparative Political Studies*, 1996, 29(2); Mettler Suzanne and Welch Eric, "Civic Generation: Policy Feedback Effects of the G. I. Bill on Political Involvement over the Life Course", *British Journal of Political Science*, 2004, 34(3).

② See Andrea Louise Campbell, *How Policies Make Citizens: Senior Political Activism and the American Welfare State*, Princeton University Press, 2005; Jason Jordan, "Policy Feedback and Support for the Welfare State", *Journal of European Social Policy*, 2013, 23(2).

一种制度资源,用时间规则来解释时间作为制度资源的具体表现。另一些研究者则把时间看成行动资源,一般用时间策略来阐释时间作为行动资源的具体表现。无论是哪个方向,他们都强调政策主体对于时间的主观能动性。

制度资源论中的时间指向的是制度化水平,是由正式和非正式的规则管理着的时间维度。从根本上说,所有的政治过程和管理过程都有时间维度,并且都需要明确或不明确的时间规则和时间工具。① 欧洲民主化与扩大化给欧盟组织带来了公共政策一致性、同步化和协调性等难题。因此,欧盟委员会建立了一系列的时间规则来应对这些公共政策难题。在此背景下,研究者们分析了欧盟委员会建立的时间规则类型。② 这些研究者探究了某一类时间规则(诸如时间表、进度表、计划表、任期、时间分配的规定等)对公共政策的影响。制度资源论把时间规则对公共政策的影响聚焦于几个方面:时间规则固定了权力结构;时间规则管理着政策制定的速度、时间顺序、持续时间、决策合理性等;时间规则决定着政策主体之间的互动等。由于这些研究一般是针对某一项时间规则而展开的,得出的有关时间规则影响适用于特定情境。

行动资源论把时间指向政策主体所选择的时间要素,以及政策主体对时间的操纵。这些研究的一个基本共识是:作为一个决策者,他们应该且能够通过运用不同的手段,从而把时间变成一个灵活的因素。波利特曾列出了一个可以被政策主体运用的十项时间策略菜单,其中包括截止期限、加速、延迟和等待、抓住时机等。③ 研究者们一般把政策主体对时间策略的运用看成理性计算过程,在这些研究里,成本收益分析法和建构计量模型是政策主体确定时间策略的主要方法。④ 政策主体既可能因为权力的获得而运

---

① Esra Lagro, "The Temporality of Enlargement: Comparing East Central Europe and Turkey", paper presented at the Biennial Conference of the European Studies Association, May 17-20, 2007, Canada.
② Luc Tholoniat, "The Temporal Constitution of the European Commission: A Timely Investigation", *Journal of European Public Policy*, 2009, 16(2); Kenneth Dyson, "The Evolving Timescapes of European Economic Governance: Contesting and Using Time", *Journal of European Public Policy*, 2009, 16(2); Klaus H. Goetz, "Time and Power in the European Commission", *International Review of Administrative Sciences*, 2014, 80(3).
③ Christopher Pollitt, *Time, Policy, Management: Governing with the Past*, Oxford University Press, 2008, pp.177-178.
④ Gus Koehler, "Time, Complex Systems and Public Policy: A Theoretical Foundation for Adaptive Policy Making", *Nonlinear Dynamics Psychology and Life Sciences*, 2003, 7(1); Aude Pommeret and Fabien Prieur, "Double Irreversibility and Environmental Policy Timing", *Journal of Public Economic Theory*, 2013, 15(2).

用时间策略①,也可能会为了政策绩效而运用时间策略。②

与结构论一样,资源论也把时间作为一个独立主题来研究,并关注到了时间与公共政策的因果关系。但与结构论不同的是,资源论选择了从动态的层面去呈现这种关系。

三、时间与公共政策:研究议题和视角

所有公共政策制定都是在时间范围或时空中进行的。这句话隐含着两种关于时间的含义:第一,作为自变量的时间,它像经济环境、地理环境等因素一样影响着公共政策;第二,作为因变量的时间,它受到政策环境和政策选择的影响和塑造。回顾各种公共政策理论关于时间的研究,我们发现,这些研究也基本聚焦于这两个主题而展开。把时间当成自变量,研究者重点关注的是时间影响力,即时间是如何塑造和影响公共政策的;将时间作为因变量,研究者关注的是时间发生学,考察公共政策中的一些因素如何塑造时间。

(一)时间影响力:时间如何作用于公共政策

理解公共政策的时间特征及其表现,我们首先需要将时间看成一个既定的外在变量。这是因为,在实际的政策过程中,时间确实在诸多方面规定着公共政策过程。时间影响力这个主题,是把时间看成一个自变量,试图回答"时间如何作用于公共政策"。很多研究文献探讨了时间影响力,解释了时间观念、时间规则、时间策略、选举时间、政策反馈、时机等对公共政策中权力、绩效、稳定性、透明性等方面的作用。这些研究从认知、结构和资源三个视角分析了时间对公共政策的作用方式(图2-1)。

图2-1 时间作用于公共政策的过程

---

① See Magnus Ekengren, *The Time of European Governance*, Manchester University Press, 2002; Graham Avery, "Uses of Time in the EU's Enlargement Process", *Journal of European Public Policy*, 2009, 16(2).
② 周雪光、练宏:《政府内部上下级部门间谈判的一个分析模型》,《中国社会科学》2011年第5期。

政策主体的偏好、观念和认知,对公共政策会产生重大影响,一些经济学和公共政策理论文献早已经对此作出了很多有价值的解释。其中,政策主体的时间观念对公共政策选择的影响是非常明显的。豪利特认为,政策设计者面对的是一个既定的政策混合体,一旦他们忽视过去,就会导致很多政策的不连续、不一致和不协调。① 显然,豪利特的理论分析吸收了结构论的核心思想。一些研究者运用具体的案例来阐述这一问题。安德森发现,英国政府与民众普遍重视"过去",这种倾向鼓励政策制定更多关注传统或老的事物,因此,英国在 1908 年就通过了一项关于老年人退休金的法律,但直到 1960 年才大幅度增加对公共高等教育的投入。与此相反,重视"未来"的美国政府在 1862 年就通过了一项为大学提供支持的立法,而《社会保障法案》在 1935 年才通过。这样的国别比较让人们发现,政府对多项不同政策的选择因时间观念的差异而存在着不同。②

不仅如此,我们还可以看到在单一政策上也存在着时间观念影响的国别差异。比如退休金政策,时间观念带来了明显的政策差异。艾伦·M.雅各布斯(Alan M. Jacobs)发现,英国与美国时间观念的差异,导致英国的退休金政策表现出短期内激进而长期谨慎与平缓的特征,而美国的退休金政策则表现出短期内制定缓慢而长期改革变化幅度大的特征。③ 约瑟夫·赖特(Joseph Wright)比较了不同国家的对外援助政策,发现拥有长期时间观念的国家更愿意开展对外援助,而拥有短期时间观念的国家则较少制定对外援助政策和增加投入。④ 在环境政策领域,不同国家之所以会采取不同的管制政策,其中一个原因也正是时间观念的差异。在忽视过去的时间观念下,环境政策一般以经济学为导向,而当关注过去时,政策主体会制定污染预防型政策。⑤

在政策过程中,因为时间而形成了很多政治与法律规则,或者说,时间本身就是一种规则。很多研究者看到了时间规则的政策含义。伯克特·A. 卢米斯(Burdett A. Loomis)比较早地关注到了这种制度化水平的时间,并

---

① Michael Howlett, "From the Old to the New Policy Design: Design Thinking Beyond Markets and Collaborative Governance", *Policy Science*, 2014, 47(3).
② [美]詹姆斯·E.安德森:《公共政策制定》(第五版),谢明等译,中国人民大学出版社 2009 年版,第 49 页。
③ Alan M. Jacobs, "The Politics of When: Redistribution, Investment and Policy Making for the Long Term", *British Journal of Political Science*, 2008, 38(2).
④ Joseph Wright, "To Invest or Insure? How Authoritarian Time Horizons Impact Foreign Aid Effectiveness", *Comparative Political Studies*, 2008, 41(7).
⑤ David Kline, "Positive Feedback, Lock-in and Environmental Policy", *Policy Sciences*, 2001, 34(1).

把它运用到政策制定的分析中。他通过分析长期趋势、循环周期和截止时间对美国堪萨斯州 1988~1989 年间政策制定的影响,发现时间是理解政治和政策制定的关键。就堪萨斯州的政策制定而言,制度化水平的时间提供了清晰的指示,结构化了政策制定过程,给关键行动者制造了压力,政策便因此形成于既定的环境和特定的限制条件中。① 毫无疑问,时间构成了政策形成的有意义的维度。

欧盟治理的实践从很多方面反映了时间规则的政策含义。吕克·托洛尼亚特(Luc Tholoniat)以欧盟治理中的两个典型时间规则——计划和项目周期、定期评估——为重点研究对象,发现这些时间规则结构化了欧盟成员国的政策制定,使得欧盟成员国的政策制定更加具有可预计性和透明性。② 显然,时间规则对欧洲治理过程的结构化,意味着它对政策主体的权力施加了某种限制。通过分析欧盟议会和欧盟理事会合作决策过程中法案花费的时间及其对结果的影响,卡尔-弗雷德里克·贝格斯特罗姆(Carl-Fredrik Bergström)等研究者得出结论,认为欧盟议会比欧盟理事会更有权力,更具有讨价还价的优势。③ 克劳斯·H.戈茨(Klaus H. Goetz)详细研究了欧盟委员会中的各项时间规定,包括成员任命时序、成员国预算监管的时序、截止日期,等等。结果发现,欧盟治理中的政治性时间设定、监督和自我强化日益明显,加上在任时间的减少,导致欧盟委员会的权力日趋集中化和政治化。戈茨认为,欧盟委员会权力的这种变化,有利于政策的制定与推行。④

政策实践和研究者视野中的时间规则,还有其他很多不同的形式。戈茨和梅伊-塞林(Meyer-Sahling)关注到了很容易被人们忽视的时间规则——日常会议的密集网格。他们论述道,日常会议的密集网格提供了有关哪些以及多少决策被纳入议程的时间网格的信息,为组织工作设定了基本节奏,限制了组织成员间(尤其是国会和行政力量)自由的时间运用,动员着行动者并同步化跨组织问题。⑤ 另外,选举周期也是比较常见的时间规

---

① See Burdett A. Loomis, *Time, Politics and Policies: A Legislative Year*, University Press of Kansas, 1994.
② Luc Tholoniat, "The Temporal Constitution of the European Commission: A Timely Investigation", *Journal of European Public Policy*, 2009, 16(2).
③ Carl-Fredrik Bergström, Henry Farrell and Adrienne Héritier, "Legislate or Delegate? Bargaining over Implementation and Legislative Authority in the EU", *West European Politics*, 2007, 30(2).
④ Klaus H. Goetz, "Time and Power in the European Commission", *International Review of Administrative Sciences*, 2014, 80(3).
⑤ Klaus H. Goetz and Jan-Hinrik Meyer-Sahling, "Political Time in the EU: Dimensions, Perspectives, Theories", *Journal of European Public Policy*, 2009, 16(2).

则。研究者们普遍发现,立法过程与选举时间相关,在选举的不同时期,立法数量是不同的。一般而言,在选举周期之前,立法数量基本保持稳定,而一旦临近选举周期,立法数量就会显著升高。①

假如政策主体把时间当成影响政策过程的一个外生变量,那么如何策略性地利用好时间来促进政策制定,或达到相关的政策目标,必然会是他们认真考虑的重大问题。里根(Ronald Wilson Reagan)总统上任的前几个月,为了保证实施减税和减少国内支出的计划得以采纳,他迅速并果断地采取了行动。②在美国,公共交通议案和公路议案常常能够得到相互捧场,从而共同进入政府议程。其中的原因之一是政策主体把它们安排在政策更新的同一时期。③美国立法委员会经常巧妙地利用立法过程的时序安排来获得权力。通过把自己安排在立法过程的首个阶段以及处理法案间差异的阶段,立法委员会两次获得了创始法案的权力,从而促使他们的政策意愿得以实现。④

正因为时间策略对公共政策产生着如此重大的影响,所以长久以来,如何运用时机促进政策的有效制定一直是研究者们所关注的主题。一些研究者提出的适应性政策制定理论模型,用时间生态、异时性、时间信号三个概念来解释时间策略对政策制定的影响。⑤一些研究分析了环境政策制定中的时间策略考虑,并且发现环境政策应在未来污染不确定性和两个"不可逆转"——环境恶化的沉没成本和环境政策的沉没成本——的框架内制定。如果没有同时考虑这两个"不可逆转",那么有可能产生这样的问题:更多的污染以及过早地制定环境政策。⑥而在他们之前的很多研究文献,大多只探讨在单一"不可逆转"下的环境政策制定,因而不能很好地解释决策中正确的时间策略应该是什么的问题。

此外,那些关于政策反馈的研究文献,也解释了时间影响力问题。这些

---

① Lanny W. Martin, "The Government Agenda in Parliamentary Democracies", *American Journal of Political Science*, 2004, 48(3).
② [美]詹姆斯·E.安德森:《公共政策制定》(第五版),谢明等译,中国人民大学出版社2009年版,第174~175页。
③ [美]约翰·W.金登:《议程、备选方案与公共政策》,丁煌、方兴译,中国人民大学出版社2004年版,第236页。
④ Kenneth A. Shepsle and Barry R Weingast, "The Institutional Foundations of Committee Power", *The American Political Science Review*, 1987, 80(1).
⑤ Gus Koehler, "Time, Complex Systems and Public Policy: A Theoretical Foundation for Adaptive Policy Making", *Nonlinear Dynamics Psychology and Life Sciences*, 2003, 7(1).
⑥ Aude Pommeret and Fabien Prieur, "Double Irreversibility and Environmental Policy Timing", *Journal of Public Economic Theory*, 2013, 15(2).

研究文献把时间的影响力追溯为结构,具体表现为激励结构和信息结构。大量经验案例反映了这种结构的影响。皮尔逊从政策反馈的角度探究了英美两国紧缩政策的差异。他指出,先前政策产生了资源和激励。英国养老金政策的破碎和发展使得英国养老金领取者的利益代表结构既分裂又发育不全,相反,美国前期领导人的政策使得美国老年人游说团体强有力。[①] 西达·斯考切波(Theda Skocpol)以反馈为视角之一研究了美国社会政策的起源与发展。他发现,美国早期的内战救济金政策产生了两种反馈,一是退伍军人、妇女、劳动者更加容易地被动员起来去争取进一步的利益,二是美国的精英群体常常用内战救济金作为理由抵制救济金政策向其他群体扩大。两个反馈既推动了1935年《社会保障法》的出台,也导致了随后的妇女救济金政策和劳动者社会救济金政策的失败。[②] 因此,反馈过程对解释社会政策制度化的未来发展具有关键性。

(二) 时间发生学:政策过程时间特征及其塑造因素

时间发生学试图回答公共政策过程中出现的时间特征与表现,以及塑造这些时间特征的因素等问题。总体而言,政策过程呈现出各种时间特征与表现,包括忽视过去、渐进、短期化、路径依赖、间断均衡、时间分配、时间成本、时间决定等。影响政策过程时间特征的因素,可以从任期制度、权力机制(权力结构和制约机制)和组织结构三个视角来分析(图2-2)。

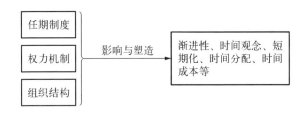

图 2-2 政策过程时间特征及其塑造因素

1. 政策过程的时间特征及表现形式

公共政策在特定的政体结构和制度下运行,因此,政体中的时间表现一定程度上代表了公共政策可能出现的时间表现。研究者发现,在民主体制下,存在着多种时间表现。在安德烈亚斯·谢德勒(Andreas Schedler)和贾

---

① [英]保罗·皮尔逊:《拆散福利国家:里根、撒切尔和紧缩政治学》,舒绍福译,吉林出版集团有限责任公司2007年版,第55页。
② See Theda Skocpol, *Protecting Soldiers and Mother: The Political Origin of Social Policy in the United States*, Belknap Press, 1992.

维尔·桑提诺(Javier Santiso)的笔下,时间的体现显得较为宏观,包括:民主国家需要注意领导人看待未来、过去与当下的时间界限,限制民主政治的制度化时间,政治行动者应对时间限制的方式,证明政治行动者的时间叙述,以及时间效应。① 在胡安·J.林兹(Juan J. Linz)的研究中,时间表现则相对微观。他认为,民主国家政治过程中的时间表现有很多形式,包括:时间预算,选举时机,有效与负责政府的时间要求,任期限制的民主矛盾,政治家和公众的时间稀缺,直接民主的时间逻辑,政府稳定的价值,代际更新的复杂性,选举周期和其他社会周期等。②

以历史、过去、记忆等词汇表现出来的时间现象或形式,始终伴随着整个政策过程,并引起了很多分析者和研究者的兴趣。布赖恩·W.霍格伍德(Brian W. Hogwood)和 B.盖伊·彼得斯(B. Guy Peters)认为,记忆不仅仅是对信息的储存,还是在适当的时间,对相关信息的检索。但是,政策主体常常忘记这些记忆。他们强调,忽视过去不但是公共政策中的时间表现,而且是公共政策中的一种病理现象,需要引起注意和"治疗"。在他们看来,有四种记忆失败或忽视过去的病理现象值得引起重视,它们是:完全忽视过去、记录记忆的载体面临维修、难以意识到过去的存在、没能力将过去的记忆与当下的政策议题联系起来。③ 这一有意义的研究有助于人们深化对实际政策过程的认识,然而,当我们在运用和理解政策记忆或忽视过去这样的时间表现的时候,需要持有某种程度的谨慎。我们不能简单地把这些时间表现看作一种主观现象,虽然政策认识和政策行为是政策主体作用于客观世界的主观活动,但我们不应该忘记,时间本身是一个客观存在。

政治科学家们所发现的政策过程中的渐进性现象,是一种具有典型意义的时间表现。对决策的渐进性现象最早作出学理分析的是政治科学家林德布洛姆。决策渐进性,即按部就班和修修补补,具体指选择与现行政策逐渐或稍微不同的政策,只关注政策的逐步或微小改变,集中于熟悉的、广为人知的经验上,着眼于减轻或消除当前的问题。现在,人们似乎很乐意运用渐进性概念来分析各种政策过程,比如,欧盟共同农业政策④、中国城乡社会

---

① Andreas Schedler and Javier Santiso, "Democracy and Time: An Invitation", *International Political Science Review*, 1998, 19(1).
② Juan J. Linz, "Democracy's Time Constraints", *International Political Science Review*, 1998, 19(1).
③ Brian W. Hogwood and B. Guy Peters, *The Pathology of Public Policy*, Clarendon Press, 1985, p.84.
④ Klaus H. Goetz and Jan-Hinrik Meyer-Sahling, "Political Time in the EU: Dimensions, Perspectives, Theories", *Journal of European Public Policy*, 2009, 16(2).

保障政策①、中国城镇就业政策②等政策,都被发现具有渐进性特征。事实上,在林德布洛姆那里,时间并没有被置于分析的中心,因为他着重要探究的是,在多元主义政治结构下,实践中的决策是如何表现出其增量的特点从而使得政策具有较大的连续性。但决策者则不同,他们必须在既有的政治结构中充分重视时间的约束,考虑时间的特点。

相比较而言,那些研究政策短期化、政府匆忙行为的学者,他们对时间关注的有意识程度要高得多,从而更为直接地为我们提供了政策过程中典型的时间表现,即短期决策,匆忙决策。唐贤兴提出了社会转型时期的政策短期化问题,认为急功近利的短期化政策一旦出现,就应该对它们作出及时的调整,否则各种瓶颈问题将难以得到有效的解决。③ 薛刚等研究者将公共政策中的短期行为划分为主观无意造成的短期行为和主观有意造成的短期行为,并指出决策主体的认知能力、自利倾向和制度缺陷等造成了决策的短期行为。④

政策变迁研究领域的学者描述了另外一些典型的时间表现。一是决策的偶然性和时机性。自金登提出政策议程设置具有偶然性和时机性之后,很多研究者尝试运用这一时间表现来分析新的政策议程的建构。黄俊辉和徐自强对《校车安全条例(草案)》的解读⑤,周超和颜学勇对无偿救助政策的分析⑥,邓剑伟对社会管理政策的研究⑦,都强调了偶然性和时机性在新旧政策更替上的意义。二是政策稳定性。美国医疗保健政策⑧、英国医疗保健政策⑨等领域的政策变迁和发展显示,公共政策具有很强的路径依赖特征,

---

① 陈天祥、饶先艳:《"渐进式统一"城乡社会保障一体化模式:以东莞市为例》,《华中师范大学学报》(人文社会科学版)2010年第1期。
② 王茂福、李平菊:《中国城镇就业政策的形成与演变:1949—2008》,《广西社会科学》2014年第3期。
③ 唐贤兴、唐豫鹏:《社会转型时期的公共政策:走出短期化的诱惑》,《理论学习月刊》1997年第2期。
④ 薛刚:《地方政府公共决策中短期行为的成因分析》,《上海行政学院学报》2009年第1期。
⑤ 黄俊辉、徐自强:《〈校车安全条例(草案)〉的政策议程分析》,《公共管理学报》2012年第3期。
⑥ 周超、颜学勇:《从强制收容到无偿救助——基于多源流理论的政策分析》,《中山大学学报》(社会科学版)2005年第6期。
⑦ 邓剑伟:《社会管理政策的多源流分析:议程、方案与机制》,《东北大学学报》(社会科学版)2013年第3期。
⑧ Jacob S. Hacker, "The Historical Logic of National Health Insurance: Structure and Sequence in the Development of British, Canadian and US Medical Policy", *Studies in American Political Development*, 1998, 12(1).
⑨ Gwyn Bevan and Ray Robinson, "The Interplay Between Economic and Political Logics: Path Dependency in Health Care in England", *Journal of Health Politics, Policy and Law*, 2005, 30(1).

往往朝着同一方向发展,也就是保持着一种时间上的稳定。三是政策间断均衡。有研究者发现,公共政策的发展并不总是能保持时间上的稳定性和连续性,相反,经常会表现出时间上的不稳定,或突然转变,或短期剧变,或长期剧变。爱尔兰工业政策的转变①、美国核电产业政策的变化②,都是这种时间表现的体现。

决策中的时间成本、时间分配、时间冲突等现象,是研究者们所揭示的很有意思的时间表现。宋林霖指出了公共政策制定的时间成本现象,将其界定为由于非必要的时间浪费和资源、信息闲置,以及在政策问题界定和政策方案选择中所意味的机会成本引起的资源浪费和价值损失,并根据公共政策制定的阶段环节,分别对政策议程、决策、执行、评估、终结中时间成本的构成及其主要影响因素进行了剖析。③ 恩里科·博尔盖托(Enrico Borghetto)对意大利立法程序的分析,生动地描述和解释了政策制定中的时间分配。他详细考察了意大利立法的普通程序和分权程序的每个阶段,以及它们的起止时间和持续时间。结果发现,复杂法案的委员会讨论时间长于任何阶段,议程拥堵出现在委员会讨论阶段。④ 同样,汤姆斯·康尼格(Thomas König)分析了1984~1998年间所有欧盟立法决策的持续时间,发现欧盟立法决策时间显著放慢,不同成员国决策持续时间存在着显著差异。⑤ 薛澜和赵静则分析了我国公共政策制定"决策过程被删减"的时间分配现象。为了回应社会转型时期的发展变化,政府决策者将决策时间和环节进行了压缩、简化,甚至是删减,而执行环节获得了更多的时间分配。⑥

戈茨所关注的民主决策面临的时间冲突现象,是另一种典型的政策过程中的时间表现。根据他的考察,回应性和责任性作为政治家和政府所应遵循的原则,从时间上看存在着冲突。回应性的时间特征要求政治家和政府的快速反应、决定和成效的短期性,以及决策者的时间决断。而责任性则

---

① Paul Donnelly and John Hogan, "Understanding Policy Change Using a Critical Junctures Theory in Comparative Context", *The Policy Studies Journal*, 2012, 40(2).

② 参见[美]弗兰克·鲍姆加特纳、布莱恩·琼斯:《美国政治中的议程与不稳定性》,曹堂哲、文雅译,北京大学出版社2011年版。

③ 参见宋林霖:《中国公共政策制定的时间成本管理研究》,天津人民出版社2016年版。

④ Enrico Borghetto, "Legislative Processes as Sequences: Exploring Temporal Trajectories of Italian Law-Making by Means of Sequence Analysis", *International Review of Administrative Sciences*, 2014, 80(3).

⑤ Thomas König, "Divergence or Convergence? From Ever-Growing to Ever-Slowing European Legislative Decision Making", *European Journal of Political Research*, 2007, 46(3).

⑥ 薛澜、赵静:《转型期公共政策过程的适应性改革及局限》,《中国社会科学》2017年第9期。

要求政治家和政府把大量时间花费在过程、对策的长期发展和可持续性等方面。由此，戈茨忠告，民主决策必须平衡好回应性和责任性之间的时间冲突。①

2. 塑造政策过程时间特征的因素

一些学者强调了任期制度对时间的影响。他们指出，任期制的存在意味着政治家、政府官员只能在一段时间内拥有权力。每隔一段时间，在某一时间点，选民会重新选举政治家，上级政府官员会重新任命下级政府官员。由此，对于一段时间后就要面临重选的政治家和政府官员来说，任期后的效应就显得不再那么重要。任期制所产生的这些特性，塑造了决策者的短期时间观念。按照这个逻辑，政府官员会倾向于选择制定短期化政策，或者匆忙制定大量尚未准备充分的政策。在美国地方政府的再分配政策制定中，鲁本·伊奈科洛波维（Ruben Enikolopov）发现，相比长期任命的官员，那些选举官员更愿意制定具有短期效益的政策。② 欧盟农业政策之所以一直表现出渐进式改革的特征，是因为欧盟农业政策的规划时间跨度为七年，但欧盟委员会、欧盟理事会和欧盟议会的任期都少于七年。这意味着，农业政策的制定或改革需要取得多届欧盟委员会、欧盟理事会和欧盟议会的一致同意，将经历漫长的时间。③

政策过程的渐进性特征并非只受到选举和任期的影响，政策过程中的权力结构与权力制约机制也会带来政策过程的渐进性。渐进决策理论将决策的渐进现象的产生归因于美国多元主义的政治权力结构。在该理论中，直接决策者、利益集团、投票人和政党、公民等多元主体的权力力量都对政策产生影响。为了平衡多元力量，决策以渐进的方式作出。英国的医疗保健政策具有明显的路径依赖特征，这正是根源于分散性权力结构——"政策效果由部长负责而医疗保健供需很大程度上由医生决定"。④ 此外，权力制约机制也有力地塑造了公共政策中的时间。公共政策的短期化之所以成为一种普遍的社会行为模式，其中的一个制度根源就在于决策行为未能很好

---

① Klaus H. Goetz, "A Question of Time: Responsive and Responsible Democratic Politics", *West European Politics*, 2014, 37(2).
② Ruben Enikolopov, "Politicians, Bureaucrats and Targeted Redistribution", *Journal of Public Economic*, 2014, 120(4).
③ Klaus H. Goetz and Jan-Hinrik Meyer-Sahling, "Political Time in the EU: Dimensions, Perspectives, Theories", *Journal of European Public Policy*, 2009, 16(2).
④ Gwyn Bevan and Ray Robinson, "The Interplay Between Economic and Political Logics: Path Dependency in Health Care in England", *Journal of Health Politics, Policy and Law*, 2005, 30(1).

地受到约束。正如曼瑟·奥尔森(Mancur Olson)指出的,政治家的承诺如果得不到任何来自司法或其他独立权力部门的制约,那么他们总是存在采取短视措施的明显可能性。① 这意味着,如果决策者的权力受到有效约束的话,依然存在决策者追求长期效益的可能性。

塑造与影响时间的要素,可以从组织结构中得到解释。在任何一种组织结构下,都会产生相应的组织记忆。保留组织记忆可被看成不忘过去。稳定性是组织记忆的重要来源。在稳定且长久的组织结构中,组织记忆比较容易通过雇员的长期雇佣而得到保存。反之,组织结构的临时性、合同化、电子存档都在减少组织记忆。波利特在比较了英国国家保健服务、荷兰通信管理机构等五个案例后发现,传统的官僚制比以新公共管理和公共服务网络为代表的后官僚制拥有更好的组织记忆,后官僚制组织容易产生忽视过去的短期表现。② 彼得斯对弹性化治理模式下公共政策制定的分析也得出了相似的结论。在弹性化治理模式下,组织成员所接受的决策培训不多,且又缺乏对组织的集体记忆。因此,他们的决定往往会出现相当多的矛盾,并出现过于随机的决策。③

四、政策过程理论与分析框架中的时间研究

现有的主要政策过程理论与分析框架并不是没有关注到时间,事实上,这些理论与分析框架都不同程度地提到了时间,或是隐含着关于时间的某种前提预设。因此,这部分主要回顾这些理论与分析框架是如何认识与运用时间的,以便为本研究的开展提供理论基础。

(一) 政策周期理论(阶段论)

政策周期理论(阶段论)以过程为取向,通过明确一系列阶段,为研究者思考公共政策、为人们了解公共政策提供了一种方式。作为一种被广泛接受与应用的理论,政策周期理论不仅描述了公共政策是如何制定的,而且从规范层面明确了应该如何去制定公共政策。这种简化公共政策制定复杂性

---

① [美]曼瑟·奥尔森:《权力与繁荣》,苏长和、嵇飞译,上海人民出版社 2005 年版,第 23 页。
② Christopher Pollitt, "Bureaucracies Remember, Post-Bureaucratic Organizations Forget?", *Public Administration*, 2009, 87(2).
③ [美] B.盖伊·彼得斯:《政府未来的治理模式》,吴爱明、夏宏图译,中国人民大学出版社 2013 年版,第 71 页。

的政策理论,最早源自拉斯韦尔的研究。拉斯韦尔把公共政策制定过程划分为七个阶段。分别是情报（intelligence）、提议（promotion）、规定（prescription）、合法化（invocation）、应用（application）、终止（termination）、评估（appraisal）。之后,许多学者遵从政策过程阶段性的共同认知,在拉斯韦尔的基础上发展并形成了多种政策阶段分析模型。较为典型的有：布鲁尔把政策过程分为六个阶段,包括发明（invention）、预评估（estimation）、选择（selection）、执行（implementation）、评估（evaluation）、终结（termination）；安德森的五阶段论把政策过程的阶段划分为政策议程（policy agenda）、政策形成（policy formation）、政策采纳（policy adoption）、政策实施（policy implementation）、政策评估（policy evaluation）；豪利特认为政策过程应遵循实际解决问题的逻辑,把政策过程划分为议程设定（agenda setting）、政策制定（policy formulation）、决策（decision making）、政策执行（policy implementation）、政策评估（policy evaluation）。

从时间研究的角度看,无论政策周期理论的倡导者们如何划分与排列政策过程的阶段,政策周期理论始终把时间视为一种政策过程所呈现的特征与现象。一方面,尽管一些批评者认为政策周期理论所确立的政策阶段之间缺乏因果联系,但是政策周期理论揭示公共政策将经历多个功能性阶段,而且这些阶段按照一定的时间顺序排列,前一个阶段完成后进入后一个阶段。这意味着,公共政策制定并不是即时之选,而是有赖于一段时间而进行的过程。另一方面,政策周期理论形象地用政策生命周期描述了一个完整的公共政策过程。从这一层面来理解公共政策的话,公共政策过程在相当程度上演变成了一个时间问题。

把政策制定过程划分为由一系列依托于时间而展开的阶段,并把政策过程描述为正在进行的周期,可以认为,这更多地反映了研究者们的一种"有意识"。这种强调政策过程是可以以时间为要素进行分析的理论,的确促使政策研究不再依附于公共行政、制度和准市场的研究,并且减少了公共政策研究的复杂性,也使得政策过程的每一个阶段能够被单独考察和被更细致地分析。然而,政策周期理论同样遭到了来自多方面的质疑。比如,政策周期理论所构建的一系列的阶段存在描述不严谨的问题,阶段之间缺乏因果关系,各个阶段在政策实践中并未完全按照周期理论所描述的时序安排展开,没有能够刻画出政策过程的运转和政治方面的反馈或者回归线路等。

（二）渐进决策模型

作为理性决策分析模型的主要替代模型,渐进决策模型主张决策以一种渐进的方式进行。从时间的角度上来看,渐进决策模型较为明显地表现出了关于时间的认识与运用,因为由该理论所揭示的决策的渐进主义特征其实是一种时间现象。

林德布洛姆是渐进决策模型的主要倡导者,他批判了理性决策分析模型,认为这一模型难以避免地存在八个方面的困境。在他看来,决策实际上以渐进方式进行。通过采取渐进的方式,决策者不仅被视为在硕大无朋的宇宙中进行勇敢角逐且足智多谋的问题解决者,而且这种方式大大提高了为复杂问题制定良好政策的能力。[①] 不过也有批评者们从另外一些方面质疑渐进决策。比如,渐进主义是反对变革的社会力量的意识形态屏障;它是一种保守主义,并不适用于政策的变革与创新。[②]

决策之所以呈现渐进性,林德布洛姆将原因主要归为多元的决策结构与政治生活中的权力运用。在他看来,权力事实上常常掌握在几个人手里,而不是掌握在一个人手里。直接决策者(总统、立法者、法官)、公民、利益集团、政党构成了政治生活中影响决策的权力主体。除了这一主要因素外,技术与现行政策同样影响决策的渐进性。技术上的困难表现为,决策者没有足够的时间、信息和金钱用于分析和调查政策问题与方案,故而常常依赖现有决策。由于现行政策不但已经具有合法性基础,而且存在着沉淀成本,现行政策的连续性和合法性阻碍了对政策进行彻底变革。

总体而言,渐进决策模型用渐进主义描述并分析了政策制定"按部就班、修修补补"的时间性特征。通过对这一时间性特征或现象的揭示,渐进决策模型把多元权力结构、技术等因素与决策联系了起来,并对它们的关系进行因果分析。从这个意义上而言,渐进决策模型关注到了公共政策表现出的一种时间现象。但与此同时,该模型也具有现象论的局限性,也就是时间只是架于公共政策与其他变量之间的桥梁,关于时间与决策的因果关系并没有得到有效的阐述。

(三) 多源流分析框架

由金登提出的多源流分析框架,将议程设置的动力指向由问题流、政治

[①] [美] 查尔斯·E.林德布洛姆:《决策过程》,竺乾威、胡君芳译,上海译文出版社1988年版,第43页;竺乾威:《渐进决策理论及其运用》,《决策探索》1995年第11期;丁煌:《林德布洛姆的渐进决策理论》,《国际技术经济研究》1999年第3期。

[②] [英] 米切尔·黑尧:《现代国家的政策过程》,赵成根译,中国青年出版社2004年版,第88页;[美] 托马斯·R.戴伊:《自上而下的政策制定》,鞠方安、吴忧译,中国人民大学出版社2002年版,第213—214页。

流、政策流三个源流汇合形成的"政策之窗",为此建立了基于时机这一时间概念的逻辑分析框架。并且,这一框架反映了政策过程具有"时机"的时间性特征。可以认为,多源流分析框架以一种更加直接的方式关联了时间与公共政策。

多源流分析框架又被称为时间性框架。理性的分析框架和渐进主义无法适用,且难以解释模糊性条件下的议程设置,因此,借鉴垃圾桶模型的思想与观点,金登提出了多源流分析框架。他通过对美国公共政策制定实践的观察和分析,将议程设置与方案选择的解释聚焦于三个主要的过程溪流:问题流、政治流、政策流。在问题流中,反映问题的指标、危机与符号、焦点事件、反馈信息等要素的发生和变化,都将可能导致问题并引起政府官员的关注。政治流由诸如公众情绪、压力集团间的竞争、选举结果、政党或意识形态在国会中的分布状况以及政府的变更等因素构成。当政治流出现时,公众便会希望政府官员或政治家作出反应。政策流则是指漂浮于政策原汤中的处理政策问题的各种思想。它们漂浮于政策原汤之中,等待政策共同体寻找适合于这些思想的问题。当问题流、政策流、政治流三流汇合,"政策之窗"敞开时,如果政策企业家有效地利用了这一时机,问题就会被提上政府议程。

与政策周期理论、渐进决策模型一样,多源流分析框架同样把时间视为政策过程的特征与现象。通过揭示模糊性条件下议程设置与方案选择的时机性,多源流分析框架将问题、政策共同体、政策建议、政治力量、政策企业家等因素,甚至是更宽泛的重大事件结合了起来。除此之外,多源流分析框架中还有一些内容也与时间有关。譬如,"政策之窗"没有出现的时候,政策企业家为等待它的出现而进行各种准备;当"政策之窗"被打开,他们采取行动去抓住时机。另外,金登在对三个源流的具体阐述中,还探讨了危机、焦点事件、选举周期等时间对议程设置所带来的影响。比如,金登认为,焦点事件与危机是将问题推向人们并引起他们关注的推动力量。这些内容在某种程度上表现出了有关时间影响力的思想,然而,这些内容并没有得到更为深入且系统的分析,只是被碎片化地呈现在不同的具体内容之中。多源流分析框架自提出后,便成为分析政策过程的重要理论工具。不过,该框架同样遭到了一些质疑。在一些研究者看来:一方面,该框架中的三个源流之间的关系存在一定问题;另一方面,将议程设置与方案选择看成纯粹的机会产物,使得人们很难对公共政策进行有效的预测。[①]

[①] [美]扎哈里尔迪斯:《模糊性、时间与多源流分析》,载保罗·A.萨巴蒂尔主编:《政策过程理论》,彭宗超、钟开斌等译,生活·读书·新知三联书店2004年版,第106—116页。

(四）间断均衡理论

从政策制定研究的理论发展脉络看，间断均衡理论的产生主要与两个方面紧密相关。一方面，早期的政策制定模型——渐进主义在解释政策制定方面存在着局限性。渐进主义是一种审慎的决策风格，强调政策维持不变或只作出有限的改变。换而言之，一旦政策以深思熟虑的渐进形式作出，公共政策将以与外在环境保持动态均衡的状态存在。然而，在实践中，公众对社会问题的态度会出现瞬间的变化，公共政策同样会表现出剧烈的变化。对于这些现象，渐进主义没有办法给出有效的解释。因此，间断均衡理论作为弥补渐进主义局限性的理论模型而被提出，并被广泛运用于解释一些国家的政策实践。另一方面，在探究生物进化的研究中，"间断均衡"已经被用于描述与解释"停滞-剧变"的现象。生物进化过程不仅表现为长时间的停滞，而且在短时间内会出现爆发性的大规模灭绝。借鉴该学说，以琼斯和鲍姆加特纳为代表的学者把间断均衡引入公共政策的研究之中。

作为政策过程的主要理论之一，间断均衡理论以解释某一政策现象为核心主旨，形成了一系列理论主张。在这里，我们只阐述这一理论中与时间有关的研究，并不展开该理论关于政策制定或变迁的具体论述。一般而言，只要研究者运用间断均衡理论去开展政策研究，他们往往会把研究对象置于长时间段而不是某个时间点进行考察。从这一层面来看，该理论并非遵从即时之选的理论模型，而属于长时间段的政策模型（policy models in deep time）。因而，间断均衡理论在某种程度上反映了时间作为一种语境的力量。然而，从间断均衡理论的核心要义可以发现，该理论对于时间的认知与运用更多的还是体现为：对公共政策制定或变迁的时间现象进行了揭示与解释。间断均衡理论被视为一种单一的理论，却能同时解释长期稳定和短期剧烈变迁两种时间现象。间断均衡理论认为，公共政策通常是被一种稳定和缓慢渐进的逻辑所驱使，但是偶尔它也会表现出较之以往所不同的剧烈变化。通过对公共政策这一现象的揭示，间断均衡理论进而指出了导致稳定与变迁现象的主要因素。这些影响因素主要包括：制度结构、政策图景、决策者注意力。

（五）倡议联盟框架

由于政策阶段论存在诸如缺乏因果关系、描述不准确等问题，倡议联盟框架作为一种替代性的政策过程分析框架被提出，并成为具有广泛影响力的政策解释框架之一。倡议联盟框架最初由萨巴蒂尔（Paul A. Sabatier）提出和系统化地阐述，之后，萨巴蒂尔与其他一些学者合作又对早先的框架进行了多次修正。倡议联盟框架把政策知识运用的主要成果综合运用到了公共政策制定这一更加宏大的理论中。该框架的核心主旨在于解释政策变迁，挖掘导致政策变迁的影响因素。因此，相对稳定的变量、外部（系统）事件、政策子系统构成了倡议联盟框架的主要内容。通过分析外在于政策子系统的因素、政策子系统中倡议联盟的信念体系，以及倡议联盟间的互动，倡议联盟框架指出，政策联盟的信念体系与子系统外非认知性因素共同导致了政策变迁。[①] 总体而言，倡议联盟框架以倡议联盟为分析单位，强调了政策学习、联盟的信念体系的关键作用，并且把政策子系统与外部体系进行了有效的连接。因此，从框架的内容与核心观点来看，与阶段论（政策周期理论）不同，倡议联盟框架并不属于以时间为元素开展政策分析的理论分析工具，而且时间也没有成为该框架的主要要素。不过，倡议联盟框架至少在两个方面给予了时间一定程度的关注与运用。

倡议联盟框架对于时间的认识与运用首先体现在该框架的基本研究前提上。该框架的研究前提之一是要求将研究对象置于十年或数十年的时间跨度之中进行考察。之所以拉长政策研究的时间长度，主要源自两个方面研究成果的启示。一是有关政策研究"启发效应"重要性的研究文献强化了这样的认识，即短期决策会对政策分析带来消极影响。二是政策执行的研究文献发现，一个"制定—执行—重新制定"的循环至少需要十年或更长的一段时间才能完成。根据这两个方面的研究，显然，通过将研究对象置于十年或数十年的时间跨度之中进行探讨，倡议联盟框架不仅有助于避免短期决策带来的消极影响，而且能够对研究对象作出合理、准确的描述与分析。这意味着，在倡议联盟框架中，时间的场景意义得到了体现。

倡议联盟框架的另一个时间研究与处于该框架中的变量有关。根据稳定性与变动性，倡议联盟框架把外在于政策子系统的变量要素分为两类。一类是相对稳定的变量，另一类是相对活跃的外部（系统）事件。其中，相对稳定的变量包括问题领域的基本特质、自然资源的基本分布、基本的社会文化价值和社会结构、基本的宪法结构。社会经济环境的变迁、统治联盟系统的变化、来自其他子系统的决策和影响则构成了外部（系统）事件。通过对这两类变量在时间变化属性上的划分，倡议联盟框架的主要观点之一是政

[①] 参见[美]保罗·A.萨巴蒂尔、汉克·C.詹金斯-史密斯：《政策变迁与学习：一种倡议联盟途径》，邓征译，北京大学出版社2011年版。

策子系统外部的重大干扰是政府政策核心(基本属性)发生改变的必要条件。换言之,政策子系统外非认知性因素在时间上的稳定性和变动性对于政策信念转变以及政策变迁发挥着影响作用。

五、小结：找回时间

通过对上述文献的回顾与梳理,可以发现,时间与公共政策,尤其是政策制定之间存在复杂的相关性。时间既可以被视为公共政策的一种场景或坐标尺度,也可以被看作公共政策表现出来的一种特征与现象。时间既可被当作一种长期持久且影响深远的结构形式,也经常被当作公共政策中可以运用的资源。因此,时间影响和制约着公共政策过程,公共政策过程也不断改变和塑造着时间。尽管既有的主要政策过程理论与分析框架的核心主旨并不是关于时间与公共政策的,但是这些理论与分析框架也都不同程度地探讨了时间,反映了时间为公共政策研究所能够带来的多种意义。可以认为,现有的时间与公共政策研究文献表明,时间普遍存在于公共政策领域之中,从语境、现象、结构、资源等多个角度认识时间及探讨时间与公共政策的关系,不仅大大拓宽了政策研究的范围,而且能够形成更加丰富的研究议题和视角。

已有的研究文献展现了目前为止所形成的关于时间与公共政策的知识谱系或概貌。这些谱系的内容是丰富的,但是也存在一定的不足。总体而言,这些研究文献主要还是站在研究者角度去认识时间,并基于研究者角度探讨时间与公共政策,或者说,时间与公共政策之间的研究在某种程度上被解读成了一种研究需要和研究者的"有意识"。场景论强调研究有必要关注特殊时刻与拓展时间研究长度,为此,公共政策研究能够获得新的知识积累。那些对政策过程所呈现的时间特征与现象所开展的现象论研究,诸如政策周期现象、渐进主义、政策制定的时机性、间断均衡现象,很大程度上也体现为研究者的"有意识"。结构论虽然揭示了过去这一时间变量所带来的影响,但它同样是因为研究者关注了过去与时序安排。概括而言,从研究者的角度去认识时间与公共政策之间的关系,或是建立的时间性分析框架,尽管提出了丰富的理论主张,但是这一视角的局限性在于,它忽视了与时间关系更为紧密的政策主体关于时间的感知。毕竟,研究者与政策主体存在文化主位与文化客位之间的区别。这也正是现有很多公共政策时间研究存在一些问题的原因。这些研究没有能够真正地将时间视为分析单位,并将时间置于一个核心位置去展开它与公共政策的分析,也缺乏时间与公共政策之间因果联系的系统探讨。

当然,这并不是说现有的研究文献没有能够关注到政策主体,至少仍有一些以资源论为代表的时间研究文献就基于政策主体角度进行了时间与公共政策的探讨。然而,这些研究正成为公共政策时间研究的新兴增长点。这就意味着,这些基于政策主体的角度去探讨时间与公共政策的文献仍然存在碎片化和研究的系统性不足等问题。这主要表现在:一是现有的这些研究文献在研究内容上较为宽泛,对时间这一术语的界定与使用比较多样;二是现有研究更多的是考察英国、美国等国家,或者欧盟这样的超国家组织的经验,关于中国等其他国家,以及地方政府、特定部门等微观主体则较少被纳入分析中,再加上术语使用上的多样性,所形成的理论观点呈现"各自为政"的特点,缺乏一致性与系统性。

正是在这个意义上,基于政策主体的角度建构一个理论分析框架成为必要,以便真正把时间纳入公共政策理论研究的中心位置。公共政策制定是政策过程的首要环节,国内外实践已经表明,政策制定与时间存在复杂的内在关系。因而,我们选择把公共政策制定作为研究对象,建构关于时间与公共政策制定的一般性分析框架,在该框架下系统阐述时间与公共政策制定之间的关联性与作用机制,试图补充现有理论谱系,增进这方面知识的积累。

第三章 公共政策制定中的时间：
一个概念化的分析框架

上一章的文献梳理表明，现有公共政策理论对于时间的研究已经积累了丰富的知识，但是所展现的知识谱系还存在一些不足。为形成一个较为完整的知识谱系，以公共政策制定为研究对象，本章尝试基于政策制定主体的角度得出时间分析维度，进而形成一个概念化的分析框架。这一分析框架有助于增加现有研究的知识积累，也能够被用来解释时间与公共政策制定之间的复杂关系。与已有的各种分析途径不同的是，这一概念化分析框架不仅把时间视为分析单位，而且将它置于公共政策制定的分析中心。

时间分析维度与概念化分析框架的建立是基于政策制定主体的视角而得出的。根据导论中所作出的政策制定主体的限定与说明，在通常情况下，政策制定主体主要从认知层面、制度层面、行动层面三个层面去理解时间。这三个层面形成了三个时间性分析维度，分别是时间观念、时间规则、时间策略。它们不仅是时间研究的分析维度，还是时间存在于公共政策领域的主要表现。由此，时间观念与政策制定的塑造、时间规则与政策制定的约束、时间策略与政策制定的选择构成了概念化分析框架的主要内容。

一、理解时间的视角：政策制定主体

在上一章的研究文献回顾中，本书已经指出现有的公共政策时间研究主要侧重于从研究者的角度展开探讨，具体表现为出于研究需要或研究者的"有意识"。这一角度下的时间研究，是以研究者所认知的时间为基础，探讨了时间作为一种语境、政策过程中的特征与现象、结构、资源等在公共政策中的意义，并且形成了一些时间性的理论主张。然而，从研究者角度所开展的时间研究，最为显著的不足在于，时间没有能够被置于分析的中心位置。一方面，一些研究只是把时间当成研究前提或研究基础，目的是更好地、更加全面地考察研究对象。关于这方面主要表现在知识谱系语境论之下的研究文献中。或者出于简化公共政策复杂性、开展比较分析、解释政策结果差异化等需要，把时间作为某种分析工具。比如，政策周期理论。另一方面，一些研究虽然把时间当作一个研究对象来对待，但是其着重于通过时间去探讨公共政策与权力结构、制度等其他一些变量之间的因果联系。

相较于研究者的角度，基于政策制定主体的角度去理解时间，并建构时间与公共政策制定的一般性分析框架，能够弥补前者在时间研究方面的上述不足。我们通过以下两个理由作出这一判断。其一，来自部分已有研究文献的启示。对现有研究文献梳理后发现，尽管现有研究文献整体上基于研究者角度而开展，但仍然存在一些研究文献是基于政策制定主体角度来研究时间。在这些研究文献中，时间被置于研究的核心位置。研究者通过考察政策制定主体对于时间的认知与行动，揭示了时间与公共政策的关联性、时间给公共政策带来的影响等方面内容。不过这些研究文献目前存在碎片化、一致性与系统性不足的问题。其二，这是由政策制定主体与时间的关系所决定的。在公共政策领域中，与超脱于研究对象的研究者不同，时间与政策制定主体存在紧密联系。这不只是表现在政策制定主体必然依托于时间而存在，更为甚者，时空的变化会给他们带来压力与影响。政策制定主体不会不看到或感受到这些影响和压力，故而，他们会尽量去影响甚至改变时间。由此，时间自然成为他们应该关注的要素。

政策制定主体构成我们去明确时间分析维度、建构时间与公共政策制定一般性分析框架的基本视角。在第一章导论中，我们已经对政策制定主体这一概念作出了必要的限定与说明。之后需要分析的问题是，以政府为核心的政策制定主体所理解的时间是什么。或者说，政策制定主体会从哪些层面去看待时间。需要指出的是，时间的理解在不同政策制定主体之间可能存在差异，不过，本书的分析侧重于强调普遍意义上的时间。换而言之，我们传达的是通常情况下存在于政策制定主体之中的时间理解。至于具体领域中特定主体在时间理解方面的不同侧重，则留予特定领域的研究者去探究。关于政策制定主体从哪些层面去看待时间的问题，将主要借鉴已有的一些公共政策的时间研究文献，以及哲学、社会学等跨学科的知识。一般而言，政策制定主体主要从认知层面、制度层面、行动层面去看待时间。

在公共政策领域中，关于时间，首先需要认识到的是，对于政策制定主体而言，时间是个被认知的对象。也就是说，政策制定主体不只是平等地分享着客观时间，并且依托于客观时间而存在，他们还形成了关于时间的主观认知。时间的这种主观性已经被一些哲学家深入地探讨过。毕竟,时间之于很多哲学家来说,是他们构建哲学理论的入口,也是他们认识与描述世界的基本方法。早期,深受物理学的影响,客观时间成为哲学家用于构建哲学理论的时间基础。之后,奥勒留·奥古斯丁(Aurelius Augustine)、伊曼努尔·康德(Immanuel Kant)、马丁·海德格尔(Martin Heidegger)等哲学家便对这一时间基础提出了质疑。他们克服了时间的形式框架,把时间与主体联系了起来。尽管他们各自关于时间的内涵界定有着不同的侧重,但是时间内涵的发展与演进则是对时间主观性的一种不断强调。除了哲学学科的知识基础外,我们之所以认为政策制定主体会从认知层面去看待时间,还因为一些事实发现。在政策实践中,由于政策制定主体在知识、经历等个人背景方面存在着差异,即便是面对同一客观时间,他们常常会表现出不同的主观感受和理解。也就是,时间既是一种客观存在,更是一种主观把握。由此,认知层面构成政策制定主体看待与理解时间的其中一个方面。

除了认知层面之外,制度层面的时间同样应该得到政策制定主体的关注。哲学家们向人们展现了时间的主观性特征,以及这种主观时间所能够为理论拓展带来的意义。来自社会学、管理学等学科的那些关于时间的研究则反映,时间可以被建构形成。得益于"时间具有解释社会成员行动和生活的重要性"这样的认知,时间构成社会学研究的重要内容之一。在许多社会学家看来,"时间是社会成员集体意识的产物"[1],这种产物通过社会成员的互动而被建构。它们构成社会中制度和组织的组成部分[2],服务于人类的协调与意义赋予的需要[3],反过来又对社会成员产生影响。关于时间,管理学认为,时间是非常有价值的资源。因此,他们在组织中建立了诸多与时间有关的制度与规则,用于约束与规范组织成员的行为。在公共政策制定领域中,一方面,政策制定主体处在某一组织之中,这些组织会出于管理的需要构建形成多种制度化的时间。作为组织成员的政策制定主体不可避免地会在充满这些制度化时间的环境中行动。另一方面,政策制定主体彼此之间、政策制定主体与其他社会成员之间的互动也有可能会基于一些目的去建构制度化的时间。既然如此,政策制定主体便会感受到这些制度化层面

---

[1] [英] 约翰·哈萨德:《关于时间的社会学研究》,载[英] 约翰·哈萨德编:《时间社会学》,朱红文、李捷译,北京师范大学出版社 2009 年版,第 3 页。
[2] [英] J.大卫·刘易斯、安德鲁·J.韦加特:《社会—时间的结构和意义》,载[英] 约翰·哈萨德编:《时间社会学》,朱红文、李捷译,北京师范大学出版社 2009 年版,第 82 页。
[3] [奥] 赫尔嘉·诺沃特尼:《时间:现代与后现代经验》,金梦兰、张网成译,北京师范大学出版社 2011 年版,第 3 页。

的时间给他们带来的影响。基于此,有必要把制度层面的时间考虑在内,制度层面的时间是政策制定主体理解时间的另一个方面。

行动层面的时间同样会被纳入政策制定主体的视野之中。需要承认的是,政策制定主体并不是简单地受到控制的主体,他们是"具有某种程度的能动性的行为主体"。① 既然政策制定主体存在着对于时间的不同认知与理解,而制度层面的时间有可能会对他们产生约束,那么在某种程度上,政策制定主体便会尽量去影响与改变时间。他们掌控、选择、安排、操纵、竞争、争夺着时间,时间因此成为某一项或某一组行动。关于这一层面的时间,在现有的公共政策时间研究中已经有所探讨。比如,为了促使公共交通议案和公路议案能够共同进入政府议程,美国立法委员会调整了两项议案的时间安排。显然,行动层面的时间同样应成为政策制定主体的考虑关键。换而言之,行动层面上的时间也将构成政策制定主体眼中的时间。

二、时间的三个分析维度

上述分析表明,在普遍情况下,政策制定主体通过认知层面、制度层面、行动层面三个层面来理解时间。时间在这三个层面中各自具有不同的形态,它们分别是时间观念、时间规则、时间策略。故而,时间观念、时间规则、时间策略成为用以探讨时间与公共政策制定复杂关系的主要分析维度,也构成本书一般性理论分析框架的核心部分。鉴于此,本节内容主要是从理论上对这三个时间分析维度进行系统阐述。由于这部分内容是关于时间的,阐述的内容绝大多数以时间为核心或从时间方面展开,至于时间在政策制定领域的具体表现及其影响等内容将在后面章节探讨。

(一)认知层面:时间观念

时间观念是时间的认知水平,是政治行动者和管理行动者对于时间的认知、理解和感知。② 在公共政策领域,时间观念特指政策制定主体在时间方面的认知、理解和感知。时间观念并不是一开始就为人所知。最初,天文

---

① [美]W.理查德·斯科特:《制度与组织——思想观念与物质利益》(第3版),姚伟、王黎芳译,中国人民大学出版社2010年版,第88页。
② Jan-Hinrik Meyer-Sahling, "Time and European Governance: An Inventory", presented at the Biennial Conference of the European Studies Association, 2007, May 17-20, Canada.

时间通常被看成人们生活的唯一时间量度标准。① 但是,天文时间没有能够去解释这样一些现象。比如,面对同一种时间,不同的人有着不同的认识;从客观层面看并不相同的时间,一些人却认为它们归属为同一种。由此,研究者们突破了把时间停留在天文时间这一认知的局限,从主观上去认识与理解时间。他们视时间为一种主观把握。因此,主观时间得以能够进入人文社会科学领域,并且被运用于相关研究之中。

很多时间性概念同样被用于描述行为主体关于时间的主观认知。比如,时间偏好、时间意识、时间界限。为更好地理解时间观念,有必要把这些时间性概念与时间观念进行一定的区分。时间偏好(time preference)是经济学开展跨时期选择的研究时经常使用的概念。学者们运用时间偏好去描述人们对于时间的一种心理倾向,原因在于不同的时间在人们心目中的重要程度不同。贴现率是时间偏好的测量值。由于在跨时期的选择中,行为主体对于时间的倾向多偏好于现在,在某些情况下,时间偏好也被直接用来指向"行为主体偏好现在甚于将来"②这种倾向。在这里,附着于"现在"之上的物品就比那些"未来"之上的物品具有更高的主观价值。时间偏好与时间观念都表示了行为主体对于时间的主观认知,不过,我们不能把两者加以等同。时间观念只是关于时间的理解和感知,较少涉及有关时间的排序。时间偏好则不同,它是一个与排斥相关的概念。对于时间的一种心理倾向本身就意味着,时间偏好是涉及不同的时间在行为主体心目中的相互竞争与排序。

在一些研究中,还能够发现时间意识(time consciousness)、时间界限(time horizons)这些时间性概念,它们也常常指向行为主体对于时间的主观性认知。普遍而言,时间意识倾向于强调行为主体有无形成某种时间认知。时间界限描述了行为主体认知时间的长度,具体可表述为"有关过去、现在和未来的认识"。③ 相对而言,时间观念的内涵比时间偏好、时间意识、时间界限更加丰富。不过,很多时候,时间观念会被特指为关于时间长河中的过去、现在和未来的认知与理解。在这种情况下,时间界限与时间观念属于内涵非常相近的时间性概念,它们可以等同使用。

关于时间观念的内涵,应该从两个方面来理解。一方面,时间观念呈现

---

① 练宏:《注意力分配——基于跨学科视角的理论述评》,《社会学研究》2015年第4期。
② 叶德珠、王聪、李东辉:《行为经济学时间偏好理论研究进展》,《经济学动态》2010年第4期。
③ Andreas Schedler and Javier Santiso, "Democracy and Time: An Invitation", *International Political Science Review*, 1998, 19(1).

为一种时间长度。当政治行动者和管理行动者拥有某一特定时间观念时，意味着他们对事物所具有的时间长度的某种认定。这种时间长度的认定根据政治行动者和管理行动者所拥有的时间观念的差异而不同。因此，拥有短期时间观念表示行动者的视界比较短，倾向于关注事物的短期表现；拥有长期时间观念表示行动者的视界比较长，倾向于关注事物的长期表现。另一方面，当政治行动者和管理行动者拥有某一特定时间观念时，也可理解为他们是对某一时间点上各种资源要素组合的认定。这种对时间观念的理解，是基于时间要素不仅是时间长河中的某一时间点或一段时间，还是承载着各种资源要素组合的时间。在这一层面上，时间观念具有了一定的内容性。根据时间观念的不同类型特征，时间观念不仅可表现为认同过去的记忆，也可表现为对当下状况的笃信，抑或执着于未来的期许。

时间观念是一个有着多重属性的概念。换而言之，人们可以根据不同的标准对行为主体的时间观念作出相应的类型划分。对于时间观念进行类型学上的划分，事实上，也构成了认识与理解时间观念的一个必要基础。人们依据行为主体认知时间的长度，从长期和短期两个方面区别时间观念，时间观念因而被划分为长期时间观念和短期时间观念。又比如，根据是否偏离于某一空间区域内的主流时间观念，将时间观念划分为顺应主流的时间观念、工具性志愿团体的时间观念、乌托邦的时间观念、千禧年主义时间观念、享乐主义的时间观念。[①] 另外，遵照时间观念在社会中的发展演变，时间观念被划分为自然时间观念、线性时间观念等。[②]

除了具有多种属性之外，时间观念同样是一个能够被其他因素影响与塑造的概念变量。人们已经发现，不同的行为主体会形成不同的时间观念，同一行为主体在不同情境下拥有不同的时间观念。这意味着，存在一些因素影响并塑造着行为主体的时间观念。一般而言，引起行为主体时间观念产生及变化的因素包括文化、制度、权力结构、意识形态、组织模式等多个方面。这些影响因素对于时间观念的形成，因这些因素的特征或性质不同而有着差异化的解释逻辑。以文化与制度两个因素为例，文化被人们视为其中的一个影响因素。他们认为，时间观念，甚至是时间本身就被社会文化所建构。[③] 来自欧美国家的人与亚洲等国家的人在时间观念方面具有不同表

---

① [英]刘易斯·科塞、罗斯·科塞：《时间观与社会结构》，载[英]约翰·哈萨德编：《时间社会学》，朱红文、李捷译，北京师范大学出版社2009年版，第189～200页。
② 刘振艾：《时间观与行为模式》，《湖北社会科学》2009年第11期。
③ Alfred Gell, *The Anthropology of Time: Cultural Construction of Temporal Maps and Images*, Bloomsbury Academic, 2001, p.201.

现。欧美国家的人一般倾向于以较短的单位计量时间,而亚洲、非洲等国家的人坚持多元的时间观念。① 从长期时间观念与短期时间观念的形成看,当普遍存在短期时间观念的文化时,这种文化就会弥漫于行为主体的内心,从而导致人们潜移默化地形成短期时间观念。而在这种文化下,几乎任何一种长期时间观念都将失去其存在的理由,更何况是去塑造行动主体的长期时间观念。制度同样会对特定时间观念的形成产生影响。丹尼尔·雄一·科诺(Daniel Yuichi Kono)和加布里埃拉·R.蒙蒂诺拉(Gabriella R. Montinola)在其研究中指出,独裁体制中的政治行动者倾向于受个人时间观念的指导,一旦处于民主体制之下,政治行动者的时间观念便更加容易被民主制度的时间观念所指导。② 任期制度导致某一组织机构或某一行为主体只能在一段时间内存在,因而经常被视为塑造政治行动者短期时间观念的主要因素。由此,行为主体的时间观念并非恒定的或一成不变的,某一特定时间观念的产生与变化受到许多因素的塑造与影响。

从研究的角度看,时间观念已经逐步成为研究对象或分析变量而被运用于相关研究之中。人们如何持久地思考时间一直都是社会学等学科的研究旨趣所在。一些研究者把时间观念作为研究对象,去描述某些特定人群所拥有的时间观念的属性、产生与发展,以及开展时间观念的比较研究。皮埃尔·布迪厄(Pierre Bourdieu)分析了阿尔及利亚的卡比尔农民的时间观念,并得出他们没有准时的时间观念等结论。③ 奈杰尔·思里夫特(Nigel Thrift)详细描述了资本主义时间观念在14世纪到19世纪80年代这一时期中的发展过程,核心内容包括这种时间观念的兴起与普及的发展轨迹,以及它如何最终融入实践之中并成为人们日常习性的一部分。④ 不只是在社会学研究领域,公共政策领域同样积累了一定的研究。比如,布赖恩·霍格伍德和盖伊·彼得斯分析了"忽视过去"这种时间观念如何普遍存在于公共政策领域之中。⑤ 另外一些研究已经开始把时间观念作为一个分析变量用以解释行为主体的行为取向和社会现象等方面内容。雅各布斯通过分析英

---

① 汪天文、王仕民:《文化差异与时间观念的冲突》,《学术研究》2008年第7期。
② Daniel Yuichi Kono and Gabriella R. Montinola, "Foreign Aid, Time Horizons and Trade Policy", *Comparative Political Studies*, 2015, 48(6).
③ [英]皮埃尔·布迪厄:《卡比尔人的时间观》,载约翰·哈萨德编:《时间社会学》,朱红文、李捷译,北京师范大学出版社2009年版,第216~231页。
④ [英]奈杰尔·思里夫特:《资本主义时间意识的形成》,载约翰·哈萨德编:《时间社会学》,朱红文、李捷译,北京师范大学出版社2009年版,第95~125页。
⑤ Brian W. Hogwood and B. Guy Peters, *The Pathology of Public Policy*, Clarendon Press, 1985, pp.83-85.

国与美国两国在时间观念方面的差异,进而基于时间观念角度解释了英美两国在退休金政策制定与发展上表现迥异的缘由。①

总之,时间观念是政策制定主体关于时间的认知、理解和感知。相较于时间偏好、时间意识与时间界限,时间观念的内涵更加丰富。时间观念不仅表现出具有多重属性的特征,而且它受到文化、制度、组织结构等因素的影响与塑造。因而,时间观念并非恒定不变。可以认为,特定的因素在特定情境下以特定的逻辑塑造了特定的时间观念。时间观念已经作为研究对象或分析变量被逐步运用于研究之中,这在某种程度上为我们把时间观念确立为探讨时间与公共政策制定的分析维度提供了进一步的理论支撑。

(二) 制度层面：时间规则

把时间当成制度化的财产时,人们就会优先对时间规则和过程的时间特征产生兴趣。时间规则是从制度化水平对时间作出的界定。它指的是那些由正式和非正式的规则管理着的时间维度。② 对于处在时间规则之中的人们而言,时间规则是那些他们所受到的一系列有关时间方面的约束。因此,在一些关于民主政体的研究中,时间规则经常被用来特指民主政体用以约束政治家行为的那些时间规定,比如,有关任职时间的规定、定期选举等方面的规定。当然,我们并没有将时间规则限定在某一特定的政体之中,或者认为,只有存在于某一特定情境下的时间方面的规定才是时间规则。事实上,时间规则有可能出现在任何的政体、政治制度、文化等环境之中。因此,较之于时间观念、时间策略,或是其他时间性概念,赖以存在的情景不是判断时间规则的基本条件,相反的,时间规则侧重于强调的是所作出的关于时间方面的规定,以及它的制度化水平。

时间规则是由正式和非正式的规则所管理着的时间维度,根据这一内涵,时间规则可划分为正式的时间规则与非正式的时间规则。一般而言,绝大多数的时间规则属于正式的时间规则。但无论是正式的时间规则,还是非正式的时间规则,它们都作出了时间方面的规定,并且能够去管理时间结构和时间过程。时间规则常常嵌入一些宪法、法律法规、标准程序和协议的具体内容之中。它们通过管理时间结构与时间过程,从而决定行为主体以

---

① Alan M. Jacobs, "The Politics of When: Redistribution, Investment and Policy Making for the Long Term", *British Journal of Political Science*, 2008, 38(2).
② Jan-Hinrik Meyer-Sahling, "Time and European Governance: An Inventory", presented at the Biennial Conference of the European Studies Association, 2007, May 17-20, Canada.

什么样的顺序、何种速度、多少时间、什么样的频率去开展行动。① 由于嵌入宪法、法律法规、标准程序等具体内容之中,时间规则便具有了一定的普遍性,同时,时间规则也以多样化的形式存在。

常见的时间规则包括:政治辩论计划、时间表、进度表、计划表、办公室起止时间、各阶段的时间安排、发言时间、等待时间、政治辩论开始与结束时间、时间分配的规定、时间顺序的规定、重现速度的规定、预算周期、立法周期、选举周期、任命周期、学期等。上述这些属于制度化水平相对较高的时间规则。而那些诸如公共危机、特殊时间、时代等同样向行为主体作出了时间方面的规定,因而也属于时间规则的范畴,尽管它们的制度化水平比较低。除了正式与非正式、制度化水平等区分标准外,还可以根据时间规则的设置主体、时间规则的作用对象等标准对时间规则的类型作出不同划分。

对于时间规则的建构是必要的,因为时间规则的存在具有重要的意义。如果不考虑时间规则赖以存在的特定情景与领域,只是从时间本身去审视时间规则的话,它的重要意义与两个显著的逻辑起点有关:一是时刻,二是时间分配。我们首先从时刻这一方面阐述时间规则的意义。现实中经常出现这样的现象:一个特定的对象在某一时间点上发生,其结果迥异于这一对象在其他时间点上出现的结果;或者,两个及以上的特定对象以某一时间顺序发生,与它们以另外一个时间顺序发生的结果也存在着明显的差异。显然,现实中的这些现象所凸显的是,不同时刻塑造的结果差异以及连续时刻的互动效应的重要性。

既然时刻是重要的,那么由时刻所延伸出的时序显然也变得要紧。博弈论、阿罗不可能定理和历史制度主义均对时序的要紧性作出了相关的论述。如果把时序化约为行动者进行活动的次序的话,博弈论则明确地把时序纳入考虑范围内,并且凸显了时序对博弈结果的重要性。② 博弈论中的很多个博弈模型就充分说明了行动者的时序是关键的。性别战博弈模型提供了一个很好的例子。性别战中的博弈双方有着一定的共同利益,他们都倾向于选择双方合作的结果,但对选择双方合作的结果又存在各自的偏好。在这种情况下,实现共同利益、达成均衡的关键就变成谁先采取行动。这表示,先采取行动的博弈一方能够取得优势,获得他所偏好的且能实现共同利

---

① 唐贤兴、堵琴囡:《时间中的公共政策制定:一个概念化的分析框架》,《复旦学报》(社会科学版)2015 年第 6 期。
② [美]保罗·皮尔逊:《时间中的政治:历史、制度与社会分析》,黎汉基、黄佩璇译,江苏人民出版社 2014 年版,第 70 页。

益的结果。另外一个提供佐证的模型是动态博弈模型。动态博弈模型本身就是一个按照次序进行的博弈过程。在这个模型中，先行者经常能够占领博弈第一步，因而他们能够先导博弈情势。不过，先行者没有办法预知后行者的选择。相较于先行者，后行者的优势在于他能够在知道先行者的选择后，才作出选择。

　　阿罗不可能定理同样为时刻及时序的重要性提供理论依据。根据阿罗不可能定理，在偏好和方案没有发生变化的情况下，投票的时间顺序便会支配最后的结果。也就是，一旦投票的时间顺序发生变化，由个人偏好转化而成的集体偏好就会出现差异化的结果。历史制度主义认为，制度一旦被选择，就会自我捍卫和自我强化，从而沿着某一路径发展。这种自我强化的轨迹会导致后期的选择日渐难以获得，甚至排除后来的其他发展方向的选择，即这一"早期过程产生了特殊的、长期持久而又影响深远的组织形式和制度安排，它们会改变后来事件或过程的涵义"。① 因而，事件或过程在何时发生或以何种顺序发生，会造成很大的差别。总之，从时刻与时序的角度来看，有必要建构一些制度化的时间规则来管理与规定时间过程。

　　有关时间规则重要性体现的另一个逻辑起点是时间分配。在现实中，人们不难发现，投入或消耗不同的时间量，往往会产生不同的结果。另外，人们经常经历时间方面的紧张与失衡。上述这些现象突出了结果对于时间分配的依赖，以及合理分配时间的要紧性。一般而言，人们投入的劳动时间越长，创造出的经济结果越好，生产力越大。等同于金钱和生产力的时间俨然成为经济活动的基本要素，它们能够支配经济结果。这表示，人们需要通过制度化的方式安排好时间，以便获取良好的经济结果。社会学的研究强调，社会成员会处于多种时间交叉的环境之中。比如，自我时间、互动时间、制度时间、循环时间四种时间的交叉。这些交叉联系着的时间并不总是以最佳的组合呈现，它们之间经常会出现界限不明确、某一时间挤压另一种时间的现象。② 因此，对于社会成员而言，交叉联系着的时间需要被进一步协调与平衡。换而言之，有必要建构形成一些时间规则，通过这些时间规则去管理时间结构和时间过程，从而为社会成员在时间方面作出合理安排。

---

① ［美］保罗·皮尔逊：《时间中的政治：历史、制度与社会分析》，黎汉基、黄佩璇译，江苏人民出版社2014年版，第84页。
② ［英］J.大卫·刘易斯、安德鲁·J.韦加特：《社会—时间的结构和意义》，载约翰·哈萨德编：《时间社会学》，朱红文、李捷译，北京师范大学出版社2009年版，第82页。

除了时间本身的特性之外,人们还会因为特定情境的需要而建构时间规则。譬如,在管理与政治生活领域中,从根本上说,所有的政治过程和管理过程都有时间维度,并且他们都需要明确或不明确的时间规则和时间工具。① 与此同时,政治家和管理者经常需要作出这样的决定:什么时候开始政治过程和管理过程、按照什么样的顺序是最优的,以及政治过程和管理过程的速度如何把握等。显然,确立与建构诸多基本的时间规则或指南,有助于那些承担很多政治任务和管理任务的行为主体减少政治过程和管理过程中关于时间的思考,从而能够将主要精力更多用于其他重要任务的完成上。

总而言之,时间规则是那些由正式和非正式的规则管理着的时间维度。对于时间规则的辨析,不完全在于其存在的情景,关键在于所作出的关于时间方面的规定,以及它的制度化水平。人们可以依据不同的标准对时间规则的类型进行划分,由此形成多样的时间规则。那些从时间属性开展的有关时间规则重要性的阐述反映了时间规则理应成为政策制定主体需要去关注的某种时间变量。

(三) 行动层面:时间策略

时间策略是时间的行为化水平。具体为(行为主体)所选择的时间要素,以及政治行动者和管理行动者对时间的操纵。② 在公共政策领域,时间策略特指公共政策制定主体关于时间的选择、运用、操纵、利用等各种行为表现。一旦时间不再只是事物发展变化的场景和衡量尺度,成为一个有意义的存在时,行为主体就有必要对时间的战略性——游戏性侧面有充分的理解。他们需要学会将时间从一个受限制的、线性的、易逝的因素,转变为一个灵活的因素,其中包括促使时间能被计划的、预期的、可拖延的、提高的、可避开的、可延长的、可压缩的、可划分的、标准化的、多样的、分段的、错列的,甚至是可浪费的。③

时间策略表示了政治行动者和管理行动者时间上的实际选择。比如,什么时候启动政治活动或管理活动,选择以什么样的时间顺序进行政治活动或管理活动,选择多少时间以及以什么样的速度开展政治活动或管理活

---

① Esra Lagro, "The Temporality of Enlargement: Comparing East Central Europe and Turkey", paper presented at the Biennial Conference of the European Studies Association, May 17-20, 2007, Canada.
② Jan-Hinrik Meyer-Sahling, "Time and European Governance: An Inventory", presented at the Biennial Conference of the European Studies Association, May 17-20, 2007, Canada.
③ Philippe C. Schmitter and Javier Santiso, "Three Temporal Dimensions of the Consolidation of Democracy", *International Political Science Review*, 1998, 19(1).

动等。然而,需要指出的是,时间策略除了是一个事实陈述之外,即它们表示行为主体实际上在使用什么样的时间策略,它还涉及价值判断。人们肯定会对行为主体的时间策略进行价值上的评判,因为行为主体可能会基于多种理由,诸如政治的考量、技术的考虑,也可能基于法律的规定、道德的遵从而采取相应的时间策略。但是,这些行为主体的反对者和质疑者有可能会从相反的方向来评判这些策略的有效性和价值。①

存在一个很长的可以被行为主体运用的时间策略清单。这一时间策略清单中的时间策略包括:延迟和等待、加速、截止期限、承诺、抓住时机、直到可分散注意力的事件出现时再发布不好的消息、确定未来行动的时间、自称是新的和唯一的出路、自称回归传统、自称为时已晚十项时间策略。② 除了这些时间策略外,行为主体能够运用的时间策略还有很多种类型。有些时间策略因为特定的情景而被行为主体所运用,这些时间策略具有特定的内容与目的。例如,由于欧盟成员国数量的增加,欧盟委员会需要面对如何在扩张运动中维持核心权力,以及保证成员国行动一致性的难题。为应对这些难题,欧盟委员会采取了一些措施,如将成员国的申请期限设定为中期,以及调整了成员国申请的截止时间点,并且在成员国之间建立了一个主导性时间。抓住时机与创造时机是时间策略清单中运用较为广泛且比较重要的一种策略。抓住时机表示当时机出现的时候,行为主体能够快速地采取行动以便有效地利用时机。创造时机则强调行为主体对于时机的设计,其前提基础是认为时机具有非偶然性,它可以被人为地制造。比如,一些政治家会根据事件的类型和价值高低设计政治时机,由此产生打包策略、分散策略、强调策略、分阶段策略四种政治时机。③ 成本收益法等理性计算同样构成设计时机的常用方法,他们通过成本收益方法或信号原理计算得出时机及其出现的时间点。

时间本身的特征为行为主体运用时间策略提供了基本的动力。这首先在于不同时刻塑造的结果差异和不同时间分配下结果的迥异。关于时刻、时间分配与结果的关系等方面内容,已经在时间规则部分中得到阐述,此处不再赘言。另外一个方面不能被忽视,它与行为主体所面对的时间的两个特性有关。一是时间的稀缺性,二是时间的不确定性。

---

① 唐贤兴、堵琴囡:《时间中的公共政策制定:一个概念化的分析框架》,《复旦学报》(社会科学版)2015 年第 6 期。
② Christopher Pollitt, *Time Policy and Management*, Oxford University Press, 2008, p.177.
③ John Gibson, "Political Timing: A Theory of Politicians' Timing of Events", *Journal of Theoretical Politics*, 1999, 11(4).

从时间的稀缺性方面看，有必要关注到，与行为主体所面临的任务数量相比较而言，那些行为主体，诸如政治行动者和管理行动者所拥有的时间是有限的。显然，面对任务数量，有限时间意味着任务必须以某种形式对其作出限制。通过对这些数量繁多的任务进行一定的排序，使它们"'像经过漏斗一样穿过一个不断缩小的瓶颈'而被不断筛选"。[①] 对于那些行为主体而言，有限时间表示他们必须节省自己的时间去做被他们视为最应该优先考虑的主题。或是想要获得某一目标和价值，就必须放弃另一些东西。总之，只要时间被看作或被感知到越来越稀缺，人们越加认为时间是稀缺性资源，具有越来越多的用途。因此，行为主体面临的一个根本任务是，在时间方面作出策略性选择，考虑什么时间开始进行什么样的任务，以及按照什么样的顺序完成任务。

时间的不确定性同样为行为主体运用时间策略提供了基本动力。关于这一点，需要充分认识到随着社会发展，时间所呈现的变化。大约从20世纪80年代开始，整个人类社会的每一个方面都呈现复杂性和不确定性迅速增长的趋势。[②] 在国家、政府、社会的转型过程中，时间的不确定性表现得更加显著。时间的不确定性意味着行为主体周边存在大量风险。这些风险不仅会导致时间被感知为一段段的时间间隔，而且它也可能造成政治行为主体处于盲区之中。也就是，他们在准确且有效地预知未来会发生什么方面临更多的困难。故而，行为主体需要作出时间策略上的选择，为每一个任务安排合适的时间段，从而规避风险。

行为主体运用时间策略的基本动力来源还可以从时间规则方面作出解释。时间规则是由正式和非正式的规则管理着的时间维度。对于处在时间规则中的行为主体而言，时间规则表示他们在时间方面将受到一系列的约束。作为具有自主性和能动性的行为主体，显然，他们并不愿意完全遵照时间规则，尤其是当时间规则引起的资源权力分配与他们的利益相悖时，这种情况将更加显著。因此，运用时间策略成为他们摆脱时间规则、应对时间限制而作出的行为上的选择。

行为主体对于时间策略的选择可以表现为不同的过程，它既可能是个技术过程，也可能是个政治过程。在一些特定情景下，时间策略的选择是理性计算的过程。行为主体通过成本-收益分析或经济模型等方法，计算各个

---

① 唐贤兴、堵琴囡：《时间中的公共政策制定：一个概念化的分析框架》，《复旦学报》（社会科学版）2015年第6期。

② 张康之：《合作的社会及其治理》，上海人民出版社2014年版，第24页。

时间策略的优缺点,从中选择最优策略。它同样可能呈现为一些行为主体之间竞争和博弈的过程。当时间策略会对多元行为主体产生广泛影响时,这一过程的政治性将表现得尤为明显。当然,时间策略的选择同样可以是一种制度输出,由于某一些制度的规定,行为主体选择了与制度要求相符的时间策略。这种情况常见于当行为主体认同于时间规则所作出的时间性规定时。作出这些判断的依据来自理性主义、公共选择理论、多元主义理论、制度主义等理论基础。

总之,时间策略是时间的行为化水平,是行为主体对时间的选择与操纵。时间策略可以从两个方面被看待:一是事实陈述,二是价值判断。从时间本身的特性来看,行为主体运用时间策略的基本动力来源不仅受到时间规则的约束,还包括时刻和时间分配的重要性,以及时间的稀缺性和不确定性带来的挑战。行为主体对于时间策略的选择表现为不同的过程形态,它既有可能是个理性过程,也有可能是个政治过程,在某些情况下,它又呈现为一种制度的输出。

(四) 三个时间分析维度之间的关系

政策制定主体是时间观念、时间规则、时间策略之间产生关系的基本连接点。原因在于三个时间分析维度都是基于政策制定主体如何理解时间这一视角而得出的。除此之外,还可以从研究逻辑、研究目的、内涵三个方面来理解时间观念、时间规则、时间策略之间的关系。

从研究逻辑上看,三个时间分析维度呈现相对独立性。具体而言,每一个时间分析维度都拥有自己的"生命轨迹"。也就是说,三个时间分析维度有着各自的内涵、属性、特征与表现。每一个时间分析维度能够各自与公共政策制定产生影响机制与影响结果。并且,它们中的任何一个都可以独立呈现时间在公共政策制定中是一个应该且必须被赋予足够重视的要素。

从研究目的上看,三个时间分析维度构成一个完整的整体。尽管它们在逻辑上具有相对独立性,并且任何一个时间分析维度都可以独立呈现时间对于公共政策制定的关键意义。但是,基于政策制定主体视角,时间既是个被认知的对象,又是个被建构出来用于约束与控制他们的制度工具,同时也是他们能够去运用的行动资源。只有把三者结合起来,才构成政策制定主体所理解的相对较为完整的时间。与此同时,为了更为全面地考察时间与公共政策制定之间的内在关系,并有效地解释政策理论关注时间研究的重要性,也有必要把这三个时间分析维度综合起来。

从内涵上看,三个时间分析维度之间存在相关性。首先,时间观念、时间规则、时间策略三者之间能够相互影响。观念可以像扳道工一样决定行动运行的轨道，故而，时间观念会影响政策制定主体在政策制定过程中对时间规则的建构，以及关于时间策略的选择。由于制度能够塑造观念，制约或引导激励行动，作为具有制度实践性质的时间规则同样会对时间观念和时间策略带来影响。而政策制定主体所运用的时间策略也有可能改变他们的时间观念和约束他们的时间规则。其次，时间规则和时间策略有时候会出现重叠，即指向同一个时间要素。由某些行动主体基于某种目的而采取的时间策略，对于这一时间策略的作用对象来讲，该时间策略是向他们作出时间性规定的时间规则。为此，同一时间要素会因为不同行为主体所看的角度不同，被一些行为主体视为时间策略，也会被另一些行为主体当成时间规则。最后，虽然时间观念、时间规则、时间策略对公共政策制定及其过程所产生的影响与作用机制具有差异性，但它们均普遍存在于公共政策制定中，因而可能会共同作用于公共政策制定。这意味着，当探究某些公共政策制定实践现象时，某些时候可能需要作出对这三个维度的综合分析。

考虑到本书的目的在于建构时间与公共政策制定的一般性分析框架，并且运用此框架系统阐述两者之间的内在关系等内容，为更好地聚焦于研究问题与研究目的，三个时间分析维度之间的相互关系并没有被纳入探讨之中。

三、时间与政策制定研究的一个新分析框架

时间观念、时间规则、时间策略是政策制定主体基于不同层面对时间的理解。它们有着不同的内涵和表现形式，共同构成了探讨时间与公共政策制定复杂关系的主要分析维度。根据已经明确的这三个时间分析维度，这一节建构形成了时间与政策制定研究的一般性分析框架，主要阐述这一分析框架的具体内容，以及此分析框架与既有政策过程分析框架在时间研究上的区别。

（一）概念化分析框架的具体内容

在概念化分析框架中，对于时间与公共政策制定之间复杂关系的具体分析，主要包括三方面的内容，分别是时间观念与公共政策制定的塑造、时间规则与公共政策制定的约束、时间策略与公共政策制定的选择。这三方面的内容在具体阐述过程中，每一个部分又都将围绕"作为事实的时间"与"作为影响变量的时间"两个核心主旨进行。因此，事实性分析、影响力分

析、结果分析是上述三方面内容展开阐述的基本分析路径。三方面的具体内容如图 3-1 所示。

图 3-1　时间与公共政策制定研究的分析框架

1. 时间观念与公共政策制定的塑造

首先，政策制定主体所拥有的时间观念的类型与表现。时间观念是行为主体从认知层面去理解的时间。时间普遍存在于公共政策领域之中，政策制定主体同样会从认知层面去理解时间，从而形成基于公共政策制定这一特定情境的时间观念。时间观念的主观认知性表明，时间观念因人而异，它是一个具有多重属性的概念。对于政策制定主体而言，他们所拥有的时间观念呈现多样性与异质性。类型学是基于一定的属性来识别对象，并将其分组归类的方法体系。通过对某一对象进行类型上的区分，有助于更好地把握与剖析这一对象，而且还能够为进一步探索与论证相关议题提供基础。因此,有必要对政策制定主体所拥有的时间观念进行类型上的划分。人们可以根据不同的标准对政策制定主体所拥有的时间观念作出相应的类型划分。从政策问题、政策目标、政策环境等要素来看,公共政策应当是在三种时间情景下制定,即历史情景、当下情景、未来情景。但是,政策制定主体并不一定会在认识上赋予这些时间足够的重视。根据这一论述,政策制定主体如何看待过去、现在与未来是时间观念类型划分的一种标准。

其次,影响政策制定主体时间观念形成的因素。政策制定主体拥有多样化的时间观念类型,这为寻求那些塑造某一特定时间观念的影响因素提供了基础。与此同时,拥有某一时间观念也并不表示这种时间观念是恒定不变的,时间观念同样是一个能够被其他因素影响与塑造的概念变量。政策制定主体拥有某一种时间观念,虽然时间观念普遍表现在个人身上,但是影响与塑造特定时间观念形成与变化的因素不是个性的,而是共性的。通常认为,政策制定主体的某一特定时间观念的形成受到政策过程中的多种因素影响和塑造,包括任期制度、权力约束机制、组织结构等。

再次,时间观念与公共政策制定之间的因果联系。上述两个方面的内容表明了时间观念在公共政策制定领域中的普遍性存在。换而言之,能够通过这两个方面的阐述去论证时间观念作为事实的存在。除了作为事实的存在之外,政策制定主体所拥有的时间观念,像制度、结构等因素,一样能够影响公共政策制定。这部分的内容构成用于阐述时间观念作为影响变量的主要内容之一。与此同时,对时间观念与公共政策制定之间的因果联系展开探讨也是研究时间观念影响公共政策制定的前提基础。

最后,时间观念对公共政策制定的塑造影响。上述部分关于时间观念与公共政策制定之间的因果联系为两者之间影响的产生提供了基础。无论政策制定主体拥有何种类型的时间观念,它们都能够影响公共政策制定。强调时间观念能够为公共政策制定带来影响,并不是在于否定制度、结构、行为等其他因素对公共政策制定的影响。这部分的内容旨在表明,时间观念如同这些因素一样,能够以多种方式影响并作用于公共政策制定。因而,时间观念具有解释公共政策制定及其过程的分量。

2. 时间规则与公共政策制定的约束

首先,明确在公共政策领域中,为政策制定主体作出时间性规定的时间规则的类型与形态。制度层面是政策制定主体理解时间的另一个层面,时间在制度层面上表现为时间规则。人们会基于时刻和时间分配的重要意义,以及特定情境的需要去建构时间规则。政策制定过程是在一定政治、经济、社会文化的环境中发生的。显然,对于政策制定主体而言,他们必然会面对多种时间规则。时间规则具有不同种类,时间性规定方面也不尽相同。因而,有必要对那些向政策制定主体作出时间性规定的时间规则进行类型上的划分,指出它们得以建构的基础、所规定的时间内容、制度化程度等方面内容。

其次,时间规则对公共政策制定及其过程带来的约束。从政策制定主体需要面对的时间规则类型去理解时间规则与政策制定的关系是必要的,但是并不全面与完整。类似于时间观念,时间规则除了作为一种事实而存在,它们同样如结构、制度、行为等因素一样能够对公共政策制定及其过程产生约束性作用。时间规则通过规定时间内容而发挥着它们的约束性功能。尽管政策制定主体面对的时间规则不同,它们对公共政策制定的约束功能和约束方式也会不同,但是仍然存在着一些共同的约束方式和约束功能。

再次,政策制定主体在时间规则方面的建设情况。时间规则以多种方式约束着公共政策制定。时间规则之于政策制定主体的意义凸显。由此,政策制定主体如何理解与重视时间规则构成时间规则与政策制定研究需要进一步探讨的问题。这一方面涉及的具体内容之一是有关政策制定主体对时间规则的建设情况。政府是公共政策制定中的核心政策制定主体,他们在某一类时间规则的建设方面,以及在这一类时间规则的发展与变迁方面能够提供一个切入点,用于解读政策制定主体在时间规则方面的认识与重视程度。

最后,受多种时间规则约束的政策制定表现和政策制定主体对时间规则的遵从情况。政策制定是否会面临多种时间规则及其影响?当不同时间规则组合在场的情况下,公共政策制定呈现什么样的表现?另外,尽管时间规则会对公共政策制定带来多个方面的约束,但是政策制定主体是否必然会遵从时间规则?他们倾向于遵从或者不完全遵从哪些类型的时间规则?这些遵从行为或不遵从行为背后的逻辑是什么?

3. 时间策略与公共政策制定的选择

首先,时间策略的类型和促进政策制定主体运用时间策略的动力因素。从时间方面看,政策制定主体是一个既深受时间规则的约束,又是具有主体能动性的行为主体,故而会去运用与操纵时间。在公共政策制定领域中,存在许多种类型的时间策略可供政策制定主体使用。政策制定主体对于时间策略的运用需要一些因素为此提供动力。这些动力因素的存在不仅关系到时间策略在公共政策领域的普遍性,而且也决定了政策制定主体运用时间策略的频率情况。

其次,时间策略的运用给公共政策制定带来的影响。政策制定主体选择、运用、利用、操纵一项或多项时间策略,必然会对政策制定过程及其结果带来影响。揭示与分析这些影响,可以更加全面地理解时间策略与政策制定的内在复杂关系。选择的时间策略种类不同,运用的方式不同,就会为公共政策制定带来不同的影响。不过,仍然存在着一些共同的影响方面。只是在这些影响方面中,有些是正面性影响,有些是反面性影响,这些取决于所运用的时间策略与具体情境。

再次,政策制定主体运用时间策略的过程。在一些动力因素的推动下,政策制定主体就会在政策制定过程中运用一项或多项时间策略。并且,他们会对这些所运用的时间策略及其运用过程作出判断。但是,公共政策的反对者或质疑者有可能从相反的方向去评判这些时间策略。因此,关于政策制定主体运用时间策略过程的描述,包括了事实层面与价值层面两大方面。一旦时间策略的运用出现了价值判断上的碰撞与冲突,如何最大化地降低这种碰撞与冲突同样需要得到探讨与分析。

最后,时间策略的常态化运用。时间策略除了在具体的政策制定过程因为某些动力因素而被不特定运用外,特定的时间策略类型也会被运用于不同的政策领域和政策类型的制定过程。那么,时间策略的常态化运用现象是怎么产生的,为何会出现时间策略的常态化运用?

(二) 概念化分析框架与政策过程分析框架的比较

为加深对概念化分析框架的认识与理解,有必要进一步比较本研究框架与其他分析框架之间在时间研究方面的区别。其他分析框架包括政策周期(阶段)论、多源流分析框架、渐进决策模型、间断均衡理论、倡议联盟框架五种。事实上,上述这些框架属于政策过程理论与分析框架。然而,由于它们都不同程度地关注了时间,从时间研究方面看,可将概念化分析框架与它们进行比较。表 3-1 从建构视角、时间研究、核心分析内容三个方面列出了这些框架之间在时间研究方面的主要区别。

表 3-1　概念化分析框架与政策过程框架在时间研究上的比较

分析框架	建构视角	时间研究	核心分析内容
概念化分析框架	政策制定主体	时间作为事实与影响变量	时间与政策制定的关系
政策周期(阶段)论	研究分析者	时间作为政策过程特征与现象	政策过程的各个阶段环节
多源流分析框架	研究分析者	时间作为政策过程特征与现象	三个源流

续表

分析框架	建构视角	时间研究	核心分析内容
渐进决策模型	研究分析者	时间作为政策过程特征与现象	权力结构与决策
间断均衡理论	研究分析者	时间作为政策过程特征与现象	政策图景、制度结构与政策变迁
倡议联盟框架	研究分析者	时间作为研究对象存在的场景或坐标尺度	联盟的信念体系、子系统外非认知性因素与政策变迁

第一个主要区别体现在,从研究时间与公共政策制定来看,这些分析框架的建构视角不同。概念化分析框架基于政策制定主体的视角而得出,强调政策制定主体所认知与理解的时间。相比较而言,政策周期(阶段)论、多源流分析框架、渐进决策模型、间断均衡理论、倡议联盟框架主要侧重于从研究分析者的角度来开展时间研究。这些分析框架对于时间的研究,偏向于研究上的需要或研究者的有意识。

第二个主要区别表现在这些分析框架关于时间的认识与运用。概念化分析框架不仅把时间视为一种事实,即时间普遍性地存在于公共政策制定之中,而且把时间看成一个影响变量,也就是时间会对公共政策制定造成影响。而在政策周期(阶段)论、多源流分析框架、渐进决策模型、间断均衡理论等几个分析框架中,时间是政策过程所呈现的特征与现象,依次表现为循环周期现象、时机现象、渐进现象、长期稳定且短期突变现象。另外,在倡议联盟分析框架中,时间主要被作为研究对象存在的场景或坐标尺度。

第三个主要区别是这些分析框架旨在探讨的主要内容存在差异。除了概念化分析框架是以时间为核心分析对象之外,时间并没有能够成为一个核心分析对象出现在其他分析框架中。政策周期(阶段)论旨在研究的是政策过程的各个阶段环节。问题源流、政治源流、政策源流构成多源流分析框架的主要分析内容。渐进决策模型的主要分析内容是多元的权力结构与决策之间的关系。间断均衡理论则通过揭示政策变迁的时间特征,探究政策图景、制度结构对政策变迁的影响。在倡议联盟框架中,倡议联盟的信念体系、子系统外非认知性因素如何影响政策变迁是主要的分析内容。

四、小结：再认识时间与公共政策制定

为了探究公共政策制定与时间的内在关系，本章基于政策制定主体视角提出了囊括三个时间维度的分析框架。这一分析框架强调，在公共政策制定过程中，政策制定主体对于时间要素的认知与行动。因此，该分析框架下的时间要素并不仅仅被看成公共政策制定的自变量或因变量，时间构成公共政策制定及其过程表现出的要素，还应该将时间要素当成公共政策制定的内生变量来理解和重视。

政策制定主体从认知层面、制度层面、行动层面来理解时间，时间要素分别在这些层面表现为时间观念、时间规则、时间策略。时间观念具有多重属性，且能够被其他因素所塑造与影响。时间规则是制度层面关于时间方面的规定，人们基于各种各样的理由去建构多样化的时间规则。时刻和时间分配在人类行为中的重要性凸显了时间规则所具有的意义。时间策略意味着行为主体具有能动性，他们能够对时间要素作出选择、运用、操纵和利用。时间策略在不同情境下会有不同的表现。时间策略的选择过程既可以表现为技术过程，也可能表现为政治过程或制度过程，这取决于时间策略被运用时的动力来源和影响时间策略运用的因素。时间观念、时间规则、时间策略三个分析维度在研究逻辑上相对独立，但在研究目的与概念内涵方面存在一定的相关性，并且三者构成系统化探究时间与公共政策制定之间内在关系的统一整体。概念化分析框架的具体内容包括：时间观念与公共政策制定的塑造、时间规则与公共政策制定的约束、时间策略与公共政策制定的选择。

政策周期论、多源流分析框架等政策过程理论与分析框架也都不同程度地关注了时间要素，但它们与概念化分析框架在建构视角、时间研究、核心分析内容等方面存在差异。在本书的概念化分析框架中，时间要素被置于政策制定研究的核心位置，既包括对时间特征与现象方面的分析，也涉及对时间与公共政策制定因果机制的探讨。

第四章　时间观念与公共政策制定的塑造

第三章为时间与公共政策制定的研究提供了一个概念化分析框架。构成这个框架的三个时间性分析维度，既可以被看作存在于公共政策领域中的事实，也是能够对公共政策制定带来影响的变量。这三个时间维度及其与公共政策制定的紧密联系在第三章中只是作了简单的、概括性的处理。接下来的这三章将根据第三章建立的理论分析框架，分别对它们进行深入的阐述。在公共政策制定领域中，时间首先是个被认知的对象。因此，本章将围绕时间观念这一维度，阐述不同的时间观念如何成为政策形态及其发展变化的重要影响因素，具体探讨的内容包括：政策制定主体拥有的时间观念主要类型、形成特定时间观念的因素、时间观念与公共政策制定之间的因果联系，以及时间观念对公共政策制定的影响方式和影响结果。可以认为，上述这些内容的每一个方面都在说明，时间观念在公共政策制定领域中的普遍性和重要性。

通过时间观念与公共政策制定的这些方面的阐述与论证，本章试图回答和揭示：政府决策者在制定一项公共政策时，既需要面对历史过去，也要思考当前的问题，还有必要考虑政策可能的未来影响。那么，他们是如何考量处于不同时间点上的各类因素？形成了哪些不同的时间观念？为何一些政府决策者会深深地受到由过去政策行为产生的政策遗产的影响，而另一些政府决策者受到的影响比较小？是什么导致了政府决策者对于不同时间点上的因素的特定认知？政策制定主体在政策制定过程中拥有不同的时间观念，会对公共政策带来哪些影响？现有研究指出了政策僵化、政策路径依赖、政策短期化、政策维持、政策中止等政策现象，但较多的是分开探究这些现象产生的原因，是否有一个统一的分析维度能够解释这些现象背后的共同影响机制？

一、政策制定主体拥有的时间观念：
主要类型与表现形式

时间观念是行动主体对于时间的认知水平，它的主观认知性表明时间观念因人而异。人们所拥有的时间观念多样且异质，有些甚至完全相反与互斥。在公共政策领域中，时间观念同样表现如此。因而，人们依据不同的角度或不同的分类标准来认识与理解政策制定主体所拥有的时间观念。比如，线性时间观念与循环时间观念之间的区分；静止时间观念与流动时间观念的差异；又或是根据时间长度，把政策制定主体拥有的时间观念划分为"五年内""五年至十年""十年至二十年""二十年至五十年"等。所有的过程都是在过去中发生的。同样地，公共政策是在历史过去塑造的既有环境中开展，决策者不得不面对来自过去的限制与约束。与此同时，公共政策是对特定的社会现实问题的普遍性回应，并希冀通过一系列的政策行动在现在或未来实现对特定社会现实问题的解决。这意味着，政策制定主体在制定任何一项公共政策的时候，都将面临三类时间：历史过去、当下现在、未来预期。由此，根据政策制定主体如何看待过去、现在、未来，或是政策制定主体在认知上对过去、现在、未来的不同重视状况，将政策制定主体拥有的时间观念划分为失忆型（忽视过去）、陀螺型（延续过去）、求诊型（只顾当下）、树木型（兼顾过去、当下与未来）（图4-1）。

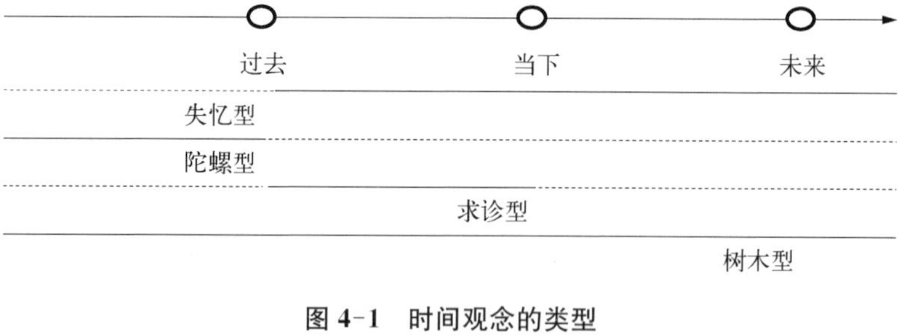

图 4-1 时间观念的类型

本章将重点结合 37 个案例（表 4-1）展开阐述与论证。考虑到案例资料收集的完备性要求，这 37 个案例绝大多数来自中国的政策实践，且这些政策实践凸显了政策制定主体不同的时间观念表现。这些案例的资料收集综合了公开发表的期刊文献、政府网站、官方权威的新闻报道、图书专著等多种资料来源。37 个案例根据时间观念类型的差异共分为三组，第一组的选取标准为失忆型时间观念,用于分析失忆型时间观念的表现形式与失忆型时间观念对政策制定的影响。第二组的选取标准为陀螺型时间观念,用于分析陀螺型时间观念的表现形式与陀螺型时间观念对政策制定的影响。第三组的选取标准为求诊型时间观念,用于分析求诊型时间观念的表现形式与求诊型时间观念对政策制定的影响。三组案例的比较分析用于探究塑造不同时间观念的影响因素,以及不同时间观念如何导致不同的政策形态。37 个案例涉及不同的政策领域、不同地域的政府、不同层级的决策者、不同的政策时间,时间跨度为 1995~2021 年,政策领域涵盖乡镇改革政策、医疗保健服务政策、税收优惠政策、资助政策、教育政策、交通政策、人才政策、房地产政策、招商引资政策等。

表 4-1 时间观念与公共政策制定塑造的案例列表

时间观念的类型与相关案例		
失 忆 型	陀 螺 型	求 诊 型
朝阳市万商国际城市广场项目政策	乡镇体制改革政策	永安市 2009 年高中阶段招生政策
南京市麒麟有轨电车项目政策	英国国民医疗保健服务政策	河南烟花爆竹禁止燃放政策
邯郸市邯郸机场项目政策	建设部(现为住房和城乡建设部)商品房销售面积计算及公用建筑面积分摊政策	无为市促进建筑业和房地产业健康有序发展政策
宁波市中石化镇海炼化分公司扩建炼化一体化项目政策	劳动教养政策	张北县收取草原天路风景名胜区门票政策
西安市交通限行管理政策	中国人民银行等部门延长普惠小微企业贷款延期还本政策	深圳市禁摩限电政策
浙江省地方税务局科技成果转化税收政策	国务院关于机关事业单位工作人员养老保险制度改革政策	沈阳市促进房地产市场健康发展政策
浙江省国家税务局不得收取增值税专用发票保证金政策	研究生资助政策	重庆市 2014 年医疗服务项目价格政策
深圳市促进股权投资基金业发展政策	西安市延续新能源汽车推广应用优惠政策	兰州市机动车单双号限行政策

续 表

时间观念的类型与相关案例		
失 忆 型	陀 螺 型	求 诊 型
中华人民共和国资源税代扣代缴管理办法	统筹推进世界一流大学和一流学科建设政策	沁阳市招商引资政策
揭阳市国家税务局关于全国统一更换新版普通发票政策	杭州市鼓励出国留学人员来杭创业政策	深圳市加强泥头车运输企业安全管理政策
广东省住房和城乡建设厅暂停受理部分企业资质核准事项政策	合肥市城市轨道交通乘客守则	东莞市禁止养猪政策
国务院清理规范税收等优惠政策		
中山市古镇镇计划外生育费征收政策		佛山市加强房地产市场调控政策
海阳县科学技术进步奖励政策		

（一）失忆型：忽视过去

失忆型（忽视过去）时间观念是指政策制定主体在制定政策过程中没有给予与政策相关的历史过去充分的重视，在信息收集、方案设计、决策等方面忽视历史过去。失忆型与陀螺型两种时间观念都与过去有关。许多理论研究表明，过去具有两面性。一面是作为连续的过去，另一面是作为智力的过去。历史制度主义和政策反馈研究强调，所有的决策都是在历史情境下作出的。因此，过去是含有制度遗产的、有意义的存在，它对后续的政策选择带来了限制。在那些政策学习的研究者看来，过去构成了政策制定主体学习的主要来源之一。许多现在所碰到的政策问题都曾经出现在过去之中。人们从过去中继承了人造结构，如有关制度、信念、工具、技术、外部符号储存系统。① 总之，过去不仅是一种具有长期持久且影响深远的结构形式，它还是储存信息、可

---

① [美]道格拉斯·诺思：《理解经济变迁过程》，钟正生、邢华等译，中国人民大学出版社2013年版，第141页。

供学习与运用的经验性资源。然而，并非所有的政策制定主体都能够完全意识到过去所指向的这两层含义。一种没有能够给予过去足够的重视，表现为忽视过去的时间观念；另一种则因继承过去，甚至拘泥于过去本身，表现为延续过去的时间观念。

由于历史过去是重要的，忽视过去的时间观念被布莱恩 W.霍格伍德和盖伊·彼得斯等研究者认为是公共政策中经常会出现的一种病理现象，政府决策基于各种原因而导致记忆失败。① 政策制定主体拥有忽视过去的时间观念并非完全出于一种自然反应，在某种程度上，它是政策制定主体通过分析与判断而形成的。这表明，存在着两种忽视过去的时间观念：无意识地忽视过去的时间观念与有意识地忽视过去的时间观念。前者是指政策制定主体完全忽视过去，或者没有意识到过去可能与当下或未来的政策议题相关，又或者是记录记忆的载体面临维修；后者表示政策制定主体认识到了过去，但可能基于寻找过去存在难度，或出于责任规避、政策偏好等方面的考量而选择忽视过去。一般而言，导致寻找过去存在难度的情况主要包括：有关过去的各种垃圾信息的存在；政策制定主体没有足够的时间和精力，以及缺乏一定的技巧去寻找和收集过去；记录过去的载体更多凭借语言，而非通过文本；有些过去并不一定具有规律性，它的发生有时候是偶然的；对过去的解读有多个版本，决策者需要的过去不尽相同。②

忽视过去的时间观念普遍存在于国内外政策制定的实践之中，并形成了不同的表现形式。根据过去所指向的内容和案例的归纳总结，忽视过去的时间观念共包括四种表现形式：一是忽视"由前任官员公开颁布实施的政策"，即新官不理旧账；二是没有对"过去制定的且已经不适应社会发展的政策"作出及时的清理（如公布失效、修改等）；三是在政策制定过程中忽略"过去的成功或失败政策经验"；四是在政策制定过程中忽视"过去已经制定的相关（上级政府及其职能部门或其他部门）政策规定"。

忽视过去的时间观念的第一个表现是忽视"由前任官员公开颁布实施的政策"。"人走政息"与"新官上任三把火"几乎是同一个范畴的两种现象，这两种现象共同反映了政策制定主体拥有忽视过去的时间观念。这种忽视包括不理不问、闲置搁置、变更废止、全盘否定、摆摆样子等行为。一项针对官员落马后其在任期间确定和主推的项目政策的后续处置情况的调查发

---

① Brian W. Hogwood and B. Guy Peters, *The Pathology of Public Policy*, Clarendon Press, 1985, pp.83-85.
② Richard Rose, *Lesson-Drawing in Public Policy: A Guide to Learning across Time and Space*, Chatham House Publisher, 1993, pp.81-82.

现，在所调查的项目政策总数（11项）中，仅有45%（5项）的项目在各种力量的推动下重启或重建完成，仍然有55%（6项）未能得到重视，其中45%（5项）处于烂尾状态，10%（1项）被彻底搁置。①

在本书收集的忽视过去的时间观念案例中，朝阳市万商国际城市广场项目政策、南京市麒麟有轨电车项目政策、邯郸市邯郸机场项目政策等案例均表现为忽视过去的时间观念的第一种表现形式：忽视由前任官员公开颁布实施的政策。万商国际城市广场项目投资约10亿元，当时不仅被视为东北地区最大的商贸项目，而且是时任朝阳市委书记陈铁新主推的1号工程。但自2014年7月24日陈铁新落马后，该项目停滞，没有继续开工建设，一些原本给予该项目的用地承诺也在之后的会议上被取消。直到2017年5月月底，朝阳市委、市政府召开万商国际城市广场项目协调会，逐步商议对该项目的解决方案。由南京市时任市长季建业主推的总投资25亿元的麒麟有轨电车项目，原定于2014年8月通车，但在季建业落马后该项目同样面临停滞的局面。在河北省邯郸市，前任市长唐若昕在主政期间确定了邯郸机场、煤化工和邯济铁路三个项目。然而，自前任市长调任后，这些项目在后续的新任市长任期期间均被搁置。除此之外，2004年明确的邯郸市沁河退污还清工程同样由于市长的频繁更换而历经多次修修停停。2011年年初发生于山西省大同市的游行事件，正是民众出于政府长期存在忽视过去的时间观念的担忧。他们试图通过以挽留耿彦波市长为目的的游行，希望新任市长能够延续前任市长的政策。由耿彦波主政期间制定的大同名城复兴计划确实在其离任一年多时间中，没有能够得到延续，多处工程因而濒临烂尾。

忽视过去的时间观念的第二个表现是没有对"过去制定的且已经不适应社会发展的政策"作出及时的清理，比如公布继续有效、失效、修改、废止等处理决定。中山市古镇镇计划外生育费征收政策、海阳县科学技术进步奖励政策、浙江省地方税务局科技成果转化税收政策、浙江省国家税务局不得收取增值税专用发票保证金政策等案例均反映了忽视过去的时间观念的这一表现。颁布实施于2000年的中山市古镇镇关于计划外生育费征收标准的政策直到2020年12月7日因规范性文件的清理工作需要，才公告废止。而此期间，计划外生育费征收的参照标准无论是地方人均纯收入的标准，还是国家生育政策都已经发生了变化。同样地，海阳县于1995年

---

① 鲁伟、熊平平、刘思维：《落马官员遗留工程烂尾之殇：千户家庭"失房"十年非个例》，《财经》2017年第8期。

颁布实施的《海阳县科学技术进步奖励试行办法》经过了 28 年,才在 2018 年 9 月 18 日规范性文件集中清理工作中被宣布废止。1999 年,由浙江省地方税务局颁布的科技成果转化税收政策、1997 年由浙江省国家税务局颁布的不得收取增值税专用发票保证金政策都直到 2021 年 3 月才公告废止。另外,从国家针对各政策领域的规章和规范性文件的清理来看,许多早期颁布实施的政策都没能够得到及时的清理。"十三五"时期,全国清理各类政策措施文件 189 万件,修订废止文件近 3 万件。在招投标领域,据统计,2012 年至 2015 年初,国家发展和改革委员会等 7 个部门清理的各类政策文件达 154 件,31 个省、自治区、直辖市共清理各类政策文件 4 612 件。

忽视过去的时间观念的第三个表现是在政策制定过程中忽略过去的成功或失败政策经验。对重复出现的类似政策问题,抑或已经出现成功或失败的政策情况,政府决策者依然采取导致政策面临困境的政策行为,或是没有采取积极的措施完善政策行为,以避免政策困境的产生,忽略了过去的政策情况与当下政策问题或当下政策诉求之间的联系,缺乏对彼时彼地做过或发生的政策行为和事件是否会在此时此地发生的思考。2007 年,由于没有足够重视市民在 PX 项目决策中的知情权与参与权,厦门市政府最初所制定的 PX 项目落户厦门市的政策只能以失败告终,PX 项目迁址漳州市。然而,这一经验教训没有被随后的政策制定主体赋予足够的重视,甚至被忽视。在 2009~2012 年,什邡市、启东市、大连市等地方的大型邻避项目政策再次因为游行、冲突等事件的发生而被终结,大型邻避项目不是被停止建设,就是被搬迁至其他地区。2012 年,宁波市中石化镇海炼化分公司扩建炼化一体化项目同样出现了数百名宁波市民前往广场开展抗议活动和项目不得不停止建设的情况。

2013 年天津市、2014 年杭州市、2014 年深圳市等地以突击式方式颁布实施小汽车限牌限行政策,遭到了社会的质疑,甚至一些法学专家向法制办提交撤销建议书。但 2016 年西安市依然以突击式的方式颁布交通限行管理政策,政策发布时间与生效时间仅间隔 1 小时 6 分。忽视过去的时间观念同样出现在国外的一些政策制定实践中。美国政府在应对卡特里娜飓风危机时出现了政策失败,原因在于美国联邦紧急事务管理署(FEMA)"丢失"了那些由过去应对飓风和暴风雨而积累形成的丰富经验。[①] 里根总统和

---

① Christopher Pollitt, *Time, Policy, Management: Governing with the Past*, Oxford University Press, 2008, pp.3-4.

撒切尔夫人以及他们的忠实支持者们总是不想知道他们的前任为何会采取某个政策项目。之所以出现这一现象,是因为他们时常认为,过去基本上是错误的。故而,当他们为某类公共问题制定公共政策时,拒绝认知与理解过去的政策。

忽视过去的时间观念的第四个表现是在政策制定过程中忽视"过去已经制定的相关政策规定"。尽管于2019年颁布的《重大行政决策程序暂行条例》规定,决策承办单位在拟定决策草案前应当全面梳理现有与决策事项有关的法律法规和政策等,但在实践中仍然存在忽视过去的现象。2010年7月,深圳市在制定促进股权投资基金业发展政策过程中,忽视了分别于2000年和2008年颁布实施的《财政部国家税务总局关于印发〈个人独资企业和合伙企业投资者征收个人所得税的规定〉的通知》《财政部国家税务总局关于合伙企业合伙人所得税问题的通知》,出台了相关税收优惠政策。2015年,广东省住房和城乡建设厅制定出台的暂停受理部分企业资质核准事项政策,忽视了与之前企业资质核准政策之间的过渡,导致一些企业无法正常开展业务,被广东省纪律检查委员会作为"为官不为"的典型进行了通报。2014年,国务院清理规范税收等优惠政策,决定对违反国家法律法规的优惠政策一律停止执行。但该政策忽视了一些已经签订投资项目且享受之前优惠政策的企业情况,导致地方政府陷入"继续执行违反规定"和"不执行面临违约"的两难境地。2007年9月4日,时任环保总局环境监察局副局长的田为勇在接受专访时指出,流域限批地区6市2县5区地方政府共清理有悖于环保法律法规的"土政策"或文件112件。①

(二) 陀螺型:延续过去

同样与过去有关,但与忽视过去的时间观念完全相反的是延续过去的时间观念。延续过去的时间观念是指政策制定主体在制定政策过程中给予与政策相关的历史过去足够的重视,在信息收集、方案设计、决策等方面倾向于历史过去。由于重视和倾向于历史过去,拥有这类时间观念的政策制定主体在认知上如陀螺一般,旋转不停,却始终相近于起点位置。基于政策制定主体对历史过去的重视和倾向状况,拥有延续过去的时间观念主要包括三种表现形式:一是在政策制定过程中,注重新政策与老政策(过去已经

---

① 《流域限批地区对有悖于环保法律法规的"土政策"进行清理》(2007年9月4日),中央政府门户网站,www.gov.cn/govweb/zxft/ft52/content_736741.htm,最后浏览日期:2023年5月30日。

颁布实施的政策)之间的衔接;二是维持既有政策的稳定;三是在信息收集、方案设计与抉择等方面,重视来自过去的政策经验和政策教训。

英国国民医疗保健服务政策、国务院关于机关事业单位工作人员养老保险制度改革政策、研究生资助政策、统筹推进世界一流大学和一流学科建设政策等案例是拥有延续过去的时间观念的表现之一,即注重新政策与老政策之间的衔接。英国国民医疗保健服务政策最初的政策目标和政策内容是控制服务成本,尽管该政策在实施之后产生了服务效率、服务公平等问题,政策在不同时期相继开展了"购买者与供给者相分离的竞争机制""大幅增加医疗保健支出"等政策调整,但之后有关政策目标和政策内容的调整始终在控制成本和经济效率之间寻求平衡,并将合同作为增量调整的方式,使其延续而不是挑战原先的政策。在机关事业单位工作人员养老保险制度改革的案例中,针对长期以来企业和机关事业单位养老保险的双轨等问题,国务院并没有在短时间内完全扬弃旧政策,而是在《国务院关于机关事业单位工作人员养老保险制度改革的决定》中强调:改革前与改革后待遇水平相衔接,立足增量改革,实现平稳过渡。对于改革前后不同人员的状况采取不同的措施。为推进高等教育,国家早期制定了助学金这一完全免费的研究生资助政策,即便在研究生教育发生了变化且公共财政面临研究生教育成本压力的情况下,之后的研究生资助政策也没有完全与助学金脱钩脱离,形成了普通奖学金(助学金)和优秀奖学金,并在此基础上形成了"奖、贷、助、补、减"的多轨资助方式。2015 年,《国务院关于印发统筹推进世界一流大学和一流学科建设总体方案的通知》颁布实施。"双一流"政策的目标是建设世界一流大学和一流学科,这与此前制定的"985 政策"(一流学科和一流学校)和"211 政策"(高校整体办学)一脉相承。"双一流"政策既表现为政策意图上的延续性,也表现为政策工具选择上的延续性。[1]

政策制定主体拥有延续过去的时间观念的另一种表现形式是维持既有政策较长时间的稳定。由于政策制定主体倾向于重复制造政策本身,绝大多数时候,这种表现形式又被视为具有保守主义倾向。尤其是当政策环境与政策问题已经发生改变时,政策制定主体仍然维持原先的政策,抑或没有作出大幅度的改变。诸如倡议联盟框架中所描述的那些倡议联盟,一旦外界环境发生改变,他们如果在足够长时间内仍然保持某种政策倾向,这些倡议联盟表现出了拥有延续过去的时间观念。在以英国为代表的国家里,高

---

[1] 张端鸿:《"双一流":新时期我国院校重点建设政策的延续与调适》,《教育发展研究》2016 年第 23 期。

级文官的数量不断增长,他们在政策制定过程中扮演着重要的角色。但是,他们对公共政策的影响绝大多数时候都是保守的,原因在于他们固守着一种维持现状的"不要兴风作浪"的哲学。①

1995年颁布实施的《商品房销售面积计算及公用建筑面积分摊规则(试行)》,经过了20多年,尽管在此期间社会公众和新闻媒体已经从公摊面积分摊规则不符合国际惯例、开发商推高公摊面积和公摊系数、公摊面积乱象等多个方面呼吁调整公摊规则,但是目前仍然沿用。2004年,420位人大代表提交了13份关于修改劳动教养政策的议案,同时,一些法学专家、学者对劳动教养存在问题作出了学理分析和政策呼吁,但该政策依旧得到了维持,直到2013年才正式被废止。2017年1月1日颁布实施的《合肥市城市轨道交通乘客守则》规定:一名家长只能带1名身高1.3米以下的小孩免费乘地铁。尽管中国生育政策已分别在2015年、2021年作出了调整,很多家庭带着二孩乘坐地铁,但该城市的交通乘客政策在此期间没有作出相应调整。为了鼓励出国留学人员前来创业,杭州市于2001年制定出台了留学人员购车优惠政策,包括留学人员可购买免税国产轿车一辆、小汽车牌照不需要摇号和免缴车辆上牌费。20多年后,无论是留学人员的规模、素质,还是人才环境均发生了变化,但购车优惠政策依然延续。

延续过去的时间观念的表现形式之一是维持既有政策较长时间的稳定,除了前面所指出的政策已经出现不合时宜却没有开启政策议程的情形外,还包括延长公共政策的有效期。受到新冠肺炎疫情影响,小微企业面临严峻的资金压力。2020年6月,中国人民银行等部门制定出台了中小微企业贷款实施阶段性延期还本付息的政策,实施期限为2020年年底。2021年3月,中国人民银行决定继续实施该项政策,以保持对中小微企业的金融支持力度。2014年9月,西安市政府出台《加快新能源汽车推广应用优惠政策》,政策优惠有效期截至2015年12月31日。2016年,西安市政府制定了延续新能源汽车推广应用优惠政策的通知,延长了2014年的优惠政策。

政策制定主体拥有延续过去的时间观念的还有一种表现形式是在信息收集、方案设计与抉择等方面,重视来自过去的政策经验和政策教训。由于此前乡镇改革长期陷入"精简—膨胀—再精简—再膨胀"的怪圈,乡镇改革决策对省级政府形成了较强的负面历史记忆。2003年,国务院要求下级政府进一步加强农村税费的改革。面对农村税费改革的决策任务,基于过去

---

① [美]加布里埃尔·A.阿尔蒙德、小G.宾厄姆·鲍威尔:《比较政治学:体系、过程和政策》,曹沛霖、郑世平、公婷等译,东方出版社2007年版,第287页。

乡镇改革产生的负面历史记忆，一些省级政府倾向于高估改革的成本和风险，而低估了改革后能够带来的收益，他们在乡镇的体制性改革上浅尝辄止，一些地方过了几年后甚至偃旗息鼓。① 威海市委副书记、市长张海波针对当地情况分析时指出，一些决策者在开展政策工作时习惯找依据、循惯例，遇到问题第一时间先看有没有政策规定可以执行、有没有典型事例可以借鉴。②

应当辩证地去看待延续过去的时间观念。延续过去的时间观念很多时候使决策者趋向于保守主义，甚至成为政策性信访数量增多的一个重要来源。但与此同时，如果政策制定主体基于延续过去的时间观念来制定一项政策，则在一定程度上有助于长期实现政策目标，保证政策效果的延续。这类政策普遍表现为与国家发展战略、长期稳定、长期效果紧密相关。

（三）求诊型：只顾当下

只顾当下的时间观念是指政策制定主体在制定政策过程中给予与政策相关的当下现在足够的重视，在信息收集、方案设计、决策等方面偏好于当下现在。拥有只顾当下的时间观念的政策制定主体如求诊者一般，头痛医头，脚疼治脚。公共选择理论假定，公共领域中的行为主体如市场中的经济人一样，追求个人利益最大化。这一理论强调行为主体所追求的利益内容或动机的多种多样。比如，权力、货币收入、便利、安全、个人忠诚、使命责任感等。从时间维度看，这些利益内容具有长期或短期的时间结构。当政策制定主体只追求短期利益，尤其是当下的利益时，他们便表现为拥有只顾当下的时间观念。

金登在对政策制定的议程设置环节开展研究时发现，许多政策制定主体只有等到政策问题演变为眼前危机之后，才会考虑将政策问题提上议程。并且，如果某一议题无法在短时间内去促成立法或其他形式的权威性决策，政策制定主体就会很快停止对这一议题的投入。③ 原因在于他们并不愿意把时间、政治资本、精力以及其他类别的资源投入短期内不可能有所收获的努力中。④ 显然，这些政策制定主体拥有只顾当下的时间观念。在中国的社

---

① 李芝兰、吴理财：《历史记忆影响着乡镇改革决策》，《中国社会科学内刊》2008年第1期。
② 《南下归来话改革|张海波：没有思想上的"破冰"就难言行动上的"突围"》(2018年7月10日)，齐鲁网，http://news.iqilu.com/shandong/yuanchuang/2018/0710/3976972.shtml，最后浏览日期：2020年6月20日。
③ [美]约翰·W.金登：《议程、备选方案与公共政策》，丁煌、方兴译，中国人民大学出版社2004年版，第131页。
④ 同上书，第211页。

会转型时期,一些地方政府为了追逐近期利益而放弃长远利益。他们大力扶持短平快的产业,积极制定那些能够促进经济快速增长但不利于环保的政策,缺乏热情与动力投入教育等见效缓慢的政策议题。一些地方政府以扩大地方债务或透支地方财政为代价执意制定政绩工程与形象工程类政策,比如,制定出台巨资建设豪华办公楼、豪华公厕、大广场等政策。

只顾当下的时间观念还表现在我国地方政府关于经济发展模式的选择上。那些通过大力开发与破坏自然资源而换取经济增长的政策行为,以及忽视教育、医疗、社会保障等方面的投入而片面追求经济增长速度的短期化政策行为[①],都是政策制定主体拥有只顾当下的时间观念的直接体现。在西方国家,每当选举临近或处于选举期间时,那些为赢得选举的政治家常常会改变他们的一些政策主张,或是出台一些政策。这同样反映他们拥有只顾当下的时间观念。

拥有只顾当下的时间观念具体包括了三种表现形式:一是政策制定主体在明确和选择政策目标方面只顾当下;二是政策制定主体在政策方案取舍上只顾当下;三是政策制定过程方面倾向于当下现在。永安市2009年高中阶段招生政策等案例均表明政策制定主体在政策目标选择上拥有只顾当下的时间观念,即重视当下目标,轻视过去目标或长远目标。招生政策的目标应当是教育公平和教育均衡发展,但当时永安市楼市低迷,较之此前商品房交易量100多套,2009年7月后每日交易量仅五六套。永安市政府倾向于刺激楼市回暖和发展经济的目标,不顾招生政策的应然目标及教育部规定的加分依据,颁布的《永安市2009年高中阶段招生工作意见》中附加了"购置房产户主的子女享受10分照顾,并免受学费和择校费减半"。

2016年,沈阳市面临商品住宅库存面积大且消化周期长的挑战,为了化解房地产库存,同年3月1日,沈阳市发布《沈阳市人民政府办公厅关于促进房地产市场健康发展的实施意见(试行)》。然而,该政策目标除了去房地产库存之外,附加了吸引大学生购房的目标,并为达成该目标向大学生提供了减少公积金缴存时限、零首付、购房奖励和契税全额补贴等优惠。这一目标只考虑如何通过当下大学生买房去库存,没有充分考虑因大学生群体收入不稳定而产生的"断供"等金融风险,且忽视了央行和银监会于2016年2月关于"购房者首付比例最低20%"的规定。在佛山市加强房地产市场调控政策案例中,政府决策者追求短期刺激房地产的目标,罔顾国家对房地产

---

① 刘瑞明、金田林:《政绩考核、交流效应与经济发展:兼论地方政府行为短期化》,《当代经济科学》2015年第3期。

市场的规范目标，为缓解楼市和土地市场的低迷，放松了住房的限购。2020年，为应对疫情对建筑业和房地产业造成的发展困难，无为市政府倾向于与国家既定的"房住不炒"和稳定房地产市场的政策基调相左，追求快速刺激房地产交易的救市目标，取消了商品住房的限售。在深圳市加强泥头车运输企业安全管理政策中，除了遏制泥头车致人伤亡等安全事故之外，决策者还附加了地方保护的目标，对砂石渣土运输行业设置了准入条件，限制外地运输企业、小规模运输企业、个体运输司机在深圳市场从事砂石渣土运输。该目标只注重眼前利益的实现，而不顾地方保护对渣土运输行业生产经营活动带来的长期影响。

河南省烟花爆竹禁止燃放政策等案例呈现了政策制定主体在政策方案取舍上拥有只顾当下的时间观念。2017年，为了打赢大气污染防治攻坚战，避免春节期间雾霾加剧，河南省环境污染防治攻坚领导小组选择了短期内立即产生效果的"一刀切"禁止性政策，规定全省在春节期间全面禁止燃放烟花爆竹，且禁止区域采取市县域全覆盖。然而，该政策遭到了社会的质疑，人们认为禁放令不仅忽略了春节假期燃放烟花爆竹的传统习俗，而且没有重视烟花爆竹经营单位已为春节储备了大量烟花爆竹的情况，以及禁放令可能产生的烟花爆竹存储安全问题。为了保持草原天路景区的原生态风貌，加强草原天路的基础设施的建设、改造和维护，张北县通过收取门票以补偿运营成本的政策方案同样表现出决策者只顾当下的时间观念，该政策被媒体评价为涸泽而渔和杀鸡取卵。决策者没有重视草原天路的公路属性并未变更，且《中华人民共和国公路法》对公路收费有禁止性规定，以及收费后草原天路对游客吸引力和满意度降低等问题。相较于这一方案，他们没有考虑和选择诸如纵向旅游的挖掘和提供更优质服务等长期方案。

虽然禁摩限电方案总是会引起铺天盖地的网民议论和媒体负面报道，但短时期集中整治的禁令能够产生立竿见影的治理效果。面对摩托车和电动车产生的交通乱象，深圳市选择了对摩托车和电动车"一刀切"的全面禁令。自禁摩限电行动开展10天以来，深圳市共查扣17 975辆电动车、拘留874人、采集非法拉客人员771人次，涉摩涉电事故警情同比下降5.53%，涉摩涉电交通事故死亡人数同比下降42.86%。[①] 在防控环境污染政策领域，无论是兰州市还是东莞市，均倾向于成效立竿见影的限制性政策方案，前者对机动车规定了6个月的单双号限行，后者则要求在全市范围内禁止

---

① 孙飞、毛思倩、白瑜：《电动车"治乱改革"骑稳才能行远》(2016年4月5日)，新华社，xinhuanet.com//politics/2016-04/05/c_1118537145.htm，最后浏览日期：2023年5月25日。

养猪。由于沁阳市重大产业结构的调整，大批污染企业下马，急需新的客商和新的产业，沁阳市制定出台了与既有交通管理规则相悖且有损社会公平的招商引资政策，相关政策内容包括沁阳市政府不对外地客商的开车违法进行罚款、子女上学不被审核、娱乐场所消费不受查等待遇。

重庆市 2014 年医疗服务项目价格政策等案例反映了政策制定主体在政策制定过程方面倾向于当下现在，即未遵循一定的决策程序而只顾眼前，操之过急地制定政策。2014 年 5 月，重庆市和其他一些城市被国家卫生和计划生育委员会（现为国家卫生健康委员会）纳入第二批公立医院改革联系试点城市。为了加快推进医疗价格改革，重庆市颁布了《重庆市医疗服务项目价格(2014 年版)》。这项政策涉及对 7 886 项医疗项目价格作出调整，在这些调整下，绝大多数病人尤其是尿毒症患者的看病费用会受到较为明显的影响，他们的看病费用将增加。然而，这项政策在制定过程中并未召开任何形式的听证会，并且在卫生和计划生育委员会和物价局等职能部门、医院均对方案还存在反对争议的时候匆忙出台。除此之外，这项政策实施前对医疗价格管理人员和医护人员仅提供了仓促且短暂的培训。

(四) 树木型：兼顾过去、当下与未来

树木型时间观念指的是政策制定主体在政策制定过程中既关注政策的过去，又对政策所处的当下与未来挑战给予足够重视。这种时间观念是只顾当下的时间观念在过去与未来方向上进行了延伸与扩展。在拥有该时间观念的政策制定主体看来，重视政策的过去、现在与未来无可厚非，而且三者同等重要，缺一不可。这种时间观念不单单是关注到某一时间点，它还把过去、现在与未来连接起来。因此，与前面三种时间观念相比，它也被认为是一种长期时间观念。

拥有兼顾过去、当下与未来的时间观念的政策制定主体显然充分认识到了过去的重要意义。这一时间观念强调过去是任何一位明智的政策制定主体都需要关注的因素。拥有这一时间观念的政策制定主体关于过去的认知是：过去能够指导他们把行为主体与复杂性要素置于时间的连续体之中。通过理解过去，他们更好地定位了当下所处的情况，知晓了可能的结果。① 过去还与未来密切联系，拥有一个短暂且贫乏的过去记忆意味着关于未来发展的预期也将是短暂而贫乏的。除了重视过去外，这一时间观念给予当下与未来同等的关切。对于这些政策制定主体而言，当下的存在感最

---

① Peter J. Beck, *Using History: Policy Making in British*, Palgrave Macmilian, 2006, p.16.

为强烈，也是他们最为真切的感知体。他们认为当下不单是漫漫时间长河中的某个时间点，还是承载着此刻资源要素组合的时间。这些要素组合包括权力、物质资源、利益、荣誉等多项内容。虽然未来是政策制定主体尚未经历过的时间，但是他们认同未来与其所处的当下紧密联系。未来存在不确定性，却在某种程度上是可以预测与想象的。在拥有这一时间观念的政策制定主体看来，通过提前想象与预测未来，能够更加全面和深入地发现政策问题本质，修正与完善政策方案，从而减少政策风险，避免政策错误，甚至是政策失败。

兼顾过去、当下与未来的时间观念经常出现在一些公共政策研究之中，这反映了研究分析者对政策制定主体拥有的时间观念的一种期许，他们希望政策实践者能够拥有这种时间观念去制定公共政策。德罗尔认为，时间观念是一名合格且优秀的政策制定主体需要具备的一项技能。这种政策制定主体需要拥有的时间观念特指：政策制定主体能够在过去中思考、认识当下，而且还能够预见未来。[1] 米歇尔·S.德·弗里斯（Michiel S. De Vries）强调，公共政策制定者应该学会平衡好四种价值，其中短期目标与长期目标的平衡成为其中重要的一项平衡任务。[2] 关于如何防范政策短期化现象，学者们也总是建议政策制定主体应该立足社会长远的利益，以一种长期发展的眼光看待问题。埃德蒙·柏克（Edmund Burke）在其《自由与传统》一书中指出，开展改革既要有足够的旧东西以保存先人的原则和政策，也要从人民大众中吸取清新空气，要有足够的新东西去激发活力。[3] 那些倡导战略性决策的研究者要求，政策制定主体在进行决策时，既评估当前行动与决策可能的后果，也关注未来潜在的各类因素发展。

在一些国家与地区的政策实践中，能够发现政策制定主体拥有兼顾过去、当下与现在的时间观念。习近平总书记强调指出"求实效、谋长远，求的不仅是一时之效，更有意义的是求得长远之效"。[4] 可持续发展观、保护环境观等都可被视为这一时间观念的体现。自2003年时任国家主席胡锦涛提出"坚持以人为本，树立全面、协调、可持续的发展观"之后，中央政府与地方政府在不同的政策领域践行了这一科学发展观。比如，重视环境保护并密

---

[1] Yehezkel Dror, "Training For Policy Makers", in Michael Moran and Martin Rein, eds., *The Oxford Handbook of Public Policy*, Oxford University Press, 2008, pp.86-89.
[2] Michiel S. De Vries, *The Importance of Neglect in Policy-Making*, Palgrave Macmillan, 2011, p.18.
[3] ［英］埃德蒙·柏克：《自由与传统》，蒋庆、王瑞昌、王天成译，译林出版社2012年版，第108页。
[4] 习近平：《之江新语》，浙江人民出版社2007年版，第86页。

集出台一系列促进环保产业发展的政策；颁布实施《大气污染防治行动计划》《水污染防治行动计划》等环境政策；扩大环境保护的资金投入。2012年，党的十八大报告将生态文明建设纳入中国特色社会主义事业"五位一体"总布局。近些年，中央与地方所作出的经济政策方面的调整侧重对发展的长远考虑，一定程度上也反映了这种时间观念。在中央层面，国务院主动为经济降速，减缓经济发展以换取经济转型，从而促进可持续发展。在地方层面，一些地方政府淡化了对GDP的推崇。例如，上海市政府及其辖区浦东新区、静安区等取消2015年GDP增长的具体目标；广东省和山东省分别把2015年的GDP目标从去年的8.5%和9%下调至7.5%和8.5%。① 2016年2月，中央对进一步加强城市规划建设管理工作提出要求：增强规划的前瞻性、强制性和连续性。另外，为了避免暂时性脱贫和大面积贫困户的再次返贫，实现长期的稳定脱贫，我国针对贫困的治理政策，同样重视脱贫的长效机制建设，注重从产业、教育文化、劳动力就业、基础设施建设等多个方面开展扶贫，而非单一的短期救济性措施。

  在拥有兼顾过去、当下与未来的时间观念方面，政策制定主体不可避免地会碰到一些障碍与挑战。主要存在四个方面的障碍与挑战。一是如何对待过去是件棘手的事情。过去既是一种结构，也是一种学习资源。完全忽视过去容易导致连续性的缺失，甚至会造成意外的结果。然而，过分关切过去又会演变为延续过去的时间观念。二是一些政策制定主体在兼顾过去时容易犯不当认识过去的错误。例如，在没有正确区分当下问题与过去问题的前提下，就把两者联系起来；错误地依赖过去发生的相似物；只是从表面上认识与理解过去，而没有深入地分析过去。三是未来比较难以准确把握。未来尚未被政策制定主体所感知和经历，它便充满了不确定性。这种不确定性在利益日益分化与多元化、各要素加快流动的社会中得到了迅速增长。在这种情况下，只有当长期结果变得显著，或者当政策制定主体几乎没有理由担心短期的惩罚时，他们才会注意长期的后果。四是兼顾与平衡过去、当下与未来存在一定难度。过去、当下、未来既是时间段的分界，也是附着着各种资源要素的载体。从含有多种要素的存在层面去认识过去、当下、未来，它们之间就存在差别。这种差异化使得兼顾过去、现在与未来时常会面临困难。当过去、当下、未来是一种相互否定时，这种困难更加明显。创造未来在某些时候是对过去的打破与摈弃。在另一些时候，关注当下会导致政策制定主体不能兼顾未来，因为当下的收益以削弱或损害长期效益为代价。

---

① 数据来源：《2015年广东省人民政府工作报告》《2015年山东省人民政府工作报告》。

总而言之,忽视过去、延续过去、只顾当下,以及兼顾过去、当下与未来构成政策制定主体所拥有的时间观念的主要类型。它们有着各自的特征与表现形式,并大量存在于各个国家的政策实践中。前三种时间观念没有全部关注过去、当下、未来三个时间点,后一种时间观念同时关注三个连续的时间点,并视它们为同等重要。因此,忽视过去、延续过去、只顾当下可统称为短期时间观念,兼顾过去、当下与未来则属于长期时间观念。

二、影响政策制定主体时间观念形成的主要因素

政策制定主体时间观念的多样性为寻找影响特定时间观念的因素创造了必要性。存在着这样的理解:他们把政策制定主体拥有特定时间观念视为偶然情况,或者简单化地将时间观念看作一种非理性的选择。这种理解显然会低估它所包含的个人合理性成分,而且忽视了这样的事实,即某一特定时间观念在国内外公共政策制定领域中广泛存在。虽然时间观念是政策制定主体个人层面的认知表现,但是从时间观念的内涵以及各类型的特征与表现来看,不同的时间观念类型是对不同时间维度(过去、当下、未来)上政策任务、政策目标等政策要素的重视倾向,故而政策制定主体拥有何种类型的时间观念可以视作在多种影响因素共同作用下的选择。

本书将塑造政策制定主体不同时间观念类型的因素主要聚焦到三个层面进行分析,分别是政策层面、制度层面、组织层面,由此形成政策特征、任期制度、绩效考核与问责制度、决策结构、政府组织机构、权力监督约束机制六大因素。在政策层面,学者西奥多·洛伊(Theodore J. Lowi)的经典论断"政策类型决定政治过程",就强调了不同政策类型下权力场域的差异化。公共政策不单单是政治过程的产出和结果,公共政策本身还决定着政策制定主体数量和角色、政策舞台和政策过程中的权力竞争和冲突等。基于此,处于什么样的政策制定过程中、将制定何种政策等政策特征对政策制定主体的时间观念也会产生影响。在制度层面,制度主义理论揭示出,制度界定行动者可能的行为模式,为行动者定义合理的预期行为。制度不仅制约行为,而且对行为具有使能作用。公共政策与政府制度之间存在着非常紧密的关系,在某种程度上,公共政策是制度的一种输出。时间观念的形成受到任期、绩效考核、问责等政府制度的影响。在组织层面,公共政策是政府组织为了解决政策问题、实现政策目标经由政治过程所选择和制定的方案。组织既是公共政策制定的行动者,也是政策制定的重要影响因素。诸如组

织结构、组织中的决策结构和权力结构等将会引导政府决策者关注不同时间维度上的政策任务和政策要素。

(一) 政策特征

基于时间观念的内涵,政策特征具体包括两类:一是先前制定的政策,二是当下拟制定的政策。政策特征一般表现在政策效力、政策内容、政策形式、政策质量、政策功能、政策专业技术性、政策可接受程度、政策复杂性等方面,这两类政策的不同特征将会塑造政策制定主体不同的时间观念。本部分的分析将结合前面的多个案例。

1. 先前的政策

先前的政策相对于当下的政策制定而言,是指与当下政策制定存在一定的相关性且在当下政策制定之前颁布实施的政策或政策反馈。先前的政策包括了由前任制定的政策、已经颁布实施的上级政府及其部门政策、政策最初发起时所选择的政策、先前政策的先进经验或失败教训。

根据历史制度主义对公共政策路径依赖现象所作出的解释,先前的政策的实施会逐渐固化人们对既定政策的认知,并形成特定的既得利益者,这些由先前政策筑起的壁垒导致对既有政策的维持成本低于制定新政策所需消耗的成本。这意味着,如果先前的政策构筑的认知和利益壁垒越强,那么政策制定主体就越加倾向于拥有延续过去的时间观念。雅各布斯和肯特·韦弗(R. Kent Weaver)在探究一些政策为何没有像其他政策一样产生路径依赖,却发生了政策变迁时,认为其中的原因是既得利益者意识到了如果继续实施原先的政策,则会出现利益受损的问题。[①] 在劳动教养政策案例中,由于劳动教养政策的长期实施,劳动教养已经被地方政府作为一种羁押上访、打击报复言论的惯用工具。为了完成劳动教养的任务,建立形成了劳动教养管理委员会和劳动教养管理局等职能部门,这些都为劳动教养的第一次废止制造了坚固壁垒。在商品房公摊面积政策案例中,由于现存的公摊面积政策对公摊面积所允许的大小和公摊系数没有作出明确与限制,开发商凭借着他们在公摊面积的测量和计价方面所拥有的自主性和信息优势,通过暗箱操作和公摊面积的无序增长获取了高额的房价收益。这些对公摊面积政策的调整带来了较大的利益壁垒,为此,公摊面积政策即便被多次呼

---

① Alan M. Jacobs, R. Kent Weaver, "When Policies Undo Themselves: Self-Undermining Feedback as a Source of Policy Change, an International Journal of Policy", *Administration and Institutions*, 2015, 28(4).

吁要求作出进一步的完善,政策依然继续沿用。

在政策执行的史密斯模型中,理想化的政策是政策执行得以顺利进行的前提条件。如果将拟制定的政策看作对先前政策的一种执行的话,先前政策的质量状况则决定了政策制定主体会延续先前政策,还是忽视先前的政策而另起炉灶。换而言之,先前政策的质量越好,政策制定主体越可能拥有延续过去的时间观念,反之亦然。政策质量体现在政策复杂程度、政策关涉的利益分化程度、政策方案的接受程度等方面。这种影响尤其表现在当先前政策是前任制定的情况时。有一些政策事实上在前任主政期间就遭到多个部门的反对与质疑,完全是因为前任主政者的权威推动而被维系。由于保留由前任确立的政策会面临阻力,为了规避责任与保持自身的政策偏好,现任政策制定主体便会选择拥有忽视过去的时间观念。有轨电车项目是一种环保节能的公共交通工具,虽然南京麒麟有轨电车项目在一些人看来是民生项目,但是它同时被认为是政绩工程,该项目政策带有很强的长官意志和权力色彩,且面临着繁琐的审批流程和难啃的拆迁任务。朝阳市万商国际城市广场项目政策存在着官员和企业的利益输送问题,并且该项目的上马也没有经过充分论证,项目启动后出现了较多次一再更改规划的情况,导致该案例中的政策制定主体拥有了忽视过去的时间观念。

当过去政策表现为先前政策的先进经验或失败教训的时候,如果寻找和认知过去经验存在困难和错误,比如,与过去有关的垃圾信息存在、对过去的解读有多个版本、过去与现在的因果关系不明晰、认为过去是错误等,政策制定主体就倾向于拥有忽视过去的时间观念。一旦过去经验是记忆深刻的,或者被相关部门树立为典型,并将其制度化予以对外扩散,将塑造政策制定主体拥有延续过去的时间观念。有研究发现,邻避项目事件的发生为地方政府提供了两类学习:邻避项目上马之前的论证性学习、邻避事件发生后的回应性学习,但前一种的学习鲜少在横向地方政府间发生。① 地方政府常常只关注到眼前的危机,把政策问题界定为社会失序问题,忽视了邻避冲突背后公众对大型项目产生的风险应当享有的知情权,以及参与大型项目决策的权利诉求等方面的原因。在镇海炼化分公司扩建炼化一体化项目政策、西安市交通限行管理政策等案例中,由于政府决策者对先前政策制定产生政策疑问、政策合法性困境等的原因,没能够准确地判断为决策应当注重科学化和民主化、政策随意加码等政策懒政行为不可取、政策过程应把

---

① 杨志军、田学浪:《治理现代化目标下地方政府政策学习:基于政策工具与社会冲突两种类型比较》,《上海行政学院学报》2019 年第 1 期。

握治理节奏等经验教训,而是将其归结为其他方面,因而,他们忽视过去依然采取导致政策面临困境的政策行为。相反地,在乡镇体制改革政策案例中,乡镇机构自恢复重建后,经历了多次改革,改革中的负面记忆经过不断累积,为乡镇决策者提供了深刻的记忆,导致他们倾向于拥有延续过去的时间观念,表现为对政策方案进行判断时容易高估改革的成本和风险。

2. 拟制定的政策

从拟制定的政策维度来分析它如何影响政策制定主体的时间观念,主要聚焦拟制定政策的目标与先前政策目标之间的相关性、政策结果的不确定性。如果拟制定政策的目标与先前政策的目标存在延续性,相关程度高,政策制定主体越可能拥有延续过去时间观念。但如果拟制定政策的目标与先前政策的目标不一致,甚至是完全对立的,则政策制定主体会拥有忽视过去的时间观念。

来自"制定出台与过去政策相冲突或完全割裂的政策"案例和"注重于新政策与老政策之间的延续性"案例之间的比较,反映了政策目标之间的相关性对时间观念的影响。后续制定的研究生资助政策并没有完全与最初的助学金政策脱钩,而是在此基础上完善发展,保持这种延续性的原因之一是研究生资助政策的核心目标始终是帮助高校经济困难的学生能够有机会接受更高学历的教育。"双一流"政策的制定之所以对"985"政策和"211"政策进行了延续,是因为它们的政策目标都表现为提升我国高等教育的综合实力和国际竞争力。相对地,在广东省暂停受理部分企业资质核准事项政策的案例中,先前住房和城乡建设厅受理核准城乡规划编制单位乙级和丙级资质等企业资质事项的政策目的在于履行住房和城乡建设厅的行政职能,但之后关于暂停受理部分企业资质核准事项政策的目标是推进省级政府的简政放权和优化营商环境。由于前后目标的不一致,政策制定主体倾向于拥有忽视过去的时间观念。同样地,在国务院清理规范税收优惠等政策案例中,地方早先给予企业及其投资者税收等优惠的政策目标是促进投资增长和产业集聚,但之后国务院要求地方清理规范税收优惠政策的目标则是维护公平的市场竞争环境。前后两者的目标存在着较大的差异,政策制定主体表现出了拥有忽视过去的时间观念。

政策结果的不确定性也对政策制定主体的时间观念的形成产生了影响。如果政策制定主体意识不到长期结果,或者他们对长期结果没有比较有把握的预期,抑或长期结果对于政策制定主体的激励不足,相比较而言,他们更加容易去把握当下,因为当下的结果更加具有吸引力。那么,他们就越加不太可能形成兼顾过去、当下与未来的时间观念,即长期时间观念。学者斯里贾·奈尔(Sreeja Nair)和迈克尔·豪利特的研究提出,不确定是产生政策短视(policy myopia)的原因,政策的不确定性可表现在选项、结果、价值等方面,如果政策具有不确定性,决策者将不恰当预测、不预测或不考虑政策可能面临的严峻挑战。① 有研究者对瑞典的环境政策中决策者的时间观念开展分析后发现,时间观念的选择在于知识的缺乏和不确定性。② 当人们对自己的人生前景有着确定性预期时,会放下对眼前利益的计较,会为未来做出更多的体力和智力投资。但是,如果未来具有很大的不确定性,人们就会缩短投资收益的时间单元。③ 如果决策者经常面临来自体制内挑战者的威胁,或者他们感觉到未来的政治生涯是不安全的,他们就会有很强的动力去保护个人的财产,制定消耗国家资源的政策以获得政治生涯的安全保障,比较少去关心长远的未来,比如,促进经济增长的环境建设。相反地,如果政策制定主体对于未来持有一种认定和信念,只要政策内容与政策制定主体对未来的判断相一致,他们就会重视未来。

(二) 任期制度

任期制度是国家管理政府官员的一项人事制度,它缘起于政治家们对长久以来终身制弊端的反思。作为一种防止权力僵化的制度手段,任期制度伴随着现代国家政治体制的建立与发展而形成,并不断地被完善。制度是对个人的一套积极(诱导性的)或消极(规制性的)的激励。总体而言,任期制度通过四种方式向政策制定主体提供了拥有短期时间观念的激励。

第一,任期制度意味着政策制定主体只能在有限的时间内享有权力。有限时间体现在两个方面,一是任期制度的内容,二是任期制度的实际执行情况。从国家领导人的任期时间来看,以总统一届的任期为例,美国总统的任期为 4 年,法国总统是 5 年任期。一些时候,他们的实际任期时间可能要比法定任期短。从地方官员的任期时间来看,以中国省级领导干部为例,统计数据显示,1996—2008 年中国 28 个省份(包括直辖市)的省委书记平均任期为 2.31 年。④

---

① Sreeja Nair, Michael Howlett, "Policy Myopia as a Source of Policy Failure: Adaptation and Policy Learning under Deep Uncertainty", *Policy & Politics*, 2017, 45(1).
② Sven Ove Hansson, et al, "Time Horizons and Discountrates in Swedish Environmental Policy: Who Decides and on What Grounds?", *Futures*, 2016, 76(2).
③ 张康之:《论风险社会中的时间及其价值》,《中共中央党校(国家行政学院)学报》2020 年第 5 期。
④ 踪家峰、岳耀民:《官员交流、任期与经济一体化:来自省级经验的证据》,《公共管理学报》2013 年第 4 期。

在任期制度塑造的权力逻辑下,政策制定主体不但面临着权力的行使具有一定的有效期限的情况,而且必须承受这一有效期限可能变短的现实。因此,对于只拥有一段时间权力的政策制定主体来说,任期之后出现的结果与效应就不那么重要了。这意味着,他们的时间观念长度就有可能只停留在任期这段时间内,表现为短期时间观念。比如,里根政府预算办公室主任曾表示,他没有兴趣在2010年浪费大量政治资本在别人的问题上。① 从另一个层面去理解"一段受限的时间内拥有权力"的话,这表示如果无法再次当选或是任职时间已经达到最大数,政策制定主体便会失去权力。显然,对于已经习惯于行使权力,且通过权力行使获得过各种好处的政策制定主体而言,失去权力是他们难以适应,甚至是排斥的。为此,他们便会更多地为眼前的自身利益考虑,而非长远的组织利益。金登在描述政治任命官时强调,任期的存在对政治任命官产生了迅速行动的诱因,他们只想在政策数量上取胜,至于质量如何则无关紧要。② 因此,从任期制度产生的权力逻辑角度来看,任期制度强化了政策制定主体的短期时间观念。

第二,任期制度表示政策制定主体不得不在有限的时间内去体现他们的政绩。尽管理论研究者和实践者都在强调评估政府行为存在一定难度,但国家设置了一些考核指标去评估他们的绩效,评估考核结果构成决定政府决策者当选或政治晋升的主要依据。由此,任期内的政绩便紧紧地与政府决策者的政治生涯与前途紧密联系在了一起。选举期间,选民依据政治家在任期内的表现而作出是否投票支持的选择。在地方领导干部考核中,下级领导干部的政治晋升取决于他们在任期间的政绩表现及上级领导如何看待这些政绩。政绩的重要性导致政策制定主体具有政绩压力。再加上任期制度所规定的时间限制,政策制定主体必须在任期时间内去表现其政绩。这样他们便能够向选民和上级传递一种能力信号,以此获得连任或提拔。

在任期制度塑造的政绩逻辑下,政策制定主体就会把目光聚焦于那些能够在短期内产生成效的政策内容。比如,那些短期内能够解决的政策问题;当下最热门的政策议题;短期内就可以产生醒目效果的政策方案。鲁本·伊奈科洛波维关于任命方式与政策选择的研究揭示出,相较于长期任

---

① Greif William, *The Education of David Stockman and Other Americans*, Dutton, 1982, p.43.
② [美]约翰·W.金登:《议程、备选方案与公共政策》,丁煌、方兴译,中国人民大学出版社2004年版,第37页。

命的官员,那些选举官员更加热衷于制定具有短期效益的政策。① 像"运动式治理"这样的现象,即在某一特定时间出台"严打""扫黄打黑"等措施,以此获得一些短期绩效,到处存在于政府的政策过程中。② 当聚焦于短期政策内容时,政策制定主体自然会忽视或舍弃那些长期的政策内容。毕竟,一旦选择需要长期投入才能解决或产生效果的政策内容,政策制定主体不但无法在任期内凸显其政绩,而且不可避免地会出现"前人栽树后人乘凉"的情况。

第三,在很多问责制度缺失或并不完善的政府中,任期制度意味着政策制定主体不需要为任期之后才会出现的问题承担责任。既然任期制度导致政策制定主体享有的职权受到时间限制,他们只能在一段时间内享有权力。那么,对于他们应该履行的职责来说,同样如此。也就是,政策制定主体只需要履行任期内的职责,而任期后的责任与他们无关。一旦政策制定主体认识到,并且认同于这种理解,他们就有可能会无视政策方案为未来带来的不良影响,只依据政策方案能否在短期内为他们带来收益而进行方案的选择。存在着一些因素为他们的这一行为提供了便利。这些因素包括:某些政策需要很长一段时间才能显现结果;政府系统常常在发现政府行为与结果之间的因果关系方面存在着困难;那些不顾未来的政策制定者总是能找到各种辩解理由去说明政策行为与结果之间因果关系的不成立。由此,在任期制度的责任逻辑下,政策制定主体也有着拥有短期时间观念的激励。"一届的政绩,几代的包袱"现象反映了这一逻辑。豫西的豫灵镇为了打造形象工程和政绩工程,不惜负债 1 亿多元,按当时的还款能力计算,需要花费 100 年才能还完债务。③

第四,任期制度塑造政策制定主体时间观念的另一种方式与任期制度引起的矛盾有关。这种矛盾是指纷繁多样的决策任务与有限的任职时间之间的矛盾。任何一个社会都面临着各种挑战,无论什么时候,政府内部及其周围的人都可能需要注意到一长串问题④,复杂性社会更是导致新的问题不断产生。这意味着,政策制定者需要去完成很多政策任务。然而,政策制定主体在任期内能够做的决策是有限的。由此,产生了决策任务与任职时间

---

① Ruben Enikolopov, "Politicians, Bureaucrats and Targeted Redistribution", *Journal of Public Economic*, 2014, 120(4).
② 唐贤兴,堵琴囡:《时间中的公共政策制定:一个概念化的分析框架》,《复旦学报》(社会科学版)2015 年第 6 期。
③ 李彬:《透支的权力:地方政府决策失误的深层观察》,湖北人民出版社 2003 年版,第 11 页。
④ [美]约翰·W.金登:《议程、备选方案与公共政策》,丁煌、方兴译,中国人民大学出版社 2004 年版,第 113 页。

之间的矛盾。这种矛盾造成了如下两种情况。一是政策制定者难以有效地拓展和创新相关政策,因而在一些时候对于某些政策的制定,他们选择延续过去的时间观念。有学者对我国村干部三年任期期间的工作开展情况跟踪调查后发现,村干部的任期第一年一般用于了解和熟悉村里的情况,任期第二年,他们才打开工作局面,开展相关工作。第三年,村干部为选举做各种准备。① 二是政策制定主体有必要对政策任务进行排序,并作出一些取舍。在排序和取舍过程中,有限的时间会制约政策制定主体去履行其为竞选胜利而作出的承诺,他们不可避免地无法给予那些长期性规划足够的重视,只根据当下进行选择而忽视那些长期性政策任务。

(三) 绩效考核与问责制度

绩效考核制度和问责制度是国家治理的重要制度。绩效考核制度通过总目标的层层分解和逐级发包,结合政府日常岗位职责,形成对地方政府及其部门的考核指标,并将绩效结果进行评定和划分等级,以此作为考核和奖惩的重要依据。问责制是根据地方政府及其部门人员所承担的职责和义务履行情况,对他们履行的否定性后果所开展的一种责任追究制度。绩效考核制度和问责制度内嵌着激励与责任,由绩效考核制度建立的激励机制和由问责制度明确的惩罚约束机制对政策行为具有很重要的引导作用,能够将他们的行为收敛于绩效考核指标和不被问责的内容。绩效考核指标和问责内容的多样化,且不同指标和问责内容的性质特征存在着差异,使它们对政策制定主体的时间观念的形成也产生了影响。下文主要从四个方面来阐述绩效考核制度和问责制度如何塑造政策制定主体的时间观念形成。

第一,对于政策制定主体而言,相较之有限的任期时间和年度的考核期,绩效考核指标是多样的,且不同的考核指标呈现不同的特征。比如,软性指标和硬性指标,量化指标和非量化指标。一些指标要求的政策行为效果是能够在短期内或任期内显现的;一些指标所指向的政策行为效果需要长时间,甚至是跨任期才会显现;一些指标如果没有完成,相应的惩罚后果比较轻,而另一些指标对应的惩罚力度会比较强。与此同时,考核指标任务之间也存在着相互补充、相互冲突、相互独立等多种关系。在这种情况下,政策制定主体容易倾向于形成短期时间观念,也就是更加重视短期利益和短期成效,偏爱于短期类型的政策目标、政策方案和政策制定过程等。比

---

① 刘立昭:《一个村干部视角下的三年任期——基于山西省岱狱殿村的调查》,华中师范大学硕士论文,2014 年,第 37 页。

如,经济绩效往往位于考核指标体系中的重要位置,那些与短期经济增长效应密切相关的政策行为成为地方政府的行为偏好。在永安市 2009 年高中阶段招生政策和沈阳市促进房地产市场发展政策等案例中,房地产市场的发展有助于拉动关联产业和刺激消费,因而房地产是经济增长的支柱性产业。在经济指标的考核压力下,永安市和沈阳市各自忽略了教育公平和未来潜在的金融风险,他们追求短期刺激房地产市场发展的政策目标。

第二,绩效考核中针对临时性工作任务的考核、问责制中"一票否决"同样对政策制定主体的时间观念产生影响。针对临时性(阶段性)任务的考核促使政策制定主体更加关注当下目标,并为当下目标的实现而采取短期成效显著的政策方案。深圳市加强泥头车运输企业安全管理政策、深圳市禁摩限电政策、沁阳市招商引资政策、无为市促进建筑业和房地产业健康有序发展政策等案例反映了这种影响。在泥头车致人伤亡安全事故不断上升、摩托车和电动车产生的交通乱象呈现严峻态势、沁阳市因产业重大调整而急需新产业和投资商、无为市面对疫情给建筑业和房地产业带来发展困境的情况下,为了快速解决这些问题和完成这些任务,深圳市交通运输委港航和货运交通管理局、深圳市交通部门、沁阳市政府、无为市政府均采取了短期化政策方案。"一票否决"是为了保证相应指标的完成而提高了某些指标的权重和优先性,对于一些诸如社会治安、环境保护等重大事项,如果地方政府及其部门未能完成既定目标,他们的评优、职务和工资与福利等将会被否决。在"一票否决"下,地方政府及其部门会对政策任务进行选择性关注,为了完成这些事项而选择短期化的政策方案。在河南省烟花爆竹禁止燃放政策、东莞市禁止养猪政策、兰州市机动车单双号限行政策等案例中,由于大气等环境污染防控任务属于"一票否决"性任务,为了完成污染防治的任务,这些政府均采取了"禁烟花、禁行、禁养猪"这类短期内立即产生效果的管制性政策。

第三,当地方政府及其职能部门被赋予一些特殊身份,而这一特殊身份又要求他们去完成某些特定政策任务时,如果上级政府对这些特定任务设置了考核指标和问责内容,政府决策者就会倾向于当下现在。试点和示范不仅是复杂环境下推进国家治理的重要基础性机制,也是实现政策执行和政策创新的重要举措。这种机制和举措不仅为一些城市赋予了试验、示范、试点、重要窗口、改革阵地等特殊身份,而且对具有特殊身份的城市完成特定政策任务形成了一些压力。在重庆市 2014 年医疗服务项目价格政策案例中,重庆市在 2014 年被国家卫生和计划委员会纳入第二批公立医院改革联系试点城市。对于联系试点城市,国家要求这些城市意识到改革的机遇、责任和紧迫,积极主动地开展改革试点。如果联系试点城市没有按照要求开展改革,将被取消试点资格、扣回财政补助资金。这些对重庆市医疗改革形成了一定的压力,影响了决策者时间观念的形成。重庆市决策者表现出了短期时间观念,即使在医疗改革政策方案还存在争议且尚未准备充足的情况下,他们依然操之过急地颁布实施了医疗改革政策。

第四,对问责风险的规避容易造成政策制定主体倾向于拥有延续过去的时间观念。在政策创新实践中,政策制定主体就时常表现出倾向于拥有延续过去的时间观念。政策创新是指政府采纳一个对他而言是新的项目。[①] 这意味着,政策创新不足的表现为政府制定的是延续过去的政策,或者是与过去政策极其相似的政策。这种现象反映了政策制定主体拥有局限于过去的时间观念。政府规避问责风险被认为是政策创新不足的主要原因。根据规避问责风险的解释,政策制定主体之所以拥有延续过去的时间观念,是因为延续过去对政策制定主体而言至少是安全的。相比较而言,突破过去有可能会带来合法性危机,政策制定主体将面临被上级问责的风险。一项对中国地方政府创新实践的研究指出,那些由地方政府推动的政策创新普遍具有低风险特征。也就是这些创新项目都是在体制允许的空间内进行的。[②]

(四) 决策结构

决策结构是指参与决策的行为主体之间(包括个体、组织、机构)相互关系的组成方式。[③] 由于决策行为主体行使着决策权力,决策结构也可以理解为决策权力的组织形式与配置,它反映了决策权力在决策行为主体之间的分配情况。决策结构的重要性体现在它的规定性。决策结构既可以看作对决策及其相关环节的一整套约束,也可以被当成为政策制定过程建立了一个组织机构的框架。决策结构呈现多样性与复杂性。尽管它的具体内容和表现形式存在差异,但从决策结构的性质及其在国内外的实践来看,设置决策结构的核心目的是把决策,或者说是更广意义上的政策制定从个人行为过程变成集体行为(组织行为)过程。其中,通过决策主体的多元化与决策权力的分散化使得决策不会被单一主体所主导。

从这个层面来理解决策结构的话,它便蕴含着另外两层含义。一是完

[①] 朱亚鹏:《政策创新与政策扩散研究述评》,《武汉大学学报》(哲学社会科学版)2010年第4期。
[②] 陈雪莲、杨雪冬:《地方政府创新的驱动模式:地方政府干部视角的考察》,《公共管理学报》2009年第3期。
[③] 周光辉:《当代中国决策体制的形成与变革》,《中国社会科学》2011年第3期。

善的决策结构的存在意味着任何一个行为主体的利益偏好等个人属性都很难成为政策制定的出发点。决策结构为个人偏好转化为集体输出设置了否决点,通过决策结构而产出决策行为是一个集体行为(组织行为)。二是决策结构的存在有可能改变单一行为主体的利益偏好等个人属性。原因在于决策结构是决策行为主体的相互关系的组成形式。相互有关系意味着主体与主体之间有交集,并且进行互动。这种互动有可能会影响单一主体原本的利益、价值观等个人属性方面的认知和判断,进而转变为绝大多数人的或整个组织的属性。根据决策结构所蕴含的个人属性得以转变的两层含义,决策结构对政策制定主体时间观念的塑造也就遵循这两个基本逻辑。

根据决策结构所蕴含的个人属性转变的第一个逻辑,约束性构成决策结构影响政策制定主体时间观念的方式之一。决策结构能够通过政策制定主体的多元化与决策权力的分散化,使得决策或政策制定不会被单一行为主体所主导。换而言之,单一行为主体的个人属性存在成为政策制定的出发点的困难。对于合理性选择时间观念的政策制定主体来说,这意味着,在预见到个体时间观念较难成为指导政策制定的时间观念的情况下,政策制定主体便有了激励去形成一种适应于决策结构的时间观念。为此,政策制定从个体决定变为集体决定,政策由基于个人属性的输出变成基于组织意志的输出。国内外的决策结构正朝向主体多元化发展,多元主体构成的决策结构通过约束机制影响政府决策者形成延续过去的时间观念。

拥有权力和资源的政策制定主体会借助于那些维护他们权力的利益组织及其资源来防止政策的变动,从而将原先的政策保持下去。这是因为那些与过去迥然不同的政策往往涉及较大的利益调整,有可能导致冲突和政策失败。并且,因过去的政策利益受到损害的人们也并不打算采取变革行为。原因在于他们不认为问题是可以改变的,也不相信自己有能力带来变革。林德布洛姆在其多部著作中强调,美国的决策结构呈现为一种多元主义的权力结构形态。即决策权力分散于直接决策者、利益集团、投票人和政党、公民等多个主体之中。这些主体通过权威、说服、金钱、投票、建立联盟、党派分析等多种多样的方式影响政策制定。在由共识不足的多元主体所构成的决策结构下,政府决策者往往倾向于延续过去的时间观念。在劳动教养政策案例中,围绕劳动教养政策的废止问题,存在着废除派、改革派、完善派等持有不同观点的政策倡议联盟,且关涉全国人民代表大会、司法部门、公安部门、地方政府等多元主体,尚未达成共识的多元主体间形成的约束促使决策者拥有延续过去的时间观念。为此,劳动教养政策的第一次废止失败。

根据决策结构所蕴含的个人属性转变的第二个逻辑，互动性构成决策结构影响政策制定主体时间观念的另一种方式。决策结构通过促进政策制定主体之间的互动而影响个体的时间观念。由于决策结构是政策制定主体之间形成的相对稳定的组织形式，它的存在有可能改变单一行为主体的利益偏好等个人属性。在时间观念的选择方面，决策结构能够以一种相对稳定的方式推动政策制定主体之间开展互动。一旦互动产生，再加上时间观念拥有的异质性，同种时间观念的拥有者结成大小不同的群，那么单个政策制定主体就有可能改变他的时间观念。原因在于，互动包含信息、观念、知识等资源的传递、交换与吸收。基于互动而形成指导政策制定的时间观念就不会是个体层面的时间观念，而是以组织利益为根本的时间观念。这一时间观念一般能够关注过去、当下与未来，即决策结构通过互动机制影响政府决策者形成兼顾过去、当下与未来的时间观念。

　　通过比较诸多博弈模型可以发现，当博弈双方处于静态一次性博弈结构中时，即博弈双方不清楚对方的任何信息，且双方之间没有互动，类似于囚徒困境的情况相对比较容易产生。但是，当博弈双方有了互动，他们的选择就产生了变化。罗伯特·阿克塞尔罗德（Robert Axelrod）在其《合作的进化》一书中就合作所需的社会结构进行分析时强调，一旦持有"一报还一报"善良策略的群体入侵总是背叛的小人群体之中，并且他们之间有经常且持续的相互作用，合作便存在可能。① 中国的新医疗改革政策制定面对的是一个集合了普通群众、政策研究群体、有组织利益团体、决策部门等主体形成的决策结构，其中前后参与医疗改革的决策部委就涉及 16 个。虽然各个主体基于各自的考虑提出了政策主张与建议，其中不乏短期化的建议，毕竟医疗改革政策并非所有相关方都会受益的纯增量型改革。但是，在经过无数次的调研、征求意见、座谈和访谈等互动，这些主体最终形成的医疗政策是集体本位的共识型政策。② 从时间观念来看，它是基于长远发展而考虑的政策。劳动教养政策案例的后续发展同样反映了互动有助于时间观念的转变。随着围绕劳动教养政策的废除派、改革派、完善派等政策倡议联盟开始借助论坛平台展开对话，他们不断认识到差异化背后的殊途同归，相互吸收和融合彼此的倡议。最终决策者调整了延续过去的时间观念，出台了《关于废止有关劳动教养法律规定的决定》。

---

① ［美］罗伯特·阿克塞尔罗德：《合作的进化》（修订版），吴坚忠译，上海人民出版社 2007 年版，第 101～118 页。
② 参见王绍光、樊鹏：《中国式共识型决策："开门"与"磨合"》，中国人民大学出版社 2013 年版。

(五) 政府组织结构

政府需要通过建立组织结构去连接各类主体与各种资源，从而共同承担起管理公共领域的责任。对于公共政策而言，组织结构在其中发挥着多项作用。组织结构不但是公共政策得以产生和运行的组织保障——公共政策的一系列环节都依托于组织结构而开展，而且决定着公共政策的层次、结构、风格与效力等多个方面。组织结构与公共政策存在着紧密的联系。在政策制定主体的时间观念方面，组织结构同样具有影响作用。下文主要通过考察组织记忆，探讨政府组织结构对政策制定主体时间观念的塑造和影响。

无论是个人还是组织，对于过去所发生的、经历过的事情等都会形成一些记忆。在组织层面，这种记忆表现为组织记忆。人们会从内容、表现形式、形成过程、用途等多种角度来认识组织记忆。总体而言，与个人记忆相比，组织记忆属于集体的记忆。这种记忆被组织成员所共同认知，也依赖于组织成员的共同建构而形成。组织记忆具有历史性，因为构成组织记忆的内容都来源于过去，包括了过去的知识、过去的信息、过去的记录等发生于过去的内容。除此之外，组织记忆还具有知识价值。一方面，组织记忆有助于组织成员深入了解组织的运行过程；另一方面，组织记忆是组织学习所需要内容的重要来源之一。对于任何一种组织结构而言，它们都会产生相应的组织记忆。同时，组织结构也会采取不同的方式储存、维持与提取组织记忆。根据组织记忆的特征，保留组织记忆可被看成不忘过去。稳定性是组织记忆的重要来源。在稳定且长久的组织结构中，组织记忆比较容易通过组织成员的长期雇佣而得到储存与维持。反之，组织结构的临时性、成员的短期雇佣、合同化都会减少组织记忆，进而忘记了过去。

为探究组织结构对时间观念的影响与塑造，我们选择了官僚制与新公共管理运动倡导的组织结构两种组织结构。通过比较这两种组织结构中政策制定主体关于组织记忆的储存与维持情况，从而论证政府组织结构对于时间观念的塑造与影响的功能。在官僚制这一组织结构下，政策制定主体倾向于拥有延续过去的时间观念，具体表现为：第一，官僚制组织是一个稳定型组织。官僚组织通过层级节制的权力体系连接了组织成员，不论成员的进入或退出流动，官僚结构维持不变。① 组织结构的稳定性表示组织记忆

---

① [美]戴维·H.罗森布鲁姆、罗伯特·S.克拉夫丘克：《公共行政学：管理、政治和法律的途径》(第五版)，张成福等校译，中国人民大学出版社 2002 年版，第 154 页。

在官僚制中不会流失,较少出现断片的情况。就组织成员而言,稳定的组织结构意味着他们能够相对容易地获取组织记忆,不会出现"难以意识到过去的存在"这一情况。第二,官僚制中的组织成员是长期性雇员。公务员通常被看作一种终身职业,凭借着一种社会契约,公务员可以获得一定的收入以保障其职业的安全稳定。① 个人记忆是组织记忆的载体,稳定的组织成员保证了个人记忆的连续性,从而确保了组织记忆能够被重视。第三,官僚制中存在着稳定地记录组织记忆的工具,并且它被频繁且广泛地使用。霍格伍德和彼得斯曾把产生忽视过去的原因之一归咎于记录记忆的载体面临维修,甚至是缺失。从这一层面来理解,官僚制明显地能够有效避免这种情况的发生。因为官僚制依赖于形式正规的决策文书记录组织的许多方面。所有关于其结构和运作的事务都用书面形式作了规定,沟通也采取书面形式,书面文件又被收存于档案里。② 第四,由于官僚制确立了按照规章办事的运作机制,再加上官僚制形成了一个封闭性组织,官僚制中的规则常常是连续的和前后一致的。组织成员也习惯于按照惯例办事,也就是,他们会关注过去,并根据过去的情况采取行动。当然,这也被认为是一种僵化的表现。

相较于官僚制,新公共管理运动所倡导的组织结构则完全不同。许多的研究者基于各自的角度对这一组织结构给出不同的认识。根据对新公共管理倡导的组织结构的一般化认识,从组织记忆的角度出发,新公共管理所倡导的组织结构比较容易导致政策制定主体拥有忽视过去的时间观念。原因在于这种组织结构的一些特征会减少组织成员的组织记忆,或者说,它没有办法为组织成员储存组织记忆提供足够的动力与有效的载体。首先,新公共管理强调引入市场的力量提供公共服务,在这种理念下建立的组织结构在很多时候是临时性的。随着组织任务的结束,这些组织就会被撤销。临时性的组织结构由于组织记忆被不断地重建而无法有效地保存组织记忆。波利特通过比较英国国家保健服务、荷兰通信管理机构等五个案例后得出结论,传统的官僚制比以新公共管理和公共服务网络为代表的后官僚制拥有更好的组织记忆,后官僚制组织容易产生忽视过去的短期表现。③ 在这项研究中,他强调了后官僚制组织的临时性与官僚制组织的永久性。

---

① [美] B.盖伊·彼得斯:《政府未来的治理模式》,吴爱明、夏宏图译,中国人民大学出版社 2013 年版,第 7 页。
② [美] 戴维·H.罗森布鲁姆、罗伯特·S.克拉夫丘克:《公共行政学:管理、政治和法律的途径》(第五版),张成福等校译,中国人民大学出版社 2002 年版,第 157 页。
③ Christopher Pollitt, "Bureaucracies Remember, Post-Bureaucratic Organizations Forget?", *Public Administration*, 2009, 87(2).

其次，组织结构呈现碎片化。新公共管理认为，有必要打破僵化的官僚制组织结构，通过分权和授权建立拥有独立权责、以顾客为导向的专门性机构。尽管专门性机构带来了更高的效率和更好的服务，但是它也造成了权力的分散与碎片化。伴随着权力的分散与碎片化，统一的组织记忆显然也就难以形成。对于组织成员而言，他们能拥有的很多时候都是碎片化的记忆。故而，相较其他组织结构模式，组织成员容易出现组织记忆失败的情况。

最后，新公共管理强调在公共部门中引入竞争机制，通过采取合同的方式来打破组织成员的雇佣终身制。这意味着，该组织结构中的成员属于短期雇佣人员，连接成员与组织依靠的是一个个短期的合同。在这种情况下，组织成员不但流动性大，难以固定，而且他们也缺乏获取和形成组织记忆的激励。从这一层面出发，组织成员便会缺乏对组织的集体记忆，进而忽视了过去。彼得斯对弹性化治理模式下公共政策制定的分析也得出了相似的结论。他指出，在弹性化治理模式下，组织成员所接受的决策培训不多，且又缺乏对组织的集体记忆。因此，他们的决定往往会产生相当多的矛盾，并出现过于随机的决策。[①]

总之，组织结构的临时性、碎片化、雇员的短期性都会减少和弱化组织记忆，从而导致组织成员形成忽视过去的时间观念。那些具有永久性、稳定性特征的组织结构有助于政策制定主体形成那些与兼顾过去有关的时间观念。不过，当过去被赋予过度的重视时，在永久型组织结构下政策制定主体的时间观念也容易转变为延续过去的时间观念。

（六）权力监督约束机制

丹尼尔·J.布莱克(Daniel J. Blake)指出，时间观念是基于对未来权力拥有的期望，这种期望在很大程度上受到内部权力竞争机构的塑造。[②] 由此，权力监督约束机制不但与时间观念产生了联系，而且它对时间观念的影响也将从权力的约束功能展开分析。与决策结构侧重于内部决策权力的组织形式与配置不同，这里所指向的权力约束机制聚焦在决策权的外部约束上。

建立权力监督约束机制与权力的双重特性有关。权力有其存在的必然性，但它必须受到限制。权力的实际运行与期望之间的差距更加导致人们

[①] [美] B.盖伊·彼得斯：《政府未来的治理模式》，吴爱明、夏宏图译，中国人民大学出版社 2013 年版，第 71 页。

[②] Daniel J. Blake, "Thinking Ahead: Government Time Horizons and the Legalization of International Investment Agreements", *International Organization*, 2013, 67(4).

特别关注权力约束的问题,并为此探索形成了多种权力约束机制。公共权力的约束机制主要有四类:以法律制约权力、以权力制约权力、以伦理道德制约权力、以权利制约权力。这四类权力约束机制相互补充和统一,一个完备的权力制约机制在此基础上得以建立和运行。理论研究者孜孜以求的探索,以及政治行动者的实践,传递了两个方面的信息。一是权力监督约束机制的重要意义。它具有制约权力、防止权力被个人或小部分人滥用的功能。二是由于权力受到了控制与约束,权力能够遵照法律法规、制度的规定运行。无论是权力主体,还是权力相对人,权力监督约束机制都为他们提供了一种相对稳定的、可靠的预期。与任期制度、决策结构一样,权力监督约束机制也有力地影响了政策制定主体的时间观念,原因与权力监督约束机制的这两个方面功能密切相关:约束性和稳定性。

一方面,如奥尔森指出的,政治家的承诺如果得不到任何来自司法或其他独立权力部门的制约,那么他们总是存在短视的明显可能。① 在缺乏权力监督约束机制的情况下,政策制定主体的权力可以跨越所有的权力部门而任意为之。作为理性经济人,他们就存在很大的可能去作出有利于个人的选择,包括形成短期时间观念、采取只符合自身利益的短期行为等。相反,一旦存在权力监督约束机制,有关问题界定、政策方案选择等政策制定过程的各个环节便不再可能由个人全盘操纵或主导,而转向由结合在一起的共同体去共同确定政策制定的过程及其内容。这意味着,权力监督约束机制能够为政策制定主体以个人属性为遵照的选择设置否决点。由于这些否决点的存在,政策制定不再由单一行为主体所主导。同时,那些以个人属性为政策制定出发点的行为存在了困难。当预见到个体时间观念较难成为指导政策制定的时间观念时,政策制定主体便产生一种激励,这种激励促使他们去形成共同体所认可的时间观念;或是发生时间观念的转变,即从个人主导的时间观念转变成为组织的时间观念。在某种程度上,组织的时间观念往往被认为是长期的。

孔飞力(Philip A. Kuhn)在其《叫魂》一书中强调,正是由于官僚制的存在,才阻挡了统治者的任何一种狂热。否则统治者就可以利用与操纵民众的恐慌,并将它转变为可怕的力量,(在这种情况下)中国就会在风暴中急剧偏航。② 政府之中存在着一些类似于匪帮的短视现象,奥尔森在分析如何终

---

① [美]曼瑟·奥尔森:《权力与繁荣》,苏长和、嵇飞译,上海人民出版社2005年版,第23页。
② [美]孔飞力:《叫魂:1768年中国妖术大恐慌》,陈兼、刘昶译,上海三联书店2014年版,第291页。

结它们时同样指出,只有当不同力量的权力之间存在平衡与制约,并且这一平衡又不会被打破时,这些短视现象才可能被终结。在网络信息时代,以大量网民和新闻媒体为主的社会力量借助互联网平台扩大了知情权、表达权、参与权,进而成为约束决策权的有效监督力量。求诊型时间观念的大量案例反映了来自社会的权力监督约束机制能够促进短期时间观念向长期时间观念的转变。例如,针对高中阶段的招生,永安市教育局只考虑当下楼市的低迷,制定出台了购置房产享受招生优惠的政策。但该政策出台后,引起了市民广泛的气愤和质疑,永安市教育局承认购置房产享受招生优惠政策违背教育公平公正,政策被正式取消。面对来自市民的反对以及烟花爆竹生产厂家和河南省全体烟花经营公司的请愿书,河南省终结了此前制定的能够短期内立即产生效果的"一刀切"禁止性政策。权力监督约束机制的存在是重要且必要的,因为短期时间观念,尤其是以损害长期利益的短期时间观念如果没有得到有效遏制,这种时间观念就有可能合理化,进而成为广泛存在于政府组织中的指导观念。

另一方面,权力监督约束机制能够为权力主体与权力相对人提供稳定且可靠的预期,从而有助于塑造政策制定主体的长期时间观念。公共选择理论认为,公共领域的行动者如经济领域中的企业家一样,属于理性经济人。理性经济人的任何选择的出发点在于实现自己的利益最大化。假如为这些利益加上时间期限而进行考察的话,这就意味着,只有存在着长期且稳定的预期时,作为理性经济人的政府才有可能把注意力聚焦于长期结果上。显然,在一个缺失权力监督约束机制或权力监督约束机制不健全的情况下,那些政策制定主体面临着多种不稳定的风险,任何承诺在其中都有可能无法被兑现,以及随时发生变化。反之,在一个完善的权力监督约束机制下,由于可有效规避那些不稳定的风险,并且能为自利的行动者提供长期且稳定的预期,政策制定主体就得到激励去关注公共政策的长期结果。

约瑟夫·赖特、安德里亚·肯德尔-泰勒(Andrea Kendall-Taylor)等学者的研究发现,当统治者意识到关于未来报酬的承诺是不可靠的,或者他们的政权面临威胁而随时可能被替代时,他们就会选择拥有短期时间观念。[①] 奥尔森强调,绝对的专制者面临继承危机的风险是与生俱来的,而那些处于非洲和拉丁美洲的统治者对于未来的不确定性更加敏感。一旦他们对于谁

---

① Joseph Wright, "To Invest or Insure? How Authoritarian Time Horizons Impact Foreign Aid Effectiveness", *Comparative Political Studies*, 2008, 41(7); Andrea Kendall-Taylor, "Instability and Oil: How Political Time Horizons Affect Oil Revenue", *Studies in Comparative International Development*, 2011, 46(3).

可能成为下任统治者有很大把握,并且形成共识时,统治者对长期效应和社会生产就会给予更多的关注。① 在学者唐贤兴有关公共政策短期化的研究中,他认为,相较于一般时期,社会转型时期更加容易出现短期现象的普遍化。② 虽然唐贤兴没有进一步对该论断进行阐述,但是我们能够从中推测作出该论断的原因主要在于,社会转型时期存在更多的变动性,而且这些变动常常难以预测。这也正是他在政策建议中强调要加强法治与权力约束机制建设的原因。

值得注意的是,权力监督约束机制的构建固然有助于政策制定主体的长期时间观念的形成,但是,要使权力监督约束机制真正地发挥该项功能,构建它仅仅是第一步。因为在一些时候,政策制定主体只受到很少的权力监督与约束,甚至于权力完全没有受到应有的限制。在这种情况下,政策制定主体之间的权力相互约束并不像法律法规制度所规定的那样。实际上,看似井然有序的约束结构其实是权力集中的一个幌子而已。因此,通过权力监督约束机制来有效塑造政策制定主体的长期时间观念,不仅有赖于权力监督约束机制的构建,而且需要权力监督约束机制得到切实有效的执行。两者在对长期时间观念的塑造方面同等重要。

三、时间观念与公共政策制定的因果联系

政策制定主体拥有多种类型的时间观念,时间观念在公共政策制定领域中普遍存在。从认知视角研究公共政策制定的学者们,已经形成了有关观念具有建构功能的共识。然而,如果仅以时间观念的普遍存在和观念的作用而论断时间观念能够影响政策制定及其过程,显然不够充分。这两个方面是理解时间观念与公共政策制定关系的基础。真正认识到时间观念与政策制定的紧密联系,并能够为时间观念作用于政策制定提供充分理由,还需要来自其他方面的阐述。其中之一是,政策制定及其过程的很多方面与时间观念紧密相关。在该方面,政策制定主体的时间观念应当被摆在重要的位置上,至少可以从四个方面得到印证。

时间观念与公共政策制定的因果联系主要表现在四个方面:一是公共

---

① [美]曼瑟·奥尔森:《权力与繁荣》,苏长和、嵇飞译,上海人民出版社2005年版,第24页。
② 唐贤兴、唐豫鹏:《社会转型时期的公共政策:走出短期化的诱惑》,《理论学习月刊》1997年第2期。

政策产生和发展于过去、现在、未来的时间之中;二是政策问题、政策目标、政策方案、政策过程等具有时间结构;三是政策制定主体经常面对成本与收益跨时期分配的政策制定;四是政策制定主体通过特定时间观念为其提供合法性和正当性的证明。有必要指出的是,时间观念可能会在很多方面与公共政策制定及其过程产生因果联系。从这一层面而言,这四个方面或许并不完整。然而,它们最能表明时间观念在政策制定及其过程中如此重要,以至于时间观念能够影响政策制定及其过程。

(一)公共政策产生和发展于过去、现在、未来的时间之中

时间是一切事物存在和发展的根本形式,公共政策制定依托于时间而存在,政策制定过程围绕着时间而展开,每一个环节也以时间的转移而转移。时间则由过去、现在、未来三者所连接而成。由此,任何的政策制定行为都必然是在由过去不断累积的历史情境下、面对当下凸显的问题、待迎接未来的可能挑战的状况下产生。从过去的时间维度来看,政策制定行为并不是开始于真空的环境之中,它是以过去不断累积形成的历史情境为基础的。历史过去对政策制定而言,既是一种结构,又是一种资源。历史过去是一种长期持久且影响深远的结构形式,由其建构形成的利益格局和政策环境,以及政策问题的历史演变都对后续的政策制定行为带来了限制。但与此同时,历史过去中曾出现过的相似问题与解决方案成为后续政策制定的学习资源。从现在的时间维度来看,政策制定行为的产生以解决当前凸显的政策问题为基本出发点,它是当下决策者感知到问题的严重性而采取的必要的政策行动。当下时间贯穿政策制定实践,当下时间承载着包括权力、资源、利益、权利、关系等诸多要素组合,影响着政策制定行为的走向。从未来的时间维度来看,当下的政策制定行为又是与未来这一时间点密切相关,政策制定有必要考虑政策问题本身、产生原因和环境条件等将来会发生的变化或延续状况,政策目标也不仅仅限定于暂时的目标,而应同时关注长期的目标,另外也要考量政策方案在将来环境条件下的可行性和可能面临的挑战等,甚至对政策制定的衡量与评价也发生在未来。

综上,一方面,政策制定行为不得不在一个由过去根本塑造的环境中进行,另一方面,承载着要素组合的现在和未来也持续和极大地决定着政策制定行为的选择。公共政策产生和发展于过去、现在、未来的时间之中,过去、现在、未来均与政策制定行为密切相关。然而,存在并不代表被重视,政策制定主体对过去、现在、未来会形成重视、轻视、忽视等认知状态。由此,政策制定主体对过去、现在、未来的不同认知状态(即时间观念的不同类型)将

会影响政策议程的设置。政策议程是指公共问题被政府决策者重视并被纳入其政策讨论，进而被确定为采取政策行动予以解决政策问题的过程。政策议程设置一般存在三种情况：难以开启、开启、开启后被关闭。政策制定主体对过去的忽视（即拥有忽视过去的时间观念）会导致政策议程难以打开。在朝阳市万商国际城市广场项目政策、南京市麒麟有轨电车项目政策、邯郸市邯郸机场项目政策等案例中，新任官员表现为拥有忽视过去的时间观念。故而，在这些案例中，有关以"如何处理前任官员公开颁布的政策"为议题的政策制定行为迟迟未能开展，项目均停滞了很长时间。即便政策环境条件已经发生了变化，但由于政策制定主体拥有忽视过去的时间观念，中山市古镇镇计划外生育费征收政策、海阳县科学技术进步奖励政策等未能及时地开启修改、调整、废止的政策议程。拥有延续过去的时间观念将会导致政策议程开启后被关闭。当政协委员提交了关于公摊问题的提案且媒体对公摊问题进行了多次报道、人大代表提交修改劳动教养政策的提案的时候，商品房公摊面积分摊政策、劳动教养政策均获得了"政策之窗"的打开。然而，由于决策者拥有延续过去的时间观念，"政策之窗"很快被关闭，这两项政策仍在较长时间内得到了维持。

（二）政策问题、政策目标、政策方案、政策制定过程等具有时间结构

时间观念与公共政策制定之间的因果联系，还可以从政策问题、政策目标、政策方案、政策制定过程等政策要素的时间结构方面得到解释。不管是政策问题，还是政策目标，或者是政策方案、政策制定过程，它们都具有时间结构。

人们一般根据政策问题的内容来理解和区分政策问题。比如，经济类政策问题、社会类政策问题、政治类政策问题等。如果从时间维度对其进行区分的话，政策问题既有长期问题，又有短期问题。政策问题的长短期时间结构不仅表现在它的产生上，还指的是解决政策问题所需要花费的时间长度。有些政策问题虽然可能造成很大的影响，但这种影响不是在短期之内就能完全显现的。另一些政策问题也许影响范围相对较小，但却比较紧急，如果不尽快解决，会造成严重的后果。有些政策问题长期存在，有些政策问题以危机、关键事件等形式出现。在一些时候，政策问题的解决能够在短期内快速地为政策制定主体带来收益，或者是通过解决这些政策问题，政策制定主体能够短期内快速地缓解他们面临的政治危机。但在另一些时候，政策制定主体需要花费很长的时间去解决某一政策问题。

与政策问题具有时间结构一样，政策目标也有长期目标与短期目标之

分。在中国,"实现中华民族伟大复兴""全面建设社会主义现代化国家"等指向长期目标,五年规划强调的是中期目标,而年度政府工作报告中提及的政策目标属于一年内的短期目标。

政策方案同样有长短期的时间结构。这一长短期结构主要体现为政策方案产生政策效果的显现速度。一些政策方案可能在短时间内显现政策效果,即立马见效。另一些政策方案的成效需要经过很长一段时间才能显现。以政策工具为例,规制类工具从政策付诸实施开始,政策相对人的行为必须作出相应的改变,否则面临严厉的惩罚,它属于见效快的政策工具;经济类工具以激励为导向,成效取决于其对政策相对人的激励程度,见效显现相对较慢;而宣传教育等信息类工具的成效更是需要更长的时间才能见效。[①]

政策制定过程遵循从问题输入到政策输出的逻辑,由问题界定、议程设定、方案设计、决策、政策合法化等多个阶段和环节所构成。政策制定过程既是一个伴随着时间消耗的过程,也是一个应当在长时间或短时间内完成的过程。有些政策制定过程所需花费的时间比较短,而有些政策制定过程花费了较长时间。

具有不同时间结构的同一类政策要素相互之间在选择上存在竞争性,究竟解决何种时间结构的政策问题、实现何种时间结构的政策目标、选择何种时间结构的政策方案,以及采用何种时间结构的政策制定过程,就取决于政策制定主体的时间观念。这种竞争关系首先与政策制定主体的有限时间有关。国内外的政策实践和理论研究已经指出,政策制定主体面对的是一个多任务情景。他们不但需要回应多个政策问题,实现多个政策目标,而且他们要在提供给他们的多个政策方案中进行选择。相较任务量,政策制定主体拥有的时间是有限的。除了通过下放权力、扩充人员等方式来减少任务量以外,稀缺的时间和大量的决策任务之间的矛盾仍然导致政策制定主体必须有所选择与有所舍弃。由于政策制定主体在某一段时间里,只能选择一个或少量政策问题、政策目标、政策方案,政策问题之间、政策目标之间以及政策方案之间都将面临竞争——它们共同争夺政策制定主体的注意力,从而得以"出线"。这些要素的竞争便会凸显它们特征属性的差异化。时间结构本身就是这样的一种特征属性。另外,具有不同时间结构的同一类政策要素的竞争关系又与政策制定主体所追求的利益和绩效考核息息相关。这种相关性在那些地方层级的政策制定主体上表现得更为明显。政策制定主体具有一定的任期期限,他们在任期内受到经济和政治竞标赛的激

[①] 王满传:《公共政策制定:择优过程与机制》,中国经济出版社2004年版,第137页。

励,并且常常被要求尽快或在一段时间内去解决某一政策问题。故而,政策制定主体有必要从时间结构属性方面对众多的政策问题、政策目标与政策方案进行选择。

总之,政策问题、政策目标、政策方案、政策制定过程的时间结构不仅关系到政策制定主体有限的决策时间是否得到合理分配,而且与他们能否尽快去展现绩效或长期享有利益紧密相关。当这些要素的时间结构与权力、利益结合时,时间结构属性的重要性便凸显了出来。从这两个方面的意义上看,政策制定便成为一种持续的时间竞争。而时间观念框定了政策制定主体的视界,关于长期政策问题与短期政策问题,短期政策目标与长期政策目标,具有长期效果的政策方案与短期效果的政策方案,显现成效快与慢的政策方案,政策制定过程时间的长与短,每一项选择都与政策制定主体拥有的时间观念有关。究竟让何种政策问题进入议程设置,选择何种政策目标和政策方案,以及如何组合这些政策要素的时间结构,取决于政策制定主体的时间观念,或者说依赖于政策制定主体的时间观念。拥有不同时间观念的政策制定主体就会把不同的注意力集中到不同时间结构的政策问题、政策目标、政策方案上。如果通过采取政策措施来解决特定的公共问题能够很快见效,甚至立竿见影,决策者往往会把这类问题置于优先位置。相反,如果预计采取政策措施后需要很长时间才能见效,这些问题通常会被置于次要的问题。在求诊型时间观念的大量案例中,拥有只顾当下的时间观念的决策者就分别在政策目标、政策方案、政策制定过程方面选择了短期目标、短期能够快速产生效果的"一刀切"方案,以及尚未充分准备好的操之过急的政策制定过程。由此,时间观念框定了政策制定主体的视界,影响他们对政策问题、政策方案、政策目标、政策效应等要素的时效性判断,拥有不同时间观念的决策者对它们会作出不同的选择。

(三) 政策制定主体经常面对成本与收益跨时期分配的政策制定

时间观念与政策制定及其过程的因果关系,同样体现在政策制定主体经常会面对成本与收益跨时期分配的政策制定,即跨时期政策。随着环境问题、养老问题、稀缺资源管理、地方债券等问题受到公众的广泛关注,跨时期政策制定成为政策制定主体难以回避的一项决策任务。与一般性的政策相比,跨时期政策制定是指制定那些成本与收益需要在不同时期分配的政策。其中,成本与收益在时间上的显现与如何分配构成跨时期政策制定的主要内容。跨时期政策制定所具有的这一时间性特征表明了政策制定主体的时间观念会与政策制定发生关联。这一关联性主要通过两个方面予以体现。

一方面，就时间方面而言，能充分地认识到跨时期政策在未来产生的收益与成本取决于政策制定主体的时间观念。成本收益分析法是效率标准观下所有的政策制定都会采用的方法。他们通过成本收益分析法来评估公共政策带来的影响。成本收益分析法的基本做法是：先将公共政策可能产生的收益与成本罗列出来，之后对所有成本与所有收益进行比较，最终判断某项公共政策总体上是带来收益还是损失。在运用成本收益分析法时，与一般的政策制定相比，跨时期政策制定除了需要计算所涉及的成本与收益之外，更为显著的是识别这些成本与收益可能出现在哪个时间。这表明，对普通型政策所进行的成本收益分析，绝大多数时候只需计算某一时期的成本与收益。然而，跨时期政策所涉及的一些成本与收益会在未来的某一时间发生。因此，从时间角度看，是能够认识到在未来出现的成本和收益就取决于政策制定主体的时间观念。一个拥有短期时间观念的政策制定主体，有可能就会忽视那些只会在未来才会显现的成本与收益。反之，那些拥有长期时间观念的政策制定主体能够看到这些成本与收益，从而以一定的方式将它们纳入成本收益的计算之中。

在沈阳市促进房地产市场健康发展政策的案例中，由于政策制定主体拥有只顾当下的时间观念，忽视了通过提供各类优惠措施吸引大学生购房的政策在未来可能产生断供等金融风险。同样地，为了能够快速吸引新的产业和客商，加快他们在沁阳市的投资落地，拥有只顾当下的时间观念的政策制定主体未能充分意识到对外地客商开车违法不罚款、娱乐场所消费不受罚、安静生产日、投资失误政府买单等待遇在未来会产生罔顾法纪、违法盛行、执法不作为的不良风气。面对欧盟其他成员国都希望英国能够签署一个较为缓和的社会政策条款时，英国拒绝了该项提议，并且坚持从欧盟组织的社会草案中退出。英国之所以作出该行为，是因为拒绝签署社会政策条款有助于短期选举的胜利。尽管从长期来看，签署社会政策条例能够使得英国的主权获得更好的保障。① 作为美国治理的重要制度之一的国会委员会制度，根据肯尼斯·A.谢普瑟（Kenneth A. Shepsle）的研究发现，这一制度的引进只是为了扩大当时的美国政治家亨利·克莱（Henry Clay）及其支持者的即时利益而已，他们完全没有留意这一制度将会造成的长期效应。②

---

① Paul Pierson, "The Path to European Integration: A Historical Institutionalist Analysis", *Comparative Political Studies*, 1996, 29(2).
② Kenneth A. Shepsle, "Studying Institutions: Some Lessons From the Rational Choice Approach", *Journal of Theoretical Politics*, 1989, 1(2).

另一方面,跨时期政策涉及的成本与收益在时间上如何分配取决于政策制定主体的时间观念。任何一项公共政策都会产生成本和收益。跨时期政策与普通型政策之间的区别在于,绝大多数普通型政策的成本与收益能够在同一时期呈现,但是跨时期政策的成本与收益必然会在不同的时期发生。当政策制定主体制定跨时期政策时,他们可以选择把收益安排给下一代人享受,而将成本交由当代人承担。同样地,他们也能够选择先允许当代人尽情享受收益,而把大量的成本留给下一代人去承担。又或者是其他类别的时间分配。这种成本与收益时间分配的权衡和选择显然使得政策制定主体拥有什么样的时间观念变得格外重要。艾滋病的防治是一项成本在当下投入而收益显现缓慢且跨时期见成效的决策。金伊·迪翁(Kim Yi Dionne)的研究发现,拥有短期时间观念的决策者对艾滋病防治上的投入远远低于拥有长期时间观念的决策者。时间观念的不同将影响跨期政策制定的差异化。[①]

(四) 政策制定主体通过特定时间观念为自身提供合法性和正当性的证明

公众在不同时期会对公共政策作出不同的评估与判断。对于不同的政策问题,相应地会有不同的关于政策制定时间方面的要求。当时间与传统、可靠性、及时、有远见等形象相关联时,政策制定主体便需要以特定时间观念为其政策行为提供合法性和正当性。比如,拥有延续过去的时间观念与可靠性、稳定性,拥有只顾当下的时间观念与及时性,拥有兼顾过去、当下与未来的时间观念与有远见性、预见性。为此,政策制定主体通过特定时间观念为自身提供合法性和正当性,也为时间观念与公共政策制定的因果联系提供了佐证。

政策制定主体在某种程度上需要特定的时间观念,因为时间观念能够为他们的行为活动提供一种合法性支持。皮埃尔·卡蓝默(Pierre Calame)把时间观念与治理联系在了一起。他强调,治理需要主体拥有长期的时间观念,只有长期的时间观念才与治理相匹配。在卡蓝默看来,社会像是一艘驶向暗礁的邮轮,预见是当务之急,(并且)是关系生死存亡的大问题。掌握长期变革从来都是,而且在任何地方都是治理的组成部分。[②] 换而言之,长期时间观念是治理得以有效进行的条件之一。约翰·波考克(John Pocock)认

---

① Kim Yi Dionne, "The Role of Executive Time Horizons in State Response to AIDS in Africa", *Comparative Political Studies*, 2011, 44(1).
② [法] 皮埃尔·卡蓝默:《破碎的民主:试论治理的革命》,高凌瀚译,生活·读书·新知三联书店 2005 年版,第 203 页。

为,探讨时间观念的产生与发展应是社会科学研究的内容之一。在这一认知下,波考克把时间与社会等同了起来。他指出,社会存在于时间之中,并且作为连续的存在而保持自身形象。由此,作为社会动物的个体所获得的时间观念,在很大程度上是有关他的社会连续性的意识。[1] 波考克的这些论断表明时间观念代表着一种历史形象和模式。从这一层面去理解时间观念的话,时间观念对于理解政治生活,尤其是制度的断裂或延续寻找正当性的努力,有着重要的意义。[2] 这意味着,时间观念能够为那些需要某种历史形象或连续性的政策制定活动提供一定的支持。

一些政策实践同样表明政策制定主体需要某类时间观念为其行为提供合法性与正当性。政策制定主体的政策话语与政策文本是主要的体现方式。政策制定主体时常通过强调他们拥有某种时间观念,尤其是长期时间观念,以此来表明他们决策行为的正当性和合法性。一些地方决策者总是强调,他们会从长远与可持续发展的角度去分析政策问题、提出政策方案、形成公共政策。2005~2015年,上海市的所有政府工作报告都强调了"贯彻科学发展观",并将它确定为这一期间上海市各级政府政策制定过程的主要依据。科学发展观的内涵与特征表现为长期时间观念,要求政策制定主体重视政策的过去、现在与未来。地方政府对长期时间观念的强调,是向地方社会公众传递他们的政策行为是受长期时间观念的引导,而非短期时间观念的信息。一些地方政府在回应公众的政策诉求和政策质疑时,同样会强调他们作出某项政策是因为他们拥有长期时间观念。尽管他们很少直接言明长期时间观念,但他们总是会将政策的制定过程与"深思熟虑""长远发展""可持续"等字词紧密联系起来,而这些字词其实是长期时间观念的表现。又比如政策中的"及时"。在永安市2009年高中阶段招生政策案例中,购置房产享受加分优惠这种短期化行为受到了市民的质疑,相关负责人在受访时强调,永安市房地产市场的低迷状况和该政策内容是特殊环境下的过渡政策,他们出台这项政策是为了及时解决永安市房地产业低迷的困境,以拉动永安市经济和应对金融危机。兰州市机动车单双号限行政策的出台同样被政府决策者解释为,是为了及时缓解主城区交通拥堵和冬季大气污染。

---

[1] John G. A. Pocock, *Politics, Language and Time*, The University of Chicago Press, 1989, p.233.
[2] 冯克利:《时间意识与政治行为》,《开放时代》2010年第8期。

四、时间观念对公共政策制定的塑造：案例分析

上一部分分析了时间观念与公共政策的因果联系，结论有三。其一，时间观念影响政策议程的设置状况（难以开启、开启、开启后被关闭），拥有不同类型的时间观念，政策制定主体会对具有不同时间结构的政策问题、政策目标、政策方案、政策过程等作出不同的选择。其二，拥有不同时间观念的政策制定主体面对跨期型政策的制定任务时，成本收益在不同时期的分配将体现差异化。其三，拥有不同时间观念在某种程度上代表着传统、可靠性、及时、有远见等不同的政策形象，政策制定主体会基于一些目的选择不同类型时间观念为其政策行为提供支持。

这部分将结合理论和案例分析，既然时间观念影响着政策制定中政策议程、政策问题、政策目标、政策方案、政策过程等选择，那么时间观念的这些影响会对政策制定造成什么样的后果？在分析时间观念对于政策制定的影响结果之前，首先需要再次交代时间观念的两层含义。这两层含义与过去、现在、未来的理解有关。正如前面所阐述，过去、现在与未来不仅是时间长河中的某一个时间点或一段时间，还是承载着各种资源要素组合的时间。既然过去、现在与未来具有两层含义，拥有某一特定的时间观念也就有了两层含义。首先，时间观念表示政策制定主体的视界长短，在不同的时间观念下视界的长短也不同。其次，基于时间点上承载的各种资源要素组合而言，拥有某一特定时间观念反映了政策制定主体对于某一时间之上的资源要素组合的一种认定和信念。

（一）忽视过去的时间观念与政策冲突

如果政策制定主体拥有忽视过去的时间观念，那么他们制定形成的公共政策就容易出现冲突现象。政策冲突是指同一政策制定机关或不同政策制定机关之间制定出台的公共政策之间存在相互脱节、相互不一致、相互矛盾、相互抵触，甚至相互对立的现象。政策冲突又被称为政策打架、文件打架、政策撞车。虽然冲突具有建设性和破坏性的双重功能，但是政策冲突现象的存在给很多方面带来了不良的影响。政策冲突现象破坏了公共政策应当具有的内在的一致性、完整性、系统性，影响政府的权威性，并引起社会对公共政策的合法性质疑。同时，政策冲突导致政策执行者和政策相对人处于不相协调和矛盾的政策之中而无所适从，进而对公共政策产生怀疑，消极

对待政策，降低政策效率。另外，因政策冲突导致的政策调整、政策废止等，既是对前期已经投入的政策资源的一种浪费，也增加了政策所需的政策成本。政策冲突可表现在诸多方面。比如，政策目标、政策方案、政策制定主体、政策客体、政策内容等要素之间的冲突，也可表现为同一政策制定机关在不同时间点上制定出台的政策之间的冲突，以及不同政策制定机关制定出台的政策之间的冲突。

广东省住房和城乡建设厅暂停受理部分企业资质核准事项政策的案例和国务院清理规范税收等优惠政策的案例共同反映了：忽视过去的时间观念导致政策制定主体制定出台前后相互脱节的公共政策。一直以来，城乡规划编制单位乙级和丙级资质、物业服务企业资质二级资质等企业资质的核准工作均由广东省住房和城乡建设厅负责。确定这一惯例的政策对于之后围绕这些企业资质核准的政策而言，构成了"过去"。2014年，广东省委贯彻落实国家深化改革的重大决策，要求省级单位开展政府职能转变和行政职权的清理，并完成权责清单的编制。根据前文第三节所指出的，如果拟制定政策的目标与先前政策的目标不一样，政策制定主体会拥有忽视过去的时间观念。显然，该案例中拟制定政策的目标是简政放权和为资质核准引入行业管理，而企业资质核准过去政策的目标是履行审批职责，两者目标不一致，决策者倾向于拥有忽视过去的时间观念。在这种时间观念影响下，决策者选择了与过去政策相脱节的方案，于2015年6月1日制定出台政策，规定从当年6月8日起住房和城乡建设厅暂停受理部分企业资质核准事项。前后相互脱节的政策冲突成为企业发展的拦路虎，它导致很多资质证书已经或即将过期的工程造价企业没办法承接业务而面临倒闭，一些物业公司在对无正当理由长期欠费的业主进行起诉时因不具有资质而被驳回起诉。广东省纪委将该案例作为典型予以通报，新闻媒体对此也作出"官僚作风""'断头政策'让企业吃苦头"等评价。与此同时，广东省住房和城乡建设厅不得不在负面舆论中再次起草相关政策，以对该政策冲突现象开展政策补漏等打补丁行为。

长期以来，地方政府深度依赖通过税收等优惠开展招商引资。税收等优惠政策的过去的政策目标一般为促进地方的投资增长和产业集聚，政策方案是对特定企业和投资商给予税收、非税等收入和财政支出的优惠。相关企业如果符合税收等优惠政策的条件，并与政府签订合同，税收等优惠政策便会有一个税收优惠时间的承诺期限。税收等优惠是一把双刃剑，在促进投资增长和产业集聚的同时，也引发了扰乱市场秩序、寻租和腐败等问题。2014年11月27日，国务院制定出台《国务院关于清理规范税收等优惠政策的通知》,旨在清理税收等优惠政策,维护公平的市场竞争环境。其中规定:违反国家法律法规的优惠政策一律停止执行。在这一背景下,由于拟制定政策目标与过去政策目标不一致,决策者容易出现拥有忽视过去的时间观念。决策者没有充分考虑先前政策已经对投资者的投资行为产生了吸引效应,以及一些已经签订合同享受优惠却面临解除优惠等情况,这项政策内容与先前政策完全脱节,削弱了政府的招商公信力,地方政府也面临政策执行的两难境地。为此,这项政策执行实施5个月后,国务院又制定出台了《国务院关于税收等优惠政策相关事项的通知》,对2014年11月27日颁布的关于税收等优惠政策的清理政策作出了调整。

深圳市促进股权投资基金业发展政策的案例表明,忽视过去的时间观念导致政策制定主体制定出台与上级既有政策不一致的政策。地方政府在制定有关独资企业、合伙企业所得税相关政策的时候,《财政部　国家税务总局关于印发〈个人独资企业和合伙企业投资者征收个人所得税的规定〉的通知》《财政部　国家税务总局关于合伙企业合伙人所得税问题的通知》等先前既有政策应当成为主要依据。2010年,深圳市拟制定加快股权投资基金业发展的政策,以巩固提升深圳市区域金融中心的城市地位。该政策目标与先前财政部和国家税务总局联合制定的政策的目标存在一些差异,前者为加强税收征收管理,后者为促进股权投资基金业发展,决策者出现了忽视过去的时间观念。受到该时间观念的影响,深圳市制定出台了促进股权投资基金业发展政策,其中关于股权投资基金的税收政策方面,政策内容与财政部和国家税务总局的既有政策规定不一致。由于政策冲突现象的存在,再加上国家对税收优惠政策进行清理的要求,深圳市再次制定政策对股权投资基金税收优惠的两款内容作出了停止执行的规定。

(二)忽视过去的时间观念与政策搁置

搁置是指将事情放下、停止进行、闲置一旁。在公共政策的研究中,政策搁置一般被提及为是基层政府政策执行过程中阳奉阴违、拒不执行或象征性执行等行为产生的政策结果,政策搁置的存在会损害基层治理的绩效和治理能力,已经成为基层治理面临的主要困境之一。在本书中,政策搁置是指已经制定出台的政策被搁置执行(中断、中止、停止),以及将错误的、过时的、多余的或无效的政策放置一边,没有及时作出处理。政策搁置的这些现象会导致人力、物力、财力等政策资源的无端消耗,降低政策的绩效,并且阻碍政策的进一步优化。朝阳市万商国际城市广场项目政策、南京市麒麟有轨电车项目政策、中山市古镇镇计划外生育费征收政策、海阳县科学技术进步奖励政策等案例表明,拥有忽视过去的时间观念容易造成政策搁置现象的发生。

根据前文第三节所分析,先前政策的质量状况决定了政策制定主体是否会延续先前政策。先前政策的质量越好,政策制定主体越加可能拥有延续过去的时间观念,反之,先前政策的质量不佳,政策制定主体倾向于拥有忽视过去的时间观念。万商国际城市广场项目存在着利益输送,项目时任主政者落马后,项目开发商的负责人也相继被查,且该项目的上马没有经过充分论证,项目规划启动后多次变更。南京市麒麟有轨电车项目被市民认为是政绩工程,项目的确定和推进带着强烈的长官意志和权力色彩,且该项目的推进还需处理耗时长和牵涉关系多的拆迁任务。邯郸机场项目于1992年确定,尽管已被国家计划委员会(现为国家发展和改革委员会)立项推进,但是将基础设施建设作为主政思路在当时较为超前,且与之后市长继任者的履职经历和主政重心存在着差异。从该影响因素层面而言,三个案例中继任政策制定主体倾向于拥有忽视过去的时间观念。在这一时间观念的影响下,这三个项目政策均不同程度地被搁置,项目工程停滞建设了比较长时间,一直等待继任者予以解决。

朝阳市万商国际城市广场项目于2011年4月26日完成政府和开发商的合作签约仪式,2012年5~9月启动投资认筹和楼盘正式开工、预售。2013年8月,项目规划发生变动,但项目仍在开展进行中。2014年7月24日,项目主推者陈铁新落马,朝阳市原副市长花瑞奇、市政协原副主席郭九阳相继被查,该项目开发商负责人被带走调查。该项目自此出现融资渠道断链和银行不再续贷的局面,业主也因无法办理房产证而要求开发商退款。万商国际城市广场项目烂尾三年,直到2017年5月月底,出于维稳的考虑,朝阳市委、市政府召开万商国际城市广场项目协调会,商议对该项目的解决方案。麒麟有轨电车项目于2012年11月正式招标,2013年2月开工建设,原计划于2014年8月通车。但在项目开工建设8个月后,2013年10月,项目主推者季建业因涉及严重违纪违法被组织调查,有轨电车项目建设中断,从南湾营往北到马群的两千米段迟迟未能开工,杂草丛生。作为带着强烈长官意志的政策项目,它的顺利推进深度依赖长官的强力推动,但伴随着项目主政者的落马,且该项目的继续推进面临审批手续多、拆迁、盘根错节等诸多问题,后续继任者没有对项目作出否定、修正、继续推进等决定。邯郸机场只有两个停机坪,但该项目从1992年确定立项,直至2007年才得以开航。自项目主推者被调任后,该项目历经多任市长,并在此期间被搁置。

在中山市古镇镇计划外生育费征收政策、海阳县科学技术进步奖励政策、浙江省地方税务局科技成果转化税收政策等案例中，拥有忽视过去的时间观念的政策制定主体，容易出现将错误的、过时的、多余的或无效的政策放置一边，没有及时地作出处理的现象。公共政策具有生命周期，随着时间的推移，当政策环境、政策对象等要素发生变化的时候，公共政策产生的效果会逐渐缩小。为此，重视公共政策的周期性并对其作出及时的处理显得非常必要。中山市古镇镇计划外生育费征收政策的有效期仅适用于 2000 年。2000 年 9 月，财政部和国家发展计划委员会（现为国家发展和改革委员会）等部门联合发布通知，将计划外生育费名称变更为社会抚养费。此后，2002~2014 年，国务院相继发布《社会抚养费征收管理办法》和《社会抚养费征收管理条例》（送审稿），对社会抚养费的性质、征收标准、收支等作出新的规定。随着中国生育政策的调整，有专家学者提出继续征收社会抚养费已经不合时宜。即便在政策有效期的限制和外在环境发生变化的情况下，古镇镇 2000 年计划外生育费征收政策直到 2020 年才公告废止。

海阳县科学技术进步奖励政策为标注"试行"的政策文件，且制定出台于 1995 年。国家对科学技术奖励分别于 2004 年和 2008 年作出修改完善。与此同时，山东省于 2011 年 6 月发布《山东省行政程序规定》，其中要求：标注"暂行""试行"的规范性文件，有效期为 1 年至 2 年。制定机关应当于规范性文件有效期届满前 6 个月内进行评估，作出继续执行、修订等处理行为，且对现行有效和已经失效的政策文件均应当及时公布。但拥有忽视过去的时间观念的决策者直到 2018 年才宣布该文件废止。浙江省地方税务局科技成果转化税收政策制定颁布于 1999 年。根据《浙江省行政规范性文件管理办法》规定：政策文件的制定机关应当每隔两年对政策文件开展继续有效、修改、废止和失效等清理工作。但该政策同样未得到及时的处理，直到 2021 年 3 月才公告废止。

（三）延续过去的时间观念与政策滞后

当政策制定主体拥有延续过去的时间观念，公共政策容易出现政策滞后现象。政策滞后是政策供给相对于政策需求而言表现出的时滞现象。随着政策环境的发展变化，社会的政策需求也会发生不同程度的改变。针对政策需求的产生与发展，政策供给就会表现为两种情况的滞后：一是低效或无效政策依然在维持供给，即无效公共政策供给过剩。尽管公共政策已经表现出不适应现有政策环境，公共政策对政策问题的解决所产生的效果逐渐低效，但它依然被继续执行，并被行政管理者作为履行公共职能的主要依据，对政策对象实施管制、引导、调控和分配。二是能及时有效地满足政策需求、解决政策问题的公共政策缺乏,即有效公共政策供给不足。具体为:公共问题应当被纳入政策议程且予以解决的时候没有进入政策议程,提出的政策方案可行性不足或缺乏创新性、政策应当作出抉择时却悬而不决等。政策滞后现象的存在不仅会造成行政管理错过最佳解决期,导致政府机关付出更多的成本去解决已经扩散且形成更大损失的问题,而且会致使政府机关面临不作为的质疑。

商品房销售面积计算及公用建筑面积分摊政策、劳动教养政策、合肥市城市轨道交通乘客守则等案例反映了拥有延续过去的时间观念会造成第一种政策滞后现象。本章第一节已经指出,这些案例中政府决策者的时间观念表现为拥有延续过去的时间观念。根据第三节中时间观念与公共政策制定的因果联系,时间观念与政策议程的设置产生关联,再加上时间观念属于观念的范畴。观念对行为具有指导作用构成一些理论的核心主张,并且这一论断在相关学科中获得了进一步的阐述。认知心理学、组织行为学、决策理论都注意到了观念。认知心理学研究了个体形成有关社会现实的认知过程,也就是观念的形成过程。组织行为学和决策理论的相关内容都涉及观念与行为之间的关系及两者互动的分析。认知心理学认为,观念的形成需要一些原料的输入,而观念本身也会输出一些产物。知觉、注意力、记忆等是观念形成的原料,问题的解决、判断、决策等行为是这些认知原料和观念输出的产物。价值观和态度是组织行为学的研究内容之一。组织行为学强调,个体或群体的行为与他们的价值观、态度密切相关。价值观和态度对个体和群体的行为产生具有导向作用,并且价值观和态度对一个组织的凝聚力、组织效能也会带来广泛的影响。随着决策理论逐渐揭示出组织决策包含了事实因素和价值因素,关于价值观的分析成为决策理论研究的内容之一。决策理论指出,价值观构成组织决策的主要依据之一,当政策制定过程是在不确定性和模糊性条件下进行时,价值观对组织决策的指导意义更加显著。认知心理学、组织行为学、决策理论都提出了观念对行为具有指导作用的主张。

《商品房销售面积计算及公用建筑面积分摊规则》制定出台于1995年,政策目的是降低商品房销售中的矛盾纠纷,规范商品房的销售行为,其中规定商品房销售面积由套内建筑面积和分摊的公用建筑面积构成。然而,近些年针对公摊面积的争议愈演愈烈。一是公摊面积乱象等问题加剧。随着房价的上涨,开发商不断提高公摊面积和公摊系数。一些楼盘的公摊面积达到30%、40%,甚至是50%以上。2018年一篇题为《买100平方米只得70平方米的房子》的文章引起了大量网民的共鸣。上海一小区因66%的得房率通过市长信箱进行网络信访。二是一些人大代表、政协委员、专家学者先后公开提出取消公摊面积并以套内建筑面积计算售房价格的建议。其中近 6 万网民点赞留言支持周世虹政协委员的提议。三是部分地方已经出现以套内建筑面积售房的实践探索。2002 年，重庆市人大常委会通过《重庆市城镇房地产交易管理条例》，该条例规定商品房售卖以套内建筑面积作为计价依据，对于不按照此规定进行售卖的开发商进行罚款。2007 年，广州市《关于建（构）筑物房地产测绘中贯彻实施物权法若干问题的通知（征求意见稿）》提出，小区共有建筑面积不进行分摊到户。由此，政策问题已然凸显且也已有相应的政策方案和政策建议。然而，在延续过去的时间观念影响下，修改完善公摊面积规则的议程被关闭，该政策内容和政策功能依然得到执行。

1957 年 8 月 1 日和 1979 年 11 月 29 日国务院先后制定出台《国务院关于劳动教养问题的决定》《国务院关于劳动教养的补充规定》，两者被统称为劳动教养政策。劳动教养政策的目的是基于社会公共秩序，对那些有劳动力却游手好闲和违纪违法的人开展劳动教养加以改造。但该项政策在实施过程中逐渐显现各类问题。一方面，有关劳动教养的法律依据一直存在着质疑，且劳动教养执行出现扭曲。例如，劳动教养与《宪法》《立法法》《行政处罚法》等法律规定相冲突。劳动教养被一些地方作为打击上访者、举报者的工具，并产生了一些错案冤案。另一方面，人大代表、政协委员、法学专家、司法工作者等主体分别从不同的角度针对劳动教养提出废除或修改完善劳动教养的建议。可以说，劳动教养政策的不适用问题引起了社会广泛关注和讨论。2005 年，劳动教养政策的改变获得了政策议程的打开，《违法行为矫治法》被列入立法规划。然而，该议程不久后被关闭，劳动教养政策一直执行到 2013 年才被正式废止。

2017 年 1 月 1 日实施的《合肥市城市轨道交通乘客守则》规定："一名成年购票乘客可免费携带一名身高 1.3 米以下（含 1.3 米）的儿童乘车，超过一名的，须按超过人数购票。"该规定让很多二孩家长遭遇了尴尬和不便，并被市民投诉。事实上，2015 年 10 月，中国共产党十八届中央委员会第五次全体会议公报提出：全面实施一对夫妇可生育两个孩子政策。作为发布于二孩时代却仍以一孩思维而制定的轨道交通管理政策显然已经严重滞后。包括颁布于 2014 年的《合肥市公共汽车乘车规则》等先前政策均按照一孩来制定，先前实施多年的政策固化了决策者对既定政策的认知。他们在延续过去的时间观念影响下，即便 2016 年 11 月 11 日决策者对《合肥市城市轨道交通乘客守则（征求意见稿）》向社会开展了征求意见，但还是未能跟随社会变化，依然沿用该项规定。相较于合肥市，广州市、贵阳市、南昌市等很多城市均对该项政策作出了及时的调整与完善。

乡镇体制改革、邻避事件的应对政策等案例反映了拥有延续过去的时间观念会造成第二种政策滞后现象，即有效公共政策供给的不足。观念会对公共政策制定产生影响，表现在很多个方面。比如，观念在政策制定过程中发挥路线图的作用。在决策结果不存在单一均衡的条件下，观念左右了最终决策结果的形成。当不存在创新的要求时，嵌入制度中的观念规定着政策的形态。长期以来，公共政策的研究者们一直在争论公共政策应当坚持的价值取向，形成了效率观和公平观两派观点。之所以产生这种争论，背后的研究共识是观念对政策行为具有重要的意义。观念是界定政策问题的主要依据。通过思想观念的多棱镜，人们构建社会问题，将自己的需要变为政府的行动。针对政策目标的确立、政策方案的设计与选择、决策、政策合法化等政策环节，上级政府总是会设置一些行为标准，要求下级政策制定主体遵照执行。绝大多数的标准属于观念层面。比如，政策可接受标准、政策的公平标准等。政策观念大量存在于公共政策领域之中，它们影响着政策制定主体的政策行为。由此，过去为政策制定主体提供了规范性的信念和因果的信念。政策制定主体认为过去既是他们行动的原则，也是区分他们行动正确与错误、合理与违规的标准。只要政策制定主体秉持这种观念，与这种观念相适应的行为路径就会被选择。因为它在逻辑上排除了对现实的其他解读，或者至少表明这类解读不值得持续探讨。

国务院曾出台很多乡镇改革的文件，乡镇机构的改革也成为乡镇主要负责人的决策内容之一。过去乡镇改革的经验绝大多数都是负面的，主要表现是乡镇改革始终没有能够走出"精简—膨胀—再精简—再膨胀"的怪圈。因此，负责乡镇改革的主要官员就形成了较强的负面历史记忆，重视来自过去的政策经验和教训，拥有延续过去的时间观念。当国务院推行以"乡财县管"为主要内容的县乡财政体制改革时，在延续过去的时间观念的影响下，很多负责乡镇改革的主要官员在乡镇体制改革上浅尝辄止，导致缓解乡镇财政危机和改善村容村貌等农村物质建设的有效公共政策缺乏和创新不足。近年来，中国的一些地方政府在应对邻避事件、邻避运动时，采取的政策行为具有较大的趋同性。最先出现邻避运动的厦门市政府通过搬迁大型项目的政策行为，平息了市民的不满，避免了邻避运动的扩大化。先前政策的处置做法塑造了茂名市、什邡市、启东市等地方政府决策者对问题的认定和解决，为他们的政策行为提供了路线图。在延续过去的时间观念影响下，在很长一段时间内，地方政府对邻避项目运动问题的判定依然聚焦于应对问题而不是预防问题,解决邻避项目运动的政策措施始终未能走出"一闹就中止""一闹就搬迁""一闹就停止"等消极对策困境,造成有效解决邻避问题的预防性公共政策的缺失和创新不足。

(四) 延续过去的时间观念与政策连续

政策连续是对政策前后变化状况的一种概括与描述。作为同样能够对政策前后变化作出描述的概念,政策终结是指新政策对先前政策的终止或结束,政策创新是指新政策对先前政策的打破,寻求新的政策突破。区别于两者,政策连续强调政策前后变化的平稳连续,它是指颁布于不同时间点的先后政策在政策目标、政策手段、政策效果等方面保持某种继承性和一致性。基于继承性程度和一致性程度的划分,政策连续包括两种类型:政策维持和政策接续。政策维持是指新政策与先前政策未发生变化,新政策维持先前政策的稳定和不变。政策接续是指新政策在先前政策基础上作出了一定的调整和变动,是在先前政策框架存续中进行的完善。政策连续具有显著的积极意义。一方面,从政策问题的解决和政策目标的实现来讲,政策连续有助于公共政策的贯彻落实,它是政策问题得以解决和政策目标得以实现的基本条件。另一方面,政策连续有利于社会运行有法可依、有章可循,从而形成稳定的社会秩序。政策连续提高了社会公众对政策的可预见性,降低了短期化行为的发生。政策连续是对过去的关注,而对过去的关注在某种程度上能够为可能的行为提供合法性基础。埃德蒙·柏克在阐述改革与传统的关系时指出,赤裸而颤抖的人类本性离不开古代社会既定传统提供的那些慰藉和支持,继承传统能够产生某种稳妥的保守原则和某种稳妥的承袭原则,让政策能够合乎政体自身的结构,工作合乎自然的本色。①

如果政策制定主体拥有延续过去的时间观念,那么他们制定形成的公共政策会保持与先前政策的继承性和一致性,形成政策连续现象。研究生资助政策和"双一流"大学建设政策等案例表明,在延续过去的时间观念的影响下,政策制定主体制定形成的公共政策容易产生政策连续现象的第二种类型——政策接续。

1977 年 12 月,教育部和财政部联合制定出台《普通高等学校、中等学校和技工学校学生实行人民助学金制度的办法》。该办法明确了为研究生提供 100% 享受面的人民助学金。1983 年 7 月,两部门再次联合制定《普通

---

① [英] 埃德蒙·柏克:《自由与传统》,蒋庆、王瑞昌、王天成译,译林出版社 2012 年版,第 107 页。

高等学校、专科学校人民助学金暂行办法》,该政策在接续之前人民助学金的政策目标和政策内容外,对人民助学金的资助覆盖面作出了调整,一些院校的资助比例下降至60%～80%。同年制定的《普通高等学校本、专科学生人民奖学金试行办法》,与人民助学金的政策目标保持一致,同样是以资金资助方式帮助学生解决生活的困难,在人民助学金基础上将对研究生的资助扩大到人民助学金和人民奖学金。之后,在奖学金和助学金的资助政策既定框架下,国家相继制定《普通高等学校本、专科学生实行贷款制度的办法》《关于在普通高等学校设立勤工助学基金的通知》《国家奖学金管理办法》等进一步丰富研究生的资助方式。在研究生资助政策的演变过程中,关于研究生资助的政策目标、政策工具、政策效果都保持了继承性和一致性,通过"老政策保留、新政策试点安排"的方式得到平稳连续变化。

在"双一流"大学建设政策的案例中,2015年10月24日颁布实施的《国务院关于印发统筹推进世界一流大学和一流学科建设总体方案的通知》(简称"双一流"政策)同样是对先前政策的一种接续。这里的先前政策主要聚焦1993年颁布的《关于重点建设一批高等学校和重点学科点的若干意见》(简称"211工程")和1998年颁布的《面向21世纪教育振兴行动计划》(简称"985工程")。"211工程"确定了重点建设100所左右高等学校和一批重点学科点的重点建设项目,以实现学科点达到或接近世界先进水平。"985工程"的政策目标包括若干所高校和一批重点学科进入或接近世界一流水平,并在政策内容中强调要求继续加快推进"211工程"的建设。"双一流"政策体现了较好的延续性,既表现为政策意图上的延续性,也表现为政策工具选择的延续性。[①] 一方面,"双一流"政策也聚焦于以一流为目标,延续了"211工程"的世界一流学科目标和"985工程"的世界一流大学目标,综合要求加快建成一批世界一流大学和一流学科。另一方面,"双一流"政策是在"211工程"和"985工程"的框架下,基于前期政策实施过程中出现的身份固化、竞争缺失、重复建设等问题,是对先前政策扬长避短以进一步提高政策成效而产生的,政策落脚点同样注重科学研究、师资队伍、创新能力、高校治理结构等方面。

中国人民银行等部门延长普惠小微企业贷款延期还本政策和西安市延续新能源汽车推广应用优惠政策等案例表明,在延续过去的时间观念的影响下,政策制定主体制定形成的公共政策会出现政策连续现象的第一种类

---

① 张端鸿:《"双一流":新时期我国院校重点建设政策的延续与调适》,《教育发展研究》2016年第23期。

型——政策维持,即新政策维持先前政策的稳定和不变。

2020年,受到新冠肺炎疫情的影响,一些中小微企业面临年内还本付息的资金压力。3月1日,中国人民银行等多个部门联合制定出台《关于对中小微企业贷款实施临时性延期还本付息的通知》。同年6月1日,《关于进一步对中小微企业贷款实施阶段性延期还本付息的通知》规定,普惠小微企业贷款的还本付息可延长至2021年3月31日。2021年3月29日,中国人民银行等多个部门再次发文以进一步延长普惠小微企业贷款延期还本付息,政策延期至2021年12月31日。在该案例中,决策者对于具有一定有效期的已制定政策给予了充分重视,受延续过去的时间观念影响,决策者在政策有效期前对先前政策作出及时评估、作出继续执行的决定,从而促使解决小微企业资金困境的政策得以保持连续性和稳定性,巩固了政策已取得的成效。

同样地,在西安市延续新能源汽车推广应用优惠政策的案例中,拥有延续过去的时间观念的决策者能够维持政策的连续性。2014年9月,为了促进新能源汽车产业的快速健康发展,西安市政府制定出台了《加快新能源汽车推广应用优惠政策》,该政策的有效期截至2015年12月31日。通过该政策的实施,西安市新能源汽车的市场规模得到了拓展。在这项政策的有效期来临之前,西安市政府于2016年1月8日制定出台《关于延续新能源汽车推广应用优惠政策的通知》,规定先前政策继续执行,政策有效期延迟至2016年12月31日。

(五) 只顾当下的时间观念与政策朝令夕改

公共政策是公共权力机关为了解决公共问题和实现公共目标而选择和制定的方案。尽管变动是公共政策发展过程中的基本状态之一,但从解决政策问题和实现政策目标所花费的时间特征来看,公共政策至少应存续一段时间。政策的朝令夕改现象则与此规律相反。已有文献对公共政策的朝令夕改现象作出了富有借鉴意义的界定和描述。在这里,政策的朝令夕改侧重强调的是公共政策的存续时间,是指公共政策从制定出台到发生变动所经历的时间比较短。这种变动包括了政策正待执行而夭折、政策暂缓执行、政策废止、政策替代、政策修改等不同程度的调整。政策的朝令夕改即便在某种程度上被视为决策者对公共政策的一种及时纠正,然而这类现象的存在不仅是对公共资源的耗费——制定一项政策和调整一项政策均需耗费大量公共资源,而且削弱了决策者的权威性和公信力,不利于政策的后续执行。政策的朝令夕改现象是一种非常态的政策现象,应当避免它的发生。

如果政策制定主体拥有只顾当下的时间观念,那么他们制定形成的公共政策容易出现朝令夕改现象。当政策制定主体拥有短期时间观念时,他们在政策问题、政策目标、政策方案等方面的选择常常会关注时效性。在政策问题、政策目标、政策方案等要素的选择上,他们普遍关注的是那些短期内能够解决和发挥成效,或者当下比较紧急与迫切的政策问题,以及能够快速实现短期利益的政策方案。在这类时间观念下设计形成的制度和政策,不大可能是为了实现这些制度和政策的长期功能和长期效果。它们绝大多数是短期性的产物,因而实现的功能和产生的效果往往是短期的,经不起社会的考验。永安市 2009 年高中阶段招生政策、河南省烟花爆竹禁止燃放政策等求诊型时间观念下的案例均表明,政策制定主体拥有只顾当下的时间观念,会造成公共政策的朝令夕改现象。

在永安市 2009 年高中阶段招生政策的案例中,2009 年 5 月 26 日,永安市政府制定出台《永安市 2009 年高中阶段招生工作意见》。本章第一节已经分析指出,决策者拥有只顾当下的时间观念。由于时间观念与公共政策制定的因果联系之一为政策问题、政策目标、政策方案、政策过程等具有时间结构,时间观念影响决策者对不同时间结构的政策问题、政策方案、政策目标、政策过程等的选择。为此,拥有只顾当下的时间观念的决策者选择了短期(当下)政策目标。该政策作为招生政策,目标本应该为教育公平和教育均衡发展,但该政策附加了刺激楼市回暖的促进房地产发展的目标。面对诸多家长的质疑,该政策的决策者在关于政策出台背景的说明中始终在强调当前永安市商品房交易的低迷状况,以及刺激楼市回暖和拉动当地经济发展的迫切性。最终,该政策涉及的买房享受招生优惠内容从 5 月 26 日制定出台到 6 月 5 日被停止执行,仅存活了 9 天。6 月 5 日,永安市出台《永安市招生委员会关于停止执行 2009 年中考部分照顾政策的通知》,要求停止执行《永安市 2009 年高中阶段招生工作意见》中关于购房享受中考招生照顾的条款。

2016 年,沈阳市面临严峻的房地产去库存压力。根据易居克而瑞沈阳机构的统计,以截至 2016 年 1 月 31 日的数据为例,消化沈阳市商品住宅的库存面积需要周期 25 个月。[①] 同年,国家也强调指出了地方存在大量房地产库存,并相继出台了一些诸如减免房地产交易成本等优惠政策,以化解地方楼市的库存压力。本章第二节分析指出,绩效考核制度和问责制度塑造

---

① 王杰、邓萍萍:《沈阳"零首付"政府半日游》(2016 年 3 月 2 日),经济参考网,jjckb.cn/2016-03/02/c_135146622.htm,最后浏览日期:2023 年 6 月 1 日。

政策制定主体的时间观念。在经济绩效位于关键位置的时候，地方政府倾向于拥有只顾当下的时间观念。受到该时间观念的影响，3月1日，沈阳市只顾当前房地产的去库存问题，既未能充分重视国家对购房首付比例最低为20%的规定，也忽视了大学生零首付购房在未来可能引发的断供等金融风险，出台了《沈阳市人民政府办公厅关于促进房地产市场健康发展的实施意见（试行）》。同日晚上10点，沈阳市委宣传部官方微博"沈阳发布"对外公布，有关高校、中等职业学校在校生和新毕业生购房的优惠措施还处于前期调研论证阶段，暂不具备出台条件。沈阳市促进房地产市场健康发展政策正待执行而夭折，仅存活了不足8个小时。同样关涉房地产政策，佛山市2011年3月份出台房地产调控政策，导致佛山市房产交易和成交大幅度下降。面对当时佛山市楼市的低迷，决策者忽视了国家对房地产市场调控的既有规定，于同年10月11日出台《关于进一步加强我市房地产市场调控有关问题的通知》。该政策放开了住房限购，允许本市户籍居民增购住房，政策自10月12日正式生效执行。然而，这项政策尚未执行即在当天夭折。晚上11点，佛山市住房和城乡建设管理局官方网站公告，暂缓执行该政策。

河南省烟花爆竹禁止燃放政策、沁阳市招商引资政策、深圳市禁摩限电政策等案例表明，受到只顾当下的时间观念影响，决策者选择了短期化政策方案，造成了公共政策的朝令夕改。为了能够快速地控制大气污染，河南省环境污染防治攻坚战领导小组选择了能够短期快速产生效果的"全面禁止烟花爆竹燃放"的"一刀切"政策，于2017年1月14日发布《关于扩大烟花爆竹禁止燃放区域的紧急通知》。然而，该政策忽视了经营单位已经储备烟花爆竹的实际，以及禁燃后大量储存的烟花爆竹将产生的安全问题。1月16日，河南省环境污染防治攻坚战领导小组决定，收回并停止实施该政策，此项政策仅存活2天。

2004~2006年，沁阳市为快速吸引新的客商和新的产业，制定出台《关于开展"效能革命"进一步优化经济发展环境意见》《沁阳市鼓励投资优惠办法》《沁阳市招商引资奖励办法》等5项政策，这些政策为外地客商来沁阳市提供了开车不罚款、执法不检查、企业安静生产日等多项特权待遇。这些政策确实短期内为沁阳市带来了外来资金的大幅度增长，但是它们与既有交通管理、生产管理等规定相违背且有损社会公平。2006年12月，国务院法制办启动调查程序，之后沁阳市收回了这些短期化的招商引资优惠政策。

同样是选择了短期化政策方案，为了整治当下摩托车和电动车的交通乱象，深圳市于2016年发布《深圳禁摩限电细则》。然而，该政策刚刚开始执行却不得不面临短时间内被多次调整的境地。政策实施后即刻出现"50

名快递员被拘留、800 余辆快递车被查扣、快递业离职潮"等大量负面舆论,深圳市为此调整政策,为快递行业增加了 5 000 辆备案电动自行车的配额。之后又出台鼓励新能源纯电动物流车的政策,并于 2017 年在禁摩限电联席会议上将此项政策从以堵为主调整为疏堵结合。

2016 年 5 月 1 日,张北县发布了《张北县物价局关于草原天路风景名胜区门票价格的批复》,确定对草原天路风景名胜区开始收取门票。但同年 5 月 23 日,又决定取消草原天路风景名胜区的收费,政策仅存续 20 多天。

一个行动总是一个时间过程[①],政策制定就是一个过程。政策制定包括议程设置、方案选择、决策等多个环节,相互连接的各个环节构成一个时间链条。每一个环节又都是时间上需要经历的过程。在如何看待政策制定的过程性方面,当政策制定主体拥有只顾当下的时间观念,他们普遍缺乏对政策制定过程的足够重视,只是把注意力集中在单一环节上。诸如将重点放在决策时刻,没有把问题界定与方案选择等其他环节摆在同等重要的位置,由此产生公共政策朝令夕改的现象。重庆市 2014 年医疗服务项目价格政策是这方面的典型案例。为了推进公立医院的医疗价格改革,2015 年 3 月 13 日,重庆市制定出台《重庆市医疗服务项目价格(2014 年版)》,新的价格于 3 月 25 日开始实施。在该政策制定过程中,受到拥有只顾当下的时间观念的影响,该政策未能有效召开听证会,且在一些职能部门对政策方案仍有异议的情况下作出最终决策而制定出台。政策颁布后,一些尿毒症患者及其家属开展游行示威。相关部门人员为此表示,他们的调查研究不够深入。4 月 1 日,重庆市决定该政策停止执行,医疗服务价格恢复到 3 月 25 日前的标准。重庆市医疗改革政策自颁布到废止仅存续 7 天。

(六) 兼顾过去、当下与未来的时间观念与政策长远性

政策制定主体拥有长期时间观念不仅容易获得社会公众对政策的支持与认同,也有助于政策制定主体间达成政策共识,产生具有长远性特征的合作行为。一方面,从时间观念与公共政策制定的因果联系之一——政策制定主体通过特定时间观念为自身提供合法性和正当性证明来看,政策制定主体拥有长期时间观念更加容易获得社会对政策的支持与认同。随着公共诉求表达渠道的丰富化,社会公众会借助各种平台来表达他们希望政策制定主体以长远眼光看待政策问题、政策目标、政策方案等政策要素的诉求。

---

① [美] 塔尔科特·帕森斯:《社会行动的结构》,张明德、夏遇南、彭刚译,译林出版社 2012 年版,第 50 页。

为了回应社会公众的期许,政策制定主体会通过一些政策话语或政策行为表示他们拥有长期时间观念,以此获得社会公众的支持,促进自身的政策行为的正当性和合法性。

另一方面,拥有长期时间观念的政策制定主体之间更加容易产生合作行为,拥有短期时间观念的政策制定主体则比较容易发生分歧与冲突。在一次博弈情景下,囚徒困境模型的博弈均衡是(坦白,坦白)。但是,如果博弈次数是无限次,每一个阶段的博弈均衡将不再是囚徒困境,而变成冷酷战略(抵赖,抵赖)。导致博弈均衡结果从囚徒困境到冷酷战略变化的原因在于,博弈情景发生了置换,进而改变了参与人的时间观念。对于拥有长期时间观念的参与人来说,短期机会主义所得已经显得微不足道,相反地,建立一个乐于合作的信誉这一长期利益的重要性凸显了出来。当参与双方都拥有长期时间观念时,参与者之间的互动从困境变成合作。在第一次世界大战的堑壕战中,尽管战争双方总是在强烈地对抗,但"自己活也让别人活"的合作情形同样出现在堑壕战中。因为战争双方开始认识到战争的长期持续性,基于回报的合作对他们来说变得值得一试。① 社会学学者认为,时间观念是社会中各种价值观的整合部分,个体需要根据与他分享价值观的群体来确定现在和未来的行动方向。② 这意味着,时间观念的差异不仅阻碍了社会成员之间的整合,而且影响着他们行为关系的走向。

如果政策制定主体拥有长期时间观念,那么他们所作出的这些选择将与拥有短期时间观念时的行为选择存在差异。拥有长期时间观念的政策制定主体一般从长期发展的角度进行思考和选择,因而他们所关注的政策要素普遍具有长期性。比如,他们注重公共政策制定的整个过程和所有环节;他们尽力去获取与政策问题、政策目标、政策方案等政策要素未来发展趋势相关的信息;他们主动从纷繁多样的短期危机中去寻找被淹没的那些公众的长期诉求。一个拥有短期时间观念的政策制定主体不会把多年之后可能发生的事情考虑在内。他们的政策行为也不会将未来或长期的政策效应作为依据。与他们相反的是,对于拥有长期时间观念的政策制定主体来说,未来的风险、长期效应等在他们进行行为选择时是非常重要的。拥有长期时间观念的政策制定主体试图去平衡过去、现在与未来的种种政策因素及其影响,他们致力于实现政策的长期目标与长期利益。他们会对政策建立健

---

① [美]罗伯特·阿克塞尔罗德:《合作的进化》,吴坚忠译,上海人民出版社 2007 年版,第 51~61 页。
② [英]刘易斯·科塞、罗斯·科塞:《时间观与社会结构》,载[英]约翰·哈萨德编:《时间社会学》,朱红文、李捷译,北京师范大学出版社 2009 年版,第 190 页。

全长效管理机制,对政策开展全过程管理,对已经制定出台的政策确立及时和有效的评估和退出机制。

关于是否要制定与实施对外援助政策,拥有长期时间观念的国家和拥有短期时间观念的国家之间的政策行为表现不一。前者往往更加愿意制定对外援助政策,并积极贯彻落实这类政策;后者则比较少地制定对外援助政策,也不太增加对外援助的资金投入。有研究通过分析375个国家对外援助政策后发现,时间观念与国家对外援助的支出费用存在正相关的关系,国家拥有的时间观念越具有长期性,对外援助的支出投入就越多。[①] 艾滋病具有潜伏期,艾滋病的治疗成效只有在较长时间后才能够显现。作为公共健康类政策问题,艾滋病的预防与治疗需要国家和个人的长期投入。相较拥有短期时间观念的国家,拥有长期时间观念的国家针对艾滋病预防与治疗所投入的健康支出比较高。统计结果表明,国家拥有长期时间观念的可能性每增加5%,艾滋病的健康支出就会增加3.2%。[②] 按照多源流分析框架的解释,大量的政策思想漂浮在政策共同体中,但并不是所有的政策思想都能够获得政府官员和政策专家的青睐。政府官员和政策专家会去预测这些政策思想的未来发展状况,对于那些未来看起来很暗淡的政策思想,他们会选择舍弃,而那些能够幸存下来的政策思想,一般是因为它们符合未来的一些检验标准。

环境保护是一项需要长期投入且成效显现缓慢的政策议题。如果政策制定主体在其有限的任期内将这项政策议题摆在他们的任务列表的重要位置,且积极制定出台环境保护类政策,这些政策制定主体在一定程度上可被认为拥有长期时间观念。中央对环境认识的转变表明环境保护在领导人议程设置中的重要性不断提升。中共十四届五中全会将可持续发展战略写入《中共中央关于制定国民经济和社会发展"九五"计划和2010年远景目标的建议》;中共十六届三中全会提出科学发展观;中共十七大把生态文明写入党代会报告,要求全社会牢固树立生态文明观念;中共十八大强调了生态文明与人民福祉、民族未来之间的密切联系,并且将生态文明纳入"五位一体"总体布局。伴随着长期时间观念的形成,根据环保部(现为生态环境部)《环境统计年报》(2006~2014年),环保部的环境污染治理投资总额从2005年的2388亿元增长到2013年的9037.2亿元。2005~

[①] Joseph Wright, "To Invest or Insure? How Authoritarian Time Horizons Impact Foreign Aid Effectiveness", *Comparative Political Studies*, 2008, 41(7).

[②] Kim Yi Dionne, "The Role of Executive Time Horizons in State Response to AIDS in Africa", *Comparative Political Studies*, 2011, 44(1).

2013年,环保部的污染治理设施直接投资从1 346.4亿元增加到4 479.5亿元。① 在地方层面,以上海市为例,根据上海市统计局发布的《上海市统计年鉴》(2002~2011),上海市政府的环保投入从2001年的152.93亿元上涨到2010年的507.54亿元;2006~2010年,上海市的环保投入始终维持在10 000亿元以上。② 中国经济类政策的内容调整同样反映了中国地方政府在政策制定过程中时间观念及其政策行为的转变。早期,为了促进经济的高速增长,地方政府制定出台了一些能够刺激经济发展但会带来环境污染的政策。近年来,经济类政策更多地偏向于放松管制、审批制度改革、深化服务业发展、企业税费改革等内容,这些政策更加关注地方经济发展的稳定性和可持续性。

拥有长期时间观念的政策制定主体对问题的解决秉持着未雨绸缪和防患于未然的态度,他们的公共政策不仅具有预见性和战略意识,而且具有长期性。过去的政策不会被简单地忽视,既能够对过去政策保持继承性和连贯性,也可以不断以当下和未来的发展态势去重新审视政策问题、政策目标和政策方案,克服过去政策的不足,在原有政策基础上创立和推行新的政策。山西省右玉县的林木覆盖率原来不到0.3%,在面对举县搬迁还是继续扎根的选择时,右玉县原第一任书记作出继续扎根的决定,并在深入调研后提出植树的建议。自此后,后续继任的二十任县委书记能够一直延续该政策,经过60多年的努力,右玉县的林木覆盖率在2017年达到54%。③ 2003年浙江省十届人大第一次会议,时任浙江省委书记习近平提出"数字浙江"建设,将"数字浙江"作为推进省级经济和社会信息化的基础性工程。④ 之后的历届省委、省政府一以贯之地推进数字化,持之以恒地将数字化蓝图绘到底,并在原有政策框架下相继推出"四张清单一张网"改革、"最多跑一次"改革、智慧城市、智慧城市大脑、政务数据开放、政府数字化转型等创新性政策。在这些长远性政策的推动下,浙江省成为数字治理的典型示范。

---

① 《2006年环境统计年报》,https://www.mee.gov.cn/hjzl/sthjzk/sthjtjnb/201605/U0201606047-96215059661.pdf;《2014年环境统计年报》,http://www.mee.gov.cn/hjzl/sthjzk/sthjtjnb/201606/P020160604812354990172.pdf。
② 《上海统计年鉴》(2011年),http://tjj.sh.gov.cn/tjnj/nj11.htm? d1=2011tjnj/C1901.htm。
③ 祝亮:《右玉县创造了一个绿色生态的奇迹》(2018年11月24日),凤凰网,finance.ifeng.com/e/Ti61vvToixY,最后浏览日期:2023年5月30日。
④ 本书编写组:《干在实处勇立潮头——习近平浙江足迹》,浙江人民出版社2022年版,第73—78页。

五、小结：从时间观念考察公共政策制定

时间是一种客观存在，但它同时被人们所认知和理解。任何关于时间的研究都没办法忽视时间的主观性特征。时间观念是把时间重新带回公共政策制定研究中的一个分析维度。通过理论和案例相结合的综合性阐述与论证，本章分别从时间观念的类型与表现形式、影响政策制定主体时间观念形成的主要因素、时间观念与公共政策制定的因果联系、时间观念对公共政策制定的塑造四个方面对"时间观念与公共政策制定塑造"进行了揭示（图4-2）。可以发现，在大量的政策实践中，时间观念这个因素被凸显出来，并成为影响公共政策制定的重要因素。政策制定主体拥有着忽视过去、延续过去、只顾当下，以及兼顾过去、当下与未来四种时间观念。不同的时间观念具有多种表现形式。政策制定主体之所以表现为拥有不同的时间观念类型，是因为一些因素影响时间观念的形成，这些影响因素可划分为政策层面、制度层面、组织层面。具体包括：政策特征、任期制度、绩效考核与问责制度、决策结构、政府组织结构、权力监督约束机制。

政策制定所涉及的很多方面的选择与政策制定主体的时间观念有关，时间观念会影响对这些方面的明确和选择。研究发现，由于公共政策产生和发展于过去、现在、未来的时间之中，政策制定主体的时间观念会影响新政策的议程设置。如果政策制定主体的时间观念表现为忽视过去，新政策的议程就会难以打开；如果政策制定主体的时间观念表现为延续过去，新政策的议程就容易出现被开启后再次关闭的状况。与此同时，由于政策问题、政策目标、政策方案、政策过程等具有时间结构，政策制定主体拥有的时间观念差异化就会影响他们究竟选择长期政策问题或短期政策问题、长期政策目标或短期政策目标、长效政策方案或成效短时间显现的政策方案、遵循一定时间段的政策过程或局限于决策时刻的政策过程等。另外，政策制定主体经常面对成本与收益跨时期分配的政策制定，在面对这一类型的政策制定时，能够充分认识到政策在未来的收益和成本，以及成本和收益在不同时期如何分配都会受政策制定主体的时间观念的影响。时间观念也常常与政策形象联系在一起，诸如延续过去的时间观念与可靠性、稳定性，只顾当下的时间观念与及时性。为此，政策制定主体会通过特定时间观念为其政策行为提供合法性和正当性。时间观念对政策制定过程中政策议程、政策方案等政策要素的选择、成本收益的分配等诸多方面产生了影响，这些影响

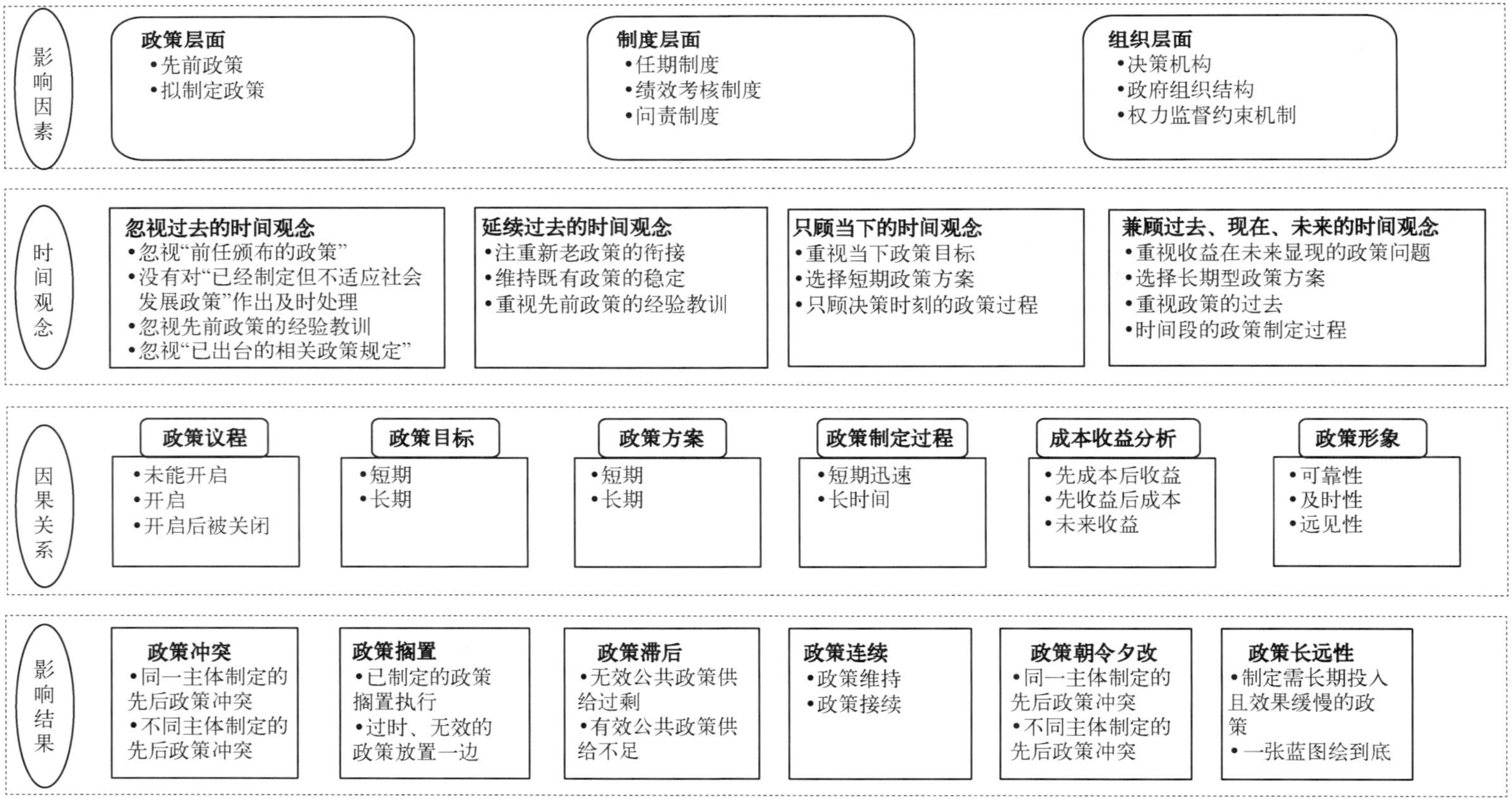

影响因素	时间观念	因果关系	影响结果
政策层面 • 先前政策 • 拟制定政策	**忽视过去的时间观念** • 忽视"前任颁布的政策" • 没有对"已有政策已经制定但不适应社会发展政策"作出及时处理 • 忽视先前政策的经验教训 • 忽视"已出台的相关政策规定"	**政策议程** • 未能开启 • 开启 • 开启后被关闭	**政策冲突** • 同一主体制定的先后政策冲突 • 不同主体制定的先后政策冲突
制度层面 • 任期制度 • 绩效考核制度 • 问责制度	**延续过去的时间观念** • 注重新老政策的衔接 • 维持既有政策的稳定 • 重视先前政策的经验教训	**政策目标** • 短期 • 长期	**政策搁置** • 已制定的政策搁置执行 • 过时、无效的政策放置一边
组织层面 • 决策机构 • 政府组织结构 • 权力监督约束机制	**只顾当下的时间观念** • 重视当下政策目标 • 选择短期型政策方案 • 只顾决策时刻的政策制定过程	**政策方案** • 短期 • 长期	**政策滞后** • 无效公共政策供给过剩 • 有效公共政策供给不足
	兼顾过去、现在、未来的时间观念 • 重视收益在未来显现型政策方案 • 选择长期型政策方案 • 重视过去、未来的政策制定过程	**政策制定过程** • 短期迅速 • 长时间	**政策连续** • 政策维持 • 政策接续
		成本收益分析 • 先成本后收益 • 先收益后成本 • 未来收益	**政策朝令夕改** • 同一主体制定的先后政策冲突 • 不同主体制定的先后政策冲突
		政策形象 • 可靠性 • 及时性 • 远见性	**政策长远性** • 制定需长期投入且效果缓慢实现的政策 • 一张蓝图绘到底

图 4-2 时间观念对公共政策制定的塑造

结果根据时间观念的类型,表现为政策冲突、政策搁置、政策滞后、政策连续、政策朝令夕改等现象。

通过本章对时间观念与公共政策制定塑造之间作用关系的分析,时间观念对于政策制定及其过程的意义凸显了出来。时间观念不仅与公共政策制定紧密相关,而且构成影响公共政策制定的一个重要因素。时间观念为政策理论中既有的时间假设和政策实践现象的解释提供了一个新的分析视角,同时能够为完善政策制定行为提供更多的有益主张。在一个由过去根本塑造且又需要顾及当下和面向未来的政策情景中,政策制定主体并不必然充分重视所有的时间面向。当政策制定主体的时间观念是短期的,所制定的公共政策就容易出现政策冲突、政策搁置、政策滞后等不良情况。基于影响政策制定主体时间观念形成的因素分析,如何让政策制定主体形成长期时间观念,并促使他们对公共政策开展全周期管理,这些也应当成为政府未来在完善制度、组织、政策等方面时的关注点。对于公共政策的研究而言,将时间观念作为视角,可以用来解释公共政策的路径依赖、僵化、保守、冲突、搁置、夭折、朝令夕改等现象,以及比较国家与国家之间、地区与地区之间政策制定行为的差异化。

第五章　时间规则与公共政策制定的约束

本章根据本书在第三章建立的概念化分析框架,从时间规则这一时间性分析维度阐述时间与政策制定的复杂关联性,重点讨论如下几个方面的内容。一方面,厘清政策制定主体面临的时间规则类型与具体形态,明确这些时间规则各自对政策制定作出的时间方面的规定。把时间规则类型化有助于更好地识别时间规则的本质和不同时间规则的差异性。结合具体的时间规则形态,阐述时间规则约束公共政策制定的主要方式和影响,为探究时间规则作用下公共政策制定呈现的表现提供解释。另一方面,通过对三个案例的深度分析,分别从时间规则的建设、多重时间规则的作用、时间规则的遵从三个方面来更深入地论证时间规则对公共政策制定的约束。在时间规则的建设这一部分,将以中国的决策程序建设为案例,探究政策制定主体是如何不断地完善时间规则,以充分发挥时间规则对政策制定的约束与规范功能。在多重时间规则的作用这一部分,将以互联网信息服务监管政策为案例,剖析当多重时间规则"在场"的情况下,受到这些时间规则的约束,政策制定主体将呈现哪些行为特征与具体表现。在时间规则的遵从这一部分,将以邻避项目的决策为案例,挖掘具有主观能动性的政策制定主体是如何应对来自时间规则的约束,以及他们在时间规则的约束下而采取的策略性行为。

通过时间规则与公共政策制定的这些方面的阐述与论证,本章试图回答和揭示:习以为常的规章制度所表现出的时间属性如何成为影响政策制定因素。时间规则会对政策制定的哪些方面产生影响?为何在公共危机状况下和没有公共危机下,政策制定过程的速度具有差异性?围绕相同的决策事项任务,中央政府是如何让地方政府的政策制定行为具有时间上的统一性?面对具有不同时间特征的政策问题时,政策制定主体会呈现何种行为表现?既然时间规则对一些政策制定行为作出了时间方面的规定,又为何政策制定主体并不完全按照这些规定来执行?

一、时间规则的类型与具体形态

与时间观念不同,时间规则把时间当成制度化财产。时间规则是政策制定主体从制度层面对时间的理解,主要是那些由正式和非正式的规则管理着的时间维度。时间规则可以以单独的时间规定性内容的形式出现。然而,绝大多数时候,这些时间规则并没有被单独地列为一项规则来被看待,而是被笼统地统一到许多具体规定之中。正因为如此,人们常常容易忽视这些具体规定中的时间规则,只是把关注点放在了那些具体内容的规定上,并且以此去理解与解读公共政策。无论如何,我们并不能为此而忽视时间规则在公共政策领域中的普遍性存在。

时间规则在公共政策领域中表现出了多种形式。人们根据不同的标准对时间规则作出相应的类型划分。根据时间规则的正式化程度,时间规则可划分为正式时间规则、非正式时间规则。根据时间规则规定的时间内容不同,时间规则分为时间表、计划表、选举周期、立法周期、决策程序、进度表等。根据时间规则确立的时间先后次序,或者是时间规则赖以建立的时间基础(时钟时间还是社会时间),时间规则包括传统时间规则与虚拟时间规则两大类。无论时间规则被归为何种类型或以何种形式出现,时间规则都是人们基于某种理由而建构的。显然,对于公共政策制定而言,时间规则的建构又离不开时间的自有属性与政策制定及其过程的特征,而这两个方面也会因为具体情景的不同而有所不同。基于这一层面的考虑,为更好地区分时间规则,我们将建构时间规则的情景划分为社会层面、政治层面、行政层面。从这三个方面去分析那些会对政策制定主体作出时间性规定的时间规则。总体而言,这些时间规则包括公共危机等关键事件,时代,社会问题的时间特征,循环周期,回应性、责任性规定等。根据时间规则的情景来源与制度化程度两个维度,这些时间规则的特征如图5-1所示。尽管它们都属于制度层面的时间,但是这些时间规则之间在制度化程度方面存在差异。选举周期、回应性规定、责任性规定等时间规则的制度化程度比较高,公共危机等关键事件、时代等时间规则的制度化程度则相对较低。即便是情景来源一样的同一层面的时间规则,在制度化程度方面同样会存在一些差异。另外,从时间特质维度来看,这些时间规则所具有的时间特质也存在着差异,一些时间规则突出的是时间段的特质,一些时间规则凸显了时刻、速度、时序等时间特质。关于各种时间规则所具有的时间特质,具体可见本章这一节最后的表 5-1。

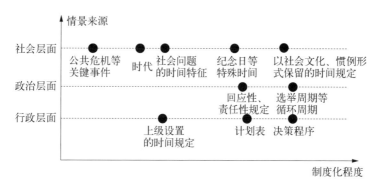

图 5-1 常见的时间规则及其特征

(一) 来自社会层面的时间规则

关于时间,社会学的研究者们普遍把它放在社会实践的意义层面上加以理解。来自社会层面的时间规则(简称"社会性时间规则")属于社会学者的探讨范畴,对于它的理解也将与社会实践联系在一起。社会性时间规则是基于社会实践而形成的一个建构性因素,它们由社会成员通过社会建构而来。由于这一时间规则被社会成员集体创造与塑造,它们便成为绝大多数社会成员遵守的社会规范。在这种认知与理解下,社会性时间规则强调的是它的共识性、共享性、广泛性。社会性时间规则是社会实践的建构性要素。但社会性时间规则和社会实践之间的关系是相互的。社会成员在实践活动中逐步建构形成时间规则,这些时间规则反过来又对他们的生产与生活作出了时间方面的规定,社会成员行为活动的时间安排也会依据时间规则而开展。

由于社会实践与社会性时间规则之间双向互动,社会性时间规则便广泛存在于社会生活中。社会成员可以基于某些社会实践的需要,也可能因为社会成员之间互动、群体生活和日常事务等原因建构形成时间规则。因此,社会性时间规则具有多种类型。根据社会性时间规则的内容,常见的社会性时间规则具体包括以社会文化习俗和惯例保留的时间规定、特殊时间、时代、社会问题的时间特征、公共危机等关键事件。

普遍意义上的每日事务的起止,以及作为一种社会和文化生活暂停标志的周末、夏令制、日常计时方式等时间规则都是通过社会集体建构形成的,这些时间规则规定了人们生产生活的起止时间。诸如朝九晚五、五天工作日制等社会性时间规则是通过社会文化习俗和惯例的形式被保留下来的。这些社会性时间规则是相对的,因文化的不同而存在差异。对于社会成员而言,构建这些时间规则是基于他们开展实践活动的需要。因为这些社会性时间规则在一定程度上安排和规范了社会成员的社会生活,并为他们的集体行动提供了可能。由于社会性时间规则的存在,社会成员相互间的互动得以在一个良好的秩序环境中开展。就社会管理者来说,社会性时间规则作为社会管理的一种手段,深刻地影响着人们的政治、经济、文化活动,并使得社会的各个领域、不同的社会群体在时间上达成了一定的团结方式。[1] 例如,朝九晚五这项社会性时间规则不仅让人们的工作行为变得有序,而且也在一定程度上对那些交通限行类政策中的时间内容作出了规定。

普遍存在于社会之中的宗教节日、纪念日、仪式日、祭祀、赛季、春节等特殊时间,也被社会成员共同遵守,用来铭记某些特定对象或标识某种文化。对于社会成员而言,这些特殊时间不仅高度可见,而且充满着可预期性。它们周期性地出现在社会成员的生产生活中,并向人们规定着在某一时间点作出相应的行为。当特殊日子来临之时,人们的特定社会行为及其可能产生的公共需求或相关问题就会显现,并随之产生相应的政策需求。比如,清明节到来之际,产生了关于祭祀服务如何提供、祭祀秩序如何规范的政策需求,中央政府和地方政府便会制定出台清明节祭扫的相关政策。尽管绝大多数的特殊日子的设置由政府所确认,并按照中央或各层级地方政府的政策规定贯彻落实。但是,仍然应当将它们归为社会性时间规则的范畴,而不是行政层面的时间规则。主要原因是它们的产生源自社会成员的共同诉求和希冀,权威机构只是对它们作出了正式化的确立,以表示这些时间规则获得了正式权威的认可与支持。

时代属于社会性时间规则,但与前者不同的是,时代这一时间规则的制度化程度相对较低。时空特性的重要意义已经在物理学、社会学等学科的研究中被强调。由时空的转型而带来的各种机遇与挑战,更是进一步促使时空特性及其变化成为政策制定主体不得不考虑的关键要素。在本书中,我们选择时代而不是时空这一概念,是为了把它与自然时间相区别,从而突出时间的社会属性。时代本身是个时间性概念,同时又具有社会的鲜明特征,因而成为一种时间方面的规定。我们可以从许多关于时代发展变迁的研究文献中发现时代的这种时间规定性。大卫·哈维(David Harvey)、安

---

[1] 张金岭:《法国社会中的时间及其文化隐喻》,《开放时代》2011年第7期。

东尼·吉登斯(Anthony Giddens)、景天魁、包亚明等学者不仅用时空压缩这一概念诠释了社会实践变迁中的时空属性,而且分析了时空压缩下各国资本市场、社会建设、空间生产等方面的建设状况。这些研究表明,时空压缩对政治经济实践、阶级力量的平衡以及文化和社会生活都带来了令人迷惑和混乱的影响。① 一般而言,时空压缩要求一个国家的社会建设、空间生产、经济发展等方面以一种快速的方式进行。时空压缩将本应该分散于多个时代的东西集中压缩到一个时代,导致任何行为都没有办法以相对缓慢的方式进行。正如学者林尚立在剖析中国的社会建设时指出,急迫的现代化发展很难给中国的社会建设留出充分的时间,使其能够按部就班地进行前后相继的两次社会转型,中国的社会建设差不多是建立在叠加式进行的两次社会转型之上的。② 再比如,信息技术的跨越式发展导致当下时代表现为以高效作为一种评价行为优劣的标准。在这样的时代情景中,面对政策需求,公共政策有必要快速地被制定出台。

根据时间规则的内涵,社会问题的时间特征也属于社会性时间规则。社会问题的时间特征,尤其是那些存在于社会之中且需要通过公共政策解决的社会问题的时间特征,是充分理解公共政策制定的目的、政策方案和政策工具选择的关键依据。社会问题的时间特征主要有三种表现:解决社会问题所需花费的时间长度、社会问题发生变动的时间(速度)、社会问题获得媒体和社会公众等关注的时间长度。一些社会问题的形成原因较为复杂,性质特征难以在短时间内作出清晰界定,利益相关者的共识程度比较低,而有些社会问题的产生原因、性质特征较为清晰,且利益相关者的数量少和共识程度高。因此,解决不同的社会问题所需花费的时间长度存在着差异,分为长期型社会问题和短期型社会问题。长期型社会问题与短期型社会问题分别向政策制定主体的政策行为规定了不同的时间要求。短期型社会问题意味着解决此类问题所需时间不长,社会问题能够在较短时间内且较容易作出界定与分析,也就要求政策制定主体在进行政策方案和政策工具选择时能够且应当倾向于长期型方案,反之亦然。诸如人口问题等长期型社会问题则像是嵌入组织和制度周期中的正式游戏规则一样,将长时间影响政策制定的整个过程。③ 政策方案也在长时间中不断地进行调整与完善。

除了解决社会问题所需花费的时间长度外,社会问题在时间上的变动

---

① 岳长岭:《西方全球化理论面面观》,《战略与管理》1995 年第 6 期。
② 林尚立:《建构民主:中国的理论、战略与议程》,复旦大学出版社 2012 年版,第 180 页。
③ Burdett A. Loomis, *Time, Politics and Policies: A Legislative Year*, University Press of Kansas, 1994, p.1.

程度也会向政策制定主体的政策行为提出时间性的要求。如果某类社会问题随着时间发生了变化,也就意味着与该社会问题有关的社会成员的内部构成、价值观、社会事实的判断与认知等方面可能发生了变化,随之相关的公共政策将被要求作出调整与变迁。20世纪早期,美国社会对政府建设核电厂持肯定态度,但之后绝大多数的社会成员否定了核电厂的建设。美国社会对于核电问题的态度转变导致美国政府再也没有制定任何建设核电厂的政策。① 学者梁鹤年(Hok Lin Leung)强调,公共政策制定应该具有时间维度,随着社会问题的变动而表现出时刻性。② 另外,伴随着信息技术的发展和社会公众权利意识的觉醒,社会公众能够较为便捷地介入或参与社会问题的讨论中,由此对社会问题形成了不同的关注时间长度。根据人民网舆情数据中心的数据,2020年1~8月,公共卫生成为社会公众关注度最高的议题,在教育、科技、文化、体育领域的5G、大数据、云计算等议题获得第二位的关注度。③ 一般而言,社会问题获得媒体和社会公众的关注时间越长,越希望政府决策者能够长期关注并对社会问题的解决作出相关的回应。

对于当前的政策制定主体来说,公共危机已经成为他们不得不重视的社会性时间规则之一。相较过去,公共危机的发生频率增加,并且在现代信息技术的推动下更加容易受到社会成员的普遍关注。公共危机伴随着国家的经济社会转型、政府改革建设、社会利益分化、自然环境等多个方面的发展,在呈现的类型和数量规模上发生了变化。以中国的群体性事件为例,统计显示,2005年与2006年中国的群体性事件数量分别达到8.7万和9万。④ 一些社会成员已经把制造群体性事件当成他们表达与实现诉求的主要手段。这种有意制造群体性事件的现象进一步加剧了公共危机的发生频率。虽然这类以制造公共危机以达到维权目的的想法与行为存在一定的现实无奈,但它的直接影响是扩大了公共危机的数量和规模。除了群体性事件这类公共危机之外,安全生产危机、公共卫生突发事件、自然灾害等公共危机类型也在不同国家、不同城市发生。与其他社会性时间规则不同,虽然公共危机具有不确定性,制度化水平比较低,但是公共危机更为直接地向政策制定主体的政策行为作出时间方面的规定。公共危机要求政府决策者能够快

---

① [美]弗兰克·鲍姆加特纳、布莱恩·琼斯:《美国政治中的议程与不稳定性》,曹堂哲、文雅译,北京大学出版社2011年版,第56~76页。
② [加]梁鹤年:《政策规划与评估方法》,丁进峰译,中国人民大学出版社2009年版,第37页。
③ 人民网舆情数据中心:《2020年互联网舆情形势分析与展望》。
④ 陈水生:《维稳新思维:重新发现社会保障的柔性维稳功能》,《华东理工大学学报》(社会科学版)2014年第5期。

速地作出回应,如果公共危机背后的社会诉求指向制定出台或修改完善特定的公共政策,公共危机则向政策制定主体提出了快速决策的时间要求。

　　社会性时间规则远不止上面所提及的这些,对于社会性时间规则的理解与判断应该是开放的。需要指出的是,并不是所有的社会性时间规则都应当被政策制定主体所关注。存在着这样一些社会性时间规则,虽然它们的内容也涉及时间方面的要求,但它们并没有与公共政策建立起必然的关联,更没有向政策制定主体作出时间方面的规定,也就不构成政策制定主体所感知到的时间规则范畴。它们更多的只是向普遍意义上的社会成员及其行为活动规定了时间长度、次序、速度、时刻等。因此,存在于社会层面的时间规则要成为政策制定主体所感知到的时间规则,取决于时间规则与公共政策制定之间的关联性。两者关联性的建立不但与社会性时间规则体现出的时间内容有关,而且与公共政策制定的属性也有联系。社会性时间规则体现的时间内容已经通过上文的时代、公共危机、特殊时间等得到阐述。就政策制定的属性来说,政策制定不是在真空中产生的,它始终依赖一定的社会环境而得以开展。政策问题来源于社会,政策方案与政策工具经政策制定主体抉择后作用于社会成员,公共政策的价值很多时候是由社会成员所塑造的。社会资源是政策制定所需资源的主要组成部分,利益集团、专家学者、新闻媒体记者等社会成员通过多种多样的方式影响着政策制定过程与结果。只要社会性时间规则通过这些方面与公共政策制定产生了联系,它们都有可能向政策制定主体的政策行为提出时间方面的要求。时代、以提出政策需求和要求政策回应为指向的公共危机等关键事件、社会问题的时间特征等社会性时间规则都管理着公共政策制定的时间长度、次序、速度等方面。

　　综上,来自社会层面的时间规则主要包括公共危机等关键事件、时代、社会问题的时间特征、纪念日等特殊时间、以社会文化习俗和惯例形式保留的时间规定。这些时间规则在不同的情景下管理着公共政策制定的时间长度、次序、速度等,除了制度化程度的差异外,这些时间规则对公共政策制定时间方面的规定和作用方式也存在差异。关于作用方式的区别,将会在本章第二部分进行阐述。在这些时间规则对公共政策制定规定的时间内容要求方面,表现为:公共危机、时代主要是对公共政策制定的速度作出规定;社会问题的时间特征强调了公共政策制定花费的时间长度或变动速度;纪念日等特殊时间和以社会文化习俗和惯例形式保留的时间规定主要是对公共政策制定的开启时间点或持续时间等提出了要求。

(二) 来自政治层面的时间规则

制度是行为的规范与准则,制度能够提供社会秩序,预防和减少行为的风险,促进规范化和可预测的具体行为的形成。政治制度与公共政策制定之间具有紧密的关系。公共政策是在特定的政治体制下形成的,政治制度是公共政策制定存在与发展的制度环境。在公共政策制定中,各类政策要素及其组合方式不同程度地受政治制度的影响。政策制定主体的构成及其决策权限范围、政策诉求的输入与转化、政策工具的选择等各个方面也都与政治制度存在关系。政治制度约束和赋能于公共政策制定。一些政治制度显著地表现出了时间方面的内容,它们对于政治制度中的各类公共行为而言是一项项时间规则,管理和规定着公共行为的时间过程和时间结构。考虑到政治制度与公共政策制定之间的密切关系,这些政治制度也向公共政策制定提出了时间要求。因此,来自政治层面的时间规则构成公共政策制定应当重视的时间规则。

循环周期是政治生活结构和理解政治生活结构的核心。[①] 绝大多数来自政治层面的时间规则具有循环周期的特点,它们围绕截止时间而循环。故而,一些研究把这类时间规则称作政治时间。[②] 从循环周期的特征看,与社会性时间规则不同,很多政治层面的时间规则较为稳定。并且,对于处于时间规则中的行为主体而言,它们是能够被预期的。一般而言,这类具有循环周期特征的时间规则包括选举周期、预算周期、任命周期等。无论是选举周期、还是预算周期,或者是任命周期,它们都是相对的。也就是这些时间规则在不同的国家中存在着差异。比如,不同国家所确立的政治时间的类型不同。民主制国家常常成为时间规则研究者们的重点考察对象。即便是同一类政治时间,在不同的国情下,这类政治时间所规定的时间过程和时间结构也呈现多样性。

在大量具有循环周期特征的时间规则中,选举周期是典型的代表。选举周期与选举制度的建立有关。作为民主的重要要素之一,选举制度是民主政治的基石。选举制度对选举组织、选举方式、选举过程、选举时间等方面进行了规定。其中,根据选举时间的规定,选举以某一种频率发生,选举的定期举行使得选举本身呈现为周期性。在不同的国家中,选举有着不同

[①] Klaus H. Goetz,"How Does the EU Tick? Five Propositions on Political Time",*Journal of European Public Policy*,2009,16(2).

[②] 政治时间的界定,国外理论界有多种说法,关于这一点已经在第三章中进行了阐述,本书中的政治时间突出强调的是它的循环周期特征。

的类型,一般包括大选、中期选举、总统选举、议会选举等类别。选举是公众(或公众代表)选择和产生新一届国家权力和地方权力执掌者的方式。因此,选举意味着权力的更替,即上一届执政者的结束和下一届执政者的开始。对于在任的国家执政者和地方执政者来说,当选表示他们能够继续享有权力。因而,重新当选就成为他们的核心任务。一般情况下,公众根据现任执政者的政绩作出是否继续支持的选择,这个选择将在选举时间发生。根据这一逻辑,选举成为在任执政者表现他们政绩的重要时刻。公共政策是各级执政者履行公共职能的主要方式和贯彻落实法律法规的重要手段,政绩主要显见于他们制定实施的公共政策及其产生的效果。因此,选举的时刻(开始、过程、结束)和选举的持续时间具有了实质性意义,如何按照选举的时间开展公共政策制定活动对现任执政者来说变得尤为重要。选举周期为政策制定行为作出了时间方面的规定,这一时间规则的存在不仅促使以现任执政者为主的政府决策者将注意力聚焦到选举上,而且激励了他们的政策制定行为围绕选举时间而开展。关于时间规则对公共政策制定带来的影响,将在后面一部分进行系统阐述。

除了具有循环周期特征的时间规则之外,政治制度还确立了其他种类的时间规则。回应性和责任性作为政府决策应当遵循的原则,同样具有管理与规定公共行为的时间结构和时间进程的功能。回应性的时间规则重点要求政府决策者能够对公民和社会的需求迅速作出回应,强调决策行为和决策成效的短期性。正如薛澜等学者的研究指出,为了增强回应能力,转型时期的公共政策制定的特征之一是决策删减,表现为决策的时间非常短暂,没有过多的时间开展详细的问题界定、方案比较论证等阶段环节。[①] 2016年由国务院颁布的政策文件《关于在政务公开工作中进一步做好政务舆情回应的通知》规定:对于涉及特别重大、重大突发事件的政务舆情,要求在24小时内召开新闻发布会作出回应,其他事项在48小时内作出回应。

责任性要求政府回应具有有效性,政府决策者的充分讨论是回应有效性的保障。从时间的角度来看,责任性要求政府决策者花费充足的时间在决策过程、方案的长期发展和可持续等方面的讨论上。[②] 毕竟在强化决策的责任方面,深入地开展政策调研、广泛听取各方面的意见和建议,并对政策方案进行全方位的比较是保障责任性的基本前提。比如,为了加强人口方

[①] 薛澜、赵静:《转型期公共政策过程的适应性改革及局限》,《中国社会科学》2017 年第 9 期。
[②] Klaus H. Goetz, "A Question of Time: Responsive and Responsible Democratic Politics", *West European Politics*, 2014, 37(2).

面政策的责任性,国家人口和计划生育委员会(现为国家卫生健康委员会)制定了《国家人口和计划生育委员会重大决策责任制度(试行)》,其中要求这类决策将公众参与、专家论证和集体决策相结合,并且规定了要在深入调研后形成决策调研报告,以及提出了诸如方案充分论证等需花费比较多时间的环节。通过回应性和责任性这两项时间规则的比较可以发现,来自政治层面的时间规则在时间结构和时间进程的规定上有时存在着分歧,甚至彼此矛盾。回应性和责任性作为政府决策者都应当遵照的行为原则,对政府决策者提出了不同的时间方面的规定。这意味着,对于被各类时间规则所要求的政策制定主体来说,他们不但要能够识别出各项时间规则提出的时间要求,而且要能够在政策实践中学会平衡这些不同的时间要求。

政治层面的时间规则和社会层面的时间规则并不是彼此完全独立的,这两类时间规则在某些时候形成了一定的联系。一种类型的时间规则可以推动特定主体对另一种类型的时间规则的建构。社会诉求的形成一般建立在社会问题的基础上,网民表达诉求的时间即为社会问题的时间长度,属于社会性时间规则。人民代表大会和政治协商会议每年固定时间召开,具有循环周期的特征,属于政治层面的时间规则。一项研究发现,网民表达诉求的时间与"两会"召开的时间具有高度相关性。在"两会"召开期间,网民的发帖量达到最高。[①] 政治层面的时间规则为社会问题的时间特征的形成创造了机会,受到政治时间的激励,网民集中在"两会"期间表达诉求。

来自政治层面的时间规则主要包括回应性、责任性、选举周期等循环周期。这些时间规则的制度化程度比较高,不同的时间规则对于公共政策制定时间方面的规定存在一定的差异。回应性和责任性向公共政策制定的速度或持续时间提出了要求,而选举周期等循环周期则表现为规定公共政策制定的开始或结束时间、持续时间。

(三) 来自行政层面的时间规则

行政层面的时间规则的建立与私人组织中时间管理的产生与发展密不可分。时间对任何人来说,都是一种稀缺性资源。随着生产力和生产关系的变化,工厂和企业等组织的建立,个人时间被商品化。为更好地提高工人的工作效率,对工人的工作时间进行规定成为私人组织管理的一种重要手

[①] 孟天广、李锋:《网络空间的政治互动:公民诉求与政府回应性》,《清华大学学报》(哲学社会科学版)2015年第3期。

段。私人组织通过建立严格或弹性的工作时间从而规范工人的工作行为。这种以时间管理为主要内容的管理手段从私人组织扩散到公共组织。在政府组织内，政府决策者主要基于两个方面的原因来建立时间规则。一是政府组织内部管理产生了时间规则的需求；二是外部环境的变化给政府的行为带来了时间方面的挑战。

政府组织内部管理的需要会促进行政层面关于时间规则的建立。政府组织对于建立时间规则的需求主要源自三个方面：一是不计其数的决策任务量与决策者有限时间之间的矛盾；二是简化与规范政府的政策制定行为；三是上级政府改变下级政府的政策行为。政府决策者常常需要面对大量的决策任务。根据《中华人民共和国地方各级人民代表大会和地方各级人民政府组织法》的规定，中国县级以上地方政府承担着管理本行政区域内经济、教育、科学、文化、卫生、体育事业、生态环境保护、城乡建设、民族事务等多项行政工作，也需要履行保护全民所有财产和集体所有财产、公民私有合法财产、法律法规赋予妇女的各项权利等。因此，地方政府的年度决策任务总是繁重的。政府工作报告既是对政府过去一年工作的总结，也是对他们这一年工作的计划安排。根据浙江省 2021 年的政府工作报告，2022 年浙江省政府需要完成与科技创新、乡村振兴、区域协调发展、生态文明建设、民生保障、社会治理创新等内容相关的多项决策任务。

然而，较之于大量的决策任务，政府决策者拥有的时间是有限的。组织学、管理学、社会学、经济学等多个学科均已指出时间的稀缺性特征。为此，在政策制定过程中，如何有效地管理时间成为政府决策者应当关心的问题。为了节约时间和避免政策制定向不必要的方向发展，政府决策者也就产生了建立那些遵循于时间而非遵循于任务的一系列规则。最为常见的时间规则即计划表。比如，《国务院 2021 年度立法工作计划》对 2021 年国务院将提请全国人民代表大会常委会审议的法律、制定和修订的行政法规等作出了安排。国家协调劳动关系三方办公室按照人力资源和社会保障部新冠肺炎疫情防控期间稳定劳动关系的要求，对 2020 年需要完成的重点任务作出安排，包括在 2020 年制定防控期间的劳动关系相关政策和制定政策答问口径等。浙江省教育厅将支持民办教育发展的政策研究和政策制定、学前教育政策体系的建立健全安排为 2010 年的教育重点工作任务。丽水市大数据发展管理局作出 2021 年该局重大行政决策事项的计划，其中关于《丽水市公共安全视频监控点位管理办法》的制定，规定了"公开征求意见—专家论证—风险评估—合法性审查—集体讨论决定"的过程开展，并且分别要求在 6 月底、8 月底、12 月底前完成征求意见、合法性审查、集体讨论决定。

简化与规范政府的政策制定行为是政府组织建立时间规则内部需要的另一个来源。这一来源原因下,常见的时间规则为决策程序。与公共政策制定密切相关的很多内容要求政策制定主体给予时间充分的考虑。这些内容具体表现为:制定形成的公共政策应当与当地经济、社会、技术等发展保持一致;政策制定不是时刻上的选择而应是时间长度上的过程;政策制定过程需要花费一定的时间;政策制定中各类要素的时序应当得到有效的安排;政策问题的提出与政策发布的时机需要认真的考虑;政策方案的设计应注重长期可持续的标准等。对于这些内容的时间方面的考虑意味着,政府决策者有必要建立一些时间规则。通过这些时间规则将政策制定过程中的诸多时间性安排固定下来,减少政府决策者考虑时间性安排的精力,从而将精力投入其他更为重要的决策事务上。决策程序就是这样的时间规则。程序是由一定的行为方式、步骤、时间和顺序构成的行为过程[1],决策程序与立法程序为决策和立法活动规定了时间结构和时间进程。在中国,五年规划纲要需要历经中期评估、前期研究、形成基本思路、起草等11个阶段。其中,专家论证、公开征求意见、公众参与、听证会是重大事项决策的必要前置程序。立法程序不仅规定了立法行为在不用时间点上的具体安排,而且限定了立法的时限。立法时限通常被规定为短期、中期和长期三种。《浙江省人民政府关于健全完善科学民主决策制度的规定》要求,重大事项的决策按照领导或部门及直属单位提出决策建议、分管领导审核、报省长同意、提出方案、充分协商、听取意见、论证评估等程序开展。

因简化与规范政府的政策行为而构建的时间规则并非一成不变,也会根据发展需要而作出调整。在中国的决策体制和决策结构的发展进程中,关于决策的时限、速度、时序安排等规定内容经过了一个不断完善和优化的过程。政策制定过程从最初表现为在被压缩的较短时间段上进行的动态行为发展演变为伴随着时间链条而展开的较长时间的行为过程。王绍光、樊鹏等学者将目前中国重大决策的过程描述为达成共识的过程,并将该模式提炼为共识型决策模式。在此模式下,除了政府决策部门外,普通群众、政策研究机构、利益团体等参与和影响决策,并开展着调查研究、征求意见、建言等多种类型的互动,决策过程表现为较长时间的行为过程。[2]

---

[1] 杨寅:《行政决策程序、监督与责任制度》,中国法制出版社2011年版,第70页。
[2] 参见王绍光、樊鹏:《中国式共识型决策"开门"与"磨合"》,中国人民大学出版社2013年版。

决策任务的纵向分工是国家治理的基本特征，上级政府同样会为了统一或协调下级政府的政策行为而建立时间规则。这些时间规则即为上级设置的时间规定。对于上级政府来说，这些时间规则是他们所采取的时间策略，时间策略这方面将在第六章进行系统阐述。但是，对于下级政府而言，这些时间策略则是向他们作出时间方面规定的时间规则。由于这些时间规则主要是一些主体基于某种需要和目的而施加于另一些主体，它们则被视为策略性的时间规定。正式的上下级权威关系赋予了上级政府设定各项时间规则的一种权力。通过这些时间规则，上级政府框定了下级政府政策行为的时间进程，并规定了他们政策行为的持续时间、时机、时序、速度等多个方面。

明确截止期限和工作阶段任务表是上级设置的时间规定的典型。截止期限是下级政府经常需要面对的由上级政府设置的时间规则。这一时间规则不仅在日常政策制定情景中被广泛地建构，而且一旦处于危机等特殊情况下，上级政府也常常会通过建立截止期限的时间规则向下级政府的政策行为作出规定。为了促使法制办公室加快《校车安全管理条例》的制定进程，时任国务院总理温家宝要求法制办公室在一个月内制定出相应的管理规定。为此，该条例从议程开启到颁布实施仅用时4个月。2018年，《国务院关于做好当前和今后一个时期促进就业工作的若干意见》（国发〔2018〕39号）要求，各省、自治区、直辖市人民政府要在本意见印发之日起30日内，制定出台具体实施办法。

上级政府也常常对下级政府设置诸如划定工作阶段的时间规则。比如，2020年11月11日，国务院针对全国深化"放管服"改革，明确了囊括5个方面、25项的工作阶段任务。国家发展和改革委员会在对2012年深化经济体制改革重点工作作出安排过程中，不仅明确了下级政府与相关部门在所有布置的重点工作中承担负责的分工事项，而且相对应地设置了这些事项的时间进度表。

当外部环境的变化对政府的行为带来时间方面的挑战时，政府决策者将制定时间规则以缓解这些挑战造成的困扰。这些时间规则既可能是计划表，也会是决策程序等。欧盟组织的政策制定实践提供了这方面的论据。2014年，欧盟组织的成员国数量达到28个。欧盟组织成员国的扩大化导致欧盟委员会和欧盟议会等组织的政策制定必须面对很多时间方面的难题。首先，在制定每一项政策时，较之以往，欧盟委员会或欧盟议会需要处理成员国之间政策制定时间方面的冲突，如制定时间先后差异大等，并且在谈判和协调工作上花费大量的时间。但数量庞大的成员国常常难以在一些重大制度和政策改革方面达成一致的意见,即便很多专家都认为这些政策的制定势在必行。① 其次,欧盟组织成员国数量的扩大化很大程度上改变了欧盟委员会、欧盟议会等组织制定政策的时机、速度、时序、持续时间等。② 为了应对这些时间方面的挑战,欧盟委员会和欧盟议会等组织确立了一系列时间规则。比如,设置政策制定的计划表以规范各成员国决策的起止时间和进度;提供政策制定的时间路线图(程序);明确政策规划和政策评估的周期等。③ 通过这些时间规则的建立,欧盟组织缓解了在政策制定过程中来自成员国的时间性冲突,实现了各成员国之间政策制定的同步化与一致性。

来自行政层面的时间规则主要包括上级政府或职能部门设置的时间规定、组织规则中的时间规定(计划表、决策程序)等。这些时间规则的建构既可以表现为对外部环境挑战的回应,也可以基于内部组织管理需要而形成。无论这些时间规则是以何种理由建构形成,从前面的阐述能够发现,它们对于公共政策制定的时间方面的规定比较丰富。上级政府或职能部门设置的时间规定、组织规则中的时间规定(计划表、决策程序)向公共政策制定提出了持续时间、时机、时序、速度等多项时间方面的要求。

认真对待时间规则将为国家提供稳定、看似合理的秩序,不仅如此,时间规则也是提高治理能力的基础。④ 总体而言,来自社会层面、政治层面、行政层面的时间规则均向公共政策制定作出了时间结构或时间进程方面的规定。除了具体的时间规则类型方面的差异外,三个层面的时间规则各自有其特殊性。来自社会层面与政治层面的时间规则属于政府组织外部的时间规则。来自社会层面的时间规则建构形成的缘由主要不是直接针对公共政策制定行为,故而这些时间规则发挥作用的前提基础应当是:面对这些时间规则时,政府决策者有必要以政策制定行为作为一种回应。来自政治层面和行政层面的时间规则与公共政策制定行为之间的关系更为紧密,对公共政策制定行为的时间结构或时间进程方面的规定更为直接明显。相较社

---

① Katja Lass-Lennecke and Annika Werner, "Polices, Institutions and Time: How the European Commission Managed the Temporal Challenge of Eastern Enlargement", *Journal of European Public Policy*, 2009, 16(2).

② Jan-Hinrik Meyer-Sahling and Klaus H. Goetz, "The EU Timescape: From Notion to Research Agenda", *Journal of European Public Policy*, 2009, 16(2).

③ Luc Tholoniat, "The Temporal Constitution of the European Commission: A Timely Investigation", *Journal of European Public Policy*, 16(2).

④ Kenneth Dyson, "The Evolving Timescapes of European Economic Governance: Contesting and Using Time", *Journal of European Public Policy*, 2009, 16(2).

会层面、政治层面的时间规则,来自行政层面的时间规则向公共政策制定行为提出的时间方面规定比较丰富,而来自另外两个层面的时间规则比较多地只规定了速度、持续时间、开始或结束时间点、时序中的一种或两种。三个层面时间规则类型中各种时间规则的具体形态和时间特质如表 5-1 所示。

表 5-1 时间规则的类型、具体形态与时间特质

类型	具体形态	例子	时间特质
社会层面的时间规则	特殊时间	纪念日、仪式日、法定节日	时刻
	时代	逆境、社会转型期、网络时代	时间段、速度
	以社会文化、惯例形式保留的时间规定	朝九晚五工作时间、农作时间、一周五天工作制	时刻、时间段
	公共危机等关键事件	群体性事件、自然灾害、突发事件	时刻、时间段、速度
	社会问题的时间特征	解决花费的时间	时间段
		发生变动的时间	速度
		社会关注的时间	时刻、时间段
政治层面的时间规则	循环周期	选举周期、预算周期	时刻、时间段
	回应性	《国务院办公厅关于在政务公开工作中进一步做好政务舆情回应的通知》	速度
	责任性	《四川省重大行政决策责任追究暂行办法》《国家人口和计划生育委员会重大决策责任制度(试行)》	时间段
行政层面的时间规则	计划表	2020 年重点决策任务;行政立法计划;教育厅 2019 年工作要点	时序、时间段
	决策程序	《四川省重大行政决策程序规定》;《江西省县级以上人民政府重大行政决策程序规定》	时序、时间段
	上级设置的时间规定	明确截止期限;工作阶段任务表	时序、时间段、速度、时刻

二、时间规则约束公共政策制定的主要方式

社会层面、政治层面、行政层面都不同程度地基于各种原因建构了多种形态的时间规则,且对公共政策制定及其过程提出了时间方面的规定。如果仅是从时间规则对政策制定提出的时间方面的规定来认识时间规则与政策制定的关系的话,显然是不够的。有必要进一步探究,通过这些时间方面的规定,时间规则究竟对公共政策制定的哪些方面带来了约束性影响,这些影响背后的产生机制是什么。无论时间规则来自哪一个层面,以哪种具体形态出现,时间规则均反映了制度的实践。故而,从制度的属性角度而言,作为规章制度,时间规则能够对公共政策制定产生约束性。然而,作为具有时间特质的规章制度,它对于政策制定的约束性作用又具有其独有性,而这独特性正是我们要重点揭示的。

时间段、时刻、速度、时序等是时间规则的重要特质,前文已经对每一种类型下各种具体形态的时间规则凸显出的时间特质作出了分析,本部分将以时间规则的制度属性为基础,以时间规则的时间特质产生的效应为重点,阐述时间规则如何对公共政策制定带来约束性。这部分具体包括约束机制与约束内容两个方面。综合时间规则凸显出的时间特质状况,并结合具体的案例,时间规则对公共政策制定的约束机制与约束内容主要表现为:以时序效应和时刻的情景效应影响政策制定主体的权力;以时段效应和速度效应影响政策制定过程;以关键时刻的触发效应影响政策要素的选择;以时序效应和时刻效应影响政策制定主体之间的互动。

本部分的阐述和论证运用的案例包括银川市物业管理政策、营业税改征增值税试点政策、校车安全管理政策、促进平台经济规范健康发展政策、山西省煤炭产业改革政策、元旦春节期间做好民生公共安全交通通行等工作政策、上海市元旦跨年区域交通临时管制政策、进城务工人员随迁子女在当地参加升学考试政策、杭州市防台风道路泊车位及政府投资建设停车位恢复收费政策、欧洲共同能源政策、欧盟组织解决成员国政策制定同步化问题、茂名市针对 PX 事件的应对政策、杭州市以健康码为导向的数字化公众健康风险防控政策等共 37 个来自多个公共政策领域的政策案例(表 5-2)。目前根据案例中凸显的时间规则具体形态对这些案例进行了划分。由于这部分的目的是探究时间规则约束公共政策制定的方式,而非时间规则的类型,对这些案例进行具体阐述分析的时候,将根据案例中时间规则呈现的时间特质和案例中政策

制定等表现,将案例分散于各个具体内容的论证中。与此同时,我们也会对案例进行异同点的比较分析。通过这些分析,一方面,探究具有相同时间特质的时间规则约束公共政策制定的共同方式,另一方面,分析具有不同时间特质的时间规则对公共政策制定同一内容带来的差异化影响。

表 5-2 时间规则约束公共政策制定的案例列表

类 型	具体形态	例 子
社会层面的时间规则	特殊时间	国务院办公厅关于元旦春节期间做好民生公共安全交通通行等工作的政策
		上海市元旦跨年交通临时管制政策
		民政部办公厅关于清明节祭扫的政策
	时代	社会转型期的短期化政策
		经济危机时期法国等五个国家的应对危机政策
		加强和规范出租汽车行业失信联合惩戒对象名单管理工作(征求意见稿)
	社会文化习俗和惯例保留的时间规定	杭州市防台风道路泊车位及政府投资建设停车位恢复收费政策
		嵊州市试行4.5天弹性工作制促消费稳增长的政策
		上海市公安局部分道路采取限制通行交通管理措施的政策
	公共危机等关键事件	宁波市镇海炼化一体化项目引发冲突的应对政策
		北京市教育委员会关于进一步加强各类幼儿园管理的政策
		国民经济和社会发展第十三个五年规划
		杭州市以健康码为导向的数字化公众健康风险防控政策
		广东省茂名市PX事件的应对政策
	社会问题的时间特征	深圳市小汽车增量调控管理政策
		杭州市小客车总量调控管理政策
政治层面的时间规则	回应性	山西省煤炭产业改革政策制定
		河南省扩大烟花爆竹禁止燃放区域的政策
		沈阳市促进房地产市场健康发展政策

续 表

类 型	具体形态	例 子
政治层面的时间规则	责任性	雅安市汉源县河西乡贫困村产业扶持基金投资的决策
		大庆市红岗区杏树岗镇扶贫资金项目的决策
		滨州市高新技术产业开发区打造蒲河绿化形象工程的决策
行政层面的时间规则	计划表	福建省综合防控儿童青少年近视行动政策
		绍兴市被征地农民参加基本养老保险衔接的政策
		舟山市城市容貌标准
	决策程序	新的欧洲共同能源政策
		欧盟委员会解决欧盟成员国政策制定同步化等问题
		银川市物业管理条例修订案
		中央五年规划纲要
		浙江省人民政府关于促进创业投资持续健康发展的实施意见
		杭州市客运出租汽车管理条例
	上级设置的时间规定	营业税改征增值税试点方案
		农村改革试验区工作运行管理办法
		校车安全管理条例
		国务院办公厅关于促进平台经济规范健康发展的政策
		进城务工人员随迁子女在当地参加升学考试的政策
		国务院关于做好当前和今后一个时期促进就业工作的政策

(一) 以时序效应和时刻的情景效应影响政策制定主体的权力

1. 时序效应与前后政策制定主体的权力差异

时序效应强调先后顺序是有意义且要紧的。时间与权力相关,控制了时间就意味着获得了一项重要的权力。[①] 关于时序效应与权力,早已经显现在博弈论、国家发展、国际竞争等方面的研究中。在博弈论中,不同时间顺

---

① Klaus H. Goetz, "Time and Power in the European Commission", *International Review of Administrative Sciences*, 2014, 80(3).

序下参与人所拥有的权力差异反映了时序效应对于权力拥有状况的重要性。在动态博弈模型中,参与人的行动有着先后顺序。在这一先后顺序的设置中,先行动者具有了先导博弈情势的权力,后行动者具有了能够观察先行动者行动的权力。那些以国家发展、国际竞争为核心内容的研究,同样将时序效应与竞争权力联系了起来。一些行动者最先取得了有影响力的位置和对资源份额的早期占有,促使他们以强者自居,因而享有了权力的优势。在三种类型的时间规则中,决策程序、计划表、上级设置的时间规定均凸显了时序的特质,并通过时序效应影响公共政策制定中政策制定主体的权力。

对政策制定主体来说,政策制定的自上而下程序和自下而上程序为他们的政策制定的行动顺序作出了不同的规定。政策制定的自上而下程序要求由以政府决策者为代表的精英群体首先开启政策过程,自下而上程序则规定社会公众或媒体是政策过程的开启者。在这两种政策制定程序中,不同程序对行动者行为顺序的不同规定导致前后政策制定主体的权力形式也不同。自上而下程序与自下而上程序是对实际政策制定如何作出的恰当描述。正因为如此,社会公众和媒体认为自上而下的政策制定程序存在局限性,而主张自下而上的政策制定程序。但是,精英群体对此却持有相反的观点。这些观点与主张差异化背后的原因是:不同决策程序中不同时序的安排,以及公众等社会主体与以政府为代表的精英群体所拥有的政策权力大小不同。在自上而下程序中,无论是问题界定、方案设计与选择,还是政策的合法化,每一个环节都是由精英群体控制与操纵,精英群体掌握了绝对的政策权力。政策制定俨然成为由一个精英阶层将自己的价值观、兴趣爱好等转变成公共政策的过程。[1] 但在自下而上程序中,社会公众和媒体对政策制定过程发挥着重要作用。他们不仅建构政策问题,还积极参与决策,而精英群体更多地表现为对公众和媒体等社会主体的政策回应。

在美国,立法委员会被安排在立法过程的首个阶段、处理法案间差异的阶段。通过这样的时序安排,立法委员会获得了两次创始法案的权力,并且相对容易地将立法委员会的政策意愿强加于立法过程中。[2]《全面推进依法行政实施纲要》规定,涉及全国或者地区经济社会发展的重大决策事项以及专业性较强的决策事项,事先要组织专家进行必要性和可行性的论证。《国务院关于加强市县政府依法行政的决定》(国发〔2008〕17号)要求,针对与

---

[1] [美]托马斯·R.戴伊:《自上而下的政策制定》,鞠方安、吴忧译,中国人民大学出版社2002年版,第5页。

[2] Kenneth A. Shepsle and Barry R. Weingast, "The Institutional Foundations of Committee Power", *The American Political Science Review*, 1987, 80(1).

社会公众切身利益密切相关的政策，要向社会公开征求意见；作出重大行政决策前要广泛听取意见和专家等充分论证。这些文件规定将专家论证、公民参与作为政府最终决策的前置程序。通过决策程序的这种时序安排，社会公众和专家具有了一定的决策参与权，从而打破了由地方政府完全主导政策权力的局面。比如，物业管理政策的制定。小区物业管理不仅关系到小区业主的生活环境等切身利益，小区业主和物业服务企业之间的关系，还涉及共建共治共享的社会治理格局的打造。此类政策属于与社会公众切身利益密切相关的政策，如前所述，决策程序应包括向社会公开征求意见。由此，2021年5月11日~5月31日，银川市住房和城乡建设局就《银川市物业管理条例修正案（征求意见稿）》向社会公开征求意见。通过将公开征求意见设置为政策定稿的前置程序，社会公众被赋予了决策参与权。他们共提出了129条意见建议，最后对外颁布的条例，包括第六十三条第二款的相关内容，均吸收了来自社会公众的建议。

  计划表这一时间规则的设置也反映了时间规则的时序效应影响着前后政策制定主体的权力差异。以欧盟组织的政策管理为例，计划表是欧盟委员会常常制定的时间规则之一。欧盟委员会在没有设置计划表前，欧盟各成员国针对欧盟事宜的政策制定拥有比较大的自由权，他们各自按照进程制定政策，这导致欧盟的相关政策出现不统一、不协调的现象。并且，欧盟委员会对欧盟各成员国的控制与管理权相对比较小。然而，通过设置项目计划表、定期项目评估表等时间规则，欧盟委员会成为议程的设置者，权力得以集中化。而计划表也造成欧盟各成员国的政策权力受到某种限制，它们得按照计划表的时序开展政策制定。欧盟委员会实现了对数量庞大的欧盟成员国更好的管理，欧盟各成员国的政策制定也越加具有可预计性和透明性。[①]

  为更好地开展决策任务的纵向实施，上级政府会对下级政府设置一些时间规定。其中，一些对下级政府划定工作阶段的时间规定，也通过时序效应影响了不同下级政府之间权力的差异。2011年，国务院常务会议决定开展营业税改征增值税试点。同年11月16日，财政部和国家税务总局联合发文《营业税改征增值税试点方案》。其中，上海市成为首个对交通运输业和部分现代服务业营业税改征增值税（简称"营改增"）的试点城市。2012年，国家扩大了营改增试点的行业和地区范围，试点城市从上海市分批扩大

---

① Luc Tholoniat, "The Temporal Constitution of the European Commission: A Timely Investigation", *Journal of European Public Policy*, 2009, 16(2).

到北京市、天津市、江苏省、福建省、浙江省等8个省(直辖市)。2016年,国家在全国范围内全面推开营改增试点。国家对营改增的税制改革设置了工作阶段,不同城市成为具有试点先后的城市。作为首先开展试点的城市,他们一方面获得了来自上级的各种支持与投入的先机,能够享有一些政策优惠和区别性对待,并在试点任务内容上拥有尝试和试错的权力,但另一方面也比其他城市更早地面对复杂问题及社会风险的处理,并面临产出可供示范引领的试点经验的压力。作为后续开展试点的城市,他们虽然没能抢先获得政策红利,但他们有经验教训可以借鉴,降低了任务开展的风险。之后开展试点的城市往往会去考察早期试点城市的试点情况。又比如针对农村的改革,国家同样采取了部分地区先行试点的方式。根据《农村改革试验区工作运行管理办法》(农政发〔2016〕2号),农村改革的先行城市能够获得"改革放权""项目建设优先给予支持""优先安排中央部署的试点试验任务"等支持。

2. 时刻的情景效应与政策制定主体权力的变化

时刻包含着特定的时间情景,这一时间情景因特定的各类要素(主体、制度、利益、权力、资源等)在该特定时刻的组合而具备了特殊的意义。在时间与公共政策的既有研究中,持语境论视角的研究者指出,虽然自然常态下的时刻很少表明什么,但当时刻突破自然常态,变成为特殊时刻,时间的情景(场景)意义就更为显著。因此,具有时刻特质的时间规则能够通过时刻效应而对政策制定主体的权力产生干扰。较之于没有时间规则的情况,在具有时刻特质的时间规则的影响下,政策制定主体的权力会发生一些变化。公共危机、选举周期等循环周期这些时间规则均凸显了时刻特质,并通过时刻的情景效应而对政策制定主体的权力产生影响。

区别于常态化时刻,在公共危机的影响下,政策制定主体的权力集中程度将会提高,并且公共危机将原本处于隐秘状态下的行政权力置于众目睽睽之下,权力的运行更加公开和透明地面向社会公众。公共危机从形成到平息将历经多个特殊的时刻:潜伏期、爆发期、平稳期、消退期。在这些时刻中,公共危机通过时刻效应向政策制定主体作出了权力应该如何恰适性的要求,具体体现在如下两个方面。

首先,为应对公共危机,政策权力能够以集权化的形式运用,即便在公共危机爆发前政策权力被分散于各政府部门之中。公共危机会导致主导性权力在范围和权重上都有所增加,危机情景中的参与者,其在不同领域的活动都被纳入权力范围之中,以便于提升化解危机的预期。权力行使的对象首先在认同其领袖的基础上,将他们所拥有的权力让予主导性权力的拥有者。① 一项关于清代皇帝如何处置民间叫魂的做法同样可以反映公共危机这项时间规则通过时刻效应对权力带来的影响。乾隆皇帝弘历将民间叫魂产生的失职归咎于各省官员的怠惰、迟疑、对无能属下的姑息，也归咎于江南的腐败以及官员个人的忘恩负义。弘历之所以能够作出如此决策，主要是因为叫魂这样一桩危机促使他拥有了能够向官僚们直接摊牌的权力，而在常规环境里动摇官僚们用以有效保护自己的行为方式是非常困难的，即便官僚的怠惰等问题是弘历常年以来一直关注的问题。②

其次，公共危机导致处于隐秘状态下的行政权力被社会广泛地关注与讨论。公共危机的产生与发展就反映了社会问题的严重性和社会公众的不满或迫切诉求。公共危机的爆发与蔓延将引起社会公众、媒体、专家学者等多元主体的广泛关注。这些主体不仅关注公共危机本身，而且期待公共危机发生地的属地管理政府对公共危机的处理与政策回应。这一时刻，任何有违民意的政策行为都因危机引发的社会公众的广泛关注而受到质疑，再加上网络信息技术的发展和普及，社会的关注度会呈现爆炸式增长的态势。广东省茂名市PX事件爆发期间，微博关注度达8 000条，媒体关注达900篇。③ 2012年10月22日，宁波市镇海村民因反对炼化一体化项目扩建而在镇海区政府门口上访和抗议。各大新闻媒体均对此事进行了报道，微博、QQ群上的转发、评论、留言等让更多人关注到了此事。10月24日，镇海区政府对此发布《关于镇海炼化一体化项目有关情况的说明》，但该政策行为引发了村民更加激烈的不满情绪，抗议活动不仅从区政府门口延伸到公路等更广的地理空间，而且从单一的线下抗议扩大到线上的舆论抗议。

同样通过时刻效应对政策制定主体权力带来影响的时间规则还包括选举周期等循环周期。因为选举周期这一时间规则的存在，通过选任方式而得到公共职位的政治家和政府官员只是暂时居于某一职位，他们只在选举制度规定的一段时间内享有和运用权力。在选举周期的不同时间点上，行政权力的大小也存在差异。一项分析总统权力与选举周期之间关系的研究发现，时间控制了总统的能力、权力运用的方式，以及运用权力的大小和机会。④ 在选举

---

① [美]哈罗德·D.拉斯韦尔、亚伯拉罕·卡普兰：《权力与社会：一项政治研究的框架》，王菲易译，上海人民出版社2012年版，第223页。
② [美]孔飞力：《叫魂：1768年中国妖术大恐慌》，陈兼、刘昶译，上海三联书店出版社2014年版，第262页。
③ 堵琴囡：《邻避运动中的我国地方政府回应过程研究：基于动机—能力解释框架》，《云南行政学院学报》2016年第3期。
④ David E. Lewis and James Michael Strine, "What Time Is It: The Use of Power in Four Different Types of Presidential Time", *The Journal of Politics*, 1996, 58(3).

周期的不同时间阶段,总统权力的多个属性表现出显著的不同。美国前总统林登·约翰逊(Lyndon Johnson)就曾对助手哈里·麦克弗森(Harry Macpherson)指出,在不同的选举周期时间阶段上,总统与国会的权力大小完全不同:第一年,总统能够尽力而为,国会也会善待总统;第三年,总统会失去支持者;第四年,总统将失去全盘政治,国会的一半议员都在盘算如何击败总统,而总统在这一年没有可能办成任何一件事。① 由此,选举周期的不同时刻表示着政策制定主体享有着不同的权力持续时间、权力大小、权力的影响力。

(二) 以时段效应和速度效应影响政策制定过程

政策过程对于公共政策的理论研究和政策实践而言均具有非常重要的意义。研究者们不仅以政策过程为视角以求深度剖析公共政策,也运用各种方法来不断揭示实践中的政策过程,而且致力于寻求最优的政策过程以提高公共政策的科学化和民主化。关于政策过程,首先见于由拉斯韦尔提出并经布鲁尔、安德森等众多学者发展的政策阶段(政策周期)论。政策阶段论将政策过程按照从问题输入到政策输出的逻辑,划分为议程设定、政策制定、决策、政策执行、政策评估等一系列阶段。其中,政策过程又可表现为政策制定过程、政策执行过程、政策评估过程等。政策制定过程理论上又由问题界定、目标确定、方案设计、方案抉择、决策等环节构成。治理要掌握改革的节奏,只有把握节奏才能将共同体引导到未来的彼岸。② 政策制定过程同样需要合适的节奏。毕竟,政策制定过快会欲速则不达,政策质量可能难以得到保障。政策制定过慢不仅会延误政策问题的解决,错过决策的最佳时机,而且影响政策的效率。除此之外,社会公众对公共政策的评价很多时候也建立在遵循既定的过程开展之上。诸如阶段论的政策过程安排在一定程度上不但能够促使政策制定维持在合适的节奏,而且避免了无效和多余环节造成的时间浪费。

时间规则会对政策制定过程产生影响,主要通过时间规则的两大效应来表现:一是时段效应,二是速度效应。具有时间段特质的时间规则明确和规定了政策制定过程的节奏、持续时间、间隔时间。具有速度特质的时间规则促使政策制定主体改变常态化的政策制定过程,如替换政策环节的次

---

① [美]杰里尔·A.罗塞蒂:《美国对外政策的政治学》,周启朋译,世界知识出版社1997年版,第44页。
② [法]皮埃尔·卡蓝默:《破碎的民主:试论治理的革命》,高凌瀚译,生活·读书·新知三联书店2005年版,第203页。

序、延长或降低政策过程的时间、删减政策环节等。由于不同的时间规则的制度化程度有所差异，它们对政策制定过程的影响强度略有不一样。相对而言，制度化程度比较高的时间规则的影响程度会比较高。另需强调指出的是，这里所讨论的关于时间规则对政策制定过程的影响（明确或改变）仅是一种事实陈述，表示时间规则明确或改变了政策制定过程的哪些方面，对于这些改变是否符合公平公正等价值判断将在后面的部分进行阐述。

1. 时段效应与阶段型政策制定过程

具有时间段特质的时间规则主要有决策程序、计划表、责任性。

决策程序通过时段效应明确了政策制定过程的阶段环节构成及相应环节应当花费的时间。由于不同国家的决策程序不一样，不同国家的政策制定过程中的阶段环节构成也存在一定的差异。在西方国家，政策制定的过程大致为决策规划、咨询审议、决断后的审查、决策付诸实施。[①] 由于将监控组织的审查作为决策付诸实施前的前置程序，再加上多个决策否决点先于各个阶段而存在，西方国家的一些政策制定过程会比较慢。在意大利，立法的普通程序包括预委员会分配任务、预委员会讨论、委员会讨论、开放讨论四个制度化阶段，分权程序囊括了除开放讨论外的三个制度化阶段。据统计，普通程序的各阶段花费时间平均为 5.56 天、14.35 天、24.09 天、12.43 天，分权程序各阶段的花费时间普遍长于普通阶段，平均为 7.76 天、17.73 天、21.78 天。[②]

在中国，重大事项的政策过程常常由多个阶段环节所构成。国务院于 2019 年颁布的《重大行政决策程序暂行条例》规定，县级以上地方政府重大行政决策包括决策启动、公众参与、专家论证、风险评估、合法性审查、集体讨论决定、决策公布等环节。其中，向社会公开征求意见的期限除了特殊情况外不少于 30 日，合法性审查应当花费的时间不少于 7 个工作日。根据重庆市重大决策的程序规定，重庆市重大决策的过程由决策启动、公众参与、专家论证、风险评估、合法性审查、集体讨论决定。辽宁省重大行政决策程序规定，辽宁省行政决策过程环节包括提出决策动议、拟订方案、征求公众意见、拟订方案草案、合法性审查、集体讨论决定。以新医疗改革政策制定为例，这项政策的制定经过了政策议程设置、改革目标的设立、意见调查和

[①] 宋思明、王思武:《当代西方公共行政决策体制及其借鉴价值》,《国家行政学院学报》2001 年第 5 期。

[②] Enrico Borghetto, "Legislative Processes as Sequences: Exploring Temporal Trajectories of Italian Law-Making by Means of Sequence Analysis", *International Review of Administrative Sciences*, 2014, 80(3).

吸收、备选方案的设计和选择、最终方案的内部酝酿、公开征求意见、统筹协调与最终出台等多个阶段,历时四年。① 其中,专家论证和公民参与是重大事项决策的必要前置程序。相较之重大事项的决策,日常普通事项的政策制定一般由行政系统内经决策简易程序作出,决策制定过程需要历经的阶段环节及花费的时间相对较少。因此,重大事项的决策制定往往需要花费好几年,而日常普通事项的决策一般能够在一年以内完成。《浙江省人民政府关于健全完善科学民主决策制度的规定》对浙江省政府的重大决策事项明确了提出方案、充分协商、听取意见、论证评估、决策会议讨论决定等决策程序。由此,《浙江省人民政府关于促进创业投资持续健康发展的实施意见》的制定过程遵循这一程序规定:政策承办单位浙江省发展改革委联合省创业投资协会进行了多次系列的专题调研,召开了与华睿创投等多家创投机构的座谈会,在此基础上形成初稿,进而就初稿征求了省市级有关职能部门和企业的意见,并向社会公开征求意见,经过相关意见的吸收和修改完善后,才报送省政府讨论决定。

  决策计划表是欧盟委员会主要基于对扩大化的成员国的政策行为进行协调需要而设置的时间规则,它的作用远不止于通过时序效应约束各成员国的政策权力,决策计划表还明确了政策制定过程中的时机、时序安排、速度、持续时间等方面内容。② 欧盟各成员国根据欧盟委员会设置的决策计划表而开展他们的政策制定过程。《浙江省数字化改革总体方案》对党政机关整体智治、数字政府、数字经济、数字社会等各项决策任务作出了计划,形成了遵循时间逻辑并由系列决策任务所构成的计划表。以数字政府的建设为例,相关职能部门的决策任务进程是:2月份明确深化数字政府系统建设方案;4月份对如何构建数字政府综合应用框架作出决策;6月份建设数字政府综合应用;8月份构建数字政府建设的理论体系和制度体系的框架建设;10月份推动各类应用上线试运行。《绍兴市人力资源和社会保障局2021年度重大行政决策事项目录》规定了绍兴市人力资源和社会保障局应在2021年5月前完成《关于做好被征地农民参加基本养老保险衔接工作的通知》。在计划表这一时间规则的规定下,2021年3月31日,绍兴市人力资源和社会保障局就《关于做好被征地农民参加基本养老保险衔接工作的通知》向社会公开征求意见,征求意见期为3月31日至4月9日。5月20日,绍

---

① 王绍光、樊鹏:《中国式共识型决策:"开门"与"磨合"》,中国人民大学出版社2013年版,第83~98页。
② Klaus H. Goetz, "How Does the EU Tick? Five Propositions on Political Time", *Journal of European Public Policy*, 2009, 16(2).

兴市人力资源和社会保障局联合财政局等多个部门颁布了《关于做好被征地农民参加基本养老保险衔接工作的通知》。《舟山市人民政府2021年度重大行政决策事项目录》明确了舟山市城市容貌标准的制定时间为2021年6月~11月,阶段环节包括公开征求意见、风险评估、合法性审查和提交市政府常务会议审议。按照这一时间规则,舟山市城市管理局在6月前开展了实地调研座谈和研讨会等,完成初稿和修改稿,并于9月23日就《舟山市城市容貌标准(征求意见稿)》向社会公开征求意见。《福建省教育厅2019年工作要点》确定了2019年需要开展和完成《福建省综合防控儿童青少年近视行动方案》。根据计划表的安排,这项政策于2019年正式颁布实施。

责任性同样属于具有时间段特质的时间规则。责任性时间规则强调政策制定过程应建立在时间段的基础上,而非建立于某一时刻之上。为加强科学化决策和政府的政策责任能力,完备的政策制定过程和充分的决策时间是基本保障。因此,责任性时间规则通过时段效应明确了政策制定过程的阶段构成、相应环节应当花费的时间、整个过程的持续时间等。为负责任地开展科技类重大决策,舟山市科技局就科技类相关的重大事项的制定要求按照"调查研究、提出问题—科学论证、拟订方案—听证或公示、优化方案—会议讨论、最终决策"的过程开展。为了落实重大事项决策实施的责任制,嘉兴市规定重大事项决策应遵循"提出方案—充分协商—听取建议—论证评估—材料审核—决策会议"的过程。另外,针对决策会议环节,嘉兴市同时规定了"安排足够的时间进行会议讨论"。为加强重大经济事项的科学化,四川省要求省市县涉及重大经济事项的政策制定过程由四个阶段环节所构成,具体包括提出事项、论证和审查、研究和决定、向同级党委请示报告或同级人大及其常委会审议或人大常委会报告。

一旦政府决策者没有按照责任性时间规则所明确的政策制定过程开展决策,将面临责任的追究。在大庆市,《大庆市人民政府关于违反决策程序责任追究办法(试行)》规定,针对事关经济社会发展全局的重大战略决策,在提交决策前,如果没有经过论证会、咨询会等环节,或者针对涉及社会公众利益的决策,没有召开座谈会、听证会等形式听取社会团体、专家学者等意见建议,抑或重大事项的决策方案没有事先经过审查环节,导致重大损失或严重影响,相关领导班子和领导干部会被追究责任。2018年11月,在大庆市纪委监委通报的8起形式主义、官僚主义典型问题中,有1起为红岗区杏树岗镇扶贫资金项目的决策因调研不够、决策不当和管理不善而导致投资的项目长期处于闲置状态。2020年6月,雅安市纪委监委通报了5起形式主义、官僚主义典型问题。其中包括汉源县河西乡党委副书记、乡长郑万军决策时违背责任原则,所作出的贫困村产业扶持基金安排使用决策,没有经过集体研究和投资方案的风险评估,也没有对投资资金回收进行分析研判,导致决策失误。2020年12月,山东省纪委监委公开曝光了5起形式主义、官僚主义典型问题,其中1起也表现为决策违背责任性原则。滨州市高新技术产业开发区原党工委书记、管委会主任李福友以个人决策方式来决定重大决策事项,作出了耗资6 000余万打造蒲河绿化形象工程的决策,给当地带来了不良的影响。

2. 速度效应与政策制定过程的简化和删减

速度意味着一种变化,这种变化既可表现为正向变化或负向变化,也可划分为快速变化或缓慢变化。虽然同样是对政策制定过程产生影响,但与具有时间段特质的时间规则不同,一些具有速度时间特质的时间规则会改变既定的阶段型政策制定过程,出现替换政策制定过程中政策阶段环节的先后次序、延长或降低政策制定过程的时间、删减政策环节等现象。具有这类影响的时间规则主要包括上级设置的时间规定、时代、回应性、公共危机、社会问题的时间特征(速度效应,这里主要表现为社会问题发生变动的时间)。

在现实政策实践中,即便一些下级政府的政策制定过程都表现出了与常态化阶段型政策过程的差异化,但由于上级政府对下级政府设置的时间规定不同,这种与阶段型政策过程的差异化也存在各种情况。根据上级设置的时间规定的差异,一些政策制定过程因上级设置的时间规定的速度效应而被加快,另一些政策制定过程同样因速度效应而被放缓进行。《校车安全管理条例》案例反映了政策制定过程因速度效应而被加快。2011年11月16日,甘肃省正宁县幼儿园校车发生的重大交通事故成为社会焦点和舆论热潮。11月27日,时任国务院总理温家宝在第五次全国妇女儿童工作会议上强调指出,已责成相关部门迅速制定校车管理规定,并且要求法制办公室在一个月内制定出校车安全的管理规定。在这项时间规则的影响下,起草部门迅速开展总结实践经验、调查研究、论证修改等工作。同年12月11日,《校车安全管理条例(草案征求意见稿)》公布,并开展为期一个月的征求意见。2012年3月28日,《校车安全管理条例》经国务院第197次常务会议通过。《校车安全管理条例》从议程开启到征求意见稿的公布仅用时1个月,从征求意见稿的公布到该条例的正式颁布仅用时4个月。相关媒体和专家均用了"迅速""耗时短暂""快速"等词语来形容校车条例政策制定过程的速度。

平台经济监管政策案例则体现了政策制定过程因速度效应而放缓政策过程。平台经济作为一种新的经济形态,近些年随着互联网平台的爆发式增长和平台类型的不断丰富化,不仅成为我国生产力的新组织形式和经济发展的新动能，而且拓展了消费市场、激发了创新创业，也带动了就业。然而，平台经济在发展过程中也出现了垄断、大数据杀熟、数据权属争议、从业人员劳动权益保障等问题。针对平台经济的监管，李克强总理在国务院常务会议等多个公开场合强调指出，对于新事物的发展，应秉持包容审慎。也就是允许新事物发展，不是一有问题就上来管死，先看一看，然后再对出现的问题画出安全底线，加以纠正。上级设置了平台经济监管政策制定的"先看一看，再画出安全底线"的时间规定，受到这一时间规则的影响，相关职能部门并没有在平台经济刚开始发展时就制定出台以禁止或遏制平台经济发展的监管政策，而是根据平台经济的动态发展而保持着政策制定的节奏。直到2019年8月1日，国务院制定出台《国务院办公厅关于促进平台经济规范健康发展的指导意见》(国办发〔2019〕38号)。这种政策制定过程的节奏一方面给平台经济提供了较大的发展空间，推动了平台经济优势的最大程度发挥；另一方面也及时对平台经济发展过程中的突出问题进行了引导和规范。

时代具备时间段和速度两个时间特质，当时代凸显的是速度这一时间特质，时代同样会通过速度效应来影响政策制定过程。比如，经济困难等逆境时期、社会转型发展期。学者德罗尔指出了逆境的主要特征，包括政策问题发生转变甚至是剧变、政策制定的政治基础变得薄弱、缺乏可靠的政策指南。① 由于政策制定在逆境之中面临着更多的困难和不确定性，逆境具有的速度特质导致政策制定过程一般以比较慢的方式进行。对于许多国家来说，20世纪70年代与80年代是经济非常困难的时期。经济困难期使得政策主张的冲突性变得更加强烈②，法国、德国、瑞典、美国和英国这五个国家在作出应对经济危机政策时均采取了较为缓慢的方式。时代的速度特质也会加快政策制定过程。在二三十年内完成西方二三百年所经历的转型过程，中国所处的时代被乌尔里希·贝克(Ulrich Beck)称为"压缩饼干"。③ "压缩饼干"式社会转型时期将本应该分散于多个时代的东西集中压缩到了一个时代，导致任何行为都没有办法以相对缓慢的方式进行，这一时代对政策制定行为提出了快速制定公共政策的时间要求。在此期间，国家的相关社会建设、空间生产、经济发展等公共政策以一种快速的方式被密集地制定

---

① [以]叶海卡·德罗尔：《逆境中的政策制定》，王满传、尹宝虎、张萍译，上海远东出版社1996年版，第24～35页。
② [美]彼得·古勒维奇：《艰难时世下的政治：五国应对世界经济危机的政策比较》，袁明旭、朱天飚译，吉林出版集团有限责任公司2009年版，第10页。
③ [德]乌尔里希·贝克：《什么是全球化？全球主义的曲解——应对全球化》，常和芳译，华东师范大学出版社2008年版，第5页。

与颁布实施。

回应性时间规则重点要求政府决策者能够对公民和社会的需求迅速作出回应,同样通过速度效应影响着政策制定过程,并出现为了满足对速度的要求,政府决策者在政策制定过程中删减政策环节、减少政策制定过程花费的时间等现象。薛澜等学者关于山西省煤炭产业改革政策制定的研究为回应性时间规则对政策制定过程的影响提供了很好的案例。矿难事故的频繁发生和行政问责制的不断启用,导致社会对政策回应的需求进一步增强,回应性时间规则的影响随之凸显。为此,在煤炭产业改革的政策制定过程中,各阶段环节的时间配置被调整,相关阶段环节的时间被压缩或删减。薛澜等学者对山西省煤炭产业改革四次政策制定过程所花费的时间作出了统计:从第一次的 15 个月相继减少到 8 个月、7 个月、2 个月。其中,诸如采矿权价款收缴标准的方案设计仅召集专家开展为期 1 个星期的测算,关于矿井数目和单井规模的方案再规划仅用时 1 个星期。① 2016 年 3 月 1 日,沈阳市出台了《沈阳市人民政府办公厅关于促进房地产市场健康发展的实施意见(试行)》。然而,这项政策内容引起了市民和新闻媒体的强烈关注。网民以"人造牛市""让大学生成为啃老族""用生命去库存"等标题来质疑这项政策,诸如中央电视台《经济半小时》等栏目对此也进行了追踪报道。与此同时,全国政协委员刘志标等专家学者也指出了这项政策会带来的风险。《国务院办公厅关于在政务公开工作中进一步做好政务舆情回应的通知》要求,一般的政务舆情应在 48 小时内作出回应。受到回应性时间规则的约束,当天晚上 10 点,沈阳市快速作出回应,表示大学生购房优惠等政策内容暂不具备出台条件。从政策颁布到政策被暂停执行,决策过程仅用时不到 8 个小时。2017 年 1 月 14 日,河南省发布《关于扩大烟花爆竹禁止燃放区域的紧急通知》。这项政策出台后,数百名烟花爆竹经销商聚集且撰写公开信向河南省政府反映情况。大量网民关注和讨论这项政策,舆情热度不断上升和持续发酵,网民认为这项政策是懒政的表现,也是对传统节日习惯的"扼杀"。人民网舆情监测室的数据显示,截至 2017 年(同年)1 月 19 日 17 时,关于河南省"最严禁放令"的新闻报道 990 篇,报刊文章 54 篇,论坛帖文 199 篇,博客文章 70 篇,微信 184 篇。新浪话题#河南最严禁放令#引发网民阅读 1 万次。② 2 天后,河南省快速作出"收回并停止实施该项政策"的决策。

---

① 薛澜、赵静:《转型期公共政策过程的适应性改革及局限》,《中国社会科学》2017 年第 9 期。
② 贾伟民:《舆情观察 | 河南"最严禁放令"三天后撤回:知错就改还是朝令夕改?》(2017 年 1 月 22 日),搜狐网,sohu.com/a/124947575_570248,最后浏览日期:2023 年 5 月 15 日。

公共危机的发生助推了社会对政策回应的需求，强化了回应性时间规则作用于政策制定过程的速度效应。比如，城市居民因为担心邻避项目带来的辐射和污染等环境影响、资产减值的交易影响以及污名化邻避项目的心理影响，采取了否决邻避项目落地或要求邻避项目搬迁的抗议事件。这些抗议事件经由网络信息技术的不限空间距离和不限时间的快速传播，扩大为现场抗议行为和线上网络舆论相融合的危机事件。根据对镇海区、宁波市、茂名市等地面临邻避抗议时作出邻避项目决策所花费时间的统计，基于邻避项目抗议行动对回应性时间规则的强化，邻避项目属地政府在作出应对邻避抗议行为的决策时，政策制定过程普遍删减了对问题的详细分析、方案的充分论证等环节，在现场当天、1天内、2~3天内作出了停工、停建、改建、迁址等决策。

社会问题的时间特征这一时间规则，如果具体表现为社会问题发生了比较快的变动，那么，这一时间规则也会通过速度效应而影响政策制定过程，要求政策制定主体以较快的方式制定出台相关政策。2012~2014年，虽然深圳市小汽车数量和年增长率表现为稳步增长态势，且北京、广州、上海、天津等城市相继出台了小汽车限购政策。但在此期间，深圳市并没有着手制定小汽车限购政策，同时也向社会表示暂不考虑限购方案，将继续以经济手段和信息手段引导市民的交通行为。2014年12月，深圳市小汽车数量发生了急剧增长，仅20天上牌4.2万辆，同比增长132%[①]，冲破了200万~250万辆这一政府对机动车数量造成交通拥堵的安全值。社会问题的快速变化促使深圳市于2014年12月29日17点40分迅速出台小汽车限购政策，并且规定小汽车限购政策自颁布后20分钟立即产生政策效力。18时，深圳市市民购买小汽车行为就受到了限制，4S店也被禁止开票和交易。同样，2014年3月25日19点，杭州市制定出台《杭州市人民政府关于实行小客车总量调控管理的通告》，明确从3月26日零时起对杭州市的机动车实行限购。从政策的正式颁布到政策实施仅间隔5个小时。此前杭州市相关政府也一直辟谣，强调指出"杭州暂时不会限牌""公交发展等治理手段不起色的情况下才会考虑限牌""没有对限牌问题进行研究"等。最终小客车总量调控管理政策制定的速度加快，主要在于交通拥堵问题和机动车的数量发生了快速的变化。统计数据表明，截至2014年2月底，杭州市的机动车保有量达到了259.8万辆，其中主城区的保有量为115.7万辆，机动车净增长量创下了杭州市的历史最高，数值达到了2003年年底主城区的保有量、

---

① 数据来源：《深圳市人民政府关于实行小汽车增量调控管理的通告》。

2005~2008年主城区机动车四年增长量之和,以及每千人机动车保有量位居全国第一位。除此之外,2013年,杭州市共出现5次大范围的严重雾霾,其中杭州市机动车尾气排放对大气PM2.5的贡献率高达39.5%。①

(三) 以关键时刻的触发效应影响政策要素的选择

一项完整的公共政策文本包括明确的政策问题、要实现的政策目标、具体的政策内容和拟采取运用的措施。公共政策是政策行为的一种产出结果,由此,公共政策制定行为贯穿着对政策问题、政策目标、政策方案、政策工具、政策价值等各类政策要素的判断与选择。一些时间规则凸显了时刻的时间特质,且这些时刻往往具有特殊的含义。这些时间规则能够触发政策制定主体对特定的政策问题、政策目标、政策方案、政策工具、政策价值的注意力,从而对特定政策要素作出倾向性的判断和选择。凸显关键时刻的时间特质的时间规则主要包括循环周期、公共危机、纪念日等特殊时间,以截止时间为代表的上级设置的时间规定,以及以社会文化和惯例保留的时间规定。

1. 触发效应与政策问题和政策方案的选择

公共危机发生的时刻作为一个触点,不仅揭露了公共危机背后的社会问题,加强了对这些社会问题的暴露,而且通过吸引社会公众的注意力,提高了这些社会问题在行政系统内的显著程度。受到公共危机这一时间规则的影响,政策制定主体认识到他们必须毫无延迟地开展政策行动了。当一个问题达到危机的份上,它就变成紧要的问题,政府决策一直都是并且永远是危机的一个函数。② 兰州市出租车管理政策的变迁轨迹始终与出租车的罢运事件紧密联系在一起。兰州市出租车管理政策呈现间断均衡的特征。其中,政策的三次间断都与1995年的罢运事件、2011年的"3·12"停运事件、2012年的"5·1"停运事件相重合。③ 这些罢运事件提高了出租车管理问题的显著程度,使该类问题得以快速进入政策制定主体的视野之中。1995年的出租车司机罢运事件推动了"招手停"的取缔;2011年的罢运事件加速了出租车所有权的改革;2012年的罢运事件更是促使政策制定主体致力于解决出租车行业的系列改革问题。2015年8月12日,天津市滨海新区天津港发生了火灾爆炸事故,事故造成了165人遇难,8人失踪,798人受

---

① 《杭州市小客车总量调控管理政策问答》,《杭州市人民政府公报》2014年第3期。
② [美]约翰.W·金登:《议程、备选方案与公共政策》,丁煌、方兴译,中国人民大学出版社2004年版,第119页。
③ 文宏:《间断均衡理论与中国公共政策的演进逻辑——兰州出租车政策(1982—2012)的变迁考察》,《公共管理学报》2014年第2期。

伤,直接经济损失达 68.66 亿元。① 该公共危机暴露了安全生产问题和加强安全生产责任的重要性。爆炸案发生于"十三五"规划建议稿起草期间,习近平总书记要求建议稿增加完善和落实安全生产责任和管理制度、切实维护人民生命财产安全方面的内容。② 2015 年 10 月 29 日,经由第十八届中央委员会第五次全体会议通过的《中共中央关于制定国民经济和社会发展第十三个五年规划的建议》设置了牢固树立安全发展观念、改革安全评审制度、坚决遏制重特大安全事故等内容。2017 年 11 月 22 日,多名幼儿园家长反映朝阳区管庄红黄蓝幼儿园的幼儿被老师扎针和喂不明白色药片。红黄蓝幼儿园幼师虐童事件暴露了幼儿园管理的缺位与不足。11 月 27 日,北京市教育委员会制定出台《关于进一步加强各类幼儿园管理的通知》,要求各区责成举办者依法履行办园责任、幼儿园园长加强管理责任等。

  节假日、纪念日等特殊时间和上级设置的截止时间会影响政策问题在政策议程中的"出线"状况,有助于推动政策制定主体优先选择解决特定的政策问题和偏好于特定的政策工具。

  特殊时间具有特殊意义,在特殊时刻来临之时,人们会出现趋同性的特定社会行为,并产生相对应的公共需求或政策问题,触发政府将相关政策问题和政策工具提上议程,提前做好政策准备。在春节这一特殊时间,人们将开启大规模的跨地区流动。由于机动车基本成为每个家庭和个人的出行必备交通工具,在此期间,解决机动车春节期间的出行问题显著程度得以提高。为此,国务院办公厅每年都会在春节来临之际制定诸如《关于做好 2021 年元旦春节期间有关工作的通知》等政策。政策内容包括民生、困难群众的慰问、公共安全等内容,在交通上也倾向于选择"免收小型客车通行费"的激励型政策工具。基于跨年蕴含着特殊意义,尤其是已有跨年踩踏事件的前车之鉴,在跨年这一特殊时间,交通秩序问题和公共安全问题均会被提上政府的政策议程。每年 12 月 31 日,市民跨年仪式感比较强烈的城市政府都会制定出台关于部分区域交通管制的政策和维护跨年安全秩序的安全管理政策。比如,上海市在每年的 12 月 30 日,都会制定出台针对外滩等区域的部分道路进行限时的交通管制政策。清明节这一特殊时间,凸显了与祭祀秩序规范相关的政策问题,民政部办公厅每年在清明节来临之际制定出台关于清明节祭扫的政策。如《民政部办公厅关于做好 2020 年清明节

---

① 数据来源:《天津港"8·12"瑞海公司危险品仓库特别重大火灾爆炸事故调查报告》。
② 杨依军、潘洁:《习近平总书记与"十三五"规划》(2016 年 3 月 7 日),新华网,xinhuanet.com/politics/2016-03/07/C_128789468.htm,最后浏览日期:2023 年 5 月 20 日。

祭扫工作的通知》《民政部办公厅关于做好2019年清明节祭扫工作的通知》等。

由上级设置的截止时间等时间规则同样通过截止时间点这一时刻的触发效应，提高了下级政府对特定政策问题的注意力。2012年，教育部等四部门联合发文《关于做好进城务工人员随迁子女接受义务教育后在当地参加升学考试工作的意见》，要求各级地方政府在2012年年底前制定出台当地随迁子女升学考试的方案。黑龙江省、河北省、湖南省、重庆市等地方政府相继开启政策议程，出台了随迁子女升学考试的政策。截至2012年年底，除西藏自治区外全国30个省（区、市）均向社会颁布了相关方案。相应地，在没有设置截止时间这一时间规则的情况下，由于缺乏截止时间的触发效应，一些地方的实施细则出现迟迟未颁布的情况。很多市民在地方的网络留言板曾投诉反映，上级政府已经制定出台相关政策，地方政府却仍未颁布具体的实施细则，导致这些政策没有能够真正地发挥作用。

诸如朝九晚五工作时间、一周五天工作日等以社会文化习俗和惯例保留的时间规定影响着政策方案的判断与选择。朝九晚五工作时间是大多数职场工作者普遍的上下班时间。九点意味着职场工作者需要将精力投入工作中，五点表示职场工作者被允许离开工作场所。受到这一时间规则的影响，杭州市连续三次调整了防台风道路泊车位及政府投资建设停车位收费政策。2021年7月25日，为抗击台风"烟花"，杭州市城市管理局出台政策，杭州市区的道路泊位、企事业单位停车场全部实施免费停放，并要求市民在防台风应急响应等级降为Ⅲ级之后的4小时内及时驶离。7月27日10时，防台风应急响应由Ⅰ级调整为Ⅲ级，于是杭州市城市管理局颁布政策，告知市民将于14时对道路泊车恢复收费。但是，下午2点这一时刻市民普遍在上班，为此，城市管理局于中午11点30分将政策方案调整为19时恢复收费。然而，19时为晚高峰时刻，城市管理局第三次调整政策方案，将泊车位收费时间确定为7月28日上午8时。同样是受到朝九晚五这一社会性时间规则的影响，很多城市的早晚高峰限制通行交通管理政策中有关限行时间的规定，通常以9点为上午的限行截止时间，以傍晚5点为晚上限行的开始时间。比如，在2021年4月25日发布的《上海市公安局关于对本市部分道路采取限制通行交通管理措施的通告》中，每日7时至9时和17时至19时禁止悬挂外省市机动车号牌的小客车通行。2020年7月1日，嵊州市以调整作息安排为政策方案促进当地的消费和经济稳增长，制定出台了《关于试行4.5天弹性工作制促消费稳增长的实施意见》。其中，作息安排的调整内容并没有作出大幅度的变化，而是遵照了一周五天工作日的社会性时间规则,增加了半天休息日。

2. 触发效应与政策目标的选择

选举周期等循环周期通过关键时刻的触发效应而提高对特定政策目标的显著程度,在这种情况下,特定政策目标与关键时刻的特殊含义密切相关。比如,选举时刻不仅意味着人事的可能变动,而且表示社会公众、媒体等社会主体的注意力将聚焦选举与被选举人的业绩表现。选举周期能够提高赢得连任或获得晋升机会这些目标的显著程度,推动政策制定主体倾向于制定出台那些能够在短期内产生显著政绩的公共政策。由此,研究发现在选举周期的特定时刻,无论是公共政策的总体数量还是特定类型的政策数量,都有所增加。兰尼·W.马丁(Lanny W. Martin)、拉兹洛·科瓦茨(Laszlo Kovats)等学者的研究揭示了,在选举周期的不同时间点上,立法数量存在差异。一般而言,在选举时刻来临前,立法数量基本保持稳定,而一旦临近选举时刻,立法数量就会显著升高。① 除了政策总体数量的变化外,一些特定政策类型的数量增加同样受到选举周期的触发效应的影响。经济政策的周期性变化是这方面典型的例子。在选举当年,政治家会采取一些扩张性政策(如减少税收、增加转移支付),而等到选举结束之后,他们一般会出台紧缩性政策。扩张性政策和紧缩性政策随着选举周期的变化而呈现数量上的变化。

公共危机通过触发效应除了能够提高特定政策问题的显著程度外,还影响着政策制定主体对政策目标和政策价值观的判断和选择,并促使他们表现出对维稳导向的目标和短期快速的价值的强烈偏好。学者李宇环通过对发生于2007~2014年的35起邻避事件进行分析后发现,在公共危机的触发下,邻避事件发生地政府对目标的注意力会出现瞬时的转移,从发展导向的目标转向维稳导向的目标。在35件邻避事件中,约77%的事件因考虑到维稳而宣布停建或缓建,8.6%的事件处理结果是由政府召集代表、专家等对相关事宜进行解答,重新组织邻避项目的选址论证。② 与此同时,当邻避事件平息消退之后,目标注意力又返回到发展导向上,一些邻避项目悄悄地重新开建。

---

① Lanny W. Martin, "The Government Agenda in Parliamentary Democracies", *American Journal of Political Science*, 2004, 48(3); Laszlo Kovats, "Do Elections Set the Pace? A Quantitative Assessment of the Timing of European Legislation", *Journal of European Public Policy*, 2009, 16(2).

② 李宇环:《邻避事件治理中的政府注意力配置与议题识别》,《中国行政管理》2016年第9期。

(四) 以时序效应和时刻效应影响政策制定主体之间的互动

政策制定主体并不处于静止状态,政策制定主体之间的互动是常态化表现,政策制定主体日益多元化和扩大化更是促使政策制定主体间的互动始终伴随着政策制定过程。政策制定主体间互动状况对公共政策制定效果具有关键影响。可以从两个维度来审视政策制定主体间的互动:一是互动关系,包括冲突关系、合作关系、竞合关系、联盟关系、协商关系、参与关系等;二是互动频率,不同的主体间产生互动的程度存在差异。时间规则会对政策制定主体之间的互动产生影响,主要通过时间规则的两大效应表现:一是时序效应,二是时刻效应。其中,具有时序特质的时间规则通过时序效应而影响政策制定主体之间的互动关系,主要体现在决策程序和上级设置的时间规定这两项时间规则上。具有时刻特质的时间规则通过时刻效应而影响政策制定主体之间的互动频率,具体表现在时代和公共危机等时间规则方面。

1. 时序效应与政策制定主体之间的互动关系

具有时序特质的时间规则不同程度地规定了政策制定主体在何时和以何种顺序进入政策制定过程中,这显然将关系到政策制定主体之间的同步化、协调、沟通、辩论、谈判等互动情况。[①] 政策制定主体采取不同的时间和顺序的组合形式,就会出现不同的动态互动关系。这首先可见于一些类似的相关研究。之所以称为类似,是因为这些研究并不是专门探讨公共政策的,也不是研究更为狭窄的公共政策制定领域。然而,这些研究发现能够为时序效应和政策制定主体之间的互动关系的探讨提供启示。在企业管理中,出于生产效率的目的,企业工人之间的生产活动需要时间上的同步。为了促使工人之间能够有效协同,诸如严格工作时间制、弹性工作时间制、准时生产制、年度总小时制等时间规则在组织管理中被广泛运用。在国际合作的研究中,时间标准构成国际社会所应供给的全球公共产品之一。各个国家为时间标准的设置展开了持续讨论,同时也建立了国际时间用以管理国家。时间标准之所以成为全球公共产品并得到各国的关注,主要是因为时间标准能够促进国家之间的合作,协调和同步化国家之间的互动行为。正如斯科特·巴雷特(Scott Barrett)强调的,对于跨越好几个经度的国家来说,出于协调的目的,他们需要一个时间的国家标准,但是制定国家标准时间却并非易事。当全世界通用一个时间标准时,各国才达到

[①] 堵琴囡、唐贤兴:《找回时间:一项新的公共政策研究议程》,《公共行政评论》2016年第2期。

真正的协调。① 时间的协调功能也是学者杰克·奈特(Jack Knight)所强调的。他指出,时间不仅帮助社会成员安排自己的事务,而且使得自己的行为与他人的行为相协调,时间为每个社会成员产生益处的行为提供了一种协调方法。② 根据奈特所强调的时间,时间的协调功能将促使社会成员对时间(规则)的需求不断增长。

欧盟组织对欧盟政策制定设置了具有时序特质的时间规定,上级设置的时间规定这一时间规则促使各成员国在政策制定上更为协调和同步。欧盟成员国的数量日益扩大化,数量从最初的6个不断上升至28个,这一数量的变化加剧了欧盟政策制定的一致性和同步化难题。一方面,欧盟委员会、欧盟议会、欧盟理事会不得不花费大量的精力去协调各成员国;另一方面,对于各成员国而言,他们不仅需要赶上欧盟组织的步伐,还得避免落后于其他成员国。③ 为此,欧盟委员会、欧盟议会、欧盟理事会等组织设置的具有时序特质的时间规则,为他们明确了何时和以何种顺序参与欧盟政策的制定,从而协调了欧盟组织与成员国、成员国之间在政策制定方面的互动。

根据《重大行政决策程序暂行条例》所规定的重大行政决策程序,决策机关、决策机关行政首长、决策承办单位、决策机关所属部门或下级政府、社会公众、专家、专业评估机构、社会组织、负责合法性审查的部门等多元主体分别在不同的政策阶段环节和以不同的时间顺序开展着互动。在决策的启动阶段,决策机关和决策承办单位就重大行政决策草案的拟定工作进行沟通协商。在方案的拟定阶段,决策承办单位、社会公众、专家学者、决策机关所属部门或下级政府等主体展开陈述、询问、质证、讨论、提出建议等互动。在方案的风险评估阶段,决策承办单位和评估专业机构、社会组织进行重点走访、会商分析、意见听取等互动。

如果改变了决策程序中的时序,政策制定主体之间的互动关系就会产生变化。新的欧洲共同能源政策的制定为此提供了很好的案例。④ 新的欧洲共同能源政策方案的主要内容是撤销管制,让能源的发展以更加自由的形式发展。但是,这一政策方案无法获得传统能源领域既得利益者的支持。

---

① [美]斯科特·巴雷特:《合作的动力:为何提供全球公共产品》,黄智虎译,上海人民出版社2012年版,第167页。
② [美]杰克·奈特:《制度与社会冲突》,周伟林译,上海人民出版社2009年,第23页。
③ Esra Lagro, "The Temporality of Enlargement: Comparing East Central Europe and Turkey", paper presented at the Biennial Conference of the European Studies Association, May 17-20, 2007, Canada.
④ [欧]斯文·S.安徒生、克耶尔·A.伊莱亚森:《欧洲政策制定》,陈寅章译,国家行政学院出版社2003年版,第81~94页。

原因在于新的共同能源政策方案向既得利益者提出了挑战,也将会冲击电力和天然气领域当前的垄断状况。在很长一段时间内,参与新的共同能源政策制定的主体相互僵持,导致该政策的制定工作陷入僵局。但最终传统能源领域的政策参与者放宽了他们对能源的专有权,新的共同能源政策得以出台。导致这一改变的原因除了决策规则从全部通过变成为多数通过之外,还在于决策程序作出了调整。决策程序的调整具体有两项:第一,把第六司(DGXI)提出动议作为第一环节。第六司主要负责环境领域的公共事务,促进了环境问题受到广泛的关注度和认同度,进而使得新的共同能源方案在和谐的互动中开始。第二,将政治峰会决策置于政策制定的最后环节。政治峰会能够为新的共同能源方案的讨论、协商等互动提供平台。将政治峰会上的讨论作为政策制定的最后一环,促进了新的共同能源方案的共识形成。

2. 时刻效应与政策制定主体之间的互动频率

时代和公共危机通过时刻效应而影响政策制定过程中政策制定主体之间的互动频率。

在经济困难的逆境时期,制定一项政策都可能会遭到不同政策制定主体的异常激烈的竞争和非常明显的政治斗争。相对于经济繁荣时期,经济困难时期使政治斗争变得清晰和频繁。在经济困难的逆境期,诸如铁-麦联盟、魏玛联盟、金派民主党、新政联盟、法国人民阵线等各种互动联盟也不断出现。[①] 在网络社会时代,政府决策者和社会公众除了通过传统的电话、邮件、信件等方式进行互动外,还能够在政府门户网站、主流媒体的领导留言板、政务微博、政务公众号、政务 APP、网络在线问政平台等各种的平台上表达政策需求、评论政策行为、反馈政策意见等。来自这些具象化载体的统计数据,反映了政府与社会公众的互动频率状况。以 2021 年 7 月人民网的领导留言板为例,共有 6.3 万件群众诉求在领导留言板上获得回应,其中住房和城乡建设部、人力资源和社会保障部、交通运输部分别获得占比 11.1%、10.1%、9.9% 的群众留言。[②]《关于加强和规范出租汽车行业失信联合惩戒对象名单管理工作的通知(征求意见稿)》案例表明,在网络社会时代,社会主体和政府决策者之间互动频率的提高。空姐乘坐滴滴网约车遇害等网约

---

① [美]彼得·古勒维奇:《艰难时世下的政治:五国应对世界经济危机的政策比较》,袁明旭、朱天飚译,吉林出版集团有限责任公司 2009 年版,第 7 页。
② 晋帆、孙梅:《7 月,6.3 万件群众诉求在"领导留言板"上获回应》(2021 年 8 月 17 日),人民网,leaders.people.com.cn/n1/2021/0817/c58278-32195877.html,最后浏览日期:2023 年 5 月 10 日。

车安全事件的发生凸显了进一步加强网约车行业监管的紧迫性和必要性。在此期间,网民等社会主体和政府决策者通过网络平台开展了积极互动。很多专家学者通过新媒体平台为网约车行业的监管提出相关的政策建议,胡舒立等具有高粉丝量的新浪微博意见领袖发表对网约车监管的意见。交通运输部在微信公众号上发表《交通运输新业态不是"法外之地"》等文章,这些文章获得了众多网友的点赞、评论和转发,以及其他媒体的转载和报道。① 在社会主体和政府决策者的不断互动中,关于网约车行业的监管共识逐渐形成。2018年5月11日,交通运输部运输服务司就《关于加强和规范出租汽车行业失信联合惩戒对象名单管理工作的通知(征求意见稿)》向社会开展为期15天的公开征求意见。

公共危机的爆发也对社会公众、新闻媒体等行为主体与政府的互动产生影响,它通过时刻效应促进政府与社会的关系从单向互动转变为双向互动。对社会公众、新闻媒体等行为主体而言,公共危机的爆发吸引了他们对公共危机及其背后的政策行为的注意力。借助于不断发展的网络信息技术,他们不限时间和空间距离地在各类网络平台上传播公共危机信息、发表观点、开展动员、作出评价,并汇合形成巨大的舆论压力。对政府决策者来说,公共危机促使政府不得不重新审视社会公众的诉求和社会对政策行为的监督,也导致政府面临决策时间紧、任务重的压力。政府决策者一方面向社会公众及时发布与公共危机相关的消息,消除网络谣言;另一方面,采取相关政策行动以遏制公共危机的进一步扩大,有效应对公共危机以恢复社会秩序。政府决策者和社会公众不仅围绕信息的发布、确认、传播展开互动,而且在公共危机的政策应对上也会产生互动,比如信息搜寻和资源动员等。面对新冠肺炎疫情,除了围绕信息的互动外,杭州市余杭区政府和来自支付宝、钉钉、阿里云等的技术人员展开了合作,开发了杭州健康码的应用,这不但最大范围地减少了疫情期间的接触,为疫情防控决策提供精准数据,而且助力余杭区政府、杭州市政府、浙江省政府,甚至是更广范围的地方政府,制定形成以健康码为导向的数字化公众健康风险防控政策。之后,杭州市相继制定出台《关于在疫情防控工作中进一步发挥健康码作用的通知》《关于"杭州健康码"赋能企业复工复产的通告》等一系列政策。

---

① 黄扬、李伟权:《网络舆情推动下的网约车规制政策变迁逻辑——基于多源流理论的案例分析》,《情报杂志》2018年第8期。

三、时间规则的建设：中国决策程序发展的分析

公共政策制定面临着来自社会层面、政治层面、行政层面三类时间规则。三类时间规则又分别包括公共危机、循环周期、回应性、计划表、决策程序等不同形态。除了制度化程度的差异外，这些时间规则具有不同的时间特质，它们以不同的时间特质及其效应影响着政策制定主体的权力、政策制定过程、政策要素的选择、政策制定主体之间的互动，这些均展现出时间规则对公共政策制定的约束性影响。

为了进一步探究时间规则与公共政策制定之间的关系，本章接下来的三节基于前文已揭示的时间规则能够影响公共政策这一基础，从时间规则的建设、时间规则的遵从、时间规则的约束三个方面作出分析。本节先聚焦时间规则的建设。既然时间规则会给政策制定主体的权力、政策制定过程、政策要素的选择、政策制定主体之间的关系带来影响，那么，政策制定主体是如何不断建设和完善时间规则，并且如何在时间规则的建设和完善过程中来实现时间规则的这些功能？时间规则建设和完善的动力来自哪里？时间规则的完善呈现什么样的发展轨迹？

按照时间规则的类型划分，决策程序属于行政层面的时间规则，主要是为了简化与规范政府的政策制定行为而设置的一种时间规则。如前文分析指出，决策程序凸显了时序和时间段的时间特质，对公共政策制定产生了时序效应和时段效应。决策程序可以为分析时间规则的建设提供一个解读的切入点。本节将通过梳理中国决策程序的实践发展历程，探究和回答上述问题。

（一）作为一种时间规则的决策程序

程序与实体有着紧密联系，决策程序构成决策体制的重要内容。关于决策程序的内涵有多种界定。比如，决策程序是由一定的行为方式、步骤、时间和顺序构成的行为过程。决策程序由一个个阶段构成，决策程序是指公共部门的整个决策过程按照一定顺序排列着，并依照一定规律连在一起的各个阶段。决策程序是行政主体依照职权在行政决策过程中所遵循的步骤。从决策程序的这些界定中可以发现，决策程序表现为一种过程。结合构成决策程序的核心要素，决策程序可以理解为政策制定主体行使政策权力、开展决策活动所应遵循的方式、步骤、时间和顺序的总和。

政策理论研究和政策实践共同表明,决策程序的存在具有重要的价值与意义。

首先,从政策理论研究方面看,决策程序为公共政策理论研究提供了一个剖析错综复杂的决策过程的视角。政策理论研究者们可以通过决策程序来分析某一项政策具体的产出过程,并立足于决策程序所确立的各个阶段,探究政策制定主体之间、政策制定主体与制度之间、结构与行动之间等方面的互动状况。不仅如此,政策理论研究者们也通过分析政策制定过程是否遵照某类决策程序而去判断某项政策是否具有合法性。决策程序对于政策理论研究者的意义类似于政策阶段论的作用。虽然政策阶段论存在诸如未能反映客观事实、缺乏连贯假设、未能充分揭示各环节因果关系等缺陷,但是政策阶段论所揭示的有关政策环节的时序安排不仅有助于研究者把握政策全过程,而且有利于研究者清晰地分析每一个政策阶段。因此,当有必要去探究某项政策的形成过程和不同时间点上各类政策要素之间的关系时,决策程序提供了一个很好的研究切入点。

自由的历史基本上是奉行程序保障的历史。[①] 任何社会形态下的公共权力的运作都需要一定的程序规则作为依托。决策程序并不是现代社会的独有产物,然而,决策程序是在现代社会中被重视且不断地完善起来的。决策程序聚焦形成公共政策的过程,通过把公共政策的制定过程划分成按照一定时间顺序排列而成的多个环节,政策制定过程得以固定化和常态化,最终输出为公共政策。决策程序所确立的各项政策环节以制度的形式被确定下来,不仅表现为正式的规则和惯例,更是规定了整个过程所涉及的各种组织的地位和作用。[②] 决策程序的建立与完善是任意决策、经验决策向科学决策转型的一项重要的标志。当国家或地方建立和明确决策程序,并按照决策程序开展政策行为时,表明这个国家或这个地方的公共政策不是随意地和任意地形成的,而是呈现为制度化与规范化。

其次,对于作为输出结果的公共政策来说,决策程序的建立更是必要的。决策程序是对一项过程的安排,这一过程将会产生一个对经济社会文化带来影响的实体结果。如果产生这一实体结果的过程是规范的,即经过了一系列被制度化的环节,那么绝大多数时候,作为实体结果的公共政策也就相应地获得了合法性。原因在于公共政策是经由一种合法的过程确立下来的。在日益强调程序合法的现代社会,只要社会公众对公共政策的内容

---

① 许文惠、张成福、孙柏瑛:《行政决策学》,中国人民大学出版社1997年版,第348页。
② [英] 米切尔·黑尧:《现代国家的政策过程》,赵成根译,中国青年出版社2004年版,第121页。

或影响产生疑问时,决策程序常常是社会公众质疑,以及政策决策者回应质疑的主要依据。公众通过政策制定过程是遵循决策程序的来认同它的合法性,而政府决策者也以此来证明由其主导形成的公共政策的合法性。由此,决策程序对于政策实践的重要性之一在于决策程序构成社会和政府判断政策制定行为和公共政策合法性的关键标志。

最后,决策程序有助于规范政策权力的运用和保障社会权利。通过设置相应的决策程序,公众、专家、非政府组织等主体有机会参与政策制定过程中。不仅如此,他们还能够与政府决策者开展较为直接、充分、平等的讨论。通过这样的过程,无论是来自政府的一些政策考量,还是公众的利益诉求、专家的方案论证,都能够被考虑进一项公共政策的制定中。这意味着,如果仅仅是强调扩大政策制定主体,将专家、公众等主体纳入公共政策的制定过程中,却没有通过设置决策程序将这些主体置于一个"适时"的位置或者以适宜的顺序安排起来,那么,在实现保障公众参与权利、提高政策合法性和质量等目标方面,这些通过政策制定主体扩大化而形成的公共政策产生的成效很有可能会打折扣。

总而言之,人们可以从多个角度去认识与理解决策程序,包括上面所提及的过程角度、结果角度、权力与权利角度。通过这些角度的分析,决策程序凸显了它对过程、结果,权力与权利等的重要意义。从不同的角度认识决策程序,有助于更为全面地理解决策程序。决策程序属于时间规则,它不仅兼具了制度的属性和时间的特性,还能够对公共政策制定产生影响。具体表现为以下三点。

第一,决策程序具有时间段特质的表现之一是决策程序中的阶段环节。时间段是时间点与时间点之间的差值。决策程序是政策制定主体行使政策权力、开展决策活动所应遵循的方式、步骤、时间和顺序的总和。决策程序包含决策活动的各个阶段环节,从第一个阶段环节开始,并以完成最后一项阶段环节而结束。区别于拍脑袋决策、随意决策、任意决策,只要设置了决策程序,也就从应然层面表示政策制定并非即时之选,它不是建立在某一时刻之上的行为,而是伴随着时间消耗且将持续一段时间的行为。每个阶段环节将消耗一些时间,不同阶段环节消耗的时间又形成多个时间差,所有的阶段环节构成一个总的消耗时间。不同的决策程序有着不同的阶段环节、阶段消耗时间、总消耗时间,以及不同的时间差。

第二,决策程序具有时间段特质的另一个表现是决策程序中的时间期限。决策程序既是一个伴随着时间消耗的过程,也是一个应当在一段时间内完成的过程。决策程序由一系列有先后顺序的阶段环节构成,根据各个阶段环节设置的先后顺序,这意味着一旦决策程序中的某一阶段环节已经完成,那就有必要进入下一个阶段环节,同时随着最后一个阶段环节的完成,公共政策也就成为这些阶段环节的结果而输出。在既定的决策程序下,如果一项公共政策的制定迟迟未进入下一个阶段环节,人们就会将注意力集中于前一个阶段的时间消耗。由此,决策程序中的时间期限不但能够促进政策制定主体积极履行决策职能,推动政策问题得到尽快的解决,而且有助于公众对政策制定进程作出预期,并且能够快速找到出现决策拖延、决策时滞、不决策等现象的阶段环节,精准识别每个阶段环节的时效问题,提高公共政策制定的效率,及时回应社会公众的政策诉求。

第三,决策程序具有时序特质的表现是决策程序中各阶段环节的时间顺序。时间顺序是指完成某一行为所必经的步骤之间的先后次序。根据决策程序的内涵,决策程序由一系列有先后顺序的阶段环节构成。决策程序不仅明确了政策制定过程应当包括的阶段环节,而且要求这些阶段环节根据一定的时间顺序展开。遵循从问题的解决到公共政策输出的一般逻辑,决策程序中各阶段环节的时间顺序一般是:问题的提出与界定被安排在方案拟定和选择之前,并且只有经过了问题的提出与界定、备选方案的拟定与比较和选择,才能进入决策环节。一些决策程序包括专家论证、公众参与、合法性审查等环节,这些环节的时间顺序往往安排在最终决策的环节之前,决策动议之后。从决策程序的时序安排来看,这意味着一些政策的制定,尤其是重大公共政策,只有经过了专家论证、公众参与、合法性论证这几个环节,政策方案才能进入最终的政府决策者集体讨论或决策环节,直至公共政策的发布。

(二) 中国决策程序的建设和发展历程

中国的决策程序建设是一个不断予以完善的过程,这一变迁过程伴随着决策体制的变化。新中国成立时期,受到长期革命的历史影响与经济文化社会条件的限制,中国建立了集中统一的决策体制。在这一决策体制中,决策权力高度集中,决策方式倾向于封闭式决策。在决策程序方面,虽然存在着需要遵从集体讨论、主席拍板的程序[①],或者诸如五年计划的编制过程,经过了中央设置政策议程、计划部门起草计划草案、国家领导人亲自领导编制、部门和地方参与编制、征求苏联意见、党中央集体决策、国务院讨论通

[①] 沈传亮:《决策中国:改革开放以来中共决策体制的历史演变》,人民出版社 2014 年版,第 37 页。

过、全国人民代表大会正式审议八个步骤。① 但是，总体而言，这一时期关于决策程序的建设没有受到足够的重视，决策比较随意与不健全，决策的规范化和制度化水平也不高。因而，决策程序在对政府决策行为的约束方面缺乏足够的刚性约束，人们也比较难通过决策程序去预见政府决策者的政策制定行为。

这一时期的决策程序建设现状能够从决策程序对公共政策制定产生的影响方面作出解释。决策程序规定了政策制定过程中各个环节的时间顺序，也对政策制定的阶段环节和时间期限提出了要求。通过决策程序的设置，决策者的政策制定行为应当表现出遵循时序安排从完成一个阶段到进入一个阶段环节，直到完成最后一个阶段环节，且应当是持续一段时间的行为过程，而非即时之选。但这一时期决策程序比较随意，并未表现出它的应然状态，导致决策程序对政策制定权力和政策过程等作用难以发挥，决策权力高度集中。

需要指出的是，在这一时期，尽管决策体制仍然倾向于封闭式决策，但中国政府还是对决策程序作出了一些调整与完善。这一时期关于决策程序的调整聚焦于请示中央、中央讨论决定等阶段环节的设置。这些阶段环节涉及的主体主要是行政系统内的政策制定主体，所作出的决策程序调整更多的是基于公共权力分配的考虑。1953年颁布实施的《关于加强中央人民政府系统各部门向中央请示报告制度及加强中央对于政府工作领导的决定（草案）》规定，对于决策程序的要求具体为：请示中央且经过中央讨论与决定是政府工作一切主要和重要事项的必经程序，同时也是各个职能部门最终决策的前置程序。

"文化大革命"的发生不仅使国家和人民遭受严重的挫折，也造成了中国的决策体制建设以及决策程序方面的建设步伐不得不停滞。随着十一届三中全会的召开，国家的工作重心从以阶级斗争为纲转向以经济建设为中心，中国的决策体制改革也被提上日程。时任领导人邓小平、万里分别发表了《党和国家领导制度的改革》《决策民主化和科学化是政治体制改革的一个重要课题》，其中强调了决策体制改革的任务与决策体制改革的目标。在中共十三大报告中，党的决策的民主化和科学化首次被提出。围绕着决策的科学化与民主化，有关决策程序的建设逐步受到重视，诸如调查研究、吸取民意、专家咨询等阶段环节开始被纳入决策程序中。中共十四大报告不

---

① 鄢一龙、王绍光、胡鞍钢：《中国中央政府决策模式演变：以五年计划编制为例》，《清华大学学报》（哲学社会科学版）2013年第3期。

但强调了决策科学化与民主化是社会主义民主政治建设的重要任务,而且将听取群众意见与发挥各类专家和研究咨询机构的作用作为领导机关和领导干部的一项要求而提出。在中共十六大报告中,中央政府不仅强调了各级决策机关完善重大决策的规则和程序的必要性与重要意义,而且进一步扩大了决策程序所囊括的阶段环节,要求建立社情民意反映制度、重大事项社会公示制度、社会听证制度、专家咨询制度、决策的论证制度、决策责任制等制度。由此,明确要求调查研究、社会公示、听证、专家咨询、论证等多个阶段环节,也就成为决策程序的主要阶段环节。

随着中央政府对决策程序建设与发展的推动,专家学者等群体不断壮大且其对决策的影响力提升,再加上社会公众的公民意识觉醒,他们采取各类正式和非正式的方式表达诉求、发表意见和建议,这些因素的共同作用促使中国的决策程序建设得到了进一步的发展。中央政府在多项报告和多次会议上不仅明确了有关决策体制、决策程序等方面的建设要求,而且制定颁布实施了一系列的政策文件。在这些政策文件中,完善决策程序便是其中重要的组成部分。《全面推进依法行政实施纲要》《国务院关于加强市县政府依法行政的决定》《国务院工作规则》《国务院关于加强法治政府建设的意见》等政策文件相继出台。决策程序的合理性与有效性是推进决策的科学化、民主化和法治化建设的主要内容,相较于之前的决策程序调整,这一时期的决策程序调整的特点在于,调整的着力点不只是为了适应公共权力的合理分配,而是增加了来自权利、知识和法律等方面的考量。以重大决策的程序规定为例,公众参与、专家论证、风险评估、合法性审查和集体讨论决定已经成为中央要求各级决策机关在开展重大决策时的阶段环节,其中公众参与、合法性审查和集体讨论决定是必备阶段环节,专家论证和风险评估视决策事项的性质特征而开展。

在地方层面,天津市、重庆市、浙江省、湖南省等地相继出台了重大决策的决策程序的规定。既有省、自治区、直辖市等层级政府颁布了重大行政决策程序,也有很多副省级、地级市、区级等政府针对属地的决策事项,以及一些地方职能部门就职责范围内的决策事项作出了决策程序方面的规定。其中,一些地方的重大决策的决策程序在不同的时间内进行了调整与完善。比如,制定出台于2015年的《内蒙古自治区重大行政决策程序规定》,在2020年进行了修订。从已经颁布实施的省级层面重大行政决策规范文件看,决策程序所包括的阶段环节不但在数量上有所增加和扩大化,而且阶段环节的时序安排也得到了进一步的优化。对于所有的重大行政决策事项,公众参与、合法性审查、集体讨论决定三个阶段环节成为最终决策的前置程序。针对专业强和技术性强的决策事项，专家论证和前面三个阶段环节共同构成最终决策的前置程序，对于利益涉及面比较广且实施可能会对社会稳定、生态环境、公共安全等方面带来不利影响的决策事项，除了前面一些阶段环节外，风险评估也成为必备环节。以江西省的规定为例，根据《江西省县级以上人民政府重大行政决策程序规定》（2020年），重大事项决策的阶段环节包括决策启动、公众参与、专家论证、风险评估、合法性审查、集体讨论决定、决策公布。

专家论证、公民参与、社会稳定风险评估、合法性审查、集体讨论决定等阶段环节构成重大决策事项程序的必要环节。这意味着，决策过程不只是拥有公共权力的行政机关行使公共权力的过程，而且表现为由行政机关行使行政权力、社会公众行使权利、专家学者运用专业知识、法律部门履行法律职责等相互交织互动着的过程。上述这些环节依据决策事项的性质特征被设置成为最终决策的前置程序，这表示只有经过并完成了这些环节之后，政策方案才能进入最终决策环节。对于应当履行而未履行公众参与、专家论证、风险评估等环节，负责合法性审查的部门会要求决策承办单位补充履行这些阶段环节。

专家及其所代表的专业知识是一种必要的决策资源，在知识为本的决策运作中，专家参与通过为政策制定提供理性知识，以更好的知识引导更好的决策，进而提高公共政策的科学化水平，尤其是针对专业性和技术性都很强的决策事项。《黑龙江省人民政府重大决策规则》规定，专业性、技术性和法律性较强的决策事项，省政府需要委托咨询研究机构组织专家进行论证，并将论证报告作为政府决策的重要依据。《云南省人民政府重大决策听证制度实施办法》明确，针对应当进行法律审查和专业性、技术性强的决策事项，在听证之前组织相关领域的专家论证。在《天津市重大行政决策程序规定》中，对于专业性、技术性较强或者涉及重大、疑难问题的决策事项，决策承办的政府机关需要组织专家学者、专业机构作出必要性、可行性和科学性等的论证。

公民参与作为政府最终决策的前置程序，对政策制定行为形成了一种软约束。对于决策而言，公民参与不仅是地方知识的输入，而且是对公民权利的一种保障。时任国家主席胡锦涛在中共十七大报告中就强调，要从各个层次、各个领域扩大公民有序政治参与，增强决策透明度和公众参与度。听证制度最早应用于价格决策领域中。自2001年起，中国相继颁布实施了《政府价格决策听证暂行办法》《政府制定价格听证办法》等文件。此后，听证制度在其他政策领域被广泛应用。《国务院关于加强市县政府依法行政的决定》要求，对于法律、法规、规章规定应当听证，以及涉及重大公共利益和群众切身利益的决策事项，都要进行听证。在一些由地方颁布实施的政策文件中，还专门对听证范围、听证程序、听证参加人等内容作出了规定，并且规定听证的意见构成决策的重要参考。比如，《云南省人民政府重大决策听证制度实施办法》要求，分别在听证会举行的 10 个工作日、7 个工作日前，依次向社会公告听证事项、听证代表的名额和代表的产生方式等相关内容，与此同时确定听证代表和告知听证会举行的时间、地点、代表名单和参加人员名单。

　　社会稳定风险评估是社会转型期和维稳的双重时代背景下中国政府的一个制度化努力。作为一项制度安排，社会稳定风险评估有助于保障公众的利益，降低决策过程及其结果产生风险的可能性，提高决策的质量。中共十八大、十八届三中全会均强调建立健全社会稳定风险评估机制。在省、自治区、直辖市颁布实施的重大事项决策的规定中，对于利益涉及面比较广且实施可能会对社会稳定、生态环境、公共安全等方面带来不利影响的决策事项，决策程序都包括风险评估环节，并且把风险评估置于最终决策之前的程序环节。不仅如此，国家也对一些决策事项作出了专门性社会稳定风险评估的规定。比如，《国家卫生计生委关于建立健全卫生计生系统重大决策社会稳定风险评估机制的指导意见》《国家发展改革委重大固定资产投资项目社会稳定风险评估暂行办法》《国务院国有资产监督管理委员会关于建立国有企业改革重大事项社会稳定风险评估机制的指导意见》。社会稳定风险评估环节成为卫生生育重大决策、国有企业关闭破产和改制重组等重大改革事项的必要环节。除此之外，绝大多数的地方政府针对社会稳定风险评估同样颁布实施了专门的规定。譬如，《四川省社会稳定风险评估办法》《四川省社会稳定风险评估责任追究暂行办法》《上海市重大决策社会稳定风险分析和评估实施办法》《大连市重大行政决策社会稳定风险评估办法》等。一些地方针对某一领域的决策事项，也有专门的社会稳定风险评估办法，如《江西省土地征收社会稳定风险评估暂行办法》《河北省重大固定资产投资项目社会稳定风险评估办法》等。

　　合法性审查是指负责合法性审查的部门对决策草案（政策方案）开展是否符合法定权限、是否有违相关法律法规和政策规定、是否遵循相关的法定程序等方面的审查。为了推进法治政府的建设和促进政府依法行政，合法性审查被设置为决策程序必备的一个阶段环节，并成为决策动议、专家论证、公众参与等阶段环节的后置环节，以及最终决策的前置程序。对于合法性审查这一阶段环节的具体要求，既出现在从中央政府到地方政府的有关重大决策行政程序的一般性文件中，也显现在一些地方政府制定的合法性审查专门性文件中。《国务院关于加强市县政府依法行政的决定》要求，市县政府及其部门作出重大行政决策前，如果没有将决策草案交由法制机构或者有关专家进行合法性审查，或者经审查不合格的，决策就不能提交会议讨论，公共政策也就没有办法形成。《内蒙古自治区重大行政决策程序规定》等地方的文件明确，决策草案提交决策机关之前，要求进行合法性审查，且不能以征求意见、会签等方式代替合法性审查，合法性审查时间不能低于7个工作日。《贵阳市人民政府重大行政决策合法性审查规定》要求，重大决策在提请市政府的有关会议审议之前，决策备选方案及其相关材料应由司法行政部门进行合法性审查。

中国决策程序的建设与发展经历了一个曲折且长期的过程。伴随着决策的民主化和科学化目标的实现过程，决策体制和决策程序的建设得到了重视，也在此过程中不断地完善。其中，决策程序的阶段环节设置不再仅限于行政系统内公共权力的运用，而是通过多个阶段环节的增设将政策制定过程发展为由行政主体的公共权力运用、社会公众行使权利、专家学者运用专业知识和法制部门履行合法性审查等构成的过程。另外，决策程序在不断发展演变中减少了动荡环境下的大幅度变动，日益稳定且有序，各个阶段环节按照一定的时序排列组合，政策制定主体以此为依据有条理地开展政策制定行为。

（三）决策程序发展过程中公共政策制定的优化

根据前文已经揭示的时间规则约束公共政策制定的方式，以及决策程序作为时间规则的性质特征，决策程序能够通过时序效应和时段效应对政策权力、政策制定过程和政策制定主体之间的互动产生影响。为此，随着决策程序的不断发展，中国政策制定中的政策权力、政策制定过程和政策制定主体的互动等方面也表现出持续的优化，进而对实现公共政策的民主化、科学化等目标作出了有效的回应。本部分将结合杭州市客运出租汽车管理条例等案例，阐述与分析决策程序发展过程中政策权力和政策过程等是如何得到优化的。具体围绕政策权力、政策过程、政策制定主体之间互动三个方面阐述。

1. 阶段环节及其时序安排与政策权力的优化

不同的决策程序有不同的阶段环节及其时序安排。随着中国的决策程序的发展与完善，决策的阶段环节从最初仅限定在2~3个行政系统内的行政行为演变为6~8个由行政机关的行政行为、社会公众的参与行为、专家的论证行为、法制部门的审查行为等构成的综合行为,各个阶段环节的时序安排也从最初遵循行政的逻辑发展为统筹行政的逻辑、权利的逻辑、知识的逻辑、法治化的逻辑来设置与安排。目前,对于所有的重大行政决策事项,公众参与、合法性审查、集体讨论决定三个阶段环节成为最终决策的前置程序。针对专业强和技术性强的决策事项,专家论证和前面三个阶段环节共同构成最终决策的前置程序,对于利益涉及面比较广且实施可能会对社会稳定、生态环境、公共安全等方面带来不利影响的决策事项,除了前面的一些阶段环节外,风险评估成为必备环节。以杭州市客运出租汽车管理条例的制定为例,这些决策程序的阶段环节及其时序安排促进了政策权力的优化,不仅规范了行政权力的行使,而且保障了专家、社会公众、媒体等主体的参与权,法制部门的审查权,地方人民代表大会的相应职权也得到了有效的履行。

出租汽车行业在社会发展环境的变化和网约车等新经营方式的冲击下,呈现了很多新问题和新矛盾。杭州市人大调研后发现,原出租车管理条例已出现与上位法不一致、与实际情况不相适应等情况。在"查找不适应全面深化改革要求的法律法规条文"的公开征集活动中,原出租车管理条例获得很多"找茬"。根据立法法和地方组织法、相关政策等规定,客运出租汽车管理条例的修订应遵循的决策程序包括调查研究、专家论证、公众参与、法制办审核、市政府审议、市人大审议、省人大批准等环节。通过调查研究的阶段环节,政策对象和相关职能部门的参与权得到了保障。杭州市人大法制委员会多次组织市交通运输局、市道路运输管理局、市法制办公室、立法基层联系点、互联网法院、区县人大委员会等部门召开专题会议和座谈会,征求意见建议。在充分吸收这些调研意见建议后,形成的《杭州市客运出租汽车管理条例(修订草案)》与旧版相比,章节和条目表现为根本性大修。

通过专家论证和公众参与的阶段环节设置,专家的专业知识和利益相关者的诉求得以传递至决策者。浙江财经大学中国政府管制学院的学者全程参与了条例的起草工作。2017年8月21～28日,条例修订草案向社会公开征求意见。同年11月7日下午,杭州市人大法制委员会组织举行了条例草案的立法听证会。专家学者和社会公众围绕出租车运费是否要浮动、网约车是否要喷涂标志标识、网约车的总量是否要控制等多个争论点提出了各自看法。经过专家论证和公众参与的环节,条例修订草案吸收了各类主体的建议后,又进行了多处修改。比如,修订草案规定只有在本市登记的企业法人、持有本市营业执照的外地企业法人分支机构才能申请从事网约车、出租车的运营,增设了"或者外地登记的企业法人"。在修订草案中增加了道路运输管理机构对经营资格申请进行处理的时限要求。对于巡游出租车数量的调控,明确了动态监测和调整机制。

通过人大审议的环节设置,人大代表的建设性意见建议同样被吸收进条例修订草案中。在审议过程中,一些代表提出修订草案中的"出租车司机参加从业资格考试要求必须有本市户籍或持有本市核发的浙江省居住证"存在不妥。也有提出,相较于对巡游出租车的管理规定,修订草案对网约车的管理和规定不够细致,过于粗放。关于网约车的管理,一些委员建议采取政府管平台和平台管人才的方式,以及提出了在网约车服务过程中发生安全事故责任如何处理的意见。修订草案在此基础上进行了一些修改,促使条例更加具有开放性和包容性。正是由于调查研究、专家论证、公众参与、法制办公室审核、市政府审议、市人大审议是省人大最终审议的前置程序,该条例才能于 2018 年 3 月 31 日顺利地被审议通过并于 2018 年 5 月 1 日正式实施。

2. 时间段的安排与政策制定过程的科学配置

在决策程序的发展完善下,政策制定过程成为由多个整齐划一的阶段环节构成的政策过程。公共政策的制定会消耗时间,产生时间成本,但不同的决策程序的时间成本不同。阶段型政策制定过程由于设置了必要的阶段环节,并且各个阶段环节以时间的科学合理配置为基础,能够避免政策制定过程走向不必要的决策环节,减少非必要的时间浪费和消耗。目前,基本上所有制定出台的有关决策程序的规定,都强调严格遵守法定权限和法定程序。与此同时,一些地方还对部分阶段环节作出了时间限定。《内蒙古自治区重大行政决策程序规定》明确要求,决策机关决定启动决策程序,除了确定决策的承办单位外,还需要确定办理期限。根据《唐山市重大行政决策合法性审查规定》,政府法制部门(机构)需要在 15 个工作日内完成合法性审查工作,时间从接到批办意见和相关材料之日起算,在特殊情况下可以延长 10 个工作日。《济南市卫生健康委重大行政决策合法性审查制度》则要求,卫生健康委员会政策法规处应当在 5 个工作日内完成对重大行政决策方案的合法性审查,时间从受理重大行政决策方案及相关材料之日起算,情况复杂的情形,可延长 5 个工作日。

由决策程序所明确的阶段型政策制定过程,各阶段环节时间的科学配置还表现为,一些地方对部分阶段环节作出了最低花费时间的要求,这类要求赋予了政策沟通与协商充分的时间,政策制定过程更加科学化。《上海市重大行政决策程序规定》要求,决策事项公开征求意见的期限一般不少于

30日。听证会参加人员名单和听证会材料送达听证参加人都应当在听证会召开之前7日。《内蒙古自治区重大行政决策程序规定》《山东省重大行政决策程序规定》等明确了专家论证、公开征求意见、合法性审查的最低时间，要求决策承办单位根据决策事项的情况，给予专家和专业机构不少于7个工作日的研究时间。决策事项公开征求意见的期限一般不少于30日。合法性审查的时间也不能少于7个工作日。

3. 阶段环节及其时序安排与政策制定主体间互动的增强

决策程序的发展与完善也提高了政策制定主体的互动，并促使政策制定主体之间的共识形成。这不仅表现在不同阶段环节上多元主体互动的加强，还体现在不同主体的互动具有时序性上。针对专业性强和可能产生社会稳定等风险的重大决策事项，专家论证、公民参与、社会稳定风险评估、合法性审查等阶段环节构成决策程序的必要环节。决策承办单位将分别与相关职能部门、下级政府部门、专家学者、政策利益相关者、评估机构、法制机构、地方人大等多元主体展开互动，且互动形式包括实地走访、座谈会、调研、专题会议、听证会、咨询会等多种形式。不同的政策利益相关者、专家学者、其他关心政策的主体也将通过座谈会、听证会、咨询会等形式进行沟通与协调。另外，决策承办单位与相关职能部门、下级政府部门、专家学者等主体的互动主要在前期阶段，即方案草案的拟定；决策承办单位与专家学者、社会公众、评估机构等主体的互动主要在中期阶段，即方案草案的修改阶段；决策承办单位与法制机构、地方人大等主体的互动聚焦于后期阶段，也就是方案草案的进一步修改完善阶段。

在杭州市客运出租汽车管理条例的制定过程中，根据决策程序，杭州市人大法制委员会于2017年11月7日下午，举行了条例草案的立法听证会，其中包括网约车平台公司负责人、网约车司机、巡游出租车企业负责人、出租车司机、杭州市出租车行业协会秘书长、律师、乘客等15名利益相关者作为陈述人发言，相关部门负责人、部分市民、部分人大代表和政协委员作为旁听人员参加会议。在听证会上，不同利益相关者既表达了共同诉求，又阐述了各自的观点与意见。比如，网约车代表和巡游出租车代表共同认为，条例草案修订的核心是公平竞争。网约车代表提出享受巡游出租车的配套公共服务，巡游出租车代表则认为网约车也应履行年检、服务质量考核等义务。在听证会上，各类主体还对网约车总量是否要控制、出租车运费是否采取浮动制等内容进行了询问、质证和辩论。不仅如此，更多与政策相关的细节性问题在互动过程中不断产生。比如，运营车辆所投保险的种类和金额要求、从事出租车工作的司机和车辆的门槛与条件、网约车的定价等。杭州市人大法制委员会对听证会上的意见建议进行梳理,形成听证报告提交杭州市人大常委会。

(四) 时间规则建设的基本特征和表现

决策程序可以理解为政策制定主体行使政策权力、开展决策活动所应遵循的方式、步骤、时间和顺序的总和。作为时间规则的具体形态,以决策程序为切入点,对中国决策程序的建设、发展、实践的历史考察有助于揭示政策制定主体如何开展时间规则建设,以更进一步地反映时间规则与公共政策制定之间的关系。针对时间规则如何建设与完善、时间规则完善中如何实现它对政策制定的作用功能、时间规则建设的轨迹等研究问题,综合前面三个部分的分析,可以归纳得出以决策程序为代表的时间规则建设的一些基本特征和表现。

首先,时间规则对公共政策制定会产生影响,以决策程序为例,决策程序有助于简化与规范政府的政策制定行为。但是,受到多种因素的影响,政策制定主体并非一开始就能够充分认识时间规则及其意义,识别出时间规则对公共政策制定的影响,并重视对时间规则的建设与完善,进而发挥时间规则的功能。早期,在决策体制的影响下,关于决策程序的建设没有得到足够的重视。一方面,决策程序限定于行政权力的运行,另一方面,完整且统一的权威型决策程序尚未明确,导致决策程序对政策制定过程的约束性比较弱,政府的政策制定行为存在较为随意的现象,规范化和制度化水平也不高,地方政府的政策制定过程能够以诸多的方式进行,甚至出现"拍脑袋决策""随意决策"等现象。直到后期,随着中央政府对决策程序建设与发展的推动,专家学者等群体不断壮大及其对决策的影响力提升,再加上社会公众的公民意识觉醒,他们采取各类正式和非正式的方式表达诉求、发表意见建议,这些因素的共同作用促使中国的决策程序建设得到了进一步的发展。

其次,在绝大多数时候,时间规则的建设表现为一个长期化的过程。这不只因为时间规则本身就是需要不断被重新认识与优化完善,还因为这样的客观事实的存在。那就是,除了政策制定主体并非必然会赋予时间规则建设足够的关注和重视之外,时间规则的建设还受到一些内部因素与外部因素的影响,时间规则的建设历程并不完全是一帆风顺的。在中国的决策程序发展过程中,决策体制建设、决策程序的建设步伐就曾因为一些事件而被迫暂停。除此之外,地方层面的决策程序建设同样面临地方领导积极性不足、部门利益协调难等挑战。仍然有一些地方没有及时制定出台关于重大事项的决策、合法性审查、公众参与等阶段环节的决策程序。由此，时间规则的建设与完善会面临诸多障碍与挑战，需要政策制定主体克服这些障碍与挑战，根据社会环境的变化趋势和决策的科学化与民主化等要求，不断建设与完善时间规则。

再次，从时间特质的方面来看，时间规则的建设与发展轨迹将是一个针对阶段环节、时序安排、时间段等方面的设置作出科学化合理安排的过程。由于中国决策程序的不断发展与完善，重大决策事项的决策阶段环节已不只是行政机关的决策动议与讨论决定，还包括专家论证、公众参与、社会稳定风险评估、合法性审查等。各个阶段环节的时序安排也考量了将专家学者的专业知识、公众的参与权利、法律部门的法治保障置于最终决策的前置要求。对于时间段的设置，从早期的无设置或简单设置到根据不同阶段环节的特点而作出最高时间和最低时间的限定与要求。总体的决策过程和部分阶段环节的时限均被要求予以明确化，诸如公开征求意见、听证会、合法性审查、专家论证等阶段环节，分别规定了不同的最低花费时间，并且这些最低花费时间并没有一概而论，而是根据阶段环节的性质特征有所区别。

最后，时间规则在建设与完善过程中实现了它对公共政策制定的影响作用。通过决策程序的不断完善，政策制定主体的权力得到了优化，政策制定过程得以科学化，政策制定主体之间的互动也得到了加强。早期，决策程序的阶段环节的调整侧重于公共权力内部分配的考虑。虽然这些调整也在一定程度上推进了政策权力的优化，但没能把专家知识、公民权利、合法审查等纳入决策程序的阶段环节调整的考虑范畴内，这些主体的参与权没能保障。随着决策程序阶段环节的扩大化，决策启动、专家论证、公民参与、社会稳定风险评估、合法性审查等阶段环节构成决策程序的必要环节，且都成为最终决策的前置程序。通过这样的阶段环节及其时序的设置，行政权力的行使得以规范，专家、社会公众、媒体等主体的政策参与权得以保障，法制部门的审查权、人大立法权得以有效履行。决策程序规定的政策制定过程表现为阶段型政策过程。阶段型政策过程由于设置了必要的阶段环节，并且各个阶段环节以时间的科学合理配置为基础，避免了政策制定过程走向不必要的决策环节，减少了非必要的时间浪费和消耗，同时赋予了政策沟通与协商充分的时间，政策制定过程更加高效和科学化。在调查研究、专家论证、公众参与、社会稳定风险评估、合法性审查等阶段环节中，决策承办单位、相关职能部门、下级政府部门、专家学者、政策利益相关者、评估机构、法制机构等多元主体开展了不同形式、不同频率、不同时序的互动，政策共识在互动过程中不断形成，政策方案越加具有合理性、合法性和可行性。

四、多重时间规则的约束：互联网
信息搜索服务监管政策的分析

时间规则普遍存在于公共政策领域中，并呈现多种表现形式。不同形式的时间规则以不同的时间特质对公共政策制定带来不同的影响。在某些政策被制定的过程中，它们会面对多种时间规则及其影响。那么，在不同时间规则组合在场的情况下，公共政策制定有什么样的表现？本节聚焦于多重时间规则下的政策制定这一方面，基于互联网信息搜索服务监管政策制定的案例，多层次地分析特定政策的制定面临的时间规则，并系统地描述这些时间规则给政策制定带来的影响，以及政策制定主体如何在多重时间规则约束下开展政策制定，挖掘特定公共政策制定形态背后的时间规则原因。

（一）案例介绍

信息是一种重要的资源，为了获得想要的信息，在互联网技术蓬勃发展下，人们通过搜索引擎检索和获取信息，并对搜索引擎产生了极强的依赖。信息搜索服务商则根据用户的需求，在一定算法的基础上依托互联网信息技术向信息检索用户提供信息服务。根据中国互联网络信息中心发布的《第44次中国互联网网络发展状况统计报告》和《2019年中国网民搜索引擎使用情况研究报告》，搜索引擎在各类互联网应用中用户规模和使用率仅次于即时通信网络应用。截至2019年6月，中国搜索引擎用户规模达6.95亿，使用率达81.3％。百度搜索、搜狗搜索、360搜索位列2019年国内搜索引擎品牌渗透率前三名，渗透率依次为90.9％、53.5％、46.1％。搜索引擎在满足人们的信息需求的同时，也逐渐暴露一些服务乱象，并引发了相关社会问题。

2016年4月，魏则西事件将互联网搜索服务问题暴露在社会公众的视野中。魏则西是西安科技大学的一名学生，罹患滑膜肉瘤。他在求医过程中通过百度搜索结果，前往武警北京市总队第二医院开展治疗，花费了20多万元，病情却未有好转，最终死亡。魏则西将求医经历写于知乎平台，其中关于武警北京市总队第二医院的治疗技术被网友告知是国外临床已经淘汰的技术。为此，百度搜索的竞价排名机制成为众矢之的。搜索结果的竞价排名机制是搜索引擎的主要盈利模式，搜索结果排列的先后顺序只取决于被推广企业的付费高低。如果被推广企业的付费很高，那么宣传信息的真实性则"让位"于推广费,给价高的企业的宣传信息就可以在搜索结果中靠前显示。在这种片面追求信息的营利性的驱使下,通过搜索引擎检索到的结果就出现了缺乏公正性和客观性、信息质量良莠不齐等问题,并且搜索结果给搜索用户带来了严重的误导。

2016年5月2日,国家网信办和国家工商行政管理总局、国家卫生和计划生育委员会和北京市有关部门成立联合调查组进驻百度公司,针对魏则西事件反映的互联网信息搜索服务问题进行调查取证。5月9日,调查组发布调查结论。5月19日,国家网信办在全国开展网址导航网站的专项治理,并对外强调将加快制定相关管理政策。6月25日,国家网信办制定出台《互联网信息搜索服务规定》。这项政策对互联网信息搜索服务涉及的多个方面内容作出了规定,具体包括互联网信息搜索服务的内涵、互联网信息搜索服务提供者与行业组织等责任。

(二)多重时间规则及具体表现

在互联网信息搜索服务监管政策制定过程中,政策制定主体实际上面临多项时间规则。根据时间规则的主要类型和具体形态,结合案例实际情况,这些时间规则主要包括社会问题的时间特征(表现为社会关注的时间和解决社会问题需花费的时间)、决策程序、回应性、关键事件、网络时代。

在互联网信息搜索服务监管政策制定的案例中,社会问题的时间特征具体指向社会关注该问题的时间长度和政府决策者认为解决该问题可能需要花费的时间。从社会关注该问题的时间长度来看,魏则西事件促使社会和政府决策者关注到了以搜索服务的竞价排名为典型的互联网信息搜索服务问题。不过,这一问题可能仅仅是在魏则西事件发生后才被关注。《中国网民搜索行为调查报告》(2014年、2015年)的数据显示,2014年、2015年分别有51.2%、30.1%的搜索用户没有注意到搜索结果中的推广信息或广告,占比42.8%、33.2%的搜索用户表示信任搜索引擎的广告。从数据比例可以发现,搜索用户并没有充分意识到搜索结果中可能存在的信息质量和严重误导等问题。CND中文新闻数据库实时监测了国家网信办公布的可供转载的380家新闻单位(含报纸和网站)、各级省市的地方媒体以及知名微信公众号等数据。该数据库提供的CND新闻指数能够呈现内含某个关键词的媒体文章数,从而反映社会对某一特定社会问题的关注状况。通过先确定与社会问题最为相关的关键词范围,再逐一进行CND新闻指数查询,以搜索量最高的关键词为原则,最终确定用2000~2020年"搜索竞价"的新闻指数来表示社会对此问题的关注状况。如果指数低于500,则视为当年未获得关注。数据结果显示(图5-2),仅魏则西事件发生当年(2016年)的新闻指数高于500,为690,2018年新闻指数为204,2019年新闻指数为188,其余年份新闻指数均低于100。因此,总体而言,社会对以搜索服务的竞价排名为典型的互联网信息搜索服务问题的关注时间比较短。

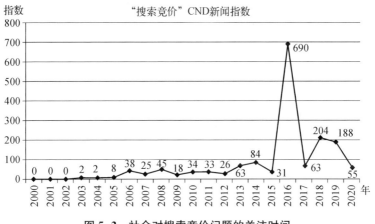

图5-2 社会对搜索竞价问题的关注时间

关于解决竞价排名为典型的互联网搜索服务问题所需花费的时间,我们从政府决策者判断社会问题所需花费时间长短的影响因素作出分析。影响因素主要包括政府决策者的构成、政策问题的清晰性、利益相关者及其共识、政策目标的多重性、决策程序等。如果社会问题关涉的决策者比较多,且涉及跨部门,将导致解决社会问题的时间花费比较长。国家网信办的主要职责是互联网信息的管理。根据责任的归属,竞价排名等互联网搜索服务问题的决策者为国家网信办。这一问题涉及的决策者构成单一。政策问题的清晰性程度影响着政府决策者对该问题所需花费时间长短的判断。界定政策问题是政策制定的前提基础,很多时候政策失败的原因在于对政策问题作出了错误的界定。如果政策问题的性质、范围、状态和产生原因等较为模糊,这意味着决策者得花费比较长的时间去界定问题,反之亦然。互联网信息搜索服务的竞价排名问题的原因在于,在信息服务企业提供的服务产品日益公共化的情况下,产生了企业对信息盈利的一种追逐行为,以及搜索用户与信息服务企业之间的信息不对称状况。这一市场失灵问题扰乱了互联网信息传播的秩序,破坏了互联网信息搜索行业的健康发展,侵害了公民的合法权益,导致公民日常生活与工作的决策失误,甚至引发公民的人身安全问题,对互联网信息搜索服务提供的市场行为作出规范与管理变得重要。由此,政策问题相对比较清晰。

从利益相关者及其共识来看，竞价排名等互联网信息搜索服务问题关涉的利益相关者为搜索用户、搜索企业等信息服务提供者及其从业人员、搜索服务的监督管理部门。基于维护自身的权益，搜索用户普遍认同将互联网信息搜索服务行为纳入政府的监管中，信息服务提供者对于他们在竞价排名搜索结果和竞价排名销售上存在的问题及引发的公共安全等问题需要承担社会责任。总体上，利益相关者的类别比较少，共识程度比较高。在政策目标的多重性方面，该政策的目标是规范互联网信息搜索服务、促进互联网信息搜索服务的行业健康发展，以及保护公民、法人和其他组织的合法权益。这些目标清晰明确，且具有一致性，不需要花费大量时间用于政策目标之间的平衡。在日益重视决策正义的当下，第三节对中国决策程序历史发展的梳理也已经表明，政府决策呈现为阶段型过程，并非时刻之上的选择，而是基于一段时间的过程。由于互联网信息搜索服务的监管关系到政府与市场之间的关系，沟通与论证将聚焦如何监管。监管不足或监管方式的不足都将可能对搜索服务提供者带来激励扭曲的问题，而监管过严可能抑制信息搜索行业的创新，影响其发展空间。故而需要花费一些时间用于论证。综合5个影响因素的分析，共4个因素指向所需花费的时间较短。为此，将政府决策者认为社会问题所需花费的时间视为较短。

关于国家网信办作出决策应当遵循的决策程序，基于中国决策程序的发展历程，各级地方政府及其部门的政策制定过程应当为阶段型过程，表现为遵循一定时序安排，从完成一个阶段到进入一个阶段环节，直到完成最后一个阶段环节。政策制定过程也应当为由行政主体的公共权力运用、社会公众行使权利、专家学者运用专业知识和法制部门履行合法性审查等构成的过程。另外，根据于2013年3月20日国务院第一次全体会议通过的《国务院工作规则》的要求，国务院及各部门的公共政策制定应当具有透明度和公众参与度，并且将公众参与、专家论证、风险评估、合法性审查和集体讨论决定明确为重大决策的必经程序。对于涉及公共利益、公众权益，或者需要社会广泛知晓的事项、社会关切的事项，以及法律和国务院规定需要公开的事项，各部门应当向社会公开。比如，与互联网搜索服务政策类似的《互联网信息服务管理办法》，它的修订草案征求意见稿就开展了为期一个月的社会公开征求意见。

关于回应性时间规则的表现，在中国，回应性持续加强，并已成为政府决策的重要考量因素。自新公共管理理论、新公共服务理论、治理理论等理论为回应型政府的建设提供了理论基础，回应性成为评价和判断政府善治的重要标准之一，各国通过完善治理实践以增强政府的回应性。回应性的基本意义是政府机构及其人员必须对公民的要求作出及时的和负责的反应，不得无故拖延或没有下文。① 这些年，中国政府一方面注重回应性和回应机制的建立，积极打造回应型政府，通过不断增强回应性，更好地应对和解决各种问题。除了历年政府工作报告对政府回应的明确和强调外，各级政府也出台了许多以加强回应为目的的规范文件。诸如《国务院办公厅关于在政务公开工作中进一步做好政务舆情回应的通知》（国办发〔2016〕61号）、《国务院办公厅关于进一步加强政府信息公开回应社会关切提升政府公信力的意见》（国办发〔2013〕100号）。此外，对于一些有违回应性原则的情形给予行政问责。比如，《北京市行政问责办法》规定，超过法定时限或者合理时限履行职责导致国家利益、公共利益、公民等合法权益受到损害或不良影响，应当进行问责。在《湖北省行政问责办法》中，无正当理由未在规定时限内办结的、涉及群众切身利益的问题能及时解决而不及时解决等导致国家利益、公共利益、公民等合法权益受到损害或不良影响，应当进行问责。

关于关键事件，该案例中关键事件指的是魏则西事件。魏则西事件并不是一起简单的因病情及其治疗无效而死亡的悲剧个案，该事件经过网络舆论的发酵后发展为社会对百度搜索竞价排名机制、莆田系医院等问题进行广泛讨论的舆情事件。通过在百度指数以"魏则西"和"魏则西事件"为关键词查询，百度指数最高达 865835。通过在 CND 中文新闻数据库以"魏则西事件"和"魏则西"为关键词查询发现，2016 年，魏则西事件 CND 新闻指数最高为 5376，事件发生当月（5月）新闻指数最高为 3424，各类新闻媒体对此事进行了多方面的报道。在由人民网和北京师范大学社会治理与公共传播研究中心共同推出的《2016 上半年社会治理舆情报告》中，魏则西事件位列 2016 年上半年公共热点事件排行榜首位，热值达 10.7。

时代属于社会性时间规则，案例中的时代这一时间规则表现为网络时代。以 2015 年 6 月和 2016 年 6 月的相关统计数据为例（案件发生时间相近），第 36 次《中国互联网络发展状况统计报告》显示，截至 2015 年 6 月，中国网民规模达 6.68 亿，半年共计新增网民 1894 万人，互联网普及率为 48.8%。其中，共有 6.06 亿网民使用即时通信网络应用，4.75 亿网民使用博客，2.04 亿网民使用微博。第 38 次《中国互联网络发展状况统计报告》显示，截至 2016 年 6 月，中国网民规模达 7.1 亿，互联网普及率为 51.7%，共有

---

① 俞可平：《全球治理引论》，《马克思主义与现实》2002 年第 1 期。

6.42亿网民使用即时通信网络应用。① 人们在网络时代中更为便捷地获取和分享信息、表达诉求和开展互动。魏则西事件首先发生在知乎这一互联网的原创内容平台。魏则西将其求医经历在知乎平台的分享以及知乎用户对该经历的关注与转发,促使更广泛的网民参与该事件的讨论。魏则西事件发生期间,《医疗竞价排名,一种邪恶的广告模式》《他的生命,能不能唤起你们的良知》《魏则西的死,百度经年累月的恶》《一个死在百度和部队医院之手的年轻人》等文章在短时间内在网上涌现,并不断地被点击转载。各类网络意见领袖对此事发表看法,众多网民在网上讨伐和参与投票。如由新浪发起的在青年魏则西死亡事件中百度责任问题的投票,截至2016年5月2日下午4点,共有34 701人参与投票,其中:90.9%网民认为百度有直接责任,搜索引擎涉及医疗推广必须慎之又慎;6.0%网民认为与百度无关,是莆田系医院的问题;3.1%网民认为不好说。②

(三) 不同时间规则对政策制定的影响与制定表现

1. 不同时间规则对政策制定的约束

本章第二节已经论证得出,不同时间规则以不同的方式影响公共政策制定的不同方面。在互联网信息搜索服务监管政策制定过程中,政策制定主体面临社会问题的时间特征(表现为社会关注的时间和解决社会问题需花费的时间)、决策程序、回应性、关键事件、网络时代等时间规则。根据这些时间规则具有的时间特质,多重时间规则对互联网信息搜索服务监管政策制定的约束可归纳为:社会问题的时间特征和关键事件对政策要素选择的影响,决策程序和回应性对政策过程的影响,网络时代对政策制定主体之间互动的影响(图5-3)。

时间规则能够以触发效应影响政策问题、政策方案、政策目标等要素的选择。在案例中,社会对搜索服务竞价排名问题的关注时间和魏则西事件都影响了政策问题的选择,解决搜索服务竞价排名问题所需花费的时间则影响了政策方案的选择。由于社会对搜索服务竞价排名问题的关注时间比较短,仅魏则西事件发生当年(2016年)的新闻指数为690,其余年份新闻指数大部分都在100以下。2016年之后,指数大幅度降低。为此,此前一段时间,社会的短暂关注这一时间规则难以推动搜索服务竞价排名问题吸引

---

① 中国互联网络信息中心:《中国互联网络发展状况统计报告》(2016年7月),www.cac.gov.cn/files/pdf/cnnic/CNNIC38.pdf,最后浏览日期:2023年6月25日。
② 《今天的头条,给魏则西和百度》(2016年5月3日),搜狐网,sohu.com/a/73099665_197955,最后浏览日期:2023年6月3日。

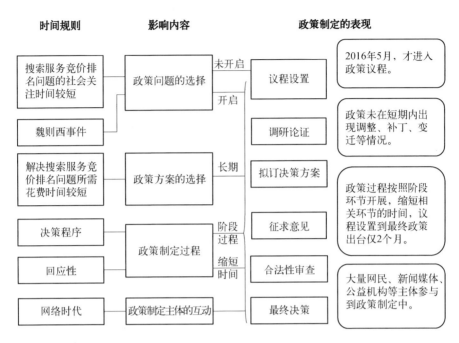

图 5-3 多重时间规则下互联信息搜索服务政策制定

了广泛的注意力,进而难以提高该问题的显著性。不过,2016 年,魏则西事件及其产生的舆情热度作为一个触点,不仅促进了搜索服务竞价排名机制问题的暴露,而且通过吸引大量网民的注意力,形成了社会舆情,提高了搜索服务竞价排名问题在政府决策系统内的显著性。解决不同的社会问题所需花费的时间长度存在着差异,不同的时间长度分别向政策制定主体的政策行为规定了不同的时间要求,影响政府决策者对政策方案的偏好与选择。解决社会问题所需花费的时间比较短则要求,政策制定主体在进行政策方案和政策工具选择时能够且应当选择长期型方案;而如果解决社会问题所需花费的时间比较长,对于时间资源有限的政府决策者来说,就意味着很难在一定时间内去研究长期型方案,故会优先选择短期型方案。在案例中,解决搜索服务竞价排名问题所需花费的时间比较短,要求政府决策者优先选择长期型方案。

时间规则能够以时段效应和速度效应影响政策制定过程。在案例中,决策程序以时段效应影响政策制定过程,回应性以速度效应影响政策制定过程。根据《国务院工作规则》的要求,以及参照类似政策的制定过程所持续时间的传统,决策程序规定了互联网信息搜索服务监管政策制定过程应当表现为阶段型政策过程,且这一阶段过程应包含行政主体的公共权力运用、社会公众权利的行使、专家学者专业知识的运用。持续加强的回应性建设已成为中国政府决策的重要考量因素。中央政府和地方政府制定出台了许多关于政府回应的文件，对于一些有违回应性原则的情形也将被行政问责。回应性则要求互联网信息搜索服务监管政策能够及时地回应网络舆情，政策制定过程应当是快速且花费比较短时间的，从而避免政策制定的拖沓。

时间规则能够影响政策制定主体之间的互动。在案例中，网络时代加强了政策制定主体之间的互动。随着大量的网民关注和参与魏则西事件的讨论，各类新闻媒体、涉事企业、公益机构、政府机关等多元主体也相继"卷入"其中。法治网、人民网、《法治日报》、新华网、《京华时报》等新闻媒体分别撰文，如《魏则西事件暴露医疗广告管理乱象》《别忽略魏则西之死背后的双重垄断》《用法律厘清竞价排名是与非》《极限词、治愈率、竞价排名 百度搜索"寻医问药"隐患多》《互联网企业价值观端正方能致远》《期待魏则西事件问责有始有终》等。网民和新闻媒体之间的互动将魏则西事件从个案上升为事关网民个人切身利益的公众事件，网民的关注和讨论也引向了更大范围的讨论，从魏则西事件本身拓宽为医疗体系治理和互联网治理，以及"平台监管责任边界在哪里？""监管缺位""罪责到底在谁"的责任追究和落实问题。

8名来自互联网医疗广告打假公益联盟的代表就"百度推广是否属于广告"向国家工商行政管理总局（现为国家市场监督管理总局）申请政府信息公开，国家工商行政管理总局当日受理了这份申请。与此同时，百度站在了舆论的风口浪尖。面对网民的广泛质疑，百度公司于 2016 年 4 月 28 日首次回应，其中强调百度搜索显示的武警北京总队第二医院是资质齐全的公立三甲医院，百度提供的搜索结果是健康有效的。但是网民并不相信，一篇《一个死在百度和部队医院之手的年轻人》刷爆朋友圈。5 月 1 日，百度公司再次回应，表示已经向相关部门递交了审查申请函，如调查结果证实医院有不当行为，他们将支持事件家属法律维权。5 月 2 日，国家网信办新闻发言人向广大网民指出，根据网民举报，国家网信办联合国家工商行政管理总局、国家卫生和计划生育委员会和北京市有关部门成立联合调查组进驻百度，开展对魏则西事件及互联网企业经营行为的调查。5 月 3 日，国家卫生和计划生育委员会新闻发言人指出，国家卫生和计划生育委员会、中央军委后勤保障部卫生局、武警部队后勤部卫生局联合对武警北京总队第二医院进行调查，国家卫生和计划生育委员会等八部委将集中整治网络医托和号贩子。

2. 互联网信息搜索服务监管政策制定的表现

根据《第37次中国互联网络发展状况统计报告》显示，截至2015年12月，中国企业利用搜索引擎进行营销推广的比例为47.4%。在魏则西事件发生之前，也有搜索用户吐槽和质疑搜索引擎中的广告，以及搜索结果中可能存在的信息质量和严重误导等问题。但是，在2016年5月之前，尚未有对搜索服务的行为作出规范的公共政策。仅有最高人民法院和最高人民检察院于2004年颁布的《关于办理利用互联网、移动通讯终端、声讯台制作、复制、出版、贩卖、传播淫秽电子信息刑事案件具体应用法律若干问题的解释》，中国互联网协会于2004年发布的《互联网搜索引擎服务商抵制淫秽、色情等违法和不良信息自律规范》，百度、网易、新浪等7家搜索引擎服务商于2009年12月9日在北京网络新闻信息评议会第九次会议签署的《搜索引擎服务商自律公约》，以及中国互联网协会于2012年11月1日发布的《互联网搜索引擎服务自律公约》。

2016年4月，魏则西事件将互联网搜索服务问题暴露在社会公众的视野中，并引发网络舆情。2016年4月19日，习近平总书记在网络安全和信息化工作座谈会上提出，"做搜索的不能仅以给钱的多少作为排位的标准。希望广大互联网企业坚持经济效益和社会效益统一，在自身发展的同时，饮水思源，回报社会，造福人民"。①

5月2日，国家网信办联合国家工商行政管理总局、国家卫生和计划生育委员会和北京市有关部门成立联合调查组进驻百度公司，集中围绕百度搜索在魏则西事件中存在的问题、搜索服务竞价排名机制等进行调查取证。5月9日，调查组公布进驻百度公司的调查结果，认为百度搜索相关关键词的竞价排名结果客观上对魏则西选择就医产生了影响，百度竞价排名机制存在付费竞价权重过高、商业推广标识不清等问题。并且，调查组对百度公司提出了改变竞价排名机制、落实以信誉度为主要权重的排名算法、全面清理诊断医疗类等关系生命健康安全的商业推广服务等整改要求和内容。

5月9日，国家网信办在公布调查结果的同时，指出将加快出台《互联网信息搜索服务管理规定》，促进搜索服务管理的法治化和规范化。5月19日，国家网信办在全国开展网址导航网站专项治理，要求各网址导航网站规范信息传播秩序，改变以竞价排名和点击量排名为主的网站推荐现象等，并对外强调将加快规范性文件的制定，以建立健全长效机制，形成常态化管

---

① 《习近平在网信工作座谈会上的讲话全文发表》（2016年4月25日），新华网，www.xinhuanet.com/politics/2016-04/25/c_1118731175.htm，最后浏览日期：2023年5月13日。

理。6月25日,国家网信办发布《互联网信息搜索服务管理规定》,该规定将互联网信息搜索服务纳入政府监管范围,对互联网信息搜索服务提供者的主体责任和禁止性行为、监管部门职责、互联网搜索服务行业组织的责任等进行了明确。这项规定于2016年8月1日正式实施。

6月25日,国家网信办在就《互联网信息搜索服务管理规定》答记者问的过程中指出,这项政策的出台背景在于搜索引擎存在的不少问题破坏了网络生态和互联网信息传播秩序,对公众利益产生了侵害,广大网友呼吁尽快出台信息搜索服务的相关管理规定。关于该项政策如何出台,国家网信办介绍了他们是在广泛调研和征求吸收业界专家等多方意见和建议的基础上,针对信息搜索服务的突出问题而制定出台了这项规定。

综上,《互联网信息搜索服务管理规定》的制定行为总体表现如下。第一,在2016年5月之前,虽然已经出现了搜索服务问题,但政策议程并没有开启,尚未有对搜索服务行为作出规范的公共政策。魏则西事件发生并受到社会的广泛关注之后,搜索服务问题进入政策议程。第二,政策的制定过程遵循议程设置、广泛调研、拟订决策方案、征求业界专家意见、合法性审查、最终决策等阶段环节而开展,但从政策问题进入议程到政策最终颁布共用时2个月,所花费时间显著少于其他相似政策的制定。第三,在政策制定过程中,国家网信办、大量的网民、新闻媒体、公益机构、百度公司、业界专家等多元主体纷纷"在场",并进行着多个方面的互动。其中,网民的关注和参与从魏则西事件本身转向了医疗体系治理和互联网治理,以及责任追究和落实问题。新闻媒体扮演着信息传播者、信息的评论者、解决方案的倡导者等多重角色,他们不仅向社会公众传递魏则西事件的产生与进展、涉事企业百度公司的回应和政府职能部门的行动,还对魏则西事件及其暴露的问题作出评论,并且就医院管理、互联网医疗广告、互联网信息搜索服务竞价排名等问题发布相关治理的对策。

(四) 多重时间规则下的政策制定特征

不同形式的时间规则以不同的时间特质对公共政策制定带来不同的影响。当不同时间规则组合在场的情况下,公共政策制定呈现什么样的表现?多重时间规则如何塑造政策制定?政策制定主体如何在多重时间规则下开展政策制定?针对这些研究问题,通过前面三个部分的分析,可以归纳得出关于多重时间规则影响下政策制定的一些特征。

首先,公共政策制定往往会面临多重时间规则的"在场"。即政府决策者不得不经常面对那些类型不同或时间特质差异化的时间规则。在互联网信息搜索服务监管政策案例中，政府决策者面临着社会对搜索服务竞价排名问题的关注时间、解决搜索服务竞价排名问题所需花费的时间、决策程序、回应性、魏则西事件、网络时代等时间规则。这些时间规则涉及的类型多样化，有社会层面的时间规则、行政层面的时间规则、政治层面的时间规则。并且，这些时间规则也具有不同的时间特质。决策程序表现为时序和时间段的时间特质；回应性呈现为速度的时间特征；网络社会和魏则西事件凸显时刻的时间特征；解决搜索服务竞价排名问题所需花费的时间和社会对搜索服务竞价排名问题的关注时间则根据时间长短，体现了时刻或时间段的时间特质。这些意味着，如果从时间规则的角度来分析公共政策制定的表现，有必要运用多层次的时间规则分析，从而能够对约束公共政策制定的时间规则作出系统的描述。

其次，在多重时间规则"纷纷在场"的情形中，不同的时间规则不但分别对公共政策制定带来影响，而且产生交叉影响。从时间规则角度来看，公共政策制定呈现的一些表现则是多重时间规则作用下的结果（图5-3）。在互联网信息搜索服务监管政策制定的案例中，魏则西事件发生之前，尚未有专门对搜索服务的行为作出规范的公共政策。仅有最高人民法院和最高人民检察院的司法解释、中国互联网协会的行业规范。原因之一是2016年前社会对搜索服务竞价排名问题的关注程度比较低，在此期间，社会的这种关注状况没有办法提高搜索服务竞价排名问题的显著程度，进而该议题没有能够进入政策议程。然而，2016年魏则西事件通过触发效应不仅提高了搜索服务竞价排名问题的显著程度，而且吸引了大量网民的注意力，形成网络舆情，将一个案事件发展成为一个公共事件。为此，从2016年5月2日开始，搜索服务问题进入政策议程，国家网信办一方面，联合相关部门进驻百度公司开展调查，并及时发布了调查结果，另一方面，着手研究将搜索服务纳入监管的政策，于6月25日颁布《互联网信息搜索服务管理规定》。国家网信办在解读《互联网信息搜索服务管理规定》出台背景的时候就表示，是因为广大网民呼吁尽快出台信息搜索服务的有关管理规定。

《互联网信息搜索服务管理规定》遵循议程设置、广泛调研、拟定决策方案、征求业界专家意见、合法性审查、最终决策等阶段环节的制定过程，但从进入议程到最终颁布仅用时2个月。《2016年上半年社会治理舆情报告》的数据表明了这项规定制定的及时性。数据显示，魏则西事件的政府应对力为20分、行动力为29分、修复力为38分，以总分95分位列当年舆情处置效度排行榜的第2名。并且，相较之于类似政策的制定过程所用的时间，比如《互联网信息服务管理办法》，这项政策的修订草案仅公开征求意见的阶段环节就用时 1 个月。《互联网信息搜索服务管理规定》政策过程之所以表现出这些现象，是因为决策程序和回应性两项时间规则对政策过程产生了影响。决策程序要求案例的政策过程是阶段型政策过程，因此，国家网信办在解读《互联网信息搜索服务管理规定》出台背景的时候强调，这项政策是在广泛调研和征求吸收业界专家等多方意见和建议基础上制定出台的。然而，回应性同时以速度效应影响着政策过程，要求政策制定过程是快速的且花费比较短时间的。在两者的共同影响下，《互联网信息搜索服务管理规定》的制定过程在保证了各个阶段环节的基础上，减少了一些阶段环节所花费的时间，共用时 2 个月，及时地回应和解决了政策问题。

另外，政策制定实践中同样也有许多因关键事件开启政策议程，进而制定出台的公共政策，其中一些公共政策自颁布实施后，在一段时间内就以积极或消极的方式出现调整、补丁、变迁的情况。相较之于这些公共政策，《互联网信息搜索服务管理规定》则从 2016 年制定出台后，截至 2022 年 12 月 31 日，并未出现政策调整、政策打补丁、政策变迁等情况。原因之一是解决该问题所需花费的时间对政策方案的选择产生影响。虽然网络舆情对政府决策者造成了时间压力，但前文已指出的各种影响因素促使政府决策者认为解决搜索服务竞价排名问题所需花费的时间比较短，这意味着政府决策者能够在有限时间内去研究并完成长期型方案，而不是"应时、应景"的方案。因此，这一时间规则影响了政府决策者对政策方案的偏好与选择，要求他们选择长期型方案，因为他们能够在一定时效内形成长期型方案。

最后，在多重时间规则的影响下，政府决策者需要平衡不同时间规则对政策制定带来的差异化影响。因此，即便是在相同的时间规则组合下，公共政策制定的表现也可能因政府决策者的平衡能力而不同。比如，来自决策程序和回应性对政策过程影响的差异化。决策程序要求该政策制定过程遵循一定时序安排，从完成一个阶段到进入一个阶段环节，直到完成最后一个环节。由于网络时代中政策制定主体互动加强，再加上决策程序的规定，可能难以在短时间内调和多元利益，政策制定过程陷入拖沓。但是，回应性则要求政府向社会主体作出及时的反应，强调政策过程在比较短的时间内完成。再比如，自上而下程序和公共危机的同时"在场"，两者对政策权力的影响也具有差异化。受到自上而下程序的影响，精英群体掌握了绝对的政策权力，他们基本主导了问题界定、方案设计与选择、政策的合法化等阶段环节。然而，正如本章第二节所指出的，公共危机会通过时刻的情景效应促使政策制定主体的权力发生变化,可能带来由社会主体主导问题的界定、方案设计与选择等阶段环节的情况。一些学者已经指出了这种情况,并将其称为回应式议程设置模式①、决策型回应。② 又比如,回应性和责任性对政策制定过程影响的差异化。前者要求政策制定过程在比较短的时间内完成,后者往往意味着政策制定过程需要花费较长的时间。将政策制定置于单一类型时间规则下进行考量,或忽略不同时间规则对政策制定带来的差异化影响,抑或难以有效地平衡差异化影响,都有可能导致公共政策出现被质疑的情况。

五、时间规则的遵从:中国地方政府邻避项目决策的分析

本章第三节、第四节分别从时间规则的建设和多重时间规则对政策制定的约束影响两个角度探究了时间规则与公共政策制定之间的关系。时间规则普遍存在于公共政策领域中,并呈现多种表现形式。时间规则以不同的时间特质给公共政策制定带来影响。那么,作为具有主观能动性的政府决策者,如何遵从这些时间规则的?面对时间规则带来的这些约束影响,政府决策者是否会产生相关的回应性行为?这些行为是否会对公共政策带来负面效应?由此,作为核心政策制定主体的政府决策者如何理解与遵从时间规则同样成为研究时间规则与公共政策制定之间的复杂关系需要探讨的问题。

本节为了进一步论证时间规则与公共政策制定的关系,聚焦政府决策者对时间规则的遵从这一维度,基于中国地方政府邻避项目决策这一案例,对特定政策的制定中政府决策者所应遵循的时间规则做多层次的分析,以及描述和剖析政府决策者对这些时间规则的遵从情况,挖掘政府决策者在面对时间规则及其约束影响的时候,可能产生的行为及其特征。

邻避项目因邻避冲突、邻避运动在一些地方的爆发而受到广泛关注。厦门市PX事件、广东省茂名市PX事件、宁波市PX事件、大连市PX事件、什邡市钼铜项目事件、启东市王子制纸排海工程项目事件等邻避事件接连

---

① 赵静、薛澜:《回应式议程设置模式——基于中国公共政策转型一类案例的分析》,《政治学研究》2017年第3期。
② 杨志军:《决策型回应:城市邻避抗争带来政策结果改变的解释》,《广东行政学院学报》2017年第4期。

发生。既有研究已经从风险认知、抗争、社会运动、政府回应等多个角度诠释了邻避运动。无论从哪个角度解读邻避运动，无法忽视的一点是以抵制邻避项目为目的的抗争运动与这些项目的决策过程有关。它在某种程度上构成影响邻避运动发展演变的因素之一。邻避项目的决策过程首先应当遵循决策程序这一时间规则的规定。然而，伴随着邻避运动的产生与发展演变，社会层面的时间规则也凸显出来，共同影响着邻避项目的决策。因此，中国地方政府针对邻避项目和邻避运动而开展的政策制定行为能够为考察政府决策者如何遵从时间规则提供一个比较好的案例。

（一）地方政府邻避项目决策应遵从的时间规则

相较于其他项目，邻避项目的特殊之处在于，一旦安全防护不足，邻避项目的落地就会对附近居民的身心健康带来危害。并且，这些项目还可能会对周边环境带来污染和市场价值减值等负面影响。以 PX 项目为例，人体长期吸入 PX 会中毒，甚至患癌。然而，从经济社会生活的发展来看，邻避项目的建设在某种程度上又有它的必要性。一些邻避项目关系到产业发展和地方经济生产总值，诸如垃圾焚烧场等邻避项目有助于解决公共难题。因此，在关于这些项目如何决策方面，国家已经出台了多项法律、法规、政策文件对此进行规定。作为可能对环境产生影响的项目，相关的规定性文件包括《中华人民共和国环境保护法》《中华人民共和国环境影响评价法》《环境影响评价公众参与暂行办法》（现为《环境影响评价公众参与办法》）。[①] 与此同时，本节案例中的邻避项目通常属于国家发展和改革委员会审批、核准或者报国务院审批、核准的在中华人民共和国境内建设实施的固定资产投资项目。其决策过程也应遵照《国家发展改革委重大固定资产投资项目社会稳定风险评估暂行办法》。其他一些政策文件，诸如《全面推进依法行政实施纲要》《国务院关于加强市县政府依法行政的决定》等，虽然没有直接针对邻避项目的决策过程作出规定，但是基于邻避项目的属性与特征，这些政策文件同样能够为邻避项目的决策提供指导。

根据上述这些法律法规和政策文件的规定，中国地方政府在进行邻避项目的决策时，应当遵从决策程序这一时间规则，该时间规则向邻避项目的政策过程提出了三个方面的时间要求。首先，邻避项目的决策并非即时之

---

① 说明：《环境影响评价公众参与暂行办法》已于 2019 年 1 月 1 日失效，相关文件现为《环境影响评价公众参与办法》。由于本节分析的邻避项目事件基本发生在 2019 年前，因而关于地方政府应当遵从的时间规则的阐述，仍按照 2019 年前有效的文件。

选，也不是在某一时刻之上的行为，相反地，它应当是建立在一段时间上的行为过程。换而言之，邻避项目的决策需要历经多个阶段环节，它不是一个快速型决策，而是求得共识的审慎型决策。《环境保护法》《中华人民共和国环境影响评价法》《环境影响评价公众参与暂行办法》等法律法规与政策文件分别规定了邻避项目决策过程需要包括环境影响评价、公众参与、专家论证、社会稳定风险评估等环节。《环境保护法》有关条款规定：对依法应当编制环境影响报告书的建设项目，建设单位应当在编制时向可能受影响的公众说明情况，充分征求意见。依照《国家发展改革委重大固定资产投资项目社会稳定风险评估暂行办法》，项目单位在组织开展重大项目前期工作时，应当开展社会稳定风险评估。并且，社会稳定风险评估的具体工作包括调查分析、征询相关群众意见，查找风险点与发生的可能性及影响程度，以及提出防范和化解风险的方案措施与风险等级。

其次，环境影响评价、公众参与、专家论证、社会稳定风险评估是邻避项目最终决策必经的前置程序。也就是说，只有经过这些环节，有关邻避项目的决策才能最终形成，邻避项目得以开工建设。《环境保护法》第十九条规定，编制有关开发利用规划，建设对环境有影响的项目，应当依法进行环境影响评价。其中，对于那些没有依法进行环境影响评价的开发利用规划，要求不得组织实施，未依法进行环境影响评价的建设项目，不得开工建设。从《环境影响评价公众参与暂行办法》适用范围的规定看，那些对环境可能造成重大影响、应当编制环境影响报告书的建设项目还必须经过公众参与环节。关于公众参与、专家论证环节在邻避项目决策中的前置地位，《中华人民共和国环境影响评价法》则进一步作出规定。该法要求，专项规划的编制机关对可能造成不良环境影响并直接涉及公众环境权益的规划，应当在该规划草案报送审批前，举行论证会、听证会，或者采取其他形式，征求有关单位、专家和公众对环境影响报告书草案的意见。除了国家规定需要保密的情形之外。另外还能够从《全面推进依法行政实施纲要》《国务院关于加强市县政府依法行政的决定》等文件中发现上述时间规则。这些文件均要求，对于与群众利益密切相关的决策事项，决策过程中应该要组织开展专家论证、公众参与。

最后，邻避项目决策过程中的公众参与、专家论证等环节并不是一次性行为，它们应当是多次、多阶段进行的行为。一方面，公众参与与专家论证被要求在环境影响评价、社会稳定风险评估等过程中多次组织开展。与此同时，在组织开展前应该给公众与专家预留相对充裕的准备时间。比如，应当在座谈会或论证会召开 7 日前，将座谈会或论证会的时间、地点、主要议题等事项,书面通知有关单位和个人。另一方面,公众通过公众参与这一环节与决策部门所发生的互动不是一次性的,相反地,它应当是由公众多次反映和决策部门多次反馈所构成的互动循环,直至达成有效的共识。《环境影响评价公众参与暂行办法》对环境影响评价的公众参与作出了要求,其中公众参与形式包括公开环境信息、征求公众意见、座谈会、论证会、听证会等。这表明,在对那些可能给环境造成重大影响的建设项目进行决策时,公众参与不仅是其前置的程序,而且公众参与环节必须按照规定要求的形式、内容、安排等开展。比如,开展一些公众参与形式之前,必须先发布信息公告和公开环境影响报告书监本;建设单位在确定环境影响报告书编制单位后7个工作日和环境影响报告书征求意见稿形成后,都需要公开公众意见表的网络链接、社会公众提交公众意见表的方式和途径;征求公众意见的期限不得少于10日。在时间规则的作用下,政策讨论为此增加了辩论和深思熟虑。[1]

(二)地方政府对于时间规则的遵从表现

《环境保护法》《环境影响评价公众参与暂行办法》等法律法规与政策文件中的决策程序时间规则对邻避项目的政策过程提出了时间方面的要求。一般情况下,地方政府在进行邻避项目的政策过程时应当遵从这些时间方面的要求。然而,地方政府作为具有能动性的主体,对时间规则遵从的应然逻辑并不完全意味着实然层面也总是如此表现。为此,针对邻避项目的政策过程,地方政府在实然层面对时间规则的遵从表现成为研究的内容之一。前文已经根据法律法规与政策文件指出了决策程序这一时间规则对邻避项目的决策提出三个方面的时间要求,由此,关于地方政府实际遵从时间规则的表现的阐述同样围绕上述这三个时间要求来展开。

首先,根据相关法律法规与政策文件中关于决策程序的规定,地方政府进行邻避项目决策时,需要经过多个阶段环节。因此,基于速度的角度,邻避项目的决策不是一个快速型决策,地方政府应当花费比较多的时间在政策过程上,尤其是环境影响评价、公众参与、社会稳定风险评估等环节。从各地针对邻避项目的决策实践看,地方政府基本遵从邻避项目决策是时间上经历的过程这一时间规则,政策过程普遍持续几年时间。这里主要选取厦门市 PX 项目与广州市番禺区垃圾焚烧发电厂项目两个决策进行分析。

---

[1] Burdett A. Loomis, *Time, Politics and Policies: A Legislative Year*, University Press of Kansas, 1994, p.164.

两者的共同之处是都引起了当地民众的抗议行为,相区别的是,前者发生于邻避项目决策完成后,后者则发生于邻避项目还在决策过程期间。

随着厦门市 PX 抗议活动的发生,关于这一项目的决策过程也逐步显现出来。该项目从建议书的上报至正式开工共持续 6 年时间。具体的决策过程为:2001 年 5～6 月为上报 PX 项目建议书与国家相关部门委托相应级别咨询公司对该项目进行评估的阶段。2002 年 11 月,厦门市 PX 项目被列入《我国对 PX 项目总体布局和建设安排》规划之中。2003～2004 年,该项目由福建省人民政府向国家相关部门请示,并获得批准。2004 年至 2005 年 7 月,该项目进入环境影响评价工作阶段。关于该项目的环境影响评估工作首先由业主委托环境评价机构进行,完成环境影响评价大纲。之后,由国家相关部门委托的环境工程评估机构在厦门市召开 PX 项目环境影响评价大纲技术评估会。该会邀请了国家级专家与有关单位代表参加。2005 年 7 月 14 日,该项目的环境影响报告书获得国家环保总局审批通过。2006 年 7 月,该项目获得国家发展和改革委员会批准,并落户厦门市海沧区。2006 年 11 月,PX 项目正式开工。

广州市番禺区垃圾焚烧发电厂项目的决策过程同样表现为时间上经历的过程。2002 年,番禺区人大常委会审批通过《广州市番禺区生活垃圾处理系统规划》,初步选定垃圾焚烧发电厂的选址。2003～2006 年为发电厂选址的调研与研究阶段。其间,该发电厂的选址地点考虑了凌边、大石会江村等多个地方。2006 年 8 月 25 日,广州市规划局下发选址意见书。2007 年 5 月 11 日,该项目在国内公开招标,并于 6 月确定中标单位。2008 年 12 月 4 日,就与该项目有关的土地利用总体规划的修改方案、实施方案、影响评价报告进行专家论证。2009 年 2 月 4 日,广州市政府发布《关于番禺区生活垃圾焚烧发电厂项目工程建设的通告》。同年 4 月 1 日,该项目获得国土部门批准的土地预审报告。9～11 月,出现市民抗议活动。之后,有关负责人表示,项目的环境评价不通过,工程不会上马。关于该项目的政府与公众的对话相继开启。

其次,邻避项目决策程序这一时间规则要求,环境影响评价、公众参与、专家论证、社会稳定风险评估是邻避项目最终决策前的前置程序。从具体的实践看,地方政府基本能够遵从这一时间规则,决策期间开展了环境影响评价、专家论证、公众参与等环节。然而,对这一时间规则的遵从情况仍然存在一些不足。一方面,根据各地抗议活动的发生情况,在抗议活动前,当地政府对于邻避项目的相关信息没有能够主动向公众作出充分的说明与解释,导致绝大多数市民关于该项目的环境评价、施工、投入产出等信息知之甚少。厦门市 PX 项目的环境影响评价通过两年之久,大部分公众没有充分知晓。直到 105 名政协委员提出了针对厦门市 PX 项目的提案,该项目才被公众充分知晓。大连市 PX 项目已经正式投产,但是,直到该项目的防波堤坝坍塌,大连市民才充分知晓该项目,并采取了游行抗议活动。大多数番禺区业主直到媒体大篇幅报道垃圾焚烧项目后,才知晓该项目的信息。

另一方面,一些地方政府没有给予这一时间规则足够的重视,或者说它们尚未充分认识到前置程序的意义所在。换而言之,地方政府经常把政策设计看作政府和精英为民众解决公共问题的方式,很少认识到它应该是一个由民众来参与治理的合作过程。① 厦门市 PX 项目决策过程持续六年时间,在此期间,厦门市政府没有召开过一次真正有意义的市民座谈会,仅是在环境影响评价进行中调研了部分市民。同时也没有通过各种渠道就该项目进行公开大讨论。有市民曾对他们在决策论证中未能获得有效渠道去表达观点而表示无奈。而该项目的一位主要负责人曾要求,"要统一思想,委员提他们的,我们不理睬,要抓紧速度干"。② 在番禺区垃圾焚烧发电厂的决策过程中,尤其是最初的选址阶段,公众参与相对较少。直到市民的抗议活动发生后,番禺区政府才开启了该项目选址的全民讨论。有关报道显示,一名人大代表曾强调,"在相关调查活动中,没有与当地民众进行过沟通交流"。③ 时任番禺区区长楼旭逵也曾表示,"(他们)只是与小范围的人、部分村民、村长有过沟通"。

最后,根据邻避项目决策程序这一时间规则的要求,决策过程中应当多次、多阶段地开展公众参与、专家论证等环节。整个决策过程应当是公众、专家与政府进行多次互动的循环反馈过程。从地方政府的具体实践看,在民众抗议活动前,这些互动行为绝大多数是一次性行为,即便存在着一些互动,也缺乏多样性和反馈性。这也成为民众采取抗议活动的原因之一。宁波市镇海区炼化一体化项目的前期决策涉及对项目扩建地范围内的村庄进行拆迁安置。一些与项目扩建地距离比较近但尚未纳入拆迁村落的村民因担心项目的污染问题,派出一定数量的代表前往镇海区政府集体上访,向政府表达了将村落纳入拆迁计划内的诉求。镇海区政府并未同意他们的诉求,也不同意与他们集体见面协商,而是进行分批次

---

① 唐贤兴、齐嘉霖:《合作、冲突的解决与公共利益的实现》,载陈明明编:《治理与制度创新》[《复旦政治学评论》(第十二辑)],上海人民出版社 2014 年版,第 59~88 页。
② 周虎城:《没有民意基础的决策须慎行》,《南方日报》2007 年 5 月 31 日。
③ 《央视〈新闻调查〉:"垃圾焚烧之惑"》(2009 年 11 月 21 日),央视网,news.cntv.cn/program/xinwendiaocha/20100402/104456.shtm,最后浏览日期:2023 年 6 月 1 日。

不同形式的约访。同时,对于上访活动引起的新闻媒体的大量报道,镇海区政府采取了封堵方式。在此期间,诸多门户网站上的新闻链接被删除且无法查询。

在抗议活动发生后,不同地方政府对该时间规则的遵从表现也存在着差异。一些地方政府面对抗议活动,立马在现场、当天、2～3天内作出停工、停建、改建、迁址等决策,而没有采取相关公众参与等方式与民众进行有效的互动。一些地方政府则在抗议活动发生之后,采取了多种方式与公众、专家进行多次、多阶段的互动。以番禺区垃圾焚烧发电厂项目为例,番禺区政府通过城市管理区长专线等五种途径收集公众的意见与建议,并且,组织召开了广州市生活垃圾处理专家咨询会、创建番禺垃圾处理文明区工作座谈会,以及四场全区性垃圾专题系列讲座。与此同时,对关于垃圾焚烧发电厂项目的环境影响评价进行了两次公示。在厦门市PX项目案例中,厦门市市民抗议活动后,厦门市政府也分别采取了重新委托环境评价机构进行区域性规划环境评价、开通"环评报告网络公众参与活动"投票平台、组织召开市民座谈会等方式与市民、专家等进行有效互动。

(三) 地方政府遵从时间规则的现象

时间规则普遍存在于公共政策领域中,并呈现了多种表现形式。时间规则以不同的时间特质对公共政策制定带来了影响。基于本节前两个部分的分析,地方政府遵从时间规则的现象可以归纳如下。

首先,地方政府总体上基本能够在制定政策的时候遵从所面对的时间规则,这反映了在政策实践中,时间规则对公共政策制定有着约束性影响。时间规则主要是那些由正式和非正式的规则管理着的时间维度。社会系统、政治系统、行政系统都不同程度地基于不同的原因建构了多种形态的时间规则,且对公共政策制定及其过程提出了时间方面的规定。不同类型的时间规则的制度化程度和具有的时间特质存在着差异。面对多样化的时间规则的约束影响,地方政府的时间规则的遵从状况关系到时间规则对公共政策制定的约束效果。在中国地方政府邻避项目决策案例中,决策程序不仅规定了邻避项目的政策过程应当是建立在一段时间上的行为过程——政策过程包含着多个阶段环节,它不是一个追求速度的决策,而是求得共识的审慎型决策,而且要求环境影响评价、公众参与、专家论证、社会稳定风险评估是邻避项目最终决策必经的前置程序,以及公众参与、专家论证等阶段环节应当是多次、多阶段进行的行为。因此,绝大多数的地方政府的邻避项目决策按照这一时间规则提出的时间方面要求而开展。

其次，在政策制定过程中，对于时间规则规定的时间方面的要求，地方政府也会出现选择性遵从的情况。也就是虽然时间规则会对政策制定主体的权力、政策过程、政策制定主体之间的互动产生约束性影响，但这些约束性影响的实际效果仍然受制于政府决策者的主观能动性。尽管地方政府邻避项目的决策程序要求包括环境影响评价、公众参与、专家论证、社会稳定风险评估等环节，但是一些地方政府在邻避项目最终决策前，还是没有将邻避项目的相关信息事先主动向公众作出充分的说明与解释。一些地方政府也没有能够充分认识到社会稳定风险评估等前置程序的意义所在。一些地方的公众参与、专家论证等阶段环节表现为单次行为，抑或缺乏多样性和反馈性，市民和专家与当地的政府决策者之间的互动程度和有效程度均比较低。由此，受时间规则约束的政策制定主体拥有一定程度的自由裁量权来对规则的运用加以自我解释[①]，出现了地方政府决策者对时间规则的选择性遵从。

再次，地方政府在政策制定过程中对时间规则的选择性遵从，会带来一些不良后果，诸如可能造成当地民众对公共政策的质疑，进而出现政府的信任危机。前面第二节和第三节的论证分析已经表明，决策程序具有时序和时间段的时间特质，并以时段效应促使政策过程表现为阶段型政策过程，以时序效应影响不同政策制定主体的政策权力、政策制定主体之间的互动。中国的决策程序经过长时间的建设与发展，通过不断地优化阶段环节的时序和时间段，实现了对政策权力的优化、政策过程的科学配置和政策制定主体间互动的增强。因此，地方政府对于决策程序等时间规则的选择性遵从，就造成了决策程序难以实现它对政策权力、政策制定过程、政策制定主体间互动的优化。在中国地方政府邻避项目的决策案例中，决策程序不仅规定了邻避项目的政策制定过程应当是建立在一段时间上的行为过程，而且要求环境影响评价、公众参与、专家论证、社会稳定风险评估是邻避项目最终决策必经的前置程序，以及公众参与、专家论证等阶段环节应当是多次、多阶段进行的行为。由于一些地方政府没有将邻避项目的相关信息事先主动向公众作出充分的说明与解释，与当地民众，尤其是邻避项目的直接利益相关者的互动缺乏多次性和反馈性，导致这些地方出现了邻避冲突事件，具体包括各种抗议活动、游行、网络上发质疑的帖子等。新闻媒体除了报道邻避事件之外，也以"充分沟通在先，PX 就不会闹大"

[①] ［英］米切尔·黑尧：《现代国家的政策过程》，赵成根译，中国青年出版社 2004 年版，第 160 页。

"项目决策程序不透明致 PX 陷困境"等指出地方政府在邻避项目的决策过程中存在的问题。

最后,地方政府对时间规则的选择性遵从现象的产生原因,主要在于时间规则的约束影响与地方政府决策者的利益结构之间的矛盾。大量的关于中国地方政府行为动机特征的研究文献已经表明,地方政府具有特殊的利益结构和效用偏好。在以往的绩效考核评估指标体系下,相较于公共服务和环境保护等目标的激励程度,政治晋升的激励促使他们更加倾向于追求 GDP 和财政收入最大化。虽然并不是所有的邻避项目都能产生经济绩效,诸如垃圾填埋场等项目是为了实现公共利益,但是在绝大多数情况下,PX 等邻避项目在某一地区的开工建设确实有助于当地产业的发展和经济绩效的提高。一些地方对邻避项目的性质定位表明了这一点。厦门市 PX 项目是提高当地 GDP 的主要项目之一。什邡市的钼铜项目是什邡市政府实现"千亿工业产值,百亿财政"的重大项目之一。然而,邻避项目对当地民众可能带来的辐射和污染等环境影响、资产减值的交易影响以及污名化邻避项目的心理影响,意味着当地民众会反对邻避项目的建设。为了推进邻避项目的顺利落地、开工和建设,并避免出现当地民众的反对行为,地方政府所希望的邻避项目决策是政策制定主体单一的、政策过程是快速的。毕竟多元主体下的决策难以在短时间内调和多元利益和形成共识,会导致决策拖沓或久久未决。

不过,邻避项目的决策程序对政策制定主体的权力、政策制定过程、政策制定主体的互动产生了影响,这些影响和地方政府决策者的利益结构相冲突。一方面,邻避项目的决策程序包括环境影响评价、公众参与、专家论证、社会稳定风险评估,且这些环节必须要在最终决策之前。这一决策程序的时序安排对当地民众和专家等主体的政策参与权力进行了赋权,意味着邻避项目的决策包括政府决策者的行政权力的行使和专家、社会公众、媒体等主体的参与权的运用。另一方面,邻避项目的决策程序要求邻避项目的决策是求得共识的审慎型决策,在决策过程,应当组织召开公众参与、专家论证等。这表示邻避项目的决策是建立在多元主体之间互动基础上维持一段较长时间的过程,尤其是在与当地民众的互动上。为此,由于时间规则的约束影响和地方政府决策者的利益结构之间的矛盾,地方政府就容易出现对时间规则的选择性遵从现象。

综上,地方政府总体上基本能够在制定政策的时候遵从所面对的时间规则,但是,当时间规则的约束影响和地方政府决策者的利益结构之间存在矛盾的时候,地方政府就容易出现对时间规则的选择性遵从的现象。然而地方政府对时间规则的选择性遵从可能带来当地民众对公共政策的质疑、政府信任危机等一些不良后果。要达成一种战略与共识,决策过程何时和怎样安排对话的周期是非常重要的,新的治理方式所关心的是过程中的时间安排。[①] 因此,应当重视时间规则及其对公共政策制定的影响。

六、小结:从时间规则审视公共政策制定

时间规则是政策制定主体从制度层面对时间的理解,主要是那些由正式和非正式的规则管理着的时间维度。时间规则在公共政策领域中表现出多种形式。时间规则是探究时间与公共政策制定的另一个分析维度。综合理论文献研究和案例研究等方法,本章分别从时间规则的类型与具体形态、时间规则约束公共政策制定的主要方式、时间规则的建设、多重时间规则的约束、时间规则的遵从五个方面论证与阐述了时间规则与公共政策制定的约束(图5-4)。

公共政策制定领域中的时间规则共有三种类型,包括社会层面的时间规则、政治层面的时间规则、行政层面的时间规则。这些时间规则均向公共政策制定作出了时间结构或时间进程方面的规定,但不同形态的时间规则在制度化程度、时间特质等方面存在差异。一些时间规则凸显了时刻、时间段等时间特质,而一些时间规则则具有速度、时序等时间特质。基于时间规则的制度性质和时间特质,时间规则对公共政策制定的约束机制与约束内容主要表现为:以时序效应和时刻的情景效应影响政策制定主体的权力;以时段效应和速度效应影响政策制定过程;以关键事件的触发效应影响政策要素的选择;以时序效应和时刻效应影响政策制定主体之间的互动。

时间规则会对公共政策制定带来影响,但政策制定主体并非一开始就能够充分地认识到时间规则及其意义,识别出时间规则对公共政策制定的影响,并重视对时间规则的建设与完善,以发挥时间规则的功能。时间规则的建设与完善往往是一个长期的过程。时间规则在建设与完善的过程中逐步实现它对公共政策制定的影响作用。政府决策者不得不经常面对那些类型不同或时间特质差异化的时间规则。在多重时间规则的情形中,不同的

---

① [法]皮埃尔·卡蓝默:《破碎的民主:试论治理的革命》,高凌瀚译,生活·读书·新知三联书店2005年版,第194页。

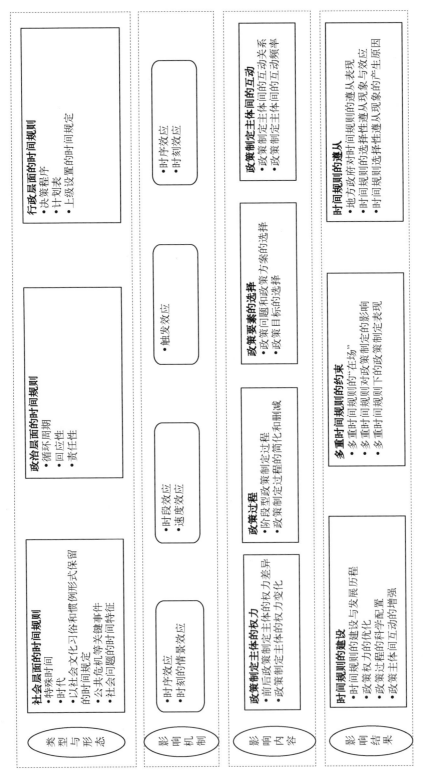

图 5-4 时间规则对公共政策制定的约束

时间规则不但分别对公共政策制定带来影响,而且产生着交叉影响,公共政策制定呈现的一些表现则是多重时间规则作用下的结果。由于不同时间规则的影响方式和影响内容不同,政府决策者需要去平衡不同时间规则对政策制定带来的差异化影响。即便受到时间规则的约束,政府决策者并不一定完全遵从时间规则来对政策制定中的时间作出安排,存在对时间规则选择性遵从的情况,为此也给公共政策带来了一些负面影响。

在把握时间规则对公共政策制定的影响方式和影响内容的基础上,应当从时间规则的建设、时间规则的约束、时间规则的遵从等多个维度来认识和重视时间规则与公共政策制定的关系,为公共政策的有效制定,匹配合适的时间规则,也要能够从时间规则的约束和遵从中管窥公共政策制定可能出现的一些现象。如果时间规则与公共政策的有效制定并不匹配,也会给公共政策带来不良影响。比如,由于公众建言献策活动被安排在规划后期,公众只能等到规划大致框架已经确定后才能发表意见,这种时间规则导致公众意见对于规划制定的影响受到限制。[①] 经济循环周期可能与领导者作对,以至于本来很好的政策由于世界经济的整体回落而失败。[②] 像公共危机等时间规则,由于这些时间规则以速度效应向政策制定过程提出了快速和及时的要求,这在一定程度上可能会导致政策制定主体因来不及收集和分析足够多的信息而匆忙制定出台相关政策。但很多复杂性政策问题需要充分的时间开展讨论与达成共识。

通过本章对时间规则与公共政策制定约束的分析,时间规则对于政策制定的意义凸显了出来。时间规则不仅与公共政策制定紧密相关,而且构成影响公共政策制定的一个重要因素,也能够为探究政策制定过程、政策权力、政策制定主体互动等方面出现的现象提供一个分析视角。

[①] 王绍光、鄢一龙:《中国民主决策模式:以五年规划制定为例》,中国人民大学出版社 2015 年版,第 128 页。
[②] [美]布鲁斯·布恩诺、德·梅斯奎塔等:《政治制度、政治生存与政策成功》,载布鲁斯·布鲁诺·德·梅斯奎塔、希尔顿·L.鲁特主编:《繁荣的治理之道》,叶娟丽、王鑫等译,中国人民大学出版社 2007 年版,第 74 页。

第六章　时间策略与公共政策制定的选择

在公共政策制定领域中,时间除了是一个被主观认知的对象和规章制度管理着的维度之外,政策制定主体同样会表现出对时间要素的掌控、选择、运用、安排、操纵。与时间观念、时间规则不同,这类时间属于行为层面的时间,也就是时间策略。

本章根据第三章所建立的概念化分析框架,从时间策略这一时间性分析维度阐述时间与政策制定的复杂关联性。本章将重点探讨如下几个方面的内容:一是归纳总结出政策制定主体经常运用的时间策略,明确这些时间策略的性质特征,厘清不同的时间策略的异同点。二是阐述政策制定主体在制定公共政策过程中运用时间策略的动力因素,挖掘政策制定主体运用时间策略的基本条件。三是论述时间策略的运用对公共政策制定带来的影响,为探究时间策略运用后公共政策制定呈现的一些现象提供解释。四是聚焦时间策略的运用过程,通过对深圳市小汽车限购政策案例的深度剖析,揭示政策制定主体在特定的公共政策中运用多种类型的时间策略现象,阐述小汽车限购政策制定过程中时间策略被多次运用的动力因素及其产生的影响,以及社会公众和专家学者或新闻媒体等社会主体对时间策略运用作出价值判断的情形。五是聚焦时间策略的常态化运用现象。以中国规范性文件明确有效期为案例,分析时间策略的常态化内涵、时间策略从应时应景地被运用走向常态化运用的过程,时间策略运用的常态化对公共政策带来的影响。

通过时间策略与公共政策制定的这些方面的阐述与论证,本章试图回答和揭示的问题包括:政策制定主体究竟会运用哪些类型的时间策略?这些时间策略具有哪些相同的特征和差异化特征?政策制定主体在什么条件下会在政策制定过程中运用时间策略?时间策略的运用对公共政策制定过程与公共政策会带来什么样的影响?这些影响是积极影响,还是消极影响?当在政策制定过程中运用了时间策略,政府决策者、社会公众、专家学者或新闻媒体等不同主体是如何看待时间策略的运用的?政府决策者在运用时间策略过程中应当需要注意哪些方面？时间策略是如何从应时应景地被运用走向常态化运用？

这部分的阐述和论证所运用的案例包括丽水市人民政府关于支持企业用工促进就业稳定的十五条意见、校车安全管理条例、随迁子女升学考试政策、调整机关事业单位工作人员工资的政策、杭州市政府关于小客车的总量调控管理政策、甘南藏族自治州舟曲县特大山洪泥石流地质灾害受灾群众生活安置有关问题的政策、人力资源和社会保障部暂缓了最低工资标准调整政策的制定、国家发展和改革委员会暂缓制定国内成品油的价格调整政策、房价过高和上涨过快城市的住房限购实施细则的制定、浙江省调整完善户口迁移政策、深圳市小汽车限购政策等 52 个政策案例（表 6-1）。根据这些案例中凸显的时间策略类型对它们进行了一定的划分。需要强调的是，诸如深圳市小汽车限购政策等案例中往往会凸显多种类型的时间策略，这里只是将其归类为最为凸显的时间策略类型中，但并不影响对案例本身的分析。我们将结合这些案例来呈现公共政策制定实践中政策制定主体常常会运用的时间策略类型、运用时间策略的动力因素、运用时间策略的过程，以及时间策略被运用后可能对政策制定行为和公共政策带来的影响。

表 6-1　时间策略与公共政策制定选择的案例列表

时间策略	案　　例
设置截止期限	《丽水市人民政府关于支持企业用工促进就业稳定的十五条意见》
	国务院办公厅印发的《关于全面推行行政规范性文件合法性审核机制的指导意见》
	随迁子女升学考试政策
	《校车安全管理条例》
	教育部关于 2019 年度面向中小学生的全国性竞赛活动的政策
	调整机关事业单位工作人员工资的政策
加速	杭州市政府关于小客车的总量调控管理政策
	财政部、国家税务总局关于调整证券（股票）交易印花税税率的政策
	食品用包装、容器、工具等制品生产许可通则
	甘南藏族自治州舟曲县特大山洪泥石流地质灾害受灾群众生活安置有关问题的政策

续 表

时间策略	案 例
减速	湖北省政府暂缓涉及群众消费支出的消费品和服务价格的上调政策的制定
	人力资源和社会保障部暂缓了最低工资标准调整政策的制定
	国家发展和改革委员会暂缓制定国内成品油的价格调整政策
	生态环境保护部要求尚未实施"国六"排放标准的地区延后"国六"标准管理
	跨境电子商务新的监管政策安排过渡期
	房价过高和上涨过快城市的住房限购实施细则的制定
	地方公车改革实施方案的制定
抓住时机	《城市流浪乞讨人员收容遣送办法》
	浙江省调整完善户口迁移政策
	《中共中央 国务院关于实施全面两孩政策 改革完善计划生育服务管理的决定》
有效期	《南京市市场化租赁住房建设管理办法》
	武汉市关于加快促进企业技术改造若干支持政策
	《上海市科技创新券管理办法（试行）》
	《丽水市城市规划区内村集体留地及其项目管理暂行办法》
	《深圳市失业保险浮动费率管理办法》
	浦东新区促进自主创新的若干意见
	阶段性降低失业保险缴费费率政策
	普惠小微企业贷款延期还本付息政策和信用贷款支持政策
等待时机	商务部中小微外贸企业扶持政策
	国家发展和改革委员会燃油税政策的制定
	延迟退休政策的制定
	北京市落户政策
	存款保险条例

续 表

时间策略	案 例
承诺时间	《"十四五"国家信息化规划》
	国家发展和改革委员会价格机制的改革专项行动计划
	广东省应对新型冠状病毒感染的肺炎疫情支持企业复工复产的政策
	科技部碳达峰碳中和科技创新行动方案和碳中和技术发展路线图
	交通运输部等部门关于进一步优化鲜活农产品运输"绿色通道"政策
	高考改革政策的制定
	浙江省温州市金融综合改革试验区实施方案
自称回归传统	《上海市鼓励购买和使用新能源汽车实施办法》
	海南省房地产调控政策
	深圳市小汽车限购政策
确定行为时间	《山东省知识产权强省建设纲要》
	山东省《农村人居环境整治提升五年行动实施方案(2021—2025年)》
	山东省碳排放达峰行动方案
	《浙江省科技创新发展"十四五"规划》
	浙江省科技厅深入推进科技特派员制度的意见
	《浙江省科技厅科技企业双倍增行动计划(2021—2025年)》
	上海市"四大品牌"三年行动计划
	《中共中央 国务院关于深化医药卫生体制改革的意见》

一、政策制定主体运用的时间策略清单

人类生活原本就是通过带有其自身的动机和目的的不同活动来竞争时

间的过程。① 时间是个战略性概念,在一个稀缺且有限的生命时间里,人们只有通过更好地学习如何使用时间储备来抵抗时间的约束。因此,他们必须首先能够对时间中的战略性—游戏性的侧面有充分的理解。时间策略反映了时间的这种战略性—游戏性的侧面。时间策略是指时间的行为化水平,所选择的时间要素,以及政治行动者和管理者对时间的操纵。在政治与政策层面,时间发挥了关键的作用。作为具有价值偏好和行动能力的政策制定主体,摆脱时间链条的控制,有效地运用时间,即基于诸多理由而去采取相应的时间策略存在一定的必然性。在行动事实层面,政策制定主体运用了具体某一种或多种时间策略。在价值层面,人们会根据自己的价值认知对政策制定主体采取的行动策略作出是非判定。与时间规则一样,时间策略既是一个事实陈述,也涉及价值判断。

时间规则与时间策略有着紧密的关系,作为时间的分析维度,有必要对两者的异同点进行分析。关于这点,第三章已经从研究逻辑、研究目的和内涵三方面作出阐述,这里予以进一步展开。从认知与理解时间上看,时间规则和时间策略都把时间看成公共政策过程中政策制定主体可以运用的资源,不过,侧重点不同。前者强调的是制度资源,后者则侧重于行动资源。当时间规则表现为计划表、上级设置的时间规定等行政层面的时间规则时,时间规则和时间策略就会出现重合。对于制定公共政策的下级政府而言,他们处于时间规则之中。但对于设置时间规则的上级政府来说,这些时间规则是他们试图规范和约束下级政府的政策制定行为而采取的时间策略。与此同时,如果置于时间规则之中并受时间规则约束的行动者采取了相应的时间性行为,他们的时间性行为则属于时间策略范畴。从这个意义上讲,时间规则构成政策制定主体采取时间策略的动力要素之一。从治理与时间的关系角度出发,时间规则是治理的时间(time of governing),而那些关于时间的选择以及政治家和管理者们行为的时间特征,即时间策略则表现为时间的治理(governing with time)。②

对于政策制定主体而言,公共政策领域中存在着多种类型的时间策略可供他们运用。一方面,许多理论研究者们已经发现了很多时间策略,并以此为研究对象进行了相关研究。克里斯托弗·波利特曾列出了一个囊括十项时间策略的菜单,包括延迟和等待、抓住时机、承诺、抓住时机、自称回归

---

① [英]J.大卫·刘易斯、安德森·J.韦加特:《社会—时间的结构和意义》,载约翰·哈萨德编:《时间社会学》,朱红文、李捷译,北京师范大学出版社2009年版,第64页。
② Klaus H. Goetz, "Temporality and the European Administrative Space", presented at the 2nd EU Consent Plenary Conference, October 12-13, 2006, Brussels.

传统、自称为时已晚等。① 诸如计划表、路线图、加速、截止时间等时间策略的运用见诸欧盟治理的研究文献中。另有一些研究文献已经为政策制定主体应该采取什么样的时间策略进行了探讨。另一方面，在政策实践中，时间显然正逐步成为政策制定主体考虑的关键要素之一，他们总是试图摆脱时间的限制，并通过操纵、选择、利用时间以便实现某些目标。比如，《深圳市人民政府关于实行小汽车增量调控管理的通告》的制定过程，政策制定主体采取了快速颁布与实施公共政策这种方式。

在稀缺且有限的生命时间里，政策制定主体有必要对时间中的战略性—游戏性的侧面有充分的理解。作为具有价值偏好和行动能力的政策制定主体，他们将摆脱时间链条的控制，有效地运用时间。因此，政策制定主体会基于各种理由而运用时间策略，时间策略的类型应该是多种多样的。归纳而言，公共政策制定过程中政策制定主体运用的时间策略类型，主要包括设置截止期限、加速（运动式或突击式等）、减速（延迟或暂缓等）、抓住时机、等待时机、承诺时间、自称回归传统、确定行为时间（计划表、进度表、规定行为次序等）、明确有效期等。

与时间规则的特征一样，不同的时间策略具有不同的时间特质。一些时间策略表现为速度或时序等单一的时间特质，一些时间策略凸显时序、时间段、时刻等多个时间特质。设置截止期限对于被要求在截止期限前完成公共政策制定的下级政府而言，属于时间规则，但对于截止期限的设置者来说，属于时间策略。设置截止期限的时间策略具有时刻和时间段的时间特质，这一时间策略可以具体表现为明确最后的截止时间点、明确开始到最终结束的时间段。截止期限这一时间策略的设置者既可以是政府机构等组织，也可以是行政首长或部门领导等个人。比如，在《丽水市人民政府关于支持企业用工促进就业稳定的十五条意见》中，丽水市政府要求，各县（市、区）政府在该意见印发之日的 30 日内制定出台实施细则。根据《国务院办公厅关于全面推行行政规范性文件合法性审核机制的指导意见》（国办发〔2018〕115 号）的规定，政策制定过程的合法性审核环节最长不超过 15 个工作日。为了推进各级地方政府制定随迁子女升学考试政策的制定，教育部和发展和改革委员会等部门联合发文，要求地方有关随迁子女升学考试的具体政策在 2012 年年底前制定出台。时任国务院总理温家宝要求国务院法制办在一个月内制定出台涉及校车安全管理的相关规定。在教育部对

---

① Christopher Pollitt, *Time*, *Policy*, *Management: Governing with the Past*, Oxford University Press, 2008, p.177.

外发布2019年面向中小学生的全国性竞赛活动的同时,要求下级职能部门在2019年12月月底前制定出台行政区域内中小学竞赛活动管理办法。

加速(运动式或突击式等)的时间策略具有速度和时间段的时间特质。如果政策制定主体运用了这一时间策略,政策制定过程的速度将会变快,制定的持续时间将减少。2006年5月28日,央视新闻播出了一些地区用废旧光盘生产毒奶瓶、毒奶瓶酚超标等节目。这期节目将食品用包装和容器等制品的生产问题揭露给社会公众,并且受到了时任国务院副总理吴仪的重视。2006年7月18日,国家质量监督检验检疫总局(现为国家市场监督管理总局)颁布实施了《食品用包装、容器、工具等制品生产许可通则》《食品用塑料包装、容器、工具等制品生产许可审查细则》。在这两项政策的制定过程中,政策制定主体运用了加速的时间策略,从政策问题受到关注到最终政策的制定出台,历经时间不到2个月。2014年3月25日19点,杭州市政府制定出台针对小客车的总量调控管理政策,并规定这项政策于同年3月26日零时起生效实施。这一政策同样运用了加速的时间策略,从政策制定到政策颁布实施,只间隔了5个小时。2007年5月30日凌晨,财政部和国税总局联合发文规定,即日起将证券交易印花税由千分之一调整为千分之三。该政策从制定出台到颁布实施用时非常短,因而被新闻媒体和社会公众形容为"半夜鸡鸣"政策。2010年8月7日,甘肃省甘南藏族自治州舟曲县发生了特大山洪泥石流,民政部和财政部等部指导甘肃省政府迅速研究制定受灾群众安置政策。8月10日,甘肃省政府制定出台《关于甘南州舟曲县特大山洪泥石流地质灾害受灾群众生活安置有关问题的意见》。当地方政府及其职能部门被问及或对外告知相关政策行为的时候,也常常会用"迅速""快速""及时""抓紧"来形容他们的公共政策制定过程。

减速(暂缓或延迟等)的时间策略也常常被运用于政策制定过程中,这一时间策略凸显了速度和时间段的时间特质。当政策制定过程中运用了减速的时间策略时,意味着这项政策制定的速度会降低,政策制定所需花费的时间段将延长。比如,湖北省政府曾明确2009年下半年,暂缓城市供水价格、景点门票价格、城市公交票价、学校的学费、住宿费收费标准等涉及群众消费支出的消费品和服务价格的上调政策的制定。此前,由于全国最低生活费用水平和物价指数上涨比较快,并且一些地方消极执行最低工资标准"两年一调"的规定,人力资源和社会保障部多次调整最低工资标准,以加大调整力度。但在2008年,为了缓解企业受金融危机的影响而出现的经营困境,人力资源和社会保障部于11月17日暂缓了最低工资标准调整政策的制定。2015年12月15日,为了能够继续发挥成品油价格对于大气污染治理和资源节约的杠杆作用,抑制石油消费的过快增长,减少成品油价格的变动对其他行业的影响,国家发展和改革委员会明确表示,暂缓制定国内成品油的价格调整政策。虽然中国已经在 2016 年颁布实施了轻型车"国六"排放标准,并要求全国所有地区销售和注册登记的轻型车在 2020 年 7 月 1 日前都达到"国六"标准要求。但是新冠肺炎疫情对全球汽车供应链产生了很大的冲击,为此,生态环境部提出,对于尚未实施"国六"排放标准的地区,可以适当延后对所辖地区轻型车进行"国六"标准管理的具体实施政策制定。为公共政策安排过渡期对于新政策的制定和执行而言,也是运用了减速的时间策略。2016 年 5 月 24 日,海关总署发布《关于执行跨境电子商务零售进口新的监管要求有关事宜的通知》,内容之一是强调,跨境电子商务新的监管政策过渡期为 1 年,试点城市继续按照税收实施前的监管要求进行监管。

  多源流分析框架的提出和在众多公共政策领域的运用表明,政策制定主体对时机的把握决定着政策问题进入政府议程的可能性,并推动着相关政策的制定出台。为此,在政策实践中一直存在着对政策制定需要抓住时机这一必要性和重要性的强调,与此同时,抓住时机这一时间策略也被政策制定主体广泛运用于各项政策的制定过程中。抓住时机的时间策略凸显了速度的时间特质。2016 年 5 月,习近平总书记在黑龙江省考察调研时指出,如果在政策上左顾右盼,在工作上浅尝辄止,就会延误时机。转方式调结构是苦干出来的,而不是硬等出来的。[①] 2017 年,中国人民银行针对下一个阶段的货币政策的制定要求,有机衔接监管政策出台的时机和节奏。较之于其他的时间,新总统刚上任的一段时间公共政策更易于获得支持。里根总统便抓住时机,在上任不久后的几个月迅速且果断地制定了减税和减少国内支出的政策。在孙志刚事件的推动下,关于强制收容遣送的问题源流、政策源流、政治源流相互汇合,打开了政策之窗(时机),以 3 位法学博士为代表的政策企业家抓住时机,上书全国人大常委会,要求对收容遣送制度进行违宪审查。为此,《城市流浪乞讨人员收容遣送办法》得以正式废止,《城市生活无着的流浪乞讨人员救助管理办法》继而制定出台。2017 年,浙江省制定出台了《浙江省人民政府办公厅关于调整完善户口迁移政策的通知》,在对这项政策出台的背景作出政策解读的过程中,浙江省公

[①] 马闯:《习近平在黑龙江考察调研时强调:闯出老工业基地振兴发展新路》(2016 年 5 月 26 日),央广网,China.cnr.cn/news/20160526/t20160526_522239005.shtml,最后浏览日期:2023 年 5 月 20 日。

安厅表示,之所以制定出台这项政策,原因之一是浙江省调整完善户口迁移政策的条件已经具备,时机已经成熟。在这个时机窗口,浙江省有必要进一步调整全省的户口迁移政策。2015年12月31日,《中共中央 国务院关于实施全面两孩政策 改革完善计划生育服务管理的决定》(简称"全面二孩")制定出台。对于有舆论指出"全面二孩"政策的制定出台时间过于晚了,国家卫生和计划生育委员会强调指出,这项政策的制定时间属于条件成熟、时机适宜,并从生育率、生育政策的发展、劳动力、社会抚养比等多个方面指出了这项政策的时机的表现,以及制定过程中如何抓住时机行为。

在时机尚未出现的时候,等待时机成为政策制定过程中常用的时间策略,这项时间策略凸显了速度的时间特质。政策实践中诸如"适时""择机""等条件成熟""等时机出现"等均表示等待时机的时间策略。2021年9月14日,商务部副部长任鸿斌在接受记者访问时表示,针对2021年的外贸发展和"量稳质升"的目标任务,下一阶段将适时制定出台对中小微外贸企业的帮扶性政策。此前,虽然很多人关注并提出应当制定出台燃油税相关政策,但2005年,国家发展和改革委员会原副主任张国宝在进行政策解读时强调,燃油税政策之所以很长时间没有制定出台,是因为燃油税政策出台的时机是油价有所回落的时候,他们一直在等待这一时机的出现。从2008年人力资源和社会保障部门人员表示相关部门正在酝酿等条件成熟时延长退休年龄开始,截至2019年,延迟退休政策的倡议进入社会公众的视野已有10多年。在此期间,虽然中共十八届三中全会审议通过《中共中央关于全面深化改革若干重大问题的决策》,该决策提出"研究制定渐进式延迟退休年龄政策",人力资源和社会保障部也为延迟退休方案的制定设定了计划表,很多社会保障领域的专家学者同时提出了"小步渐进、分步推进、动态调整"等方案建议,但是延迟退休政策的制定一直处于不断完善状态,以进一步等待政策时机。直到2020年,《中共中央关于制定国民经济和社会发展第十四个五年规划和二〇三五年远景目标的建议》明确提出,实施渐进式延迟法定退休年龄。继而全国31个省市区先后召开延迟退休政策的征求意见,其中21个省市区已经完成征求意见工作。由于网民对北京市户籍管理提出了相关的政策需求,北京市发展和改革委员会回复表示,将根据北京市常住人口的变化情况,统筹考虑城市发展需要,择机适度扩大年度落户规模。

承诺时间的时间策略的具体运用一般表现为政策制定主体对特定政策的制定进度向社会公众和新闻媒体等作出"尽快、正抓紧制定、近期完成、将于年底或月底出台"等表态。这项时间策略凸显了速度、时刻、时间段的时间特质。2021年3月19日,为回应社会对国家信息化未来发展的关注,在国务院新闻办公室新闻发布会上,国家互联网信息办副主任杨小伟表示,国家正在抓紧制定《"十四五"国家信息化规划》,并且政策内容将包括信息基础设施的优化升级等九个方面。国家发展和改革委员会在价格改革与价格监管工作的新闻发布会上指出,国家发展和改革委员会正在抓紧制定价格机制的改革专项行动计划,以对未来两年价格方面改革的重点任务作出具体的安排。针对企业复工复产后出现的疫情防控新情况和新问题,2020年2月3日,广东省省长在专题会议上强调,将尽快制定出台省级层面针对受疫情影响企业的支持性政策,包括一系列加大金融支持和减税降费等降低企业成本的政策内容。2月6日,广东省制定出台了《关于应对新型冠状病毒感染的肺炎疫情支持企业复工复产的若干政策措施》。2021年3月4日,科技部碳达峰与碳中和科技工作领导小组第一次会议重点明确了三项任务,其中包括抓紧研究《碳达峰碳中和科技创新行动方案》和加快推进《碳中和技术发展路线图》编制。同年7月27日,在国务院新闻办公室举办的"全面建成小康社会提供强大科技支撑"新闻发布会上,科技部社会发展科技司司长吴远彬提出,目前科技部正在制定碳中和技术发展路线图及科技行动方案。2019年7月23日,交通运输部新闻发言人在例行新闻发布会上表示,由于高速公路电子不停车快捷收费应用服务的不断推进,与高速公路重大节假日免费、鲜活农产品运输绿色通道等相关的政策将于近期出台。2019年8月6日,交通运输部联合国家发展和改革委员会和财政部颁布实施《关于进一步优化鲜活农产品运输"绿色通道"政策的通知》。

　　自称回归传统的时间策略是指政府决策者在制定一些公共政策的过程中,对于社会主体就这些政策的发展走向的关注,对外表示或采取仍然遵照以往相关政策的政策原则、政策内容或政策工具。这种时间策略尤其频繁地被运用在老政策即将到期而新政策有待制定的一段时间时,或者是出现在限购、限行等对市民带来普遍性限制的限制型政策的制定过程中。学者波利特曾对这项时间策略作出评价,认为当人们对最近的改革感到失望时,自称回归传统的时间策略就会特别有用,而聪明的政治家和公共管理者也会在一些时候提出,传统是唯一的出路。[①] 在政策制定过程中,对于传统(老政策、已制定的政策等)的继承和延续,有助于保持政策的连续性和稳定性。

---

① Christopher Pollitt, *Time*, *Policy*, *Management: Governing with Past*, Oxford University Press, 2008, p.178.

2018年2月颁布实施的《上海市鼓励购买和使用新能源汽车实施办法》,有效期为2年,于2020年12月31日到期。在制定新一轮新能源汽车政策的过程中,上海市政府向上海市民强调,新政策总体上将继续支持市民使用新能源汽车。2021年2月8日,上海市颁布新版《上海市鼓励购买和使用新能源汽车实施办法》。针对海南省房地产调控政策的未来走向,一些人认为海南省将在2020年放松全域限购的房地产调控政策。海南省住房和城乡建设厅回应称,海南省的房地产调控政策会继续坚持"房子是用来住的"定位,保持政策的连续性和稳定性,仍然采取此前全域限购的政策原则。2012年7月13日,面对新闻媒体和部分市民对深圳市小汽车限购政策的猜测,深圳市交通运输委员会负责人向市民表明,针对交通拥堵问题,他们仍然遵照同年4月发布的《深圳市城市交通白皮书》开展治理。

确定行为时间的时间策略是指政策制定主体对政策制定各阶段环节的时序、时间段、截止时间、速度等方面作出明确。这种时间策略具体表现为规定政策阶段环节的时序、制定计划表、制定进度表。这种时间策略一般由上级政府及其职能部门作出,并且会对下级政府及其职能部门的政策制定行为产生约束影响。因此,从下级政府及其职能部门的角度来讲,这种时间策略就是时间规则。针对山东省知识产权强省建设纲要、山东省农村人居环境整治提升五年行动实施方案、山东省碳排放达峰行动方案等2021年的重大决策事项,山东省政府运用了规定政策阶段环节的时序的时间策略。通过这一时间策略的运用,山东省政府要求山东省市场监督局、山东省农业农村厅、山东省发展和改革委员会等部门在制定各自负责的公共政策过程中履行公众参与、专家论证、风险评估、合法性审查和集体讨论决定等法定程序,且未经过合法性审查或审查不合格,不能提交省政府常委会议审定。制定计划表、制定进程表的时间策略的运用也常常出现在政策制定领域中。这些时间策略与时间规则一体两面,对上级政府等设置者来说,属于时间策略,而对下级政府或职能部门而言,这些时间策略是对他们的政策行为作出时间方面规定的时间规则。浙江省科技厅通过《浙江省科学技术厅2020年重大行政决策事项目录》对浙江省科技创新发展"十四五"规划、深入推进科技特派员制度的意见、科技企业双倍增行动计划等政策制定分别规定了各阶段的时序、持续时间、截止时间。比如,浙江省科技创新发展"十四五"规划共包括准备阶段、起草阶段、完善阶段、完成法定程序阶段、完成规划审议稿阶段。其中,这些阶段持续时间和截止时间分别为1~4月、5~8月、9~10月、11~12月、12月月底前。农村处需要在1~3月、4~6月、7~9月分别开展深化推进科技特派员制度的准备、起草、完善和完成法定程序。上海市政府通过《2021年度上海市人民政府重大行政决策事项目录》，明确了上海市"十四五"市级规划、"四大品牌"三年行动计划、世界一流设计之都政策、外国人移民融入服务体系五年规划等的决策时间分别为第二季度、第二季度、第四季度、第四季度，而且政策制定过程必须严格履行公众参与、专家论证、风险评估、合法性审查和集体讨论决定等程序。

明确有效期的时间策略是指政府决策者对公共政策能够在多长时间内保持有效状态予以明确，为公共政策设置有效状况的开始时间、结束时间、持续时间。明确有效期的时间策略具体包括规定有效期、延长有效期、保留有效期等策略。在中国，广州市首次将这一时间策略作为管理规范性文件制定的常态化手段，于2005年11月29日颁布《广州市行政规范性文件管理规定》，其中要求，行政规范性文件应当规定有效期。之后，很多城市也效仿广州市将明确有效期的时间策略进行常态化。2010年，明确有效期的时间策略在国家层面被提出，《国务院关于加强法治政府建设的意见》指出，探索建立规范性文件有效期制度。明确有效期的时间策略的运用表现为：比如，《南京市市场化租赁住房建设管理办法》从2019年10月10日起开始施行，有效期为2年。武汉市关于加快促进企业技术改造若干支持政策颁布于2021年9月18日，在30日后施行，有效期为5年。当特定公共政策的有效期即将到期时，政府决策者会对该政策作出评估，作出是否延长有效期的决定。比如，经过对《上海市科技创新券管理办法（试行）》的评估，政府决策者运用了延长有效期的时间策略，将该政策的有效期延长至2022年12月31日。2020年12月，丽水市政府对制定出台于2004年的《丽水市城市规划区内村集体留地及其项目管理暂行办法》，作出继续保留使用和保留使用期限为3年的决定。《深圳市失业保险浮动费率管理办法》于2020年12月31日到期，12月17日，深圳市延长了这项政策的有效期，延期继续执行3年。

综上，在公共政策制定过程中，政策制定主体运用的时间策略类型，主要包括设置截止期限、加速（运动式或突击式等）、减速（延迟或暂缓等）、抓住时机、等待时机、承诺时间、自称回归传统、确定行为时间（计划表、进度表、规定行为次序等）、明确有效期等多种类型。不同的时间策略凸显了不同的时间特质，也以不同的表现形式被运用于公共政策制定中（表6-2）。加速、减速、抓住时机、等待时机等时间策略凸显了速度的时间特质，确定行为时间这一时间策略凸显了时序、时间段、时刻、速度等时间特质，设置截止时间的时间策略凸显了时刻和时间段的时间特征，承诺时间的时间策略表现出了速度、时刻、时间段的时间特质，明确有效期的时间策略凸显为时间段的时间特质,自称回归传统的时间策略则表现出时间段的时间特质。与此同时,有些时间策略所凸显的时间特质具有相反的方向。比如,加速的时间策略与减速的时间策略;抓住时机的时间策略与等待时机的时间策略。

这些时间策略除了在时间特质方面具有差异性外,它们也常常被运用在不同的政策制定过程环节中。参照中国重大决策程序的规定,将政策制定过程划分为确定决策事项、调查研究、部门征求意见、专家论证、公开征求意见等公众参与、确定决策方案草案、风险评估、合法性审查、会议讨论决定、颁布实施等阶段环节。一些时间策略可被运用于政策制定过程中所有阶段环节,比如,设置截止时间、加速、减速、承诺时间、确定行为时间。一些时间策略往往被运用于特定的阶段环节中,如抓住时机和等待时机出现在确定决策事项、会议讨论决定、颁布实施等环节中,自称回归传统被运用于确定决策事项、确定决策方案草案等环节,明确有效期出现在确定决策方案草案的环节中。因此,从性质特征来理解时间策略,除了应关注时间策略在具体运用中的表现外,也需要把握时间策略呈现的时间特质,以及时间策略被运用的具体政策制定阶段环节。

表6-2 时间策略类型与性质特征

时间策略	具体表现	时间特质	运用的政策阶段环节
设置截止期限	2012年年底前制定出台;30日内制定出台实施细则	时间段;时刻	所有环节
加速(运动式或突击式等)	从政策颁布到实施,历经不到2个月;间隔不到5个小时	速度;时间段	所有环节
减速(延迟或暂缓等)	暂缓制定;适当延后;过渡期	速度;时间段	所有环节
抓住时机	时机成熟;把握时机	速度	确定决策事项、会议讨论决定、颁布实施
等待时机	择机制定;适时出台	速度	确定决策事项、会议讨论决定、颁布实施
承诺时间	尽快、正抓紧制定、近期完成	速度;时刻;时间段	所有环节
自称回归传统	仍然遵照以往政策;继续延续老政策	时间段	确定决策事项、确定决策方案草案

续 表

时间策略	具 体 表 现	时间特质	运用的政策阶段环节
确定行为时间（计划表、进度表、规定行为次序等）	重大决策事项目录；三年行动计划	时序、时间段、时刻、速度	所有环节
明确有效期	有效期 2 年；有效期 5 年；（2014～2020 年）；延长有效期到 2010 年 12 月 31 日	时间段；时刻	确定决策方案草案

二、政策制定主体运用时间策略的动力因素

大量的时间策略四处漂浮于公共政策领域,政策制定主体运用时间策略是在一定条件下进行的。一些因素为政策制定主体提供了动力,促使政策制定主体采取时间策略。显然,这些动力因素的存在不仅关系到了时间策略在公共政策领域的普遍性,而且也与政策制定主体运用时间策略的频率有关。我们分别从政策制定行为及结果(公共政策)、政策制定主体、政策对象三个层面分析动力因素,这些动力因素包括公共政策制定的时机性特征、公共政策的时间性特征、政策制定主体面临时间规则的约束、公众对政策回应性的时间性需求。

(一) 公共政策制定的时机性特征

在人类的认识中,一直存在着"事事皆有定时"这样的理解。如果从这一方面去看待公共政策制定的话,显然,作为隶属于万事万物中的一个实体,公共政策制定同样表现了时机性的特征。事实上,有关公共政策制定的时机性特征已经得到了来自垃圾桶模型、多源流分析框架这些理论研究的解读。并且,随着垃圾桶模型与多源流分析框架被研究者们广泛应用于现实中的政策制定实践的分析,关于公共政策制定具有时机性特征的论断可以被认为在一定程度上研究者们已经达成了共识。公共政策制定的时机性特征具体可以表述为:议程设置,甚至具有更广泛意义的政策制定充满了不确定性,它们取决于时机和政策企业家等主体对于时机的把握。时机(政策之窗)的打开又取决于问题流、政策流、政治流三个流的汇合,但这一汇合

不仅表现出其动态性,而且常常稍纵即逝。

在一些条件下,公共政策制定更加容易地且频繁地显现出时机性。垃圾桶模型与多源流分析框架的研究者们把这些条件归结为模糊性。模糊性具体体现在三个方面:一是问题的偏好(problematic preference)。政治角色通常不能(或不愿)界定目标,人们也不是能够很清楚地界定自己的目标。① 二是不清晰的技术(unclear technology)。组织成员只拥有一些基本知识,对于他们为什么要从事正在做的事情,以及如何使得这些事情更加符合总体目标并不十分清楚。三是组织成员的流动性(fluent member)。组织的边界不固定,组织成员经常漂进漂出。

现代社会中各个方面的状况足以使我们认为,现代社会下的公共政策制定比较容易表现出时机性特征。原因在于当我们用模糊性条件去审视现代社会时,不难发现,现代社会进一步凸显了政策制定的这一时机性特征。大约从20世纪80年代开始,整个人类社会的每一个方面都呈现了复杂性和不确定性迅速增长的趋势。② 在复杂性的社会中,各种要素交织在一起,政策问题、政策方案和政策目标表现出了多个维度。因此,公众对于它们的表达与政府对于它们的诠释都体现为一种模糊性。与此同时,无论是对政策问题的确立,还是政策方案,抑或政策目标的选择,都容易产生较大的争议,当争议以冲突的形式出现时,由冲突而自动或被动卷入的人群使得这些要素越加模糊。现代社会的不确定性意味着,构成政策制定的要素,以及影响与塑造政策制定的因素不仅围绕着时间而变化,而且它们的变动性较之以往更加强烈。在很多时候,这些要素的组合形态在前一个时间点与后一个时间点就可能是迥异的情况。

正是公共政策制定的时机性特征促使政策制定主体产生这样的行为显得必要,而且重要。也就是政策制定主体依据政策资源要素组合在某一时刻或某一时期的情况而对政策制定及其过程进行时间上的策略性安排,从而能够准确且快速地把握时机。为把握时机而运用时间策略已经被认为是政策制定主体应当考虑的内容。每当政府做决策时,他们最终需要决定三项事宜:政策工具、政策工具实施的环境、时机。③

《国务院办公厅关于加强行政规范性文件制定和监督管理工作的通知》

---

① [美]约翰·W.金登:《议程、备选方案与公共政策》,丁煌、方兴译,中国人民大学出版社2004年版,第107页。
② 张康之:《合作的社会及治理》,上海人民出版社2014年版,第24页。
③ Klaus Mittenzwei, David S. Bullock, eds., "Towards a Theory of Policy Timing", *The Australian Journal of Agricultural and Resource Economics*, 2012, 56(4).

提到,对涉及群众切身利益、社会关注度高、可能影响政府形象的行政规范性文件,起草部门要做好出台时机的评估工作。在中国,由于厦门市、茂名市、什邡市、宁波市、大连市等地接连发生邻避事件,一些地方政府就选择暂缓出台那些可能会影响公众身体健康或带来环境污染的大型项目的政策。在美国,上任没多久的里根总统就以迅速并果断的方式制定了减税和减少国内支出的计划。原因在于,新上任这一事实为他提供了一个时机,此时,民众的一时热情与政治支持有助于该两项计划被采纳。[1] 由于公共政策制定的时机性特征,一些政策制定者们积极把握时机,而另一些政策制定者则采取了等待时机这样的时间策略。根据有关报道,《关于促进互联网金融健康发展的指导意见》事实上已经完成了政策制定,但是中国人民银行(简称"央行")并没有随之发布,主要原因是等待一个合适的时机。广东省互联网金融协会会长陈宝国透露,年底之前央行一定会正式出台该"指导意见"。

《城市流浪乞讨人员收容遣送办法》在多元主体的努力和抓住时机的时间策略的共同推动下得以正式废止,《城市生活无着的流浪乞讨人员救助管理办法》继而制定出台。其中,政策企业家之所以会运用抓住时机的时间策略,原因在于时机已经打开。一方面,孙志刚事件将收容遣送制度的问题进一步暴露于政府决策者和社会主体视野中,形成了对于收容遣送制度废止的大量呼声,新闻媒体对此事进行了密集的报道。另一方面,国家政法委负责领导对此作出了重要指示,广东省和广州市也分别成立了联合调查小组调查此事。在此期间,很多法学专家、政协委员和人大代表也在不同场合以不同的形式提出了对收容遣送进行违宪审查和修改等建议。2017年8月,浙江省抓住时机制定出台了《关于调整完善户口迁移政策的通知》。这项政策对于浙江省内各个城市的落户和人才落户等方面均作出了一定的放宽。而这项政策之所以在2017年制定出台,浙江省公安厅在解释时强调,是因为时机成熟。自从2015年12月10日浙江省颁布了《关于进一步推进户籍制度改革的实施意见》,浙江省的户口迁移政策发展走向趋向于宽松,对于人口的流动产生了积极影响。2014年8月1日,浙江省户籍管理改革试点县平阳县正式取消农业户口和非农业户口的性质划分,全县居民统一为居民户口。之后,金华市、杭州市等城市也相继取消农业户口与非农业户口的性质划分。城乡二元户籍取消和建立以居住及居住年限为依附的公共服务将进一步推动城乡的流动,产生了完善户口迁移的时机。

---

[1] [美]詹姆斯·E.安德森:《公共政策制定》(第五版),谢明等译,中国人民大学出版社2009年版,第174~175页。

国家卫生计生委(现为国家卫生健康委)也指出了"全面二孩"政策在 2015 年 12 月 31 日制定出台属于条件适宜和时机成熟。关系到这项政策是否适合出台的影响因素包括育龄人群、人口抚养的负担、劳动力人口状况和生育率。国家卫生和计划生育委员会认为,该政策酝酿、制定并出台的时期各个影响因素表现为劳动力总量过剩、育龄人群开始减少、人口抚养负担比较轻、生育率下降,正需要和适合生育政策作出调整,实施"全面二孩"政策。由于公共政策制定具有时机性特征,当政策制定出台的时机尚未成熟的时候,政策制定主体就会选择运用等待时机的时间策略。诸如延迟退休政策的制定,即便社会层面关于延迟退休的政策倡导一直存在,但是延迟退休政策关涉面广,社会公众也还存在着对延迟退休政策出台目的的质疑,以及出台后对个人影响的种种担忧。为此,此前国家在等待条件成熟和一个合适的时机出台相关政策。

当我们从公共政策制定的时机性特征所延伸出的另一个含义——时机的可设计性去理解时间策略时,这再次为时机性特征与时间策略之间的动因关系提供了佐证。与时机具有偶然性的认知不同,一些研究认为,时机是可以创造和设计的。① 为此,研究者们不仅揭示了存在于实践中的行为主体设计时机的行为,而且基于理论知识与计算工具设计出了一些时机,以指导政策实践行为。比如,运用成本收益法与信号原理计算时机的出现时间;根据事件类型与价值高低理论推演出行动的最佳时机。时机对于政策制定主体而言非常重要,时机的可创造性与可设计性更是对政策制定主体形成了一种激励,促使政策制定主体采取时间策略。当里根总统的教育改革遇到阻力时,他选择在遇阻时刻发布《国家危机报告》。通过《国家危机报告》揭示的美国教育的平庸绩效,里根总统所代表的国家权力再次获得了引导教育政策发展的条件,从而继续推行新的教育政策。在美国,公路交通议案和公路议案之所以能够得到相互捧场,原因在于运输政策领域的政策制定者们改变了议案更新的时间安排。他们将这两个议案安排在同一个更新周期中,使得国会和交通部不但能够对比各种运输方式,而且这两个议案可以获得国会和交通部的共同关注。②

由此,在公共政策制定的时机性特征这一动力因素的驱动下,政策制定主体就会在政策制定过程中运用时间策略。根据不同时间策略类型的性质

---

① Klaus Mittenzwei, David S. Bullock, eds., "Towards a Theory of Policy Timing", *The Australian Journal of Agricultural and Resource Economics*, 2012, 56(4).

② [美]约翰·W.金登:《议程、备选方案与公共政策》,丁煌、方兴译,中国人民大学出版社 2004 年版,第 236 页。

特征,政策制定主体在公共政策制定时机性特征的驱动下,比较倾向于运用那些凸显速度时间特质的时间策略,比如,加速(运动式或突击式)、减速(延迟或暂缓)、抓住时机、等待时机、承诺时间等。

(二) 公共政策的时效性特征

如果说公共政策制定的时机性特征是从政策制定的行为来阐述时间策略运用的动力的话,那么公共政策的时效性则是从政策制定的产出这方面所作出的解释。自 20 世纪 50 年代起,以拉斯韦尔、布鲁尔等为代表的学者用政策生命周期(阶段论)描述了整个政策过程。可以认为,政策生命周期不只是反映了公共政策如何产生的一个时序过程,政策评估、政策终结这些阶段的存在,意味着所制定和执行的公共政策本身也具有生命周期。换而言之,任何一项公共政策都具有一定的时效性。公共政策效果递减法则与来自政策终结的研究表明了认识到这一点的重要性。任何具体的治理体制或者具体政策的生命周期都是有限的,原因在于公共政策效果递减法则。公共政策的实施会产生一些有意且可预见的效果与无意且不可预见的效果。随着时间的推移,有意且可预见的效果会逐渐缩小,而无意且不可预见的效果会不断增多。政策终结同样被认为是公共政策研究不可回避且重要的主题之一,学者们探讨了政策终结的概念、政策终结的过程与实施等方面内容。这些政策终结的研究所蕴含着的共识就是一项公共政策在时间的长河中会失去存在的价值,而适时地终结公共政策既能够降低它所带来的消极影响,也有助于促进政策的更新与发展。

公共政策具有时效性的特征赋予了公共政策的启动与结束之于管理与治理的意义。时间是一项事物起止的标志,一旦公共政策的启动与结束都被赋予了切实的意义,那么,类似于一项公共政策究竟在何时制定完成、能够在多长时间内保持有效的状态这样的时间方面的考量,就会自然而然地进入一些政策制定主体考虑的范围之内。因此,一方面,为了能够有效地解决政策问题,避免滞后的公共政策延误政策问题的解决,导致不良影响的扩大化,保证公共政策的时效性,政策制定主体会对政策制定的速度和持续时间进行考量,进而运用加速(运动式或突击式)、减速等时间策略。在小汽车限购或限牌政策制定的案例中,诸如广州市、杭州市、深圳市等城市的小汽车限购或限牌政策从颁布到正式实施都仅间隔非常短的时间,往往政策颁布后几个小时内该政策就发挥有效性。之所以运用加速的时间策略,是因为这些城市的决策者认为,如果任由事态的发展,再出台政策就没什么意义了。基于对公共政策发挥效力的时间考量,政策制定主体运用了加速的时间策略。

同样是因为公共政策的时效性,一些政策制定主体运用了减速的时间策略。2008年11月17日,人力资源和社会保障部暂缓了最低工资标准调整政策的制定。最低工资标准政策主要功能在于维护劳动者取得劳动报酬的合法权益和保障劳动者的工资收入,尤其是低收入的劳动者。但是这项政策的成效发挥需要综合考虑最低生活费用、职工平均工资、城镇居民消费价格指数、经济发展水平、就业状况等因素。2008年,受到国际金融危机的影响,中国很多中小企业出现了经营困难问题。如果在此期间调整最低工资标准,将可能进一步增加企业人工成本,不仅难以有效保障劳动者的工资收入,而且可能加剧企业的发展困境,从而影响最低工资标准政策的效果。为此,从公共政策的时效性考虑,人力资源和社会保障部运用了暂缓的时间策略,推迟了最低工资标准调整政策的制定。2020年4月9日,生态环境部运用了暂缓的时间策略,允许尚未实施"国六"排放标准的地区适当延后制定所辖地区轻型车"国六"标准管理的具体政策。之所以作出这项时间策略,同样是基于公共政策的时效性考虑。受到新冠肺炎疫情的影响,汽车行业总体处于比较艰难的时期,"国六"标准的制定出台可能出现政策对象的消极应付等情况,公共政策成效大打折扣。轻型车"国六"排放标准意味着汽车厂商需要投入更多资金研发符合"国六"标准的汽车发动机和相关配套部件,相较之以前,汽车厂商的生产成本会有所增加。与此同时,新冠肺炎疫情对全球汽车供应链产生了很大的冲击,很多汽车厂商大量减产甚至是停产,"国五"标准的汽车也受疫情影响销售困难,面临去库存压力。

另一方面,政策制定主体会运用明确有效期的时间策略对公共政策作出时效性的约束,通过规定公共政策保持有效性的开始时间、持续时间、结束时间,以便能够恰适性地启动与结束公共政策,这些也被视为对于公共政策所能运行的时间作出前瞻性的评估。前瞻性地考量政策生命周期,对于提高政策资源的使用效率,减少政策终结时的阻碍力量,提高政策制定的科学化水平以及政策制定者的素质,具有重要意义。[①] 我们可以在很多的公共政策领域和公共政策内容中发现这一时间策略的运用。2008年上海市浦东新区制定出台《浦东新区促进自主创新的若干意见》,该政策文本中明确规定了"本意见自发布之日起执行至2010年12月31日止"。在2011年颁布实施的《浦东新区人才医疗服务实施意见》政策文本中,存在着"本实施意

---

① 马海韵:《政策生命周期:决策中的前瞻性考量及其意义》,《安徽师范大学学报》(人文社会科学版)2012年第3期。

见自发布之日起执行至2015年12月31日止"这样的规定。《上海市建筑工程施工许可管理实施细则》制定出台于2015年6月3日。2020年11月17日,上海市住房和城乡建设管理委员会将该政策的有效期延长至2022年6月30日。《南京市市场化租赁住房建设管理办法》从2019年10月10日起开始施行,有效期为2年。武汉市关于加快促进企业技术改造若干支持政策颁布于2021年9月18日,在30日后施行,有效期为5年。

值得注意的是,公共政策的时效性不仅意味着一些公共政策只是针对一段时间内的政策问题性质特征及其严峻程度而制定,随着政策问题和外在环境的变化,公共政策容易产生不合时宜的情况,故而形成动力去激励政策制定主体作出时间上的策略性安排。它还意味着,对于一些能够或基于某种需要发挥长期作用的政策,有必要去表明它们的政策效果的长期性,并且给予这些公共政策在特定时期内的战略性指导地位。出于这方面的考虑,时间策略也成为达成这一目的的一种常用方式。与中国的经济社会发展密切相关且为其提供重要支撑的五年规划纲要,诸如《中华人民共和国国民经济和社会发展第十二个五年规划纲要》,以及那些来自特定政策领域的规划或行动计划,如《国家教育事业发展第十二个五年规划》《能源发展战略行动计划(2014—2020年)》《深入实施国家知识产权战略行动计划(2014—2020年)》等都运用了明确有效期的时间策略。明确有效期的时间策略的运用不只是表明了这些政策发挥效力的时间段,更为重要的是时间策略的运用凸显了这些政策及其发展目标、发展任务的战略性与长期性。此后,当政府及其职能部门制定一些公共政策的时候,都需要依据这些规划或行动计划开展制定。总之,公共政策的时效性特征也为政策制定主体运用时间策略提供了一种激励。

在公共政策的时效性特征这一动力因素的驱动下,政策制定主体同样会在政策制定过程中运用时间策略。根据不同时间策略类型的性质特征,政策制定主体在公共政策的时效性特征这一动力因素驱动下,比较倾向于运用那些凸显时间段的时间策略类型。比如,加速(运动式或突击式)、减速、明确有效期等时间策略。

(三) 政策制定主体面临时间规则的约束

政策制定主体运用时间策略的另一个动力因素来自时间规则。如前所述,时间规则与时间策略之间的关系并不只是表现在两者共同把时间视为一种资源——前者为制度资源,后者为行动资源;还在于时间规则同样构成政策制定主体运用时间策略的考虑要素之一。第五章的阐述已经表明,时间规则在公共政策领域中普遍性地存在。包括来自社会层面的时间规则、来自政治层面的时间规则、来自行政层面的时间规则三种类型,这些时间规则分别向公共政策制定提出了时序、速度、时间段、时刻等时间方面的要求。基于时间规则的制度性质和时间特质,时间规则对公共政策制定带来了约束性影响。它们以时序效应和时刻的情景效应影响政策制定主体的权力,以时段效应和速度效应影响政策过程,以关键时刻的触发效应影响政策要素的选择,以时序效应和时刻效应影响政策制定主体之间的互动。

  一方面,政策制定主体遵照时间规则的要求,对政策制定过程中的时间内容作出策略性安排,产生时间策略行为。比如,《浙江省重大行政决策程序规定》要求重大行政决策程序依次为提出决策事项、公众参与、专家论证、组织风险评估、合法性审查、决策机关集体讨论决定。受到这一时间规则的约束,浙江省科技厅运用了确定行为时间的时间策略,通过发布《浙江省科学技术厅2020年重大行政决策事项目录》,对浙江省科技创新发展"十四五"规划的制定过程中各阶段环节的时序、时间段、截止时间等分别作出安排。浙江省科技创新发展"十四五"规划的准备阶段、起草阶段、完善阶段、完成法定程序阶段、完成规划审议稿阶段依次在1~4月、5~8月、9~10月、11~12月、12月月底前完成。由于时任总理温家宝责成相关部门迅速制定校车管理规定,并要求法制办在一个月内制定出校车安全的管理规定,遵从该时间规则,起草部门在制定过程中运用了加速的时间策略,《校车安全管理条例》从议程开启到征求意见稿的公布仅用时1个月。同样地,第五章第四节的案例表明,回应性要求互联网信息搜索服务监管政策能够及时回应网络舆情,政策制定过程应当是快速且花费比较短时间的,不能拖沓。受到这一时间规则的约束,国家网络信息办公室运用了加速的时间策略,在政策制定必要环节不减少的基础上适度降低了各个阶段花费的时间,互联网息搜索服务监管政策从进入议程到最终颁布仅用时2个月。公共危机等关键事件作为社会性时间规则,更为直接地向政策制定主体的政策行为提出快速决策的时间要求。为了回应这一时间规则的要求,政策制定主体就会倾向于采取加速的时间策略。2010年8月7日,甘肃省甘南藏族自治州舟曲县发生了特大山洪泥石流。泥石流长约5千米,宽度约为300米,总面积达750万立方米,所经区域电力、交通和通讯中断,造成了重大人员的伤亡。8日21时的数据显示,泥石流共造成127人遇难,1294人失踪。为此,8月9日,甘肃省政府制定出台了《关于甘南州舟曲县特大山洪泥石流地质灾害受灾群众生活安置有关问题的意见》。

  另一方面,尽管时间规则向政策制定主体的政策制定行为提出了时间方面的要求，并对政策制定带来了约束性影响，但面对这些约束，政策制定主体仍然存在着一定的自由裁量权。因此，如果把政策制定主体的自主性考虑进来，受到时间规则的约束影响，那么政策制定主体就更加有运用时间策略的动力了。即便是时间规则具有很强的约束力，政策制定主体面对着那些附加于其上的时间规则时，仍然有着摆脱时间规则约束的动力，此时，时间策略便成为其中重要且可资利用的手段。原因在于很多的理论研究已经不同程度地揭示了，政策制定主体一直以来都不是囿于制度或规则约束中的行为主体，尤其是在这些约束导致其利益有所损失或利益获取遇阻的情况下。公共选择理论指出，政治领域中行为主体如同经济市场中的行动者一样，具有追求自我利益最大化的动机。这意味着，一旦约束其行动的因素影响了他们的利益获取，他们就可能对该因素进行重新解释与改造。有关制度实施、政策执行困境的研究表明了，政府存在着对制度与政策进行选择性执行的现象。作为一项规则，时间规则影响了政策制定过程的多个方面，这些方面在一些时候与他们的利益存在着相关性，根据既有研究对政策制定主体的行为特征的诠释，政策制定者便有了采取时间策略的激励。

通过这一分析可以发现，一旦时间规则嵌入公共政策制定过程中，并约束政策制定主体的权力，或是政策制定的过程、政策要素的选择，以及政策制定主体之间的互动，而且，这些约束与政策制定主体的利益组合成一种"不和谐"的匹配时，对于政策制定主体来讲，存在着一种激励促使他们去运用时间策略，试图影响时间规则所作出的时间方面的要求。第五章第五节"时间规则的遵从"表明了这种现象。由于邻避项目可能造成不良环境影响，并且直接关系到公众的环境权益。在中国，根据《环境保护法》《中华人民共和国环境影响评价法》《环境影响评价公众参与暂行办法》《国家发展改革委重大固定资产投资项目社会稳定风险评估暂行办法》等法律法规和政策文件的规定，组织开展专家论证、向社会发布信息公告、公开环境影响报告书、公众参与、社会稳定风险评估这些环节构成邻避项目决策的前置程序。与此同时，这些政策文件还要求公众参与、专家论证等环节并不是一次性行为，而是被要求多次、多阶段地开展。然而，在实际的邻避项目决策中，一些地方政府的邻避项目决策并没有完全遵照所规定的程序。不仅表现在公众参与环节未按照时序安排进行，而且专家论证、公众参与通常被设置为一次性行为。明显地，尽管存在着时间规则，但是地方政府采取了与时间规则不一致的时间策略，原因在于邻避项目的开工建设能够提高当地的GDP和创造税收。如果将公众参与置于决策前而开展，公众极有可能提出反对意见，造成邻避项目无法落地开工。

为有效抑制房价，促进中国房地产市场健康发展，2011年1月，国务院办公厅制定出台了《关于进一步做好房地产市场调控工作有关问题的通知》。其中，针对一些尚未采取住房限购措施的直辖市、计划单列市、省会城市，以及房价过高、上涨过快的城市，这项通知要求他们在2月中旬之前出台住房限购实施细则。面对截止时间的时间规则，即便是在临近截止时间，仍然有一些城市没有出台住房限购实施细则。根据截至2月24日的统计数据，在被列为房价过高、上涨过快的35个城市中，20个城市已经制定出台新的住房限购实施细则或调整了原先的住房限购政策，14个城市尚未开展住房限购政策的制定。在全国保障性安居工程工作会议上，时任住房和城乡建设部部长姜伟对这14个城市逐一进行了点名。在这里，尽管受到来自上级政府作出的截止时间这项时间规则的约束，但是这些城市对住房限购实施细则的制定运用了减速（延迟或暂缓）的时间策略。

综上，当政策制定主体面临时间规则的约束时，他们便会考虑在政策制定过程中运用时间策略。一些政策制定主体会遵照时间规则的要求而运用与时间规则相匹配的时间策略，一些政策制定主体在时间规则的约束下，选择性运用时间策略，以缓解来自时间规则的约束影响。根据不同时间策略类型的性质特征，政策制定主体为回应时间规则的约束，基于时间规则类型及其影响的差异化，灵活地运用时间策略。故而，这一动力因素驱动下的时间策略运用类型比较多样化，且凸显了速度、时间段、时序、时刻等多个时间特质。

（四）社会主体对政府回应的时间需求

民主政体与代议制政府形式都决定了政府理所应当地承担着向社会公众的诉求作出回应的职责与义务。从政府回应的功能看，政府回应既为政府合法性提供了基本保障，也是促进政府与公众形成良好互动关系的重要方式。在突发情况下，诸如群体性事件、社会抗争，政府回应更是维护社会稳定的基石。一旦政府消极回应，或是回应不及时与不充分，都将可能引起舆情的沸腾，造成社会公众对政府合法性的质疑。在中国，类似于贵州省安顺市警察枪击致死案、山西省问题疫苗事件中的政府回应及其引发的不良后果就反映了这一点。在政府回应的类型中，根据回应的内容划分，政府通过制定某项相关政策以回应社会公众的政策诉求是常见的回应形式。政府回应必然涉及诉求的表达。伴随着公民意识的不断觉醒，以及媒体与信息技术的快速发展，较之以往，社会公众对于政策诉求的表达越加公开化，而网络的存在也使得分散的政策诉求得到了进一步集中。集中的政策诉求，再加上由于公开化地表达而得到的广泛关注，促使回应这些政策诉求变得更具紧迫性。一些政府能力指标体系框架就把政府识别与回应公众需求的及时性设置为评估的关键指标之一。

除了及时性外,社会公众对政府的政策回应的时间需求表现在多个方面。我们于2021年7~8月对杭州市市民开展了关于政策制定中时间表现的需求的问卷调查,共发放问卷500份,回收有效问卷481份。其中,"只要是我关注的政策,我就会关心政策什么时候出台""政府应该在计划出台一项政策时,向社会不定期告知进展情况"等问题的回答结果反映了(表6-3),一方面,市民表现出了对政策制定中时间的多个方面需求,不仅包括颁布出台的时间点、速度、时间与效率的关系,还涉及政策制定的时间进展状况;另一方面,对于不同类型的公共政策,市民对它们制定中时间的需求存在着差异性。如果公共政策属于为市民提供公共服务、解决问题等政策类型,市民就希望政府越快地制定出台政策,共有92.7%的市民表达了这一需求(选择非常同意56.1%,基本同意36.6%);如果公共政策是管制型政策,即政策的制定出台会对市民的行为带来一些限制,那么市民希望这类政策能够比较晚地制定,共有72.14%的市民呈现为这一需求(选择非常同意34.93%,基本同意37.21%)。另外,绝大多数的市民认为,速度快等同于政府高效率,共有66.8%的市民非常同意和基本同意这一观点,即政策出台得越快,表明政府越加有效率。

表6-3 社会公众对政策制定中时间表现的需求

	非常同意	基本同意	一般	不同意	非常不同意
只要是我关注的政策,我就会关心政府什么时候出台	48.23%	43.04%	8.73%	0	0
帮助我解决问题或对我有益的政策,我希望政府越快出台	56.1%	36.6%	6.9%	0.4%	0
会对我带来限制或对我利益造成损失的政策,我希望政府越晚出台	34.93%	37.21%	23.7%	3.74%	0.42%
政策出台越快,表明政府越加有效率	36.4%	30.4%	20.2%	9%	4%
政府应该在计划出台一项政策时,向社会不定期告知进展情况	46.8%	40.1%	12.1%	1%	0

注:数据来自作者关于"市民对政策制定中时间表现的需求"的调查。

相较之社会公众，作为知识象征的专家群体更加容易接近政府，并受到他们的关注。基于政策相关性、知识运用等多种原因，专家群体常常会为社会公众去支持某项政策诉求，呼吁政府对此作出回应。当他们呼吁政府作出回应时，除了表达来自公众的政策诉求内容外，我们经常能够发现，专家们也会提出他们对政府回应的时间要求。例如，在中国的二胎政策制定前，专家就曾多次呼吁政府应该尽快全面放开二胎政策及配套政策；面对现代煤化产业发展所面临的水资源、环境、技术、标准等方面的难题，有关专家建议尽快出台现代煤化工相关产业政策；针对各地不断爆发的拆迁冲突事件，北京大学五名学者向全国人大常委会递交建议，并呼吁尽快修改拆迁条例。为此，无论是社会公众的政策诉求，还是专家群体所提出的回应时间，在现代信息技术与媒体的借力下，这种诉求在某种程度上达到了广而告之的效果，并且营造出了对某项政策的紧迫需求氛围。

面对由社会公众、专家群体与新闻媒体共同形成的对于政策回应的紧迫性需求，再加上政府回应对于地方政府而言的重要意义，以及政府回应不及时等将可能产生的问责后果，地方政府应当及时制定政策以回应社会主体。因此，某一些政策就得到了制定，并颁布实施。然而，回应性关涉对一种需要或力量的感觉和对一种有效适应的安置。① 对于某一些政策的制定而言，尤其是所涉及的方面都非常复杂的政策，政策制定势必需要花费一定的时间，甚至是很长的时间。其一，诸如重大决策事项的政策制定过程是一个相对完整的过程，它必须遵照一定的程序而进行，且涉及的阶段环节比较多，国家与各级地方也对不同阶段环节应当花费的时间作出了最少时间的规定。其二，政策方案的拟定与选择需要时间。虽然，"政策思想在政策共同体中四处漂浮"②，但是政策思想要能够被有效地选择，方案之间的比较与筛选意味着花费一定的时间是必须的。由此，回应性和现代社会中政策制定花费的时间之间产生了矛盾。

为调和这种矛盾，时间策略的运用成为各级政府回应社会主体政策诉求的回应内容或回应方式。通过时间策略的运用，各级政府不仅回应了来自社会主体的政策诉求，向他们表明了政府即将或正在采取相应的政策行为，而且为政策制定过程留出了时间。根据我们的调查数据，占比86.9%的市民认为"政府应该在计划出台一项政策时，向社会不定期告知进展情况"。

---

① ［美］H.乔治·弗雷德里克森：《新公共行政》，丁煌、方兴译，中国人民大学出版社2011年版，第35页。
② ［美］约翰·W.金登：《议程、备选方案与公共政策》，丁煌、方兴译，中国人民大学出版社2004年版，第148页。

在许多的政策实践中，我们可以发现政策制定主体基于社会主体对政府回应的时间需求这一动力因素而运用了时间策略。比如，为回应社会主体对政策的关注，政府决策者运用了承诺时间的时间策略。面对社会公众与专家所关注的《精神卫生法》数易其稿而未能出台，《精神卫生法》起草小组成员、卫生部部长陈竺分别在2009年和2011年表示《精神卫生法》正在积极制定，将于"年内"出台。关于"三证合一"登记制度改革意见和统一社会信用代码方案，政府在《国务院关于进一步做好新形势下就业创业工作的意见》中也运用了承诺时间的时间策略，向社会公众明确回应，该方案将于年内制定完成。当渐进式延迟退休年龄政策成为社会广泛关注的焦点时，2015年3月10日，人力资源和社会保障部部长尹蔚民作出回应，表示相关方案有可能在2017年出台。在由公共政策所推动的高考制度改革历程中，时间策略的运用较为明显。2013年12月，因媒体方面的关注与追问，教育部副部长刘利民强调，高考改革方案已经制定完毕，将于2014年上半年发布。然而，该项方案并没有按时出台。为此，2014年全国两会期间，教育部部长袁贵仁再次表示，相关的高考改革方案已经形成初步意见，高考改革方案也将于2014年7月月底之前出台。2021年3月19日，为回应社会对国家信息化未来发展的关注，在国务院新闻办公室新闻发布会上，国家互联网信息办副主任杨小伟表示，国家正在抓紧制定《"十四五"国家信息化规划》。

面对社会主体对政府回应的时间需求，政府决策者也常常会运用自称回归传统等时间策略。2019年，海南省的商品房销售面积和销售金额下降四成左右，房地产开发投资也同比下降22.1%。2019年10月15日，三亚市制定出台《关于进一步完善人才住房的通知》，这项政策提供给了人才多个方面的购房支持。根据中原地产研究中心的数据统计，2019年共有超过150个城市制定出台人才政策。其中，一些地方的人才政策放松了对外地人员购房的限制。由此，很多房地产经纪人和开发商销售人员通过微信群、微信朋友圈等传递"海南房价要涨、海南限购放开口子"等信息，一些自媒体也通过"海南放宽限购"等标题发布相关信息。这些均给予了市民"海南将放宽全域限购"的信号，造成了意向购房的市民的焦虑和对海南房地产调控政策发展走向的关注。海南省住房和城乡建设厅运用自称回归传统的时间策略作出回应，强调海南省的房地产调控政策会继续坚持"房子是用来住的"定位，保持政策的连续性和稳定性，仍然采取此前全域限购的政策原则。随着深圳市一些4S店销售员通过短信、微博等向市民散播深圳市即将对小汽车进行限购的消息，新闻媒体和市民产生了对深圳市小汽车限购政策的诸多猜测，一些市民甚至提前购买小汽车，为了防止小汽车被随时限购。

2012年7月13日，深圳市交通运输委员会负责人运用自称回归传统的时间策略向市民表明，针对交通拥堵问题，他们仍然遵照同年4月发布的《深圳市城市交通白皮书》开展治理。

相反的，对于与市民的工作、生活等密切相关的政策，如果政府决策者在政策制定过程中没有运用相应的时间策略的话，社会主体就会通过各种方式来表达对政策回应的需求。这从另一个层面表明，时间策略的运用的动力因素之一是社会主体对政府回应的时间需求。2017年年底，西安市对规范性文件开展清理工作，其中规定了颁布于2012年8月31日前的所有规范性文件都予以废止。《西安市人民政府关于加强道路交通秩序综合治理的通告》发布于2009年，根据清理规定，这项政策已经废止失效，相应的，这项政策涉及的禁摩内容也失效。之后，政府决策者并未对禁摩政策的未来走向及时地回应社会公众。为此，大量市民通过西部网民生热线、人民网地方领导留言板等平台向相关职能部门询问西安市禁摩政策的情况。2012年3月28日，国务院常务会议批准《浙江省温州市金融综合改革试验区总体方案》，将温州设立为金融综合改革试验区。总体方案明确了温州市金融综合改革12项主要任务，其中包括加快发展新型金融组织，符合条件的小额贷款公司可改制为村镇银行，并要求浙江省成立工作组具体负责实施方案的制定。小额贷款公司能够改制为村镇银行受到了许多中小企业和民间资本的关注，并产生了实施细则何时出台的政策需求。在此期间，他们多方打听和咨询实施细则的进展情况，甚至出现了对实施细则迟迟未出台的失望情绪。新闻媒体记者也开始以诸如"温州金改200天实施细则未出台 小贷转银行仍无进展"等为标题进行相关报道。2012年11月16日，浙江省政府制定出台《浙江省温州市金融综合改革试验区实施方案》。

社会公众对于政府回应存在着需求，而制定某一项政策又构成政府回应的主要内容与方式之一。在专家群体的支持与呼吁，以及现代信息技术与媒体的助力之下，社会主体营造形成的政策制定迫切性对于以政府为核心的政策制定主体运用时间策略提供了激励。当社会主体对政府回应产生时间需求时，政策制定主体便会考虑在政策制定过程中运用时间策略。根据不同时间策略类型的性质特征，政策制定主体在社会主体对政府回应产生时间需求这一动力因素驱动下，将会运用的时间策略类型比较多地凸显为时间段、速度、时序等时间特质。比如，承诺时间的时间策略、确定行为时间的时间策略、自称回归传统的时间策略。

综上，政策制定主体运用时间策略的动力因素包括公共政策制定的时机性特征、公共政策的时效性特征、政策制定主体面临时间规则的约束、社会主体对政府回应的时间需求。从政策制定主体运用时间策略的动力因素来看,时间策略的运用可能是一个理性计算过程,政策制定主体出于公共政策制定的时机性、公共政策的时效性而运用时间策略。时间策略的运用也可能呈现为一种制度的输出,因为时间规则的规定,政策制定主体选择运用了与时间规则要求相匹配的时间策略。时间策略的运用同样可能表现为上级政府决策者、下级政府决策者、社会公众和专家学者等社会主体等多元主体之间互动的过程。在不同的动力因素的驱动下,政策制定主体倾向于运用的时间策略类型略有些差异。当然,政策制定主体也同时会在多种动力因素的驱动下来运用时间策略。在这种情况下,时间策略的运用将表现得更为复杂。需要强调的是,这部分内容中所分析的时间策略运用只强调它的事实性。也就是,政策制定主体在这些因素的激励下会运用到哪些时间策略类型,除了对时间策略的运用作出事实性分析外,时间策略也存在着是否运用得当等价值层面的判断,关于这部分的探讨将在后面的内容中作出阐述。

三、政策制定主体运用时间策略产生的影响

政策制定主体在政策制定过程中,受多种动力因素的驱动,从而运用相应的时间策略。时间策略被运用于政策制定过程的各个阶段环节中。时间策略呈现在每天为权力与政策而战的斗争之中,行动者们以一种非常自觉和复杂的方式运用着这些时间策略。[①] 前文已经对每一种类型的时间策略凸显的时间特质和一般运用的政策阶段环节作出了分析,那么,时间策略的运用是否会对公共政策产生影响? 这些影响主要表现在哪些方面?

这部分将分析政策制定主体运用时间策略将会对公共政策带来的影响。对于影响的分析,我们将重点结合时间策略的时间特质、时间策略被运用的政策阶段环节、运用时间策略的动力因素三个方面的内容。时间策略的运用既是一种事实陈述,也会涉及对时间策略运用的价值判断。不同的主体基于不同的判断标准而对政策制定主体的时间策略运用可能作出不同的判断。关于时间策略运用对公共政策带来的影响的分析也将包括事实层面与价值层面。由于时间策略被运用在政策制定过程的各个阶段环节,时

---

① Andreas Schedler and Javier Santiso, "Democracy and Time: An Invitation", *International Political Science Review*, 1998, 19(1).

间策略又具有速度、时间段、时序等不同的时间特质,时间策略的运用势必会影响政策制定过程。与此同时,政策制定行为的产出是公共政策,政策制定主体基于公共政策的时效性特征、公共政策制定的时机性等原因而运用时间策略,时间策略的运用也可能会影响公共政策本身。因此,我们将时间策略运用对公共政策带来的影响聚焦到政策制定过程和政策制定结果两个维度,主要包括:一是影响政策制定过程,二是影响公共政策的绩效,三是影响公共政策的合法性。

(一) 时间策略的运用与政策制定过程的节奏

从时间策略与时间规则之间的关系可以发现,时间策略能够影响政策制定过程。时间策略与时间规则在某些时候指向的是同一时间对象。原因在于,对于运用时间性行为的政策制定主体来说,他们的行为被称为时间策略。但对那些被这一时间策略所作用的政策制定主体而言,这些时间性行为向他们的政策制定行为提出了时间方面的要求,因而又被称为是时间规则。时间规则和时间策略的一体两面性意味着,时间规则对政策制定过程带来的影响同样适用于时间策略。第五章第二节的内容已经指出,时间规则以时段效应和速度效应影响着政策过程。由此,那些与时间规则形成一体两面且具有时间段或速度时间特质的时间策略同样会对政策制定过程带来影响。

一旦置于时间规则之中并受时间规则约束的行动者采取了相应的时间性行为,他们的时间性行为就属于时间策略范畴。由时间规则所确立的政策制定过程的节奏会因为一些政策制定主体的时间策略的运用而被改变。时间策略是政策制定主体所选择的时间要素,是他们对于时间的掌控、操纵、选择、利用、竞争、争夺。速度、持续时间是衡量政策制定过程表现的标志之一,不同的时间策略具有不同的时间特质。当运用诸如加速、减速、抓住时机、等待时机等具有速度时间特质的时间策略,以及运用诸如设置截止期限、确定行为时间等具有时间段时间特征的时间策略时,政策制定的过程便会受到影响。

从政策制定主体运用时间策略的动力因素来看,时间策略的运用也能够影响政策制定过程。政策制定的时机性特征与社会主体对政府回应的需求是政策制定主体运用时间策略的主要动力因素。政策制定的时机性特征意味着,一旦时机出现或者某个时机被设计与创造出来,政策制定主体就会努力抓住时机,开启政策议程。从这个方面来看,时机的出现影响到政策制定的时间进程。相应地,政策制定主体对于时机的把握与利用也就能够影响政策制定的节奏。当社会主体产生了政府回应的时间方面的需求,而制定某一项政策又是回应于这些需求的主要内容与主要方式的时候,政策制定主体便有了运用时间策略的激励。在囊括多种多样时间策略类型的清单中,政策制定主体往往会选择那些凸显速度和时间段等时间特质的时间策略。社会主体对政府回应需求的紧迫性要求与政策制定需要花费一些时间的现实性之间存在着一些矛盾,而选择那些凸显速度和时间段等时间特质的时间策略有助于缓解这种矛盾。这种时间策略就是试图影响政策制定过程,进而能够及时地回应社会主体的政策需求。

政策制定主体常常运用一些时间策略去影响政策制定过程。截止时间就是这样的一种时间策略。通过运用设置截止时间这项时间策略,政策制定过程普遍能够以较之以往更快的速度进行。以中国的《校车安全管理条例》的制定出台为例。2011年,中国的各个地方频繁发生校车安全事故。河南省淮阳市一辆幼儿园校车在载送学生途中导致一名女童当场身亡;北京市门头沟一辆校车因超载造成教师与儿童死亡和受伤。为了预防和避免校车安全事故的再次发生,时任国务院总理温家宝运用了设置截止时间的时间策略,他要求国务院法制办在一个月内制定出台相应的管理规定。这一时间策略对于法制办而言,是一项约束他们政策制定行为的时间规则。为此,《校车安全管理条例》从议程设置到最终颁布实施仅历时四个月。而诸如《社会团体登记管理条例》《建设工程安全生产管理条例》等与该条例相似的政策,一般都花费了一年以上时间才得以制定颁布完成。

为了加快各级地方政府出台机关事业单位工资调整的具体实施方案,国务院总理李克强于2015年两次运用了设置截止时间的时间策略。1月12日,总理通过由国务院颁布实施的《国务院办公厅转发人力资源社会保障部财政部关于调整机关事业单位工作人员基本工资标准和增加机关事业单位离退休人员离退休费三个实施方案的通知》向各级地方政府提出要求,2015年前出台地方性机关单位工资调整政策。5月12日,在以简政放权、放管结合、职能转变为核心议题的工作会议上,总理再次对制定地方政府的事业单位人员工资调整政策明确了截止时间,要求省级地方政府于2015年6月月底前出台落实事业单位人员工资调整政策。通过设置截止时间的时间策略的运用,在2015年6月月底前,陕西省、福建省、内蒙古自治区、重庆市、广西壮族自治区、青海省等地方政府已经出台相应政策,其他一些地方政府所制定的相关实施细则也已经报中央批准。在一些政策的制定过程中,上级政府并没有运用设置截止时间的时间策略。由于时间策略的运用能够影响政策制定过程的节奏,相较之于运用设置截止时间的时间策略的情形，在这些政策中，地方政府的制定过程就没有那么同步，且表现得速度比较慢。2019年8月1日，国务院颁布《国务院办公厅关于促进平台经济规范健康发展的指导意见》，其中要求各级地方政府切实解决平台经济发展面临的突出问题，推动各项政策措施及时落地。针对各级地方政府制定平台经济政策，国务院并没有设置截止时间。统计表明，截至2020年12月30日，自国务院于2019年制定平台经济政策后，仅13个省、直辖市结合本地情况制定出台了专门性平台经济政策，其中10个省的政策制定时间为2019~2020年。也就是在国家层面的平台经济政策出台之后，还是有一些省市没有制定出台相关的平台经济政策。

欧盟委员会、欧盟议会等组织通过运用确定行为时间的时间策略，也就是决策计划表，同步化了欧盟成员国政策制定的过程，保证了各成员国的政策颁布和实施保持着一致性。对于欧盟各成员国来说，这些时间策略是约束他们政策制定行为的时间规则。决策计划表明确了政策制定过程中阶段环节的时序安排、速度、时间段等方面的内容。欧盟委员会通过运用决策计划表的时间策略，影响了欧盟各成员国的政策制定进程，促使他们按照决策计划表的时间安排来开展政策制定行为。浙江省科技厅通过运用确定行为时间的时间策略，在《浙江省科学技术厅2020年重大行政决策事项目录》中明确了深入推进科技特派员制度政策的制定过程中各阶段的时序、持续时间、截止时间。其中，政策阶段环节及其时序为准备阶段、起草阶段、完善阶段和完成法定程序阶段、向省政府报批阶段。这些阶段持续时间和截止时间分别为1~3月、4~6月、7~9月、9月月底前。与浙江省科学技术厅的其他一般性政策相比，时间策略对这些政策的制定过程带来了影响。

减速（延迟或暂缓等）的时间策略同样被政策制定主体运用于政策制定过程中，政策制定主体对这项时间策略的运用也影响着政策制定过程。2014年7月，由中共中央办公厅和国务院办公厅联合印发的《关于全面推进公务用车制度改革的指导意见》明确了时间表要求，地方党政机关应当在2015年年底前出台相应的公车改革实施方案。然而，一些地方政府采取了延迟的时间策略。调查显示，在临近截止时间，除了广东省、陕西省、湖北省、安徽省等地方按期颁布实施政策外，其他多个省份并没有按期制定出台相关政策。这一时间策略的运用导致公车改革实施方案的制定过程节奏发生了变化。由于一些地方政府在一些特定政策制定过程中时常会运用延迟的时间策略，中国国家领导人多次强调，一些专家学者也提出建议，认为应当制定政策落地时间表，以缓解这项时间策略对政策制定过程带来的影响。在这里，制定政策落地时间表也表现为时间策略，属于确定行为时间的时间策略。这意味着,围绕同一项公共政策的制定,存在着时间规则和时间策略并存、不同类型时间策略共存的情形。并且,时间策略的产生动力因素之一是回应时间规则的约束影响。

不过,延迟等减速时间策略的运用也并不总是造成地方政策与国家政策之间、同级地方政策之间的不同步。尽管地方政府在一些政策制定方面拥有自由裁量权,但是他们在某些时候会选择运用暂缓的时间策略,以便地方的政策制定与国家步调保持一致。以专车管理办法的制定为例,四川省政府部门相关负责人强调,他们将与国家政策同步,等待交通运输部"定调"专车管理办法后,再制定相关政策,他们并不希望抢跑于国家政策。① 根据《国务院机构改革和职能转变方案》与国务院下发的《关于实施〈国务院机构改革和职能转变方案〉任务分工的通知》,《不动产登记条例》应于 2014 年 6 月月底前出台。然而,该条例的制定涉及的部门较多,且该条例的内容将与现行的一些部门规章相冲突。为此,国土资源部决定延长该条例决策过程的时间,在原先所规定的时间内上报送审稿,而非最终的颁布实施。在这里,由于政策制定主体运用了延迟的时间策略,该项政策的制定节奏也受到了影响,并没有按照原定的节奏进行。

与常规的政策制定过程相比,如果政策制定主体运用了抓住时机、等待时机等时间策略,那么,运用这些时间策略的政策制定过程的速度或持续时间将会发生变化。抓住时机意味着政策制定主体要等到时机出现之后,才会采取行动,开启政策制定过程。为此,等待时机将延缓政策制定的过程,而及时抓住时机的行为则能够加快政策制定的节奏。《存款保险条例》事实上已经于 2013 年起草完毕,并于 2014 年 10 月 29 日在国务院第 67 次常务会议上通过。但是,为了等待一个合适的时机,该条例直到 2015 年 2 月 17 日才正式颁布实施。2015 年 4 月 3 日,国务院法制办和中国人民银行负责人在对《存款保险条例》作出政策解读时指出,这项政策正式颁布实施的条件已经成熟。早在 1994 年,就有部门提出开征燃油税的动议,在 1997 年全国人大通过的《中华人民共和国公路法》中,燃油附加费替代了养路费。之后国家税务总局等部门也对外表示,燃油税出台的工作准备就绪,将择机开征。2005 年,国家发展和改革委员会原副主任张国宝在进行政策解读时强调,燃油税政策之所以很长时间没有制定出台,是因为他们一直在等待开征燃油税的时机。2007 年,财政部《关于 2006 年中央和地方预算执行情况与

---

① 熊筱伟、李龙俊、王眉灵:《滴滴快的拿到经营资格 四川网络专车会合法化吗》(2015 年 10 月 9 日),川观新闻,https://cbgc.scol.com.cn/news/47881,最后浏览日期:2023 年 5 月 20 日。

2007 年中央和地方预算草案的报告》提出，抓紧完善燃油税改革方案并择机实施。直到 2008 年 12 月 18 日，国务院颁布《关于实施成品油价格和税费改革的通知》，决定从 2009 年 1 月 1 日开始实施成品油税费改革。由此，为了等待时机，燃油税政策从提出动议到最终出台，历经 14 年。运用抓住时机这一时间策略则会加快政策制定过程的节奏。金登在分析议程设置的时机性时曾指出，一扇政策之窗的打开常常可以确定该队列的先后次序。当政策之窗的打开表示相关政策建议获得通过的可能性很大时，一些项目就会被快速置于其他项目之前。① 在美国，由于上任之初，民众的一时热情与政治支持为政策制定提供了恰当的时机，里根总统迅速并果断地制定了减税和减少国内支出的计划。

(二) 时间策略的运用影响公共政策的绩效

时间策略的运用也会影响公共政策的绩效。这一影响会根据所运用的时间策略的类型和运用的动力因素的不同而存在差异。一些公共政策由于政策制定主体运用了时间策略而提高了公共政策的绩效，但也有一些公共政策因为政策制定主体的时间策略运用，而没有能够有效发挥作用。总之，正确地选择与运用时间策略显得尤为重要和关键。

在德博拉·斯通（Deborah Stone）看来，平等、效率、社会尺度、因果关系、效能或任何其他别的东西，都不存在所谓的黄金标准，原因在于每一个分析标准都具有政治意义的构造。② 关于公共政策绩效的评估，同样存在着多种多样的判定标准。有从公共政策内涵界定出发，把目标的实现情况视为绩效评估的标准；有借鉴绩效的含义而形成公共政策的绩效标准，比如，效率、经济、效果等标准。无论用何种标准来评估公共政策绩效，产生公共政策绩效的政策要素都是围绕时间的函数。也就是说，这些政策要素是在变化发展的，即便是那些短时间内能够保持稳定的政策权力结构、政策认知等因素在长期过程中也会发生一定的变化。政策制定过程中许多最有意义的基于时间而界定的要素都在发生变化。③ 从这一层面去理解的话，各种政策要素及其相互之间的组合围绕着时间而变动。基于这些政策要素而产生

---

① ［美］约翰·W.金登：《议程、备选方案与公共政策》，丁煌、方兴译，中国人民大学出版社 2004 年版，第 210 页。
② ［美］德博拉·斯通：《政策悖论：政治决策中的艺术》，顾建光译，中国人民大学出版社 2009 年版，第 11 页。
③ Burdett A. Loomis, *Time, Politics and Policies: A Legislative Year*, University Press of Kansas, 1994, p.10.

的公共政策绩效也便受到时间的影响。时间策略是政策制定主体对于时间的操纵,是行为层面上作出的时间界定。如果物理时间是空间中诸事件之间的关系,那么行动时间则是手段、目的和行动其他成分之间的关系。① 这些意味着,时间策略的运用能够通过操纵时间,从而影响政策要素的属性及其组合关系,进而影响公共政策的绩效。不同的时间策略类型通过不同的时间效应影响公共政策的绩效。

1. 速度效应与公共政策的绩效

政策问题产生于特定的时空情境,如果为解决这一问题的政策被延迟颁布实施,该政策问题的性质特征和严重程度等就有可能已经发生变化。延迟制定出台的公共政策就会因为政策问题的变化而难以有效地解决政策问题,出现公共政策的低绩效。相应地,及时制定出台公共政策有助于快速且有效地解决政策问题。从这个层面来理解,加速、设置截止期限等时间策略有助于推进公共政策的制定过程,促使公共政策得以快速出台,进而及时有效地解决政策问题。正如波利特在《时间、政策和管理》一书中指出,公共政策和公共管理如果赋予时间足够的重视,它将带来的好处包括避免可预见的失败和错误、制定稳健的政策和项目。② 不过,运用时间策略所产生的速度效应对公共政策绩效的提升,前提基础是政策制定主体能够在有限的时间内准确把握政策问题和提出合适的政策方案。在没有这个前提下,公共政策就比较容易出现因为追求速度而被匆忙地制定出台的情形,从而难以有效地发挥政策效果。

设置截止期限的时间策略的运用对于公共政策绩效的影响更加直接与明显。在决策过程中插入期限是诱发决策结果的一个重要手段,插入不同的时限常常会导致不同的结果。③ 截止期限的运用能够打破最后阶段的政治,也就是那些政策制定主体习惯于到最后阶段才制定出台相关政策的现象。④《校车安全管理条例》因为时任领导人运用了设置截止期限的时间策略而得到了快速的制定。从议程开启到征求意见稿的公布仅用时1个月,从征求意见稿的公布到该条例的正式颁布实施仅用时4个月。自2012年4月5日《校车安全管理条例》制定出台后,一方面,国家标准化管理委员会、

---

① [美]塔尔科特·帕森斯:《社会行动的结构》,张明德、夏遇南、彭刚译,译林出版社2012年版,第860页。
② Christopher Pollitt, *Time, Policy, Management: Governing with Past*, Oxford University Press, 2008, p.176.
③ 周雪光:《组织社会学十讲》,社会科学文献出版社2003年版,第312页。
④ Burdett A. Loomis, *Time, Politics and Policies: A Legislative Year*, University Press of Kansas, 1994, p.166.

交通运输部、教育部等多个部门积极履行了对校车安全管理的职责。5月1日,由国家质量监督检验检疫总局、国家标准化管理委员会批准发布的《专用校车安全技术条件》《专用校车学生座椅系统及其车辆固定件的强度》(简称"专用校车安全国家标准")正式实施,为校车建立新的标准;5月2日,《专用校车生产企业及产品准入管理规则》对外征求意见稿;7月10日,交通运输部发文《关于认真做好〈校车安全管理条例〉贯彻实施工作的通知》;8月6日,教育部等20个部门下发《关于贯彻落实〈校车安全管理条例〉进一步加强校车安全管理工作的通知》,其中要求各级地方于2021年9月15日前制定出台《校车安全管理条例》实施办法;9月~10月,校车安全管理部际联席会议派出督察组对14个省进行校车安全管理的督查。另一方面,各级地方政府及相关部门对辖区内的校车安全采取了多个方面的管理,各地校车安全事故得到了快速遏制。自《校车安全管理条例》制定出台后,截至12月27日,全国共有1235个县区制定了校车服务方案,共有1556个县区建立了校车使用许可制度,共有1541个县区建立了校车驾驶人资格审批制度。全国公安机关交通管理部门共督促整改不符合《校车安全管理条例》规定条件的学生接送车辆4.1万辆次,责令停运非法改装等存在安全隐患车辆16610辆。① 公安部门的统计数据表明,2012年全国发生的涉及校车的道路交通事故数量和死亡人数同比分别下降42.1%、50.2%。②

金融危机后,房地产市场又出现了房价和地价过快上涨、房地产开发和投资性购房过度活跃等问题。2010年,国务院相继发布《关于促进房地产市场平稳健康发展的通知》和《关于坚决遏制部分城市房价过快上涨的通知》等政策。但2010年,全国房地产开发投资达48267亿元,同比增长33.2%,全国商品房销售面积达10.43亿平方米,同比增长10.1%,全国70个大中城市土地交易价格全年同比上涨19.85%,环比上涨14.74%。③ 2011年1月,国务院运用了设置截止时间的时间策略,在《关于进一步做好房地产市场调控工作有关问题的通知》中要求,尚未采取住房限购措施的直辖市、计划单列市、省会城市,以及房价过高、上涨过快的城市,在2011年2月中旬之前出台住房限购实施细则。尽管在截止时间前还有一些城市没有出台住房限购实施细则,但是限购城市从2010年的不足20个大幅增加到40

---

① 数据来源:《校车安全管理部际联席会议关于各地贯彻落实〈校车安全管理条例〉专项督查有关情况的通报》。
② 王梦婕:《农村仍是非法校车的重灾区》,《中国青年报》2013年2月27日。
③ 《国家统计局发布2010年全国房地产市场运行情况》(2011年1月17日),中央政府门户网站,www.gov.cn/gzdt/2011-01/17/content_1785894.htm,最后浏览日期:2023年6月25日。

多个,始于 2010 年的新一轮房地产调控也于 2011 年在更大范围的城市中得到了贯彻落实,限购和限贷政策的覆盖范围同时得到了扩大。中原集团研究中心统计数据显示,2011 年 1 至 11 月,全国商品住宅累计新开工面积为 13.5 亿平方米,增幅较 2010 年同期大幅回落 28.6 个百分点。全国商品住宅开发投资完成额为 39 856.64 亿元,增幅较 2010 年同期回落 1.4 个百分点。全国 30 个重点城市商品住宅成交量较 2010 年和 2009 年同期分别下降 16.4% 和 45.2%。

需要强调的是,设置截止期限的时间策略的运用在促使政策行动更加地迅速和及时,以快速有效地解决政策问题的同时,也可能造成政策制定主体因为要在截止期限前制定完成公共政策,在尚未对政策问题、政策目标、政策工具等政策要素形成清晰准确的认知与理解的情况下而匆忙作出决策,导致制定出台的公共政策形式化、表面化、难以有效解决政策问题。学者杨学冬指出,各个下级政府及其部门的理解认知能力、执行能力和拥有的资源与实现的目标存在着差异,面对国家对一些公共政策制定作出的统一规定的最后期限,一些地方政府就会表现出简单地以会议贯彻会议、以文件落实文件、纸上谈兵等消极懈怠的政策行为。①

公共政策也会因为政策制定主体运用了加速的时间策略而被快速制定出台,进而及时有效地从根源上遏制一些不良现象。2006 年 5 月 28 日中央电视台节目《每周质量报告》将毒奶瓶现象曝光于社会大众,一些无良生产商为降低成本,采用手机键盘和废旧光盘等工业级塑料生产奶瓶。毒奶瓶现象直指食品安全标准的漏洞,毒奶瓶之所以能够在市场上生产和销售,是因为当时食品包装容器的强制性标准侧重于包装容器的卫生,而食品安全方面的标准则为推荐性标准,并非强制性标准。为了遏制这些现象及其对婴儿造成的不良影响,国家质量监督检验检疫总局运用了加速的时间策略,于 2006 年 7 月 18 日颁布实施《食品用包装、容器、工具等制品生产许可通则》《食品用塑料包装、容器、工具等制品生产许可审查细则》,从政策问题受到关注到最终政策的制定出台,历时不到 2 个月。这些标准政策的及时出台为质量监督部门的依法监管提供了技术支撑,也保障了食品制品生产行业的市场秩序。依据这些标准政策,国家质量监督检验检疫总局形成了《全国重点产品质量安全监管指南》,并加强了对妇女儿童用品等重点产品的监督与抽查,同时在全国范围内对未获食品用塑料包装容器工具等制品生产许可证的生产销售行为进行了查处。

---

① 杨雪冬:《国家治理中的时间弹性》,《决策》2017 年第 5 期。

政策制定主体抓住时机的时间策略的运用也有助于提高公共政策的绩效。垃圾桶模型与多源流分析框架的理论表明,应当注重政策过程中关键因素之间相互作用的时间性。决策结果与决策的时间性有很大关系,恰逢合适的参与者,在恰当的决策机会中,找到恰当的解决方案。① 显然,多个"恰当"形成了公共政策的高绩效。为了提高产业政策的绩效,一些研究者就会去构建一些基于时间生态、异质性、时间信号的理论模型。这些理论模型能够推算出时机的出现时间,这种情况下,产业政策的制定主体就能够在时机出现的时候制定产业政策。② 在环境政策领域,环境政策一般会面临两个不可逆转的成本。这两个成本主要是环境恶化的沉淀成本和环境政策的沉没成本。一旦政策制定主体无法认识并运用时间信号去把握政策制定的时机,进而协调上述两个不可逆转的成本,那么,原本致力于减少污染的环境政策,极有可能产生更多的污染。③ 农业政策领域的时机运用对农业政策绩效的影响也是一个典型的例子。在农业政策领域,抓住时机而快速制定政策与等待时机而延迟制定政策之间,成本与收益显著不同,只要国家在农业政策制定的时机选择方面存在着差异,这些国家所制定出的农业政策的效率也就会有不同的呈现。④

2. 时段效应(生命周期)与公共政策的绩效

要把公共政策作为达到解决问题的良好工具来使用,就必须正确地认识到公共政策的生命周期。一旦充分认识到公共政策的生命周期,并且有效识别出公共政策究竟能够在多长时间内保持有效状态,政策制定主体就会在制定出台某项政策时为它施加有效期限的规定。由此,启动与结束某项公共政策的期限便有了切实的意义。明确有效期的时间策略是对公共政策能够在多长时间内保持有效状态予以明确。这项时间策略的运用事实上也是对公共政策绩效作出了规定,在有效期内公共政策发挥其作用,有效期结束临近前经由评估作出废止、保留、修改等相关的决定,能够避免不合时宜的政策长期存在。

《浦东新区促进自主创新的若干意见》的有效期为2008~2010年,有效期截至2010年12月31日。为了增强浦东新区的创新活力和产业实力,推

---

① 周雪光:《组织社会学十讲》,社会科学文献出版社2003年版,第307页。
② Gus Koehler, "Time, Complex Systems and Public Policy: A Theoretical Foundation for Adaptive Policy Making", *Nonlinear Dynamics Psychology and Life Sciences*, 2003, 7(1).
③ Aude Pommeret and Fabien Prieur, "Double Irreversibility and Environmental Policy Timing", *Journal of Public Economic Theory*, 2013, 15(2).
④ Klaus Mittenzwei, David S. Bullock, eds., "Towards a Theory of Policy Timing", *The Australian Journal of Agricultural and Resource Economics*, 2012, 56(4).

动浦东新区自主创新和高新技术产业化,在有效期内,浦东新区每年要安排资金,用于种子期企业的孵化和培育,要设立高新技术产业股权投资基金以支持扩张期企业的融资,每年安排1 000万元的专项资金用以培养企业家创新领导力发展等。与此同时,浦东新区辖区内的企业在此有效期内享受政策优惠。在全面深化改革时期,很多领域的改革处于摸着石头过河的状态,既需要出台相关政策对改革加以推动,又面临公共政策出台后的不确定性和偏差。由此,各级地方政府通过明确公共政策的有效期,为那些成效可能不如预期的公共政策提前预留出调整空间,防止这些政策成为阻碍深化改革的"拦路虎",对改革造成负面效应。比如,2019年,南京市被列入发展保障性租赁住房的试点城市。《南京市市场化租赁住房建设管理办法》于2019年10月10日颁布实施,明确该政策的有效期为2年。作为中国首个转型综合改革示范区的山西综合改革区,2020年入选国家产业融合发展试点城市。11月制定出台的《山西转型综合改革示范区标准化奖励办法(试行)》,同样为该政策明确了有效期,开始时间为2021年1月1日,为期2年。

如果没有为生命周期比较短的公共政策明确有效期,尤其是那些针对阶段性政策问题而制定出台的公共政策,那么,就会出现两种低绩效的情况:一是已经不适用于当下情景的公共政策仍然被作为行政行为的重要依据;二是相关部门得花费大量的时间和精力开展公共政策的清理工作,并可能因为清理工作的疏忽而造成过期政策长期存在。2015年,惠州市对规范性文件作出清理,其中,被清理的文件中还包括了颁布实施于1990年的文件。2019年,温州市政府对484件规范性文件进行清理,发现有69件规范性文件的颁布实施已经超过10年。

及时或延迟终结某项政策同样会影响公共政策的绩效。及时地终结公共政策意味着公共政策将在其失去价值之前或衰亡期间得以结束,显然,这有助于降低该项公共政策带来的消极影响。反之,当公共政策已经不再适应既定的政策环境,或者说公共政策已经进入衰亡期,如果延迟终结该项公共政策,将会导致低绩效的公共政策长期存在,阻碍政策的更新与发展。因此,对公共政策作出评估,对于需要继续保留的公共政策作出延长有效期的策略,能够维持政策的连续性,巩固和延续政策的成效。为了能够维持对受疫情影响的小微企业的支持,中国人民银行和财政部等部门连续三次延长普惠小微企业贷款延期还本付息政策和信用贷款支持政策的实施期限。阶段性降低失业保险缴费费率政策的有效期截至2019年4月30日,但基于持续降低企业负担和扩大就业的考虑,李克强总理在国务院常务会议上强调,延长该政策的有效期。在 2019 年 12 月 13 日颁布的《国务院关于进一步做好稳就业工作的意见》中,阶段性降低失业保险费率的有效期延长到了 2021 年 4 月 30 日。2020 年 12 月,丽水市政府对制定出台于 2004 年的《丽水市城市规划区内村集体留地及其项目管理暂行办法》,延长了政策期限至 3 年。之所以延长这项政策的期限,是因为公共政策的绩效。虽然自 2004 年该项政策制定出台后,丽水市原先的 2 100 亩(合 1.4 平方千米)村留地指标逐步得到了消化,但仍剩余 800 亩(合约 0.53 平方千米)待消化,需要这项政策延续政策效果,继续发挥它在解决城市规划区内集体留地指标的消化作用。

3. 时序效应与公共政策的绩效

规定行为次序的时间策略的运用也对公共政策的绩效产生影响。博弈论、阿罗不可能定理已经从理论上强调了,时序安排对于互动双方行为的重要意义。时序安排不但关系到各类行为主体的行动优势,而且在不同的时序安排下,行为主体之间的互动也会呈现不同的结果。由此,对公共政策制定过程各阶段环节的时序安排进行规定或调整也就能够影响到公共政策绩效。为了最大限度地优化各项资源要素的配置,确保每一项年度工作取得良好的绩效,浙江省富阳市政府对政策制定过程进行了再造,重新规定政策的时序安排。他们把最初的自上而下政策过程与自下而上政策过程并存的双轨制政策过程,全部调整为自上而下的政策过程。通过调整政策过程的时序,富阳市政府得以有效解决"部门代替政府、屁股指挥脑袋"决策现象[①],提高了公共政策的绩效。时间规则具有约束政策制定过程、政策制定主体的权力、政策要素的选择、政策制定主体之间的互动的功能,如果运用某项时间策略促使政策制定过程适应于时间规则,在一定程度上也有助于提高公共政策绩效。在法国,选举周期这项时间规则对公共政策制定带来了影响。为了回应由选举周期所产生的时间约束,法国政府一方面运用加速的时间策略缩短了总统的任期,另一方面运用了规定行为次序的时间策略,调整了原本错峰的选举时间,将总统与议会的选举时间进行了统一。通过这两项时间策略的运用,之后制定出台的新制度与新政策取得了良好的绩效。[②]

浙江省科技厅对推进科技特派员制度的政策制定运用了规定行为次序的时间策略。科技厅农村处按照规定行为次序要求的时序和时间点开展了

---

① 叶托:《中国地方政府行为选择研究:基于制度逻辑的分析框架》,浙江大学博士学位论文,2012 年,第 116 页。

② Alistair Cole, "A Strange Affair: The 2002 Presidential and Parliamentary Elections in France", *Government and Opposition*, 2002, 37(3).

这项政策的制定。其中,最终决策前安排了征求意见等公众参与。在 2020 年 8 月 13 日,浙江省科学技术厅就《关于进一步深化科技特派员制度的若干意见(征求意见稿)》向社会公开征求意见。在征求意见期间,共征集到 7 条意见。诸如"选派相适应的科技人员修改为分阶段、分层次选派相适应的科技人员"等 2 条意见被正式采纳。通过规定行为次序的时间策略的运用,推进科技特派员制度的政策得以修改完善,进一步提高了这项政策的绩效。

(三) 时间策略的运用影响公共政策的合法性

时间策略的运用除了是个事实陈述外,还涉及对它的价值判断。与前面两个影响的分析不同,时间策略的运用对公共政策合法性带来的影响更多的是聚焦到价值层面。合法性问题是理论界讨论已久的研究主题。古往今来,君主、领导人常常会面临合法性的问题,并试图用各种各样的办法支撑其执政与所在政体的合法性。政府颁布实施一系列的政策用于达成政策目标,这些政策目标往往涉及利益和资源的分配与整合。公共政策则成为在各方利益群体中重新分配利益与资源的一种手段。如何使得这种分配符合最大多数人的最大利益便是合法性问题。因此,在法律法规所规定的范围内,来自社会公众、专家学者、新闻媒体等多元主体关于公共政策的认知与理解,很大程度上表示了通过政策制定过程最终形成的公共政策是否具有正当性与合理性。在判断是否应该把公众参与引入公共决策中时,政策可接受性被约翰·克莱尔·托马斯(John Clayton Thomas)视为与政策质量同等重要的标准。这一标准同样指向公众对政策的接受程度。[①] 为此,尽管存在着各种各样的关于政策合法性的界定与理解,但是,社会公众、专家学者、新闻媒体等多元主体对于公共政策的认知与接受程度应当构成政策合法性的主要内容之一。基于此,这部分将把社会主体是否出现过对公共政策的合法性质疑作为合法性影响的判断依据,阐述时间策略的运用对公共政策合法性的影响。结合时间策略的性质特征和时间策略运用的动力因素,主要从速度效应、时序效应两个方面进行探讨。

1. 速度效应与公共政策的合法性

时间策略的运用会为公共政策带来不同的接受性与合法性效果。如果政策制定主体错误地或不恰当地运用时间策略,这些时间策略与公共政策经常会遭致公众的合法性质疑。在一些时候,快速地制定某项政策能够获

[①] [美]约翰·克莱顿·托马斯:《公共决策中的公民参与》,孙柏瑛等译,中国人民大学出版社 2010 年版,第 32 页。

得公众广泛的支持。此时,加速促使行为主体及时回应那些来自政治体制内外的要求。[1] 在另一些时候,政策制定过程中运用加速这一时间策略又会让公众产生合法性质疑,而"通过投入较多时间于政策制定之中,却常常可以用时间花费来换取政策合法性"。[2] 城中村改造政策在中国很多城市被各级地方政府快速地制定,这种匆忙推出的政策改造方案导致居民产生了更加强烈的相对剥夺感。[3]

很多城市在制定小汽车限购或限牌政策中因为运用了加速的时间策略,常常受到来自市民、专家学者、新闻媒体的广泛质疑。以深圳市的小汽车限购政策为例,2014年12月29日,深圳市政府以加速(突击式、运动式)的方式颁布实施《深圳市人民政府关于实行小汽车增量调控管理的通告》。之后,新闻媒体以"深圳突击限购,是为了打谁的措手不及?""深圳汽车突击限购 公信力遭质疑""深圳突击限牌引来多方争议"等为标题表达社会公众的质疑。一些深圳市民也通过记者采访、微博、即时通信工具等表达不满。部分深圳市民与有关媒体甚至质疑这一时间策略运用的目的,是规避即将颁布实施的《中华人民共和国立法法修正案(草案)》的约束。与此同时,广东省法制办于2015年1月启动了对该项政策的合法性审查。

时间是一种资源,行动者通过策略性地安排它,以便稳固、联盟、管理大量其他行动者的期望。当这些期望被巩固与管理时,时间策略的运用就能够取得决策共识,公共政策由此获得更多的合法性支持。减速的时间策略的运用在一些时候有助于获得利益相关者和政策对象的支持,从而提高公共政策的合法性。比如,以渐进的方式制定某项政策;暂缓或延迟某项政策。林德布洛姆把决策之所以以渐进主义的方式进行的主要原因归咎于多元权力结构。多元权力结构的存在导致政策制定主体为了平衡多元主体,促使公共政策能够较快达成共识,从而采取渐进主义方式。如果以取得决策共识作为政策合法性的主要表现之一的话,减速(渐进)这一时间策略的运用则通过获得大范围的决策共识而提高政策合法性。出于政策合法性考虑,政策制定主体就会运用减速的时间策略,推迟在某一时间制定某项政策,以降低政策合法性危机。中国多个地方曾经频繁发生邻避冲突事件,一

---

[1] Andreas Schedler and Javier Santiso, "Democracy and Time: An Invitation", *International Political Science Review*, 1998, 19(1).

[2] Luc Tholoniat, "The Temporal Constitution of the European Commission: A Timely Investigation", *Journal of European Public Policy*, 2009, 16(2).

[3] 孙林:《城中村快速改造政策的反思》,载岳经纶、郭巍青主编:《中国公共政策评论》(第5卷),格致出版社、上海人民出版社2011年版,第158页。

些地方政府由此推迟出台了兴建大型邻避项目的政策。

因为运用等待时机的时间策略而延缓了政策制定的速度,对于一些复杂程度很高的公共政策而言,反而更能够获得社会的支持,增强他们对政策合法性的共识。比如,中国的延迟退休政策的制定。尽管延迟退休的政策倡议从2008年开始就一直存在于人们的视野中,国务院和有关部门也在不同时期对这项政策作出表态,或者对外表示这项政策的进展情况。但是延迟退休政策的制定一直在等待时机而处于不断地完善中。因为延迟退休政策的复杂性程度很高,对于延迟退休政策问题的界定面临着将其视为单一的老龄化问题还是综合性社会经济问题的争议,延迟退休政策关涉不同年龄层人群的不同问题,最为直接的是老年人的养老问题,与此同时也与青年人的就业紧密相关,还包括中青年人群的养老金问题。在此期间,诸如"延迟退休的背后是养老金亏空""延迟退休是劫贫济富"等延迟退休政策的负面言论也经由各类通信工具而在公众之间不断传播和扩散。如果匆忙快速地制定出台延迟退休政策,将可能出现合法性质疑。出于最大化地取得多方面的共识与增强政策合法性的考虑,该项政策的制定过程缓慢且慎重。人力资源和社会保障部相关负责人曾对外表示,从方案出台到实施,至少需要五年时间,延迟退休政策也将以"小步慢走、渐进到位"的方式持续推进,即每年只延长几个月的退休年龄。

2. 时序效应与公共政策的合法性

时序效应影响着权力拥有状况。在政策制定过程中,由于不同时序的安排,公众、专家学者、以政府为代表的精英群体所拥有的政策权力大小不同。关于这一点已经在第五章时间规则部分进行过论证。时间策略与时间规则在很多时候表现为一体两面,在时间策略的类型中,诸如规定行为次序等时间策略也凸显了时序的时间特质。对于社会主体而言,如果某项政策制定因为时间策略的运用而保障了他们参与政策制定的权利,比如,把公民参与作为决策必备环节并为公众参与规定必要时间且置于最终决策前等这样的时序安排,那么,这些政策就容易获得合法性支持。在不同时期与不同阶段,公众对于某项政策合法性的认识和判断也会不同。从某种程度上而言,政策合法性由公众的时间角度所塑造,并蕴藏于时间之中。①

医疗领域政策制定过程中时间策略的运用对政策合法性的影响是一个典型的例子。针对医疗改革而制定特定的公共政策是一个世界性的难题,

---

① 唐贤兴、堵琴囡:《时间中的公共政策制定:一个概念化的分析框架》,《复旦学报》(社会科学版)2015年第6期。

因为医疗是基本公共服务,医疗问题涉及的利益相关者非常广泛,并且,针对医疗改革而制定的政策关涉的内容也比较宽泛。早期的医疗体制改革被一些专家学者与公众认为不成功,在这种情况下,中国政府运用规定行为次序的时间策略,将专家咨询和公众参与引入《关于深化医药卫生体制改革的意见》制定过程中。这两个环节不但成为制定过程中的必备环节,而且构成最终决策的前置程序。这项政策的制定过程依次为政策议程的设置、备选方案的设计和选择、最终方案的内部酝酿、政策的公开征求意见和政策最终出台。普通群众、政策研究群体、利益团体等成为政策参与者。普通群众在公开征求意见阶段共提出各类建议和意见35 929件。通过对这些主体意见建议的吸纳,征求意见稿共进行了50余处的修改,截至2009年3月,最终出台的政策文本和原稿相比,累计修改137处。[①] 由此,最大化了这一政策的合法性。

如果社会主体因为政策制定主体对时序作出了策略性调整而政策参与权利受到了影响,时间策略的运用和公共政策有可能就会出现合法性危机。根据相关法律法规与政策文件规定,地方政府进行邻避项目决策时,需要经过多个阶段环节。环境影响评价、公众参与、专家论证、社会稳定风险评估是邻避项目最终决策前的前置程序。但是,地方政府在实际决策过程中运用了时间策略,对应当遵从的时间规则作出了策略性调整。一些地方在邻避项目最终决策前,还是没有将邻避项目的相关信息事先主动向公众作出充分的说明与解释。一些地方政府也没有能够充分认识到社会稳定风险评估等前置程序的意义所在。一些地方的公众参与、专家论证等阶段环节表现为单次行为,抑或缺乏多样性和反馈性,市民和专家与当地的政府决策者之间的互动程度和有效程度均比较低。为此,邻避项目政策及其制定过程成为市民质疑的内容之一,并引发游行、网络发帖、警民冲突等事件。

综上所述,时间策略的运用会对公共政策带来三个方面的影响:影响政策制定过程的节奏、影响公共政策的绩效、影响公共政策的合法性。至于在时间策略实际运用中究竟对哪一个方面产生影响,则取决于政策制定主体运用时间策略的动力因素、时间策略的性质特征、时间策略被运用的政策阶段环节。时间策略的运用对这三个方面带来的影响既有可能表现为积极影响,如提高公共政策绩效、增强公共政策合法性,也可能是消极影响,如降

---

① 王绍光、樊鹏:《中国式共识型决策:"开门"与"磨合"》,中国人民大学出版社2013年版,第112页。

低公共政策合法性。因此,在政策制定过程中,如何恰适地运用时间策略非常重要与关键。另外,在政策制定过程中运用时间策略而出现政策合法性质疑表明,政策制定主体在运用时间策略时,有必要把民意纳入考量范围内,将其置于最为重要的位置。只有出于公共利益而运用时间策略,才能促使时间策略与公共政策在价值判断上获得来自公众、专家等其他多元主体的认同与支持。在这样的情况之下,公共政策的合法性才不会遭到广泛的质疑。

四、时间策略的运用:深圳市小汽车限购政策制定的分析

许多因素为政策制定主体去运用时间策略提供了动力。行为心理学的研究已经表明,动机永远只是行为的第一步,没有通过行为,动机只能停留在心理层面而无法产生实际结果。只有被实践运用后,才能清晰地呈现这一行为的结果,进而也就有了价值上的判断。显然,对于时间策略与政策制定的研究,仅探究运用时间策略的动力分析这一面还是不足的。因为,人们总是会倾向于去找寻时间策略的运用过程和它可能带来的影响。这一部分将通过深圳市小汽车限购政策制定的个案,诠释政策制定主体运用时间策略的动力因素、时间策略运用的过程,以及结合本章第三节的内容对案例中时间策略运用的影响作出进一步分析。时间策略的运用兼具事实陈述和价值判断,需要指出的是,个案分析中对于时间策略运用的价值判断主要依据个案中的政策制定主体与政策对象及新闻媒体等主体而得出,并非基于研究者的"有意识"判断。

(一)深圳市政府决策者运用时间策略的过程分析

2014年12月29日17点40分,伴随着一次新闻发布会的召开,《深圳市人民政府关于实行小汽车增量调控管理的通告》(简称"小汽车限购政策")进入社会视野。该政策规定,从2014年12月29日18时起,深圳市的小汽车实行增量调控和指标管理。然而,深圳市民不仅质疑该政策的合法性、科学性、公平性,还对决策者与时间有关的政策行为(时间策略)提出了异议。

汽车作为一种耗能型的大件消费品,具有挤占与消耗各种资源的特性,故常常被认为是导致交通拥堵与污染的主要原因。上海市、北京市、广州

市、天津市等城市相继制定出台小汽车限购政策,希冀以此缓解当地的交通拥堵与污染问题。深圳市曾多次位列中国城市拥堵排行榜前十名,同样面临严峻的交通拥堵与污染的挑战。因此,深圳市民普遍关心,深圳市是否会追随这些城市的步伐,将限购小汽车作为政策方案用于交通拥堵与污染的治理。围绕该政策问题,深圳市政府及职能部门分别在政策方案设计与选择、决策两个环节运用时间策略。我们以波利特的时间策略类型为依据,按照时间顺序对此进行梳理与分析(表6-4)。

表6-4 深圳市小汽车限购政策制定中运用的时间策略

时间 (年/月/日)	决策者 (深圳市)	时 间 策 略	运 用 环 节
2012/7/2	交警局	承诺时间	政策方案设计与选择
2012/7/13	交通运输委员会	自称回归传统	政策方案设计与选择
2013/11/12	公安局	确定行为时间	决策
2014/1/16	市长	自称回归传统	政策方案设计与选择
2014/10/23	交通运输委员会	自称回归传统 确定行为时间	政策方案设计与选择
2014/12/29	政府	加速(运动式、突击式)	决策

资料来源:作者根据官方文件、媒体报道、访谈等资料整理所得。

尽管交通拥堵与污染治理一直都在深圳市政策议程的显著位置,但毗邻深圳市的广州市出台的"关于中小客车试行增量配额指标管理"政策,再次强化了深圳市民把注意力聚焦于对深圳市出台小汽车限购政策的猜测上。为结束市民的疑虑与猜测,2012年7月2日,深圳市交警局通过官方微博强调,深圳市政府暂时没有研究小汽车限购政策。根据前文所列出的时间策略清单,深圳市政府运用了承诺时间。这项时间策略向市民表明,针对交通拥堵与污染问题,小汽车限购在短时间内不会被列入政策备选方案之中。

深圳市政府第二次运用时间策略的背景与第一次相似,不是源于政府内部,而是来自外界媒体的预测与深圳市小汽车销售商的不良消息散播。在媒体组织的调查、报道与评论中,深圳市常常被预测为即将制定小汽车限购政策的城市。与此同时,深圳市一些4S店销售员通过短信、微博等向市民散播深圳市即将对小汽车进行限购的消息。在这种情况下,2012年7月

13日,深圳市交通运输委员会负责人再次向市民表明,针对交通拥堵问题,他们仍然遵照同年4月发布的《深圳市城市交通白皮书》开展治理。在这里,自称回归传统是深圳市政府运用的时间策略,它传达出两个信息:一是关于交通拥堵问题的治理,小汽车限购在短期内不会成为政策方案;二是在政策方案选择上,深圳市将优先考虑设施供给、经济杠杆、出行管理和宣传倡导。

与前两次不同,深圳市政府第三次运用的时间策略则是在决策环节上。2013年11月12日,为回应深圳市民所关切的小汽车限购政策进展状况,深圳市公安局副局长通过确定行为时间的时间策略,对该项政策的决策环节作出了明确。在决策程序方面,如果深圳市要制定限购、限牌、限号等管制类政策,将先广泛听取市民意见。也就是公众参与成为这项政策最终决策的前置程序。与此同时,在决策速度方面,深圳市不会像其他城市一样,以突然袭击的方式制定出台小汽车限购政策。

深圳市政府在2014年1月16日与10月23日也运用了时间策略,而这两次的时间策略都与政策方案的选择有关。1月16日,深圳市市长强调,深圳市将继续通过经济手段的方式引导市民合理与适当地使用机动车,实现治理交通拥堵的目标。与2012年7月13日一致,自称回归传统的时间策略再次向市民传递出小汽车限购在短期内不会成为政策方案。10月23日,在停车调节费的听证会上,当一些听证代表质疑小汽车限购限行政策时,深圳市交通运输委员会负责人运用了两项时间策略:一是通过自称回归传统强调,经济手段是目前治理交通拥堵问题的政策方案;二是运用确定行为时间对治理交通拥堵的政策方案作出时序安排。只有在经济手段难以有效的前提下,才会考虑限购限行政策。

2014年12月29日,深圳市政府运用加速(突击式、运动式)的时间策略制定出台小汽车限购政策。这项时间策略主要运用在决策环节。一是深圳市政府向市人大常委会提交关于治理交通拥堵和交通污染情况专项工作报告,并经市人大常委会审议通过后,同日下午立即颁布小汽车限购政策。二是小汽车限购政策正式颁布时间与其开始发挥效力的时间仅相差20分钟。17点40分,深圳市政府召开新闻发布会决定实施该项政策。18时,深圳市民购买小汽车就受到限制,许多4S店遭到封门且停止开票与交易。如一些学者所言,中国式汽车限购节奏诡异,体现了行政措施极大的突击性与运动性特点。[①]

---

① 陈晓枫、余超:《中国式汽车限购的合法化治理》,《江苏行政学院学报》2015年第5期。

(二) 深圳市政府决策者运用时间策略的动力因素

通过时间策略的运用,小汽车限购方案从短期内没有成为备选方案、位于政策方案队列末尾发展为获得出线并颁布实施。决策速度经过了公众参与使最终决策的前置程序向加速、突击式决策转变。根据前文第六章第二节的分析,政策制定主体运用时间策略的动力因素主要来自公共政策制定具有时机性、公共政策的时效性特征、政策制定主体面临时间规则的约束、社会公众对政府回应的时间需求。在小汽车限购的政策制定案例中,深圳市政府主要基于社会公众对政府回应的时间需求、公共政策制定具有时机性的特征而运用时间策略。

1. 政策回应性和责任性的平衡与时间策略的运用

公民参与的很多文献表明,公众对公共事务的关注与参与度往往取决于它与自身利益的相关程度。衣食出行是人的基本需求,交通拥堵问题的长期存在严重影响了公众的出行需求。人们也越来越依赖小汽车出行,并把拥有小汽车作为衡量个人与家庭经济能力的标准。这些决定了深圳市民对深圳市如何治理交通拥堵、是否会对小汽车进行限购等问题给予高度关注。他们经常通过网站、论坛、微博、手机短信、微信等多种载体表达与传播政策诉求。比如,在深圳论坛上抱怨遭遇到的交通拥堵情况、讨论各项解决措施的利弊;向《深圳晚报》发送电子邮件,分析造成深圳市交通拥堵问题的原因,并建言献策;在深圳市机动车数量达到 300 万辆,车辆密度远远超过国际警戒线时,通过深圳新闻网表达对机动车数量、深圳市交通问题发展态势的关切,以及相关治理措施的态度。

借力于网络信息技术,以及其他城市限购政策事件的影响,深圳市民对交通拥堵与小汽车限购政策的关注不但公开化,而且能够被迅速聚集起来,产生了政府回应的紧迫性。政府回应既为政府的合法性提供保障,也是促进政府与公众形成良好互动关系的方式。在评价政府回应时,及时性常作为关键考核指标之一。面对深圳市民公开化与集中化的政策诉求,深圳市政府有必要及时地作出回应,消除市民疑虑,以及防止舆情的发酵。但是,交通拥堵问题具有复杂性,小汽车限购政策更是关系到市民的消费自由与财产权。在深圳市政府看来,是否把小汽车限购作为治理交通拥堵的政策方案需要审慎对待。

"深圳的收入比较高,买车是一般消费习惯,他们对小汽车限购很关注,我们需要对市民间的有所回应与交代。但我们在没有下决定前,不可能说得很确定。(访谈记录 20161107-RD)"

民主决策常常面临回应性和责任性之间的时间冲突,回应性的时间特征要求政府快速反应,责任性则要求政府花费大量时间在过程等方面上。[1] 为了调和这种矛盾,时间策略成为深圳市政府回应市民的内容与方式。通过时间策略,深圳市政府一方面回应了市民的诉求,向市民表明他们对小汽车限购政策的态度。比如,短期内不会成为备选方案、位于政策方案队列末尾等。另外,对深圳市政府而言,这种以时间长度、时序安排、速度为主要内容的回应具有某种程度的模糊性,约束力低。较之于直接回应小汽车限购政策的实质安排,这些回应更能为今后政策的调整提供空间。基于这一动力因素,深圳市政府及职能部门运用了承诺时间、自称回归传统、确定行为时间等时间策略。

2. 时机、风险规避与时间策略的选择

深圳市民广泛且聚集的政策诉求促使深圳市政府运用时间策略,至于究竟选择何种时间策略,则更多地与他们对小汽车限购政策制定时机的认识与判断有关。2012~2014年10月23日,深圳市政府之所以选择承诺时间、自称回归传统、确定行为时间作为时间策略,是因为小汽车限购政策的政策之窗(时机)尚未打开。深圳市作为经济特区,较早推行以市场为取向的改革,在国家发展战略中又被定位为国家综合配套改革试验区、全国经济中心城市、国家创新型城市。小汽车限购方案虽然治理交通拥堵见效快,但该方案关系到市民消费自由,是对公民财产权的一种干预。因此,深圳市政府开始倾向于鼓励绿色出行、发展公共交通、补贴等方案。

"深圳市没有计划经济的负担,我们把自己定位为小政府,尽量减少政府干预,尊重公众权利。在一些地方因出台小汽车限购政策引起很多质疑的情况下,深圳市政府最开始是希望抓住治理交通拥堵的机会,形成深圳特色。"(访谈记录20161107-JW)

此外,虽然在此期间深圳市机动车数量、年增长率均不断上涨,但小汽车限购方案并没有因数量变化而提前出线。一方面是由于缺少一些推动的力量,尤其是关键事件;另一方面,发展公共交通、道路建设、黄标车报废等方案已经实施,以征收路边停车场停车调节费为代表的经济性方案也开始通过听证会向市民征求意见。

然而,政策之窗并没有长期关闭,三种力量共同推动小汽车限购政策之窗的打开。2014年12月29日,深圳市政府抓住时机,运用了加速的时间策略制定出台了小汽车限购政策。第一个力量来自问题指标的变动和关键事

---

[1] Klaus H. Goetz, "A Question of Time: Responsive and Responsible Democratic Politics", *West European Politics*, 2014, 37(2).

件的共同作用。一般情况下,"机动车 200 万辆～250 万辆可以有个缓冲期。"(访谈记录 20161107-JW)但 2014 年 11 月、12 月的增长幅度非常明显且有影响力。11 月机动车数量同比增长 63%,12 月 1 日至 20 日,仅 20 天机动车上牌 4.2 万辆,同比增长 132%。与此同时,贵阳市、石家庄市等二线城市小汽车限购政策的出台进一步推动该方案进入政策制定系统中。

"老百姓想连二线城市都限购了,深圳市迟早要限,就拼命买车了,一旦任由这样发展下去,再出台政策就没什么意义了。"(访谈记录 20161107-RD)

第二个力量是小汽车限购政策方案符合政府的政治需求——规避政策失败。此前,深圳市政府通过承诺时间、自称回归传统等时间策略的运用向市民表明了针对交通拥堵问题的备选政策方案的时序安排和决策速度。为了维护政府公信力,深圳市政府应当遵照此前表明的时序安排和决策速度。然而,政府公信力随着问题发展态势的严峻性、既有方案成效慢、停车调节费推行困难而不得不让位于对政策失败的考量。发展公共交通、道路建设、黄标车报废等政策方案需要较长时间才能见效,而征收路外停车场停车调节费方案又存在较大争议。面对严峻的交通拥堵状况与快速增长的机动车数量,如果深圳市没有能够及时采取有效的应对方案,交通拥堵将积重难返。深圳市政府在政府公信力与政策失败两者之间,依据各自产生的政治压力进行了政策方案的取舍。

"(这时候)对小汽车进行限购决策是把双刃剑,政府信任度会降低。但不马上制定这个政策,后面再出台就没什么效果了。到时候因为政策失败出来的负面评价会更多。两难选择,取其轻吧。"(访谈记录 20161107-RD)

第三个力量是深圳市政府为小汽车限购政策产生的后果提前进行了准备工作。深圳市政府先对小汽车限购政策开展了社会稳定风险评估。评估结果反映,决策按一般程序(即向社会公开后一定时间内再实施)进行所产生的稳定风险将大于快速的方式。同时,为避免政策颁布时出现市民疯抢情况,深圳市政府提前在汽车销售商处安排了由交警、市场监督管理局等部门组成的执法队。另外,虽然《深圳经济特区道路交通安全管理条例》第七十六条规定,市政府可以采取实行机动车保有量增量调控这一交通拥堵治理措施,但深圳市政府仍然在小汽车限购政策制定颁布前,通过向市人大常委会提交关于治理交通拥堵和交通污染情况专项工作报告的方式,获得市人大常委会对该政策合法性的"背书"。

(三) 时间策略运用对小汽车限购政策的影响

前文第三节已经指出,时间策略的运用会影响政策制定过程、公共政策的绩效、公共政策的合法性。关于在时间策略实际运用中究竟对哪一个方面产生影响,则取决于政策制定主体运用时间策略的动力因素、时间策略的性质特征、时间策略被运用的政策阶段环节。在深圳市小汽车限购政策制定案例中,时间策略的运用对这三个方面均产生了影响。时间策略的运用对小汽车限购政策制定过程节奏的影响比较明显。根据制定过程中所运用的时间策略的差异,在承诺时间、自称回归传统等时间策略的运用下,深圳市小汽车限购政策以比较缓慢的方式进行,一直处于前议程设置阶段。当运用加速的时间策略之后,小汽车限购政策就以非常快速的方式制定出台,被外界形容为"突击式""半夜鸡鸣"。

从时间策略的运用对公共政策绩效的影响来看,这些时间策略对公共政策绩效的影响主要是速度效应。前期由于承诺时间、自称回归传统等时间策略的运用,深圳市小汽车限购政策以比较缓慢的方式进行,尚未制定出台。2013年和2014年深圳市机动车保有量增长显著。2013年全市机动车保有量约262万辆,较去年增长约16.5%;2014年全市机动车保有量达到314.88万辆,增加53.41万辆,较去年增长约20.3%。① 2014年12月1日至20日,仅20天机动车上牌4.2万辆,同比增长132%。② 根据高德发布的数据,2014年第二季度深圳市位列全国重点城市交通拥堵第6名。2014年12月29日,深圳市运用加速的时间策略,快速制定出台了小汽车限购政策。如果时间策略的运用促使公共政策得以快速出台,从解决问题的及时性角度,这种时间策略的运用有助于公共政策发挥绩效。相较之于2013年、2014年的机动车保有量,2015年全市机动车保有量为319.34万辆,较去年增长约1.25%;2016年全市机动车保有量约322万辆,较去年增长约0.92%。③全市机动车保有量的增长幅度显著少于小汽车限购政策制定出台前。并且,根据高德发布的《2015年度中国主要城市交通分析报告》数据,2015年深圳市位列全国重点城市交通拥堵第8名,较之2014年下降2名,虽然2016年又位列"十大堵城"第6名,但2017年拥堵排名跳出前十,下降至第37名。

从时间策略的运用对公共政策合法性的影响来看,尽管广东省法制办最后认定深圳市小汽车限购政策具有合法性,但其间该政策因时间策略的运用而遭到了合法性危机。这一合法性危机是深圳市政府与市民在判断时

---

① 数据来源:深圳市公安局交通警察局公开的2013年、2014年车辆管理相关业务数据。
② 数据来源:《深圳市人民政府关于实行小汽车增量调控管理的通告》解读。
③ 数据来源:深圳市公安局交通警察局公开的2015年、2016年车辆管理相关业务数据。

间策略的选择与动机等方面发生碰撞而衍生的结果。自小汽车限购政策颁布后，无论是深圳市民，还是媒体，都在反复强调那些承诺、自称回归传统、确定行为时间、加速的时间策略。如《深圳多次承诺不限牌不限购，为何突然改口》《深圳"突袭"汽车限牌 政府怎可失信于民？》《深圳突发小汽车限牌令 市民：政府不守承诺》《"突袭"限购事小 政府失信事大》等报道。因为在他们看来，这些时间策略代表着深圳市政府对小汽车限购方案与决策的取向，具有明确性和可信性。然而，从前面的分析可发现，时间策略只是作为深圳市政府及时回应市民政策诉求和把握时机的一种表现手段。

深圳市民还因为时间策略的运用及其运用动机而对小汽车限购政策质疑其合法性，尤其集中反映在加速的时间策略的运用上。一些专家学者认为小汽车限购政策的制定应照以往一般的决策程序进行，而非突击式和运动式的方式。2015年，分别有两位法学专家向广东省法制办提交依法撤销这项政策的建议书。在时间策略运用动机上，深圳市民认为加速的时间策略的运用是深圳市政府试图规避《中华人民共和国立法法修正案（草案）》的约束。因为草案中新增的"没有法律、行政法规依据，部门规章不得创设限制或者剥夺公民、法人和其他组织权利的规范"将进一步约束限购、限行、限牌等政策的制定，且草案的审议时间与小汽车调控政策出台时间仅相差一天。

（四）地方政策制定中时间策略运用的启示

地方政府在政策制定过程中是如何运用时间策略的？时间策略的运用给地方政府的公共政策带来了什么样的影响？时间策略应当如何被恰当地运用？结合前文所阐述，基于深圳市小汽车限购政策制定的案例，可以归纳得出关于地方政策制定中时间策略运用的一些启示。

首先，针对一项公共政策的制定，地方政府可能会用到多种类型的时间策略。不同类型的时间策略出现在了特定政策制定过程中的不同阶段，同一种时间策略也会在一项公共政策的制定过程中被频繁地运用。这些反映了，在当前的政策情景下，地方政策实践存在着比较强的运用时间策略的激励，时间策略的运用较为普遍，尤其是制定那些关系到广泛人群利益的管制类政策。随着社会主体对公共政策制定的关注范围越加广泛和关注程度越来越高，公共政策的制定也越加强调它的时机性，再加上时间规则普遍存在于公共政策领域中，通过时间策略的运用，地方政府决策者不仅回应了社会公众的政策需求，及时消除了市民之中的猜测或谣言，还为复杂性政策的制定留出了较为充分的时间和空间，也在一定程度上提高了公共政策的绩效。

为此,地方政府在政策制定过程中要识别和发挥时间策略运用所带来的积极效应。

其次,地方政府决策者要重视政策制定过程中由于时间策略的运用而产生的消极影响。应当从两个方面去重视它的消极影响:一是要认识到时间策略的运用有可能带来消极影响,二是能够注意到时间策略的运用所产生的消极影响及其表现的多样化。深圳市小汽车限购政策制定案例中,承诺时间、自称回归传统、确定行为时间等时间策略虽然有助于地方政府决策者回应社会公众的政策需求,并为政策制定提供时间和空间,但是也成为社会公众和新闻媒体等主体质疑政府公信力的主要内容。加速的时间策略的运用虽然促使小汽车限购政策有效地降低了机动车保有量的增长幅度,缓解了城市的交通拥堵状况,但是也导致了小汽车限购政策面临合法性危机。另外,时间策略的运用所产生的消极影响及其表现并不只是单一的,往往呈现为多样化。一项时间策略的运用既会产生积极影响,也可能带来消极影响。消极影响的产生既可能与时间策略本身有关,也有可能和时间策略运用的动机紧密相关,又或者是时间策略运用在了不合适的政策阶段环节中。时间策略运用带来的消极影响能够表现在政策过程上,也会体现在公共政策绩效和公共政策合法性等方面。

最后,地方政府决策者在政策制定过程中应当正确理解和把握时间策略的运用。时间策略的运用会对公共政策制定的过程、公共政策的绩效、公共政策的合法性带来积极或消极的影响。其中,时间策略的运用产生的消极影响及其表现又是多样的。在政策制定实践中,地方政府存在着难以正确且有效地理解与把握时间要素的情况。一些地方政府在将时间作为一种资源加以运用时,常常从地方政府本身出发,只考虑自身的利益、偏好、习惯,造成了市民对此的认知表现为公共权力的强大、滥用、随意。为此,对公共政策的合法性质疑也就在地方政府和市民这两种不同的价值判断分歧中产生,并且不断地累积。随着时间策略不断地被运用,地方政府决策者如何理解与把握时间策略将成为未来地方政府制定政策,尤其是制定管制类政策面临的关键挑战之一。

五、时间策略的常态化:中国规范性
文件明确有效期的分析

上一节通过深圳市小汽车限购政策案例,阐述了在具体的政策制定过程中，政策制定主体基于不同的动力因素而运用时间策略，并产生了一些影响。这一节将聚焦时间策略的常态化运用，尝试探究的问题包括：特定的时间策略类型是如何在不同领域和不同类型的公共政策的制定过程中被运用的？时间策略的常态化运用现象是什么？为何一些时间策略能够从应时应景地被运用而发展演变为被常态化运用？时间策略的常态化运用能够产生哪些积极效应？如何看待时间策略的常态化运用现象？

（一）作为时间策略的"明确规范性文件有效期"

规范性文件又被称为"红头文件"，根据《国务院办公厅关于加强行政规范性文件制定和监督管理工作的通知》对行政规范性文件的界定，是指除国务院的行政法规、决定、命令以及部门规章和地方政府规章外，由行政机关或者经法律、法规授权的具有管理公共事务职能的组织依照法定权限、程序制定并公开发布，涉及公民、法人和其他组织权利义务，具有普遍约束力，在一定期限内反复适用的公文。制定规范性文件是各级行政机关履行行政职能的主要方式，也是各级行政机关贯彻落实法律、法规、规章制度等的有效手段，规范性文件还是各级行政机关开展行政管理活动的重要依据。公共政策作为推动国家治理和地方治理的重要力量，许多的规范性文件被制定出台。以江苏省规范性文件备案数量为例，2017年，报送江苏省人大常委会备案的规范性文件为101件，其中，政府规章为41件，其他规范性文件为60件。[①] 2019年，报送江苏省人大常委会备案的规范性文件为73件，其中，政府规章为37件，其他规范性文件为36件。[②] 合法有效的规范性文件对于政府机关依法行政和法治政府建设，以及公民、法人和其他组织的合法权益的保障具有重要意义。

明确规范性文件有效期是指对各级政府机关制定出台的规范性文件规定它的有效期限，当有效期期满，规范性文件的效力即刻终止。对于明确规范性文件有效期的理解，目前主要是从法学视角对其缘起和发展作出解释，学者们指出，明确规范性文件有效期应当追根溯源于"日落条款"或"落日条款"。"日落条款"或"落日条款"指的是对法律中部分法条或全部法条规定特定的效力终止时间。该条款早期的雏形是商业行为中对商品交易时间的约定，之后被引入法律领域，并在多个国家的立法中被运用和进一步发展，很多已颁布的法律在部分条款或全部条款中都规定了失效的日期。基

[①] 江苏省法制工作委员会：《关于2017年规范性文件备案情况的通报》。

[②] 江苏省法制工作委员会：《关于2019年规范性文件备案情况和有关共性问题的通报》。

于法理学和行政法学等法学理论基础,研究者们强调了明确规范性文件有效期的意义。这些意义包括有助于平衡规范性文件稳定性和灵活性,有利于信赖保护原则的贯彻。

从不同的角度分析明确规范性文件有效期,能够更为全面地理解它。在中国,规范性文件首次明确有效期起始于 2005 年 11 月 29 日发布的《广州市行政规范性文件管理规定》。这项规定的第十八条明确,行政规范性文件应当规定有效期。随后,郑州市、陕西省、青岛市等地方相继制定出台规定对规范性文件的有效期作出明确。2010 年,明确规范性文件有效期从地方层面的分散性探索上升到国家层面的统一规定。《国务院关于加强法治政府建设的意见》强调,探索建立规范性文件有效期制度。由此,各级政府及其职能部门相继制定出台了规范性文件有效期制度的专门性规定或内含规范性文件有效期制度的综合性规定。根据时间策略的含义和类型划分,明确规范性文件有效期可被视为各级政府对其辖区内行政机关制定规范性文件所运用的时间策略,属于明确有效期的时间策略。明确规范性文件有效期作为一种时间策略,具体表现在以下三个方面。

第一,确定了规范性文件发挥效力的时间段。中国各级政府或职能部门均制定出台了关于规范性文件有效期的规定性文件。一些属于对行政规范性文件进行综合性规定的管理办法,如《甘肃省行政规范性文件管理办法》《广州市行政规范性文件管理规定》,但这类管理办法的内容之一是关于规范性文件有效期的规定;一些属于专门针对规范性文件有效期作出规定的"通知"类文件,如《郑州市人民政府关于建立规范性文件有效期制度的通知》《青岛市人民政府办公厅关于建立规范性文件有效期制度和定期清理制度的通知》《韶关市行政机关规范性文件有效期规定》。在这些综合性和专门性规定中,常常用"不得超过 2 年、不得超过 1 年、最长不得超过 5 年、不得超过 3 年"和"有效期为 2 年、有效期为 5 年"予以明确规范性文件发挥效力的时间段。比如,《甘肃省行政规范性文件管理办法》明确,规范性文件的有效期一般自施行之日起不超过 5 年。对于冠以"暂行""试行"的规范性文件,有效期自施行之日起不超过 2 年。对于没有明确有效期的规范性文件,有效期规定为 5 年。在颁布实施的具体的政策文件中,发挥效力的时间段的明确比较多地表述为"某年某月某日期开始施行,有效期 2 年"和"某年某月某日期开始施行,有效期 5 年"。比如,《太原市人民政府办公室关于推进养老服务发展的实施意见》规定了该文件的效力时间段:本意见自 2021 年 2 月 1 日起施行,有效期 5 年。在《国土资源部关于全面实行永久基本农田特殊保护的通知》中,明确发挥效力的时间段表述为:本文件自下发之日起执行,有效期5年。

第二,明确了规范性文件效力终止的时刻。除了经过评估后认为需要继续保留的规范性文件,其他规范性文件的效力在终止时刻就立即失效。实施失效并不借助外在力量,也不以人的主观意志而转移。终止时刻具体明确到年、月、日,共存在着两种确定方式:一是通过确立施行时间和有效期的方式来明确终止的时间,二是直接在政策文件末写明终止的具体时间。比如,《厦门市人民政府关于印发进一步促进影视产业发展若干规定的通知》采用了第一种方式,"本规定自2019年1月1日起施行,有效期5年"。《中共杭州市委 杭州市人民政府关于加快建设"未来工厂"的若干意见》采用了第二种方式,"本意见自印发之日起施行,有效期至2025年12月31日"。另外一种终止公共政策(包括规范性文件)效力的方式就是政策终结行为。绝大多数时候,对一项已经显现出过时、多余、没有必要或无效的政策进行终结,需要等待和花费大量的时间,而且可能面临政策效力难以终止的情况。一方面,政策终结行为的开启和实施过程需要寻找良好的时机,以及匹配有效的终结策略和手段。另一方面,存在着一些影响因素会阻碍公共政策(包含规范性文件)的顺利终结。比如,政策终结的政治风险;来自相关利益者的反对和抵制;公共政策的惯性;既有组织的持续等。由此,相较之于政策终结这种方式,明确有效期的时间策略的运用促使规范性文件的失效脱离人为的外在力量,不仅明确了规范性文件效力终止的时刻,而且受到的阻碍因素也会比较少。

第三,对需继续保留的规范性文件确立了文件继续施行或修改的议程开启时间。在规范性文件有效期到期前的某个时期,制定机关需要启动对规范性文件的评估工作,作出规范性文件继续施行、修改或自动失效的判断。对于需要继续施行和修改的规范性文件,由于运用了明确有效期的时间策略,这意味着规范性文件何时开启新旧更替和进入新一轮的有效期是有规定的,行政机关不能对尚未到有效期前某个时期的规范性文件,提前启动重新发布或修改的工作。在中国,有效期到期前某个时期一般规定为6个月,个别地方规定为3个月。《甘肃省行政规范性文件管理办法》明确,标注有效期的规范性文件,在有效期届满前6个月,制定机关认为需要继续实施的,应当组织对该规范性文件的实施情况进行评估。《青岛市人民政府办公厅关于建立规范性文件有效期制度和定期清理制度的通知》规定,规范性文件有效期届满前6个月,制定机关应当对认为有必要继续实施的规范性文件进行评估,并根据评估结果重新修改。《天津市行政规范性文件管理规定》同样将有效期明确为6个月。《成都市行政规范性文件管理规定》明确,由制定机关在有效期届满前 3 个月组织评估,根据评估情况重新发布或者修订后发布。

(二) 中国规范性文件有效期制度的提出与发展

在中国,真正意义上对规范性文件明确有效期的首次实践是 2005 年 11 月 29 日发布的《广州市行政规范性文件管理规定》。不过,如果从试验探索来看,2004 年版《中华人民共和国行政许可法》的修改、审议和讨论过程则已开始涉及规范性文件的有效期。为了解决当时行政许可制度存在的问题和顽疾,促进行政许可制度更好地适应经济和社会的改革步伐,中国启动了对行政许可的立法工作,并考虑在部分内容中引入"日落条款"。根据《中华人民共和国行政许可法》立法备忘录",这部法律的征求意见稿曾规定,行政机关要每两年对自己设定的许可事项进行评估,如果不需要保留,就应当废止。对于这一条规定,当时有反对意见指出,行政机关的职权分工不同,不同的行政许可事项由不同的行政机关来办理,每个行政许可事项的实施时间存在着差异,对实施时间不能一刀切。在之后的常委会讨论中,考虑到可行性,最终制定出台的《行政许可法》(2004 年版)对此作了相对宽松的规定,没有对具体的时限进行明确,而是在第二十条中规定,行政许可的设定机关应当定期对其设定的行政许可进行评价,对已设定的行政许可,认为通过本法第十三条所列方式能够解决的,应当对设定该行政许可的规定及时予以修改或者废止。

早期,对规范性文件的生命周期进行终止主要依赖行政机关对规范性文件的定期清理。然而,规范性文件定期清理工作常常面临任务繁重、规范性文件难以短期内完全理清和清理等困境,且事后型的清理工作也难以从根本上改变"重制定轻清理"的问题。直到 2005 年,广州市在对规范性文件作出各方面规定的同时,也要求规范性文件的制定应当设立有效期。广州市的这项规定内容成为全国首创。《广州市行政规范性文件管理规定》颁布于 2005 年 11 月 29 日,并从 2006 年 1 月 1 日开始施行。这项管理规定中明确了行政规范性文件应当规定有效期,且有效期最长不得超过五年,有效期届满,行政规范性文件的效力自动终止,以及行政机关需要在规范性文件有效期届满前 6 个月开展评估工作。2006 年,郑州市紧随广州市,成为第二个明确规范性文件有效期的城市,于 2006 年 7 月 29 日,制定出台《郑州市人民政府关于建立规范性文件有效期制度的通知》。与广州市的做法有所区别的是,郑州市颁布实施的是针对规范性文件有效期的专门性规定。郑州市明确规范性文件有效期的初衷在于,他们在对限制非公经济发展的各类文件进行清理的过程中,发现清理工作非常耗费人力和物力。因此,希望以事前控制的方式来补充事后纠正的行为。在前往广州市考察经验借鉴学习之后,由郑州市法制局牵头,完成了这一规定的颁布实施。郑州市对规范性文件有效期的具体规定包括:一是规范性文件的效力持续时间。要求规范性文件都须规定有效期,具体期限可根据实际情况确定,但有效期最长不超过5年。其中,安排部署工作有时限要求的规范性文件,有效期不得超过工作时限。二是规范性文件的效力终止时间。有效期届满,规范性文件停止执行。三是对规范性文件作出修订等议程的开启时间。郑州市规定负责实施的部门应当在有效期届满前6个月对认为需要继续实施的规范性文件进行评估,根据评估结果重新修订。

2007年,更多的地方制定出台相关政策以明确规范性文件的有效期,地方政府的级别类型也从地级市扩大为省(直辖市)、地级市。《陕西省规范性文件监督管理办法》不仅规定了规范性文件的最长有效期不得超过5年,规范性文件中涉及的阶段性工作也需要确定有效期,而且明确了有效期的例外情况,即程序性规定和技术性规范等文件不在此范围内。《天津市行政规范性文件管理规定》在明确了规范性文件的一般期限为5年的同时,还规定了有效期限可延长的最高年限为10年。青岛市和韶关市颁布实施了专门针对规范性文件有效期设置的政策文件:《青岛市人民政府办公厅关于建立规范性文件有效期制度和定期清理制度的通知》和《韶关市行政机关规范性文件有效期规定》。前者仅是明确了规范性文件的最长年限为5年,后者不但确立了规范性文件的最长年限为5年,而且对试行和暂行类文件、有时限要求的部署工作类文件规定了不得超过的最长年限。

2008年,国家层面继续加强和完善了规范性文件的定期清理制度,在此期间,虽然存在对规范性文件有效期制度的政策倡议,但尚未在国家层面明确提出和出台文件性规定。相应地,规范性文件有效期制度的地方实践则在继续扩散。湖北省、湖南省、潮州市等地方相继出台相关规定。湖北省和湖南省均在综合性政策文本中对规范性文件的有效期予以明确,分别为《湖北省人民政府关于加强市县政府依法行政的实施意见》和《湖南省行政程序规定》,潮州市等地方则是以专门性政策规定了规范性文件的有效期制度。这些地方所规定的内容与之前的城市具有较大的相似性。2009年,更加广泛的地方开展了规范性文件有效期制度的实践,且越来越多的城市制定出台了规范性文件有效期制度的专门性政策,包括绵阳市、龙岩市、莆田市、绵阳市等。这一年,部分省级政府将设区市政府建立规范性文件有效期制度和定期清理制度情况纳入当年度绩效管理依法行政指标评估内容,由此,进一步地推动了规范性文件有效期制度的地方实践。

2010年,规范性文件有效期制度在国家层面予以了明确。《国务院关于加强法治政府建设的意见》强调,探索建立规范性文件有效期制度。自此之后,不仅上海市、河北省、海口市、太原市等地方政府相继明确规范性文件的有效期制度,国家铁路局、应急管理部等职能部门也颁布实施规范性文件的制定和管理办法,其中就包括有效期制度。对有效期内容的规定也从只规定有效期的期限或有效期的最长有效年限,逐步向不同规范性文件类型的分类化有效期、最长有效年限及例外等多个方面内容丰富化,并且都规定了规范性文件临近到期时的评估工作。

(三) 明确有效期的运用对规范性文件带来的影响

根据前文已经指出的时间策略运用对公共政策产生的影响,基于明确有效期的时间策略的性质特征,明确有效期的运用对规范性文件带来的影响体现在公共政策绩效和合法性方面,具体包括:有效期限有助于防止过时政策文件的长期存在、效力结束时间可减少规范性文件集中清理的低效、修改议程开启时间能够避免随意地改变政策文件、有效期限为政策对象提供了稳定预期。

1. 有效期限有助于防止过时政策文件的长期存在

制定规范性文件是各级行政机关履行行政职能的主要方式,也是各级行政机关贯彻落实法律、法规、规章制度等的重要手段。为此,规范性文件的制定主体多元且分散,文件数量往往比较多,内容涉及领域也比较广泛。一些规范性文件,尤其是制定出台时仅是针对阶段性问题和短期性问题的解决目的,由于没有明确它们的有效期,规范性文件就具有了一定程度的终身性,导致了诸多问题。首先,不合时宜、无效、多余的政策文件仍然被作为行政机关开展行政管理活动的依据,造成对行政相对人各方面生活的"添堵",甚至是对他们的权益带来了损害。其次,过时、无效、多余的规范性文件因未能及时地终止或调整修改,产生了规范性文件之间的相互冲突。再次,过时的规范性文件成为解决问题的阻力和障碍。从次,过时的规范性文件对社会主体造成损害。最后,暂行和试行等规范性文件因未能明确它们的效力期限而引发了矛盾和纠纷。

《防暑降温措施暂行办法》颁布实施于1960年7月1日,制定出台的时候并没有规定有效期。该办法"暂行"了52年,直到2012年6月29日,《防暑降温措施管理办法》制定出台,才得以结束"生命"。在此期间,无论是防暑降温的劳动者范围,还是劳动内容、劳动的标准、劳动领域均随着社会的发展进步而发生了翻天覆地的变化。但是暂行条例所规定的降温防暑措施适用对象仅为"工业、交通运输业及基本建设工地的高温作业和炎热季节的露天作业以及田间作业",内容也只涉及降温防暑的基本原则、技术措施和组织措施,没有责任的承担和追究等方面的规定,且上述规定也已不适应现代社会经济的发展状况。在 2007 年前多起火车撞死人的事故赔偿中,铁路运输部门根据 1979 年 7 月 16 日出台的《火车与其他车辆碰撞和铁路路外人员伤亡事故处理暂行规定》作出赔偿,出现与经济水平严重失衡的赔偿金额。直至 2007 年 9 月 1 日起施行《铁路交通事故应急救援和调查处理条例》,这项暂行规定才得以废止。

明确规范性文件的有效期限,是对那些缺乏长久生命力的规范性文件进行了自动淘汰,促使它们及时地退出历史舞台,防止过时政策文件的长期存在及其负面影响。国家和各级地方政府及其职能部门通过将明确有效期的时间策略常态化,规范性文件被要求明确有效期,且规定了有效期限的最长年限、一般年限、可延长的最长年限,以及特定规范性文件的有效期限。一旦规范性文件的实施时间等于有效期限,除了需要继续保留、修改等情形外,规范性文件就会立即失效。比如,2008 年 12 月 7 日,湘潭大学法学院师生向湖南省人民政府法制办公室提交了对《湖南省机动车驾驶人培训考试管理暂行规定》规范性文件的审查申请。湖南省法制办向湘潭大学法学院师生的复函内容之一是,这项暂行规定颁布实施于 2007 年 4 月 1 日,有效期 2 年,已经于 2009 年 4 月 1 日失效。

2. 效力结束时间可减少规范性文件集中清理的低效

在明确规范性文件有效期制度实施前,中国主要通过定期对规范性文件进行全面清理,来加强规范性文件效力的管理。然而,规范性文件的定期清理是一种手动的文件效力退出机制,在清理工作中面临着诸多的困难。一是定期清理工作任务比较繁重。规范性文件的类型和数量都比较多,再加上经过了较长时间的积累,制定机关和实施机关在清理时不得不面对大量且冗杂的规范性文件,他们得花费大量的时间和精力用于文件的收集、整理、评估、对外发布等工作。国务院曾对新中国成立以来至 1984 年全国范围内的规范性文件开展清理,文件类型和数量就涉及约 3 000 件行政法规、约 2 万件国务院部门规章、约 2 万件地方性法规和地方政府规章。其中一半以上法规及红头文件被废止。[①] 根据四川省法制办通报的全省 2009 年行政规范性文件清理阶段性工作数据,四川省各级政府及其部门废止和失效

[①] 《十次集中清理法规规章》(2007 年 3 月 28 日),搜狐网,news.sohu.com/20070328/n249019217.shtml,最后浏览日期:2023 年 5 月 10 日。

的第一批规范性文件数量达50 251件。二是较之于法律、法规、规章的清理工作,其他类型的规范性文件的清理工作难度比较大,不仅有各类机关发文,还有大量的复函、明电等。地方各具特色的"土政策"和"土规定"也持续地被制定出台,更是增加了规范性文件的数量和类型。三是针对特定行政管理活动的暂行、试行和阶段性部署等规范性文件,由于其具有短期性,要求规范性文件的清理工作能够频繁地开展,但是文件的清理工作所需要的人力和物力并不充足,难以保障这些短期型规范性文件得到及时的清理。四是规范性文件类型和数量比较多,制定机关和实施机关在清理过程中不免存在着错误和遗漏的情况。

明确有效期通过确定规范性文件效力终止的时刻,形成了规范性文件的自动失效机制。除了需要保留和修改的文件外,规范性文件的实施失效并不需要借助于外在力量,也不以人的主观意志而转移,在很大程度上减少了规范性文件定期清理工作的任务量,满足了特定文件类型需要持续清理的需求,避免了清理工作可能出现的错误和遗漏问题,从而有利于规范性文件清理工作效率的提高。广州市作为首个制定出台规范性文件有效期规定政策的城市,该规定半年不到就产生了政策效应,行政机关比之前更加重视对规范性文件的清理工作。郑州市在考虑是否对规范性文件作出有效期规定的原因之一,是发现规范性文件清理工作这一"事后纠正"方式太浪费人力和物力。《湖南省行政程序规定》中关于规范性文件有效期的内容,在当时被行政机关和专家学者评价为,改变了原来繁杂的运动式文件清理方式,行政成本大大降低。

3. 修改议程开启时间能够避免随意地改变政策文件

无论是明确规范性文件有效期的一般性政策文件,还是针对有效期制度的专门性文件,所规定的有效期内容之一是"在有效期届满前多少时间,制定机关认为需要继续实施的,应当组织对该规范性文件的实施情况进行评估"。这是对需继续保留的规范性文件确立了文件继续施行或修改的议程开启时间。这项规定给政策文件带来了"不能做"和"需要做"两层含义:一是规范性文件何时进入新一轮的有效期是有规定的,行政机关不能对尚未到有效期前某个时期的规范性文件,提前启动重新发布或修改的工作。二是需要做。规范性文件在到期前某个时期,行政机关有必要对规范性文件的"去留"开展评估工作。

由于明确了规范性文件的有效期,规范性文件的废止和修改等行为就不会变得随意且任性。2014年7月,杭州市小客车增量指标摇号结束,参与摇号的个人有效编码数为377 152个,个人配置增量指标为5 333个,个人摇号中签率继续走低,仅约1.24%。① 由于摇号中签率非常低,新闻媒体和部分市民产生了小客车总量调控政策是否有可能调整的咨询和政策需求。杭州市交通运输管理部门对外回应,由于杭州市小客车总量调控政策的有效期为1年,是否对政策作出调整需要等到明年,他们也会在此期间进行观察。2020年5月13日,北京市发布《北京市积分落户管理办法(征求意见稿)》《北京市积分落户操作管理细则(征求意见稿)》,向社会征求意见,其中"2020年积分落户申报工作按照修订后的政策组织实施"在网络上引起了很大的争议,一些网民也通过人民网领导留言栏目向相关部门表达不满和诉求。网民认为《北京市积分落户管理办法》有效期为2017~2019年,按照"当年数据用于次年申报"的申报传统,2020年的申报应基于截至2019年12月31日的数据,因而他们质疑《北京市积分落户操作管理细则(征求意见稿)》中的这项内容是对《北京市积分落户管理办法》的提前终结。网民在领导留言平台上表示"试行期陡然由3年变成为2年,既有违法理,又不合大众情理""试行期未按照公布承诺的执行三年"。2011年,广东省制定出台《关于进一步做好农民工积分制入户和融入城镇工作的意见》,该政策于2012年1月1日施行。这项政策比较大地调整了积分入户的操作,但是,2012年7月27日,广州市公布积分落户入围名单,具体操作仍然遵照2011年9月30日颁布的《广州市农民工及非本市十城区居民户口的城镇户籍人员积分制入户办法(试行)》。因为这项政策有效期为2年,有效期截至2013年9月30日。在有效期内,行政机关不能对尚未到有效期前某个时期的规范性文件,提前启动重新发布或修改的工作。直到2014年,广州市对积分落户政策进行了调整。

4. 有效期限为政策对象提供了稳定预期

对社会公众等政策对象而言,规范性文件的有效期限不仅表示着规范性文件效力的维持时间,而且意味着行政机关对特定内容的承诺期限,且这种承诺是确定和明确的。政策对象通过规范性文件的有效期限对自己的行为建立稳定的心理预期,并依据此对自己相关的生活和工作作出安排。如果一般的规范性文件没有设置有效期,或缺乏明确的有效期,政策对象就有可能因为不确定性而产生投机等短期化行为,从而影响社会经济生活的稳定秩序。诸如房地产调控、小汽车调控等管制类政策在一些地方并没有明

---

① 吴佳妮、范杨:《杭州车牌摇号中签率持续走低 不排除一年内修改政策》(2014年7月29日),浙江在线,https://zjnews.zjol.com.cn/system/2014/07/29/020165932.shtml,最后浏览日期:2023年7月10日。

确有效期限,一旦市场有风吹草动,再加上房地产中介或新闻媒体以"房价要大涨,还在等待什么""调控政策要松绑了"等为标题的信息快速地传播,市民就会在短期内大量购房和购车等,导致当地短期内房价、小汽车数量等再次大幅上涨。

根据《关于深圳市 2015 年享受优惠政策普通住房价格标准的通告》,普通住宅的认定需要符合三个条件:住宅小区建筑容积率、住房套内建筑面积或建筑面积、实际成交价格低于规定的普通住房价格。由于深圳市房价的持续高涨,许多住宅难以符合第三条的规定而未被列入普通住宅的类别中,但这关系到购房者的首付款比例和税费。2019 年 11 月 11 日,深圳市调整了这项政策,取消了普通住宅的认定标准之一——价格方面的规定。这项政策的调整不仅引起了深圳市已购房者、暂未购房者、购房意向者和卖房者等人群的热议,而且引发了诸如北京市、上海市等其他一线城市市民的讨论和关注,并产生了这些城市是否也会调整普通住宅认定标准的心理预期。在此期间,《新京报》《北京日报》等多家新闻媒体相继以"北京普宅沿用 5 年前标准 业内建议适时调整""五环外限竞房也被豪宅?普宅标准能否调整"等标题对普通住宅认定政策作出评论,同时传递出了绝大多数市民的观点和心理波动。一些网民在北京市政府网站《政民互动》栏目向相关职能部门提出了关于普通住宅认定标准的建议。北京市作出了"已会同财政、税务等部门进行认真研究"等回复。除了北京市外,上海市暂未购房者、购房意向者等群体也产生了"上海市普通住宅标准是否调整"的热议。11 月 14 日,上海市发布《关于延长部分规范性文件有效期的通知》,其中,对于颁布实施于 2014 年的《上海市住房保障和房屋管理局、上海市规划和国土资源管理局、上海市财政局、上海市地方税务局关于调整本市普通住房标准的通知》,其有效期延长至 2024 年 11 月 18 日。上海市通过对公共政策作出有效期限的明确,为市民提供了稳定的预期。

(四) 公共政策制定中时间策略常态化现象

当公共政策制定过程中运用了时间策略,依据时间策略的不同类型和时间特质,它们对公共政策的制定过程、公共政策绩效和公共政策合法性带来了影响。那么,特定的时间策略类型是如何被来自不同政策领域和政策类型的制定过程所运用?时间策略的常态化现象是什么?为何一些时间策略能够从应时应景地被运用而变成被常态化运用?时间策略的常态化运用能够产生哪些积极效应?如何看待时间策略的常态化运用?针对这些研究问题,基于中国规范性文件明确有效期的案例,通过前面三个部分的分析,可以归纳得出关于公共政策制定中时间策略常态化现象的一些结论。

首先,公共政策制定中时间策略的常态化现象是指特定的时间策略被固定地运用于绝大多数公共政策制定的一个或多个阶段环节中。这种现象是公共政策制定主体对时间策略性运用的一种类型。不同于公共政策制定中时间策略的临时性运用或随机性运用,公共政策制定中时间策略的常态化现象具有这些性质特征。一是某种时间策略在公共政策制定过程中被运用,它并不限定在特定的某个时间点上发生。也就是说,只要公共政策制定行为产生,这种时间策略就会被运用。二是时间策略的运用并不限定于特定公共政策类型,政策制定主体在绝大多数公共政策的制定过程中都会运用某种时间策略。三是某种时间策略频繁多次地被运用于公共政策制定过程之中。这种频繁多次被运用的特征不仅体现为不同公共政策领域和不同时间点上都能发现特定时间策略的运用,而且表现为同一公共政策制定过程中多次运用了特定的时间策略。在中国规范性文件明确有效期的案例中,明确有效期的时间策略被运用于所有的规范性文件的制定中。无论是行政规范性文件管理等综合性规定,还是规范性文件有效期制度的专门性规定,都强调了规范性文件应当明确有效期。其中,这项时间策略在不同的公共政策类型中标识为"有效期5年""有效期2年""本意见自印发之日起施行,有效期至2025年12月31日""本意见自2021年2月1日起施行,有效期5年"。已经明确有效期的公共政策在有效期截止前6个月或3个月会进行评估,一旦公共政策被认为需要保留继续实施,同一公共政策将再次被运用明确有效期的时间策略。对公共政策制定过程中时间策略运用的常态化现象的揭示和探讨,呈现了公共政策制定中时间策略运用实践的独特而多样化的样态,有助于更为全面地把握政策制定主体对时间的策略性行为,并对公共政策方案的相似性提供多个角度的解读。

其次,公共政策制定中时间策略的常态化现象的形成取决于时间策略运用的动力因素、时间策略的时间特质、公共政策面临的普遍性困境,以及时间策略的常态化运用是否能够作为一种解决公共政策普遍性困境的手段或措施。前文已经揭示了在公共政策制定领域,存在着多种类型的时间策略,但并不是所有的时间策略都会被绝大多数的公共政策类型在不特定时间点上所运用。与此同时,公共政策面临着多样化的普遍性困境,但并不是所有的公共政策困境都适合于通过时间策略的常态化运用来解决。在中国规范性文件明确有效期的案例中,中国规范性文件有效期制度的提出和发展反映了,由于公共政策的时效性特征,规范性文件在被大量制定出台的同时逐渐出现了不合时宜、无效、没有必要等困境,但它们却未能得到及时的清理，依然被作为行政机关履行行政管理职能的主要依据，造成了政府职能履行的低效率、政策文件打架、损害公民权利、政策文件任意更改等诸多问题。而明确有效期的时间策略凸显了三个方面的时间特质，包括确定了规范性文件发挥效力的时间段、明确了规范性文件效力终止的时刻、对需继续保留的规范性文件确立了文件继续施行或修改的议程开启时间。明确有效期的时间策略这三个方面的时间特质有助于解决规范性文件的不合时宜、无效、没有必要等困境。在此基础上，广州市、郑州市等地方开始了实践探索，并取得了良好的成效。这项实践进而从广州市、郑州市等地方向其他各级地方政府、职能部门，甚至是国家层面扩散，最终形成了明确有效期的时间策略的常态化运用。

再次，公共政策制定中时间策略被常态化运用，这为公共政策制定或公共政策带来了一些积极效应。本章第三部分的分析指出，时间策略的运用对公共政策制定过程、公共政策绩效、公共政策合法性三个方面带来的影响既有可能表现为积极影响，也有可能表现为消极影响。时间策略在实际运用中究竟对哪一个方面产生哪种影响，主要取决于政策制定主体运用时间策略的动力因素、时间策略的性质特征、时间策略被运用的政策阶段环节。中国规范性文件明确有效期案例为这些结论作出了经验性补充。在该案例中，正是由于明确有效期的时间策略的性质特征及其被运用于政府方案的设计阶段环节，用于解决规范性文件的不合时宜、无效、没有必要等困境，明确有效期的时间策略的常态化运用才产生了防止过时政策文件的长期存在、减少规范性文件集中清理的低效、避免随意地改变政策文件等积极效应。除此之外，将中国规范性文件明确有效期案例与这一章第四部分深圳市小汽车限购政策案例比较分析来看，一方面，不能简单地对公共政策制定中时间策略的运用作出完全的否定，当然也不能固执地认为政策制定主体必须在公共政策制定中运用时间策略，时间策略的运用一定能够为公共政策带来积极效应。如果从运用过程的视角来看待时间策略，有必要从公共政策制定中时间策略的应景式运用和常态化运用共同来理解时间策略运用及其产生的效应。另一方面，需要重视影响时间策略常态化运用效应的因素，包括政策制定主体运用时间策略的动力因素、时间策略的性质特征、时间策略被运用的政策阶段环节。

最后，对于被常态化运用的时间策略，应当注重科学化的设置和安排时间策略凸显的时间特质。时间策略的常态化现象不但意味着时间策略被运用于多种公共政策类型中，而且表明时间策略运用产生的影响范围较为广泛。为此，如果没有对被常态化运用的时间策略凸显出的时间特质作出科学化设置和安排，比如，随意地设置时间段、终止时间或开启时间，那么，制定出台的公共政策效果很大可能会大打折扣。在中国规范性文件明确有效期的案例中，最初行政许可法的修订考虑引入有效期内容，并打算对行政许可的有效期限作出统一化规定，就产生了一些反对意见。因为不同的行政许可事项由不同的行政机关来办理，每个行政许可事项的实施时间存在差异。因此，目前，无论是行政规范性文件管理的综合性规定，还是规范性文件有效期制度的专门性规定，都没有强行对具体领域的公共政策作出具体的有效期限，而是作出了一般有效期限、最长有效期限或特定文件的有效期限及其例外等规定。在未来，假设要将截止时间、承诺时间、确定未来行为时间（计划表、进度表）等时间策略的运用予以常态化，需要对它们凸显的时间特质进行科学化的设置和安排。

六、小结：从时间策略理解公共政策制定

当对时间的战略性-游戏性的侧面有充分的认识与理解时，政策制定主体就会掌控、选择、运用、安排、操纵时间，从而实现某些目的。与时间观念、时间规则一样，时间策略这一时间性分析维度再次向我们揭示了时间与公共政策制定之间内在的复杂关系。这一章分别从时间策略的主要类型与性质特征、政策制定主体运用时间策略的动力因素、时间策略运用对公共政策产生的影响、时间策略的运用过程、时间策略的常态化运用现象五个方面对"时间策略与公共政策制定的选择"进行了论证与阐述（图6-1）。

政策制定主体会基于公共政策制定的时机性特征、公共政策的时效性特征、政策制定主体面临时间规则的约束、社会主体对政府回应的时间需求等原因而运用时间策略。因此，时间策略的选择和运用既可能表现为一种技术过程、理性计算过程，也可能呈现一种政治过程和制度输出的过程。公共政策制定过程中政策制定主体运用的时间策略类型是多样化的，包括设置截止期限、加速（运动式或突击式等）、减速（延迟或暂缓等）、抓住时机、等待时机、承诺时间、自称回归传统、确定行为时间（计划表、进度表、规定行为次序等）、明确有效期等。时间策略的运用会对公共政策带来三个方面的影响，包括影响政策制定过程的节奏、影响公共政策的绩效、影响公共政策的合法性。至于在时间策略实际运用中究竟对哪一个方面产生影响，则取决于政策制定主体运用时间策略的动力因素、时间策略的性质特征、时间策略被运用的政策阶段环节。时间策略的运用对这三个方面带来的影响既有可

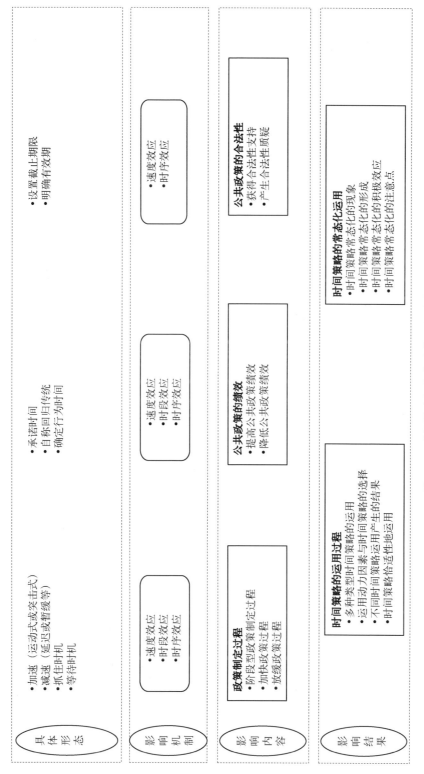

图 6-1 时间策略与公共政策制定的选择

能表现为积极影响,如提高公共政策绩效、增强公共政策合法性,也可能是消极影响,如降低公共政策合法性。

时间策略的运用不只是事实陈述,它还涉及价值判断。当制定某项公共政策时,政策制定主体所运用的时间策略经常会受到来自公众、专家、新闻媒体等其他多元主体的价值判断。他们关于时间策略的价值判断并不总是一致的,存在着价值判断之间碰撞和冲突的可能。因此,在政策制定过程中如何恰适地运用时间策略非常重要与关键。政策制定主体在运用时间策略时,有必要把民意纳入考量范围内,将其置于重要的位置。

地方政策实践存在着比较强的运用时间策略的激励。地方政府可能会运用到多种类型的时间策略。不同类型的时间策略会出现在政策制定过程中的不同阶段环节,同一种时间策略也会在一项公共政策的制定过程中被频繁地运用。地方政府在政策制定过程中不仅要识别和发挥时间策略运用所带来的积极效应,而且要重视由于时间策略的运用而产生的消极影响。随着时间策略不断地被运用,地方政府如何理解与把握时间策略将成为未来地方政府制定政策,尤其是制定管制类政策面临的关键挑战之一。时间策略除了在具体的政策制定过程中因为某些动力因素而被应时应景式运用外,也会被常态化地运用。特定时间策略的常态化运用呈现为地方政府之间的空间扩散和自下而上从地方探索向中央推动双重表现的发展轨迹。当考虑将某一时间策略常态化运用的时候,应当注重科学化设置和安排这项时间策略凸显的时间特质。

通过本章对时间策略与公共政策制定选择的分析,时间策略是一个能够帮助我们理解公共政策制定,并助力于形成有益理论主张的一个视角。基于时间策略的这一视角,政策制定主体所采取的那些与时间有关的行为"鲜活"了起来,表现出了切实的意义。时间策略不仅比较频繁地被运用于政策制定过程中,而且成为影响公共政策过程、公共政策绩效、公共政策合法性的因素之一。

第七章 结语：让公共政策制定中的时间运转起来

一、主 要 结 论

时间因素与公共政策制定紧密相关。所有的政策制定都在一定的时空范围内进行，政策制定过程的各个环节都是依托时间而存在，也以时间的存在而转移。不仅如此，时间因素以其丰富的形态相伴于大量政策制定实践中，引发我们形成了诸多个"为什么"。带着疑问，本书尝试去探究了这一核心问题，即在公共政策领域中，时间究竟是个什么样的因素？时间与公共政策制定之间存在着何种内在关系？围绕这一核心问题，本书把时间视为分析单位，将其置于政策制定研究的分析中心，去辨别与探究那些普遍存在于公共政策领域中，且与政策制定展现出了强烈因果关系的时间。对于这些时间保持一种敏感，某种程度上可以拓宽公共政策制定研究的范围。如果我们的探究如往常一样，主要侧重于关注影响政策制定的制度因素、行为主体因素，或结构因素等其他因素，一些在政策制定过程中呈现的现象极有可能被忽视或隐藏了。反之，如果我们从时间的角度去审视政策制定，就有可能发现通过其他的角度难以发现的现象，在可能的解释中辨别一些我们从其他的角度所忽略的问题，以及寻找以其他方式可能找不到的答案。

鉴于此，本书的研究主要集中在这样几个方面。第一，对已有公共政策时间研究文献进行了必要且系统的梳理，从而向人们展现了到目前为止所形成的关于时间与公共政策的知识谱系的概貌或轮廓。这个知识谱系中的内容是丰富的，但是由于侧重于从研究者的角度来探究时间与公共政策，仍需进一步探究。第二，为了形成一个较为完整的知识系谱，我们基于政策制定主体的角度形成了时间性分析维度并提出了一个概念化分析框架。这个概念化分析框架为解决碎片化奠定了必要的基础，也能够被用于有效地解释时间与公共政策制定之间的内在复杂关系。它由时间观念、时间规则、时间策略三个时间性分析维度构成。第三,通过所提出的概念化分析框架,我们尝试拓宽有关时间与公共政策制定的研究范围,系统阐述时间要素与公共政策制定之间复杂的内在关系。两者内在的复杂关系主要体现在三个层面:时间观念与公共政策制定的塑造、时间规则与公共政策制定的约束、时间策略与公共政策制定的选择。

通过上述这些方面的阐述与研究,我们能够得出关于时间与公共政策制定之间复杂的内在关系。本书的核心结论是,对于时间与公共政策制定之间关系的认识,应当突破"时间中的政策制定"(policy making in time)、"政策制定的时间表现"(the time of policy making)等现有认知,重点关注"按照时间进行的政策制定"(policy making by time)、"政策制定的时间治理"(policy making with time)。除了研究"什么""如何""谁"之外,时间有必要被视为分析单位,成为公共政策研究的一个切入点。时间和行为主体、制度、结构、利益、关系等要素一样,同样与公共政策制定紧密关联,并且具有描述、分析与解释政策制定的意义。围绕这一主要核心结论,具体的研究发现和结论主要包括了以下几个方面。

首先,时间构成公共政策制定的有意义要素,时间要素通过认知层面(时间观念)、制度层面(时间规则)、行为层面(时间策略)三个层面的存在而有意义地呈现在公共政策制定领域中。由于时间观念、时间规则、时间策略普遍且有意义地出现在公共政策制定的实践过程中,它们对于公共政策研究而言首先具有了描述性作用,也意味着公共政策研究中关于时间的假设需要从物理时间、场景时间、现象时间等外在于公共政策的时间,而进一步拓宽为观念层面的时间、制度层面的时间和行为层面的时间。在认知层面,虽然政策制定主体在制定任何一项公共政策的时候,都将面临与这项公共政策有关的历史过去、当下现在、未来预期,但是,不同的政策制定主体对于特定公共政策的历史过去、当下现在和未来预期会有不同的看待和重视程度。在政策制定实践中,他们表现出了失忆型(忽视过去)、陀螺型(延续过去)、求诊型(只顾当下)、树木型(兼顾过去、当下与未来)四种时间观念的类型,且不同类型的时间观念具有不同表现形式。

在制度层面,尽管公共危机、网络时代、社会转型期、选举周期等并不少见于公共政策制定实践和理论研究,但是它们的时间特征比较少地被凸显和被充分挖掘。公共政策制定的实践常常会受到时间规则的管理和约束,这些时间规则共包括三种类型:来自社会层面的时间规则、来自政治层面的时间规则、来自行政层面的时间规则。在行动层面,政策制定主体在政策实践过程中"巧妙"地利用着时间,产生时间性行为。他们运用的时间策略类型是多样化的,包括设置截止期限、加速(运动式或突击式等)、减速(延迟或暂缓等)、抓住时机、等待时机、承诺时间、自称回归传统、确定行为时间(计划表、进度表、规定行为次序等)、明确有效期等。不同的时间策略具有不同的时间特质,也被应时应景或常态化地运用于不同的政策制定过程的阶段环节中。

其次,在政策制定实践的许多情形和条件下,政策制定过程、政策要素、政策权力、政策制定主体等很多方面的选择或表现与时间因素有关。时间因素同时具有分析公共政策制定的意义。在时间观念层面,政策制定主体拥有的时间观念差异会影响他们究竟选择何种时间类型(长期型或短期型)的政策问题、政策目标、政策方案。在面对成本与收益跨不同时期分配的政策制定时,是否能够充分认识到政策在未来的收益和成本,以及成本和收益在时间上如何分配都会受政策制定主体的时间观念的影响。时间观念也常常与政策形象联系在一起,政策制定主体会通过特定时间观念为其政策行为提供合法性和正当性。

在时间规则层面,不同的政策制定主体处于具有时序特质的时间规则中,前后政策制定主体的权力及其影响力会出现差异。相较之于没有时间规则的情况,在具有时刻特质的时间规则的影响下,政策制定主体的权力会发生一些变化,诸如从权力的分散化变成集中化,从权力的隐秘运用转变为权力的公开化。具有时间段特质的时间规则明确和规定了政策制定过程的节奏、持续时间、间隔时间。具有速度特质的时间规则促使政策制定主体改变常态化的政策过程,如替换政策环节的次序、延长或降低政策过程的时间、删减政策环节等。具有时刻特质的时间规则能够触发政策制定主体对特定的政策问题、政策目标、政策方案、政策工具、政策价值的注意力,从而对特定政策要素作出倾向性的判断和选择。具有时序特质的时间规则影响政策制定主体之间的互动关系,具有时刻特质的时间规则则影响着政策制定主体之间的互动频率。在时间策略层面,政策制定主体会将公共政策的有效期限作为政策方案的内容之一而进行策略性安排。也会因遵从或选择性遵从于时间规则,而对政策制定过程及其他时间内容进行调整。时间策略的运用成为各级政府回应社会主体政策诉求的回应内容或回应方式。通过时间策略的运用,各级政府不仅回应了来自社会主体的政策诉求,向他们表明了政府即将或正在采取相应的政策行为,而且为政策制定过程留出了时间。

再者,时间构成政策冲突、朝令夕改、"半夜鸡鸣"等政策现象产生的原因,时间因素还以多种方式影响并作用于公共政策制定,导致了公共政策制定的一些现象。从公共政策制定研究而言,时间因素还具有解释性意义。

尽管现有一些公共政策制定研究文献已经从制度、行动者等角度对其中诸如朝令夕改、"半夜鸡鸣"等一些政策现象的产生进行了阐述，但是，基于时间因素这一视角所提出的解释，将有助于我们更深入且全面地认识与理解这些政策现象。从时间因素这一角度切入公共政策制定领域，不仅为解释政策冲突、政策搁置、政策滞后、政策朝令夕改等现象提供了统一的分析视角和共同的影响因素，还指出了公共政策制定有关速度、持续时间、时序等形态及其发展深受时间的影响。

如果政策制定主体拥有忽视过去的时间观念，那么他们制定形成的公共政策就容易出现政策冲突现象。拥有忽视过去的时间观念容易造成已经制定出台的政策被搁置执行（中断、中止、停止），或是将错误的、过时的、多余或无效的政策放置一边，没有及时作出处理。当政策制定主体拥有延续过去的时间观念，公共政策容易出现政策滞后现象，表现为低效或无效政策依然在维持供给，即无效公共政策供给过剩，以及能及时有效地满足政策需求、解决政策问题的公共政策缺乏，即有效公共政策供给不足。如果政策制定主体拥有只顾当下的时间观念，那他们制定形成的公共政策容易出现朝令夕改现象，公共政策自制定出台之后，在极短的时间内就出现了政策正待执行而夭折、政策暂缓执行、政策废止、政策替代、政策修改等不同程度的变动。

时间规则能够以不同的时间特质影响政策制定主体的权力、政策过程、政策要素的选择、政策制定主体之间的互动，由此，政策制定实践中出现了"回应时间"、时间规则的建设、时间规则的选择性遵从等现象。"回应时间"现象是指公共政策制定依据时间规则的要求而开展，具体表现为政策制定过程呈现为时间规则的输出，政策制定主体的权力和互动因为时间规则的安排而有所不同，政府决策者倾向于选择由时间规则推动的政策问题、政策方案和政策目标等政策要素。政策制定主体会对决策程序等类型时间规则进行建设与完善。当时间规则的约束影响内容和地方政府决策者的利益结构之间存在矛盾的时候，地方政府就会出现对时间规则的选择性遵从的情况。当时间策略被运用于政策制定的实践过程中，会出现因运用"加速"时间策略而公共政策被视为"半夜鸡鸣"、因运用"自称回归传统""承诺时间"等时间策略而公共政策遭到合法性质疑等现象。不仅如此，也产生了特定的时间策略被固定地运用于绝大多数公共政策制定的一个或多个阶段环节中的时间策略常态化运用的现象。

另外，关于与公共政策制定有关的规章制度和政策制定主体的行为，理论研究或政策实践绝大多数时候是关注规章制度的内容本身、政策制定主体的行为指向,规章制度的时间特质和政策制定主体行为的时间性更多地被内容本身和行为指向所掩盖。本书通过对时间规则与公共政策制定约束、时间策略与公共政策制定选择的分析与阐述,认为应当将规章制度的时间特质和政策制定主体的时间行为显性化,将其纳入公共政策研究的范畴内,并重视它们对公共政策制定的政策过程、政策权力、政策绩效、政策合法性等多个方面带来的影响。

将规章制度的时间特质和政策制定主体的时间行为显性化意味着,一方面,从时间规则和时间策略的角度来理解纷繁多样的规章制度和政策制定主体的行为,分析它们归属的类型以及凸显的时间特质,并且探究规章制度内容和行为指向对公共政策制定的影响,同时要关注它们的时间特质对公共政策制定带来了何种影响。另一个方面,时间规则和时间策略提供了一个良好的窗口,可供公共政策研究者们深入挖掘"何时"主题。比如,虽然公共政策研究已经对公共危机中公共政策制定、网络时代中公共政策制定、选举周期与公共政策制定等议题进行了研究,并提供了非常丰富的研究观点,但对于公共危机、网络时代、选举周期以及它们为何会造成相似的公共政策制定现象等研究还比较缺乏。已有研究对小汽车限购、交通限行等政策作出了一些解读,但较少解释为何城市政府常常在该政策制定前多次表示暂不会考虑限购、限行方案的情况下,倾向于以"突击式、运动式"的方式制定出台这类政策。本书从时间观念、时间规则、时间策略三个层面对公共政策制定进行的研究,有助于探究上述这些问题。

最后,时间因素应成为公共政策制定的研究视角,并且公共政策制定研究的时间视角是对制度、行为主体等视角的一种补充,能够帮助我们更为全面地去描述、分析、解释政策制定实践的复杂性和多样化。

公共政策制定的时间研究补充了制度主义关于制度如何影响公共政策制定的研究。区别于将制度划分为政治制度、行政制度、经济制度等类型,或是强制性制度、规范性制度、文化-认知性制度等类型,公共政策制定的时间研究把制度的类型进行了另外一种分类,将它们按照时间特质分为具有时序特质的制度、具有速度特质的制度、具有时刻特质的制度、具有时间段特质的制度、具有多种特质的制度等类型。由此,将制度对公共政策制定的影响机制讨论拓宽到时段、速度、时序等时间效应,影响范围的分析扩大到公共政策制定过程的时间安排表现。公共政策制定的时间研究也补充了行为主义关于行为主体对公共政策制定影响的研究。一方面,进一步加强了行为主义对于政策制定主体的能动性假设,另一方面,揭示了具有主观能动性的行为主体在政策制定过程中会出现其他的政策行为,即时间策略,且这一政策行为具有多样化的表现。另外，公共政策制定的时间研究也补充了观念如何影响公共政策制定的研究。公共政策制定的时间研究指出，政策制定主体具有忽视过去、延续过去，只顾当下，兼顾过去、当下与未来等时间观念。这种对观念类型的划分凸显了政策制定主体对不同时间的认知倾向，促使将观念对公共政策制定影响的解释扩大到新老政策之间的冲突、政策朝令夕改、政策搁置等政策现象。

二、公共政策制定的时间基础：一些行动建议

理论上对公共政策制定与时间复杂关系的揭示与系统阐述，意味着在政策实践中，以政府为主要核心的政策制定主体同样有必要赋予时间足够的重视。在日益多元化和复杂化的社会，应当促使政策制定主体对时间进行有效把握。政策制定主体不必局限于做时间的摆渡者，他们可以充分重视时间、发现时间、遵照时间、利用时间、适应时间、运用时间。基于时间对政策制定带来的影响去提高公共政策制定的有效性，完善上下级政府围绕政策制定开展的互动行为，优化政府与社会公众等社会主体的关系，从而实现公共政策的高绩效和合法性。为此，在理论研究的基础上，公共政策和制定实践需要在认知层面、制度层面和行为层面对时间作出有效管理，使其发挥治理的意义。从时间的角度，向政策制定实践提出了一些行动上的建议。

第一，注重培养政策制定主体长期时间观念，塑造与引领政策制定。政策制定主体所拥有的时间观念，一旦被固化，将可能长期引领政策制定。时间观念会对政策制定过程中政策议程、政策方案等政策要素的选择、成本收益的分配等诸多方面产生影响。当政策制定主体的时间观念表现为短时间观念，新政策的议程可能会难以打开，或者是出现被开启后再次关闭的状况。特定的时间观念通过将聚焦点放在与特定时间观念相匹配的政策问题、政策方案等要素上，从而排除其他的各项要素选择。随着政策问题越加复杂化与具有长期性，社会公众等社会主体不断表达出他们对长期可持续的政策方案的诉求和关注，环境、资源管理、社会保障等跨时期政策难题也在持续增加，政策冲突、政策朝令夕改、政策搁置等现象的存在削弱了政府决策者的权威性和公信力，也造成了公共资源的浪费。因此，政策制定主体有必要从短期时间观念向长期时间观念进行转变。具有长期时间观念的政策制定主体，将从长期发展出发对公共政策制定作出思考和选择，注重顶层设计，所制定的公共政策力图实现长期的目标与利益，而非为短期目的采取

行动的副产品。

长期时间观念的培养是个长期过程，并不是一朝一夕就能达成。一方面，培养长期时间观念常常会面临诸多障碍与困难。另一方面，一些制度并不有利于长期时间观念的形成和培育，容易塑造政策制定主体拥有短期时间观念。前文研究已经表明，尽管政策制定主体拥有特定时间观念，且表现在个人身上，但影响这些时间观念形成的因素更多表现为制度因素、组织因素、政策因素。从这些方面来看，有必要推进相关制度的建设与完善。要建立具有合适任期的制度，通过任期制度作用于时间观念的权力、绩效、问责等逻辑塑造政策制定主体的长期时间观念，有效规避短期任期制所造成的政策制定短期化现象。注重决策结构与权力约束机制的建设与切实执行。因为，没有决策结构与权力约束机制为政策制定主体带来的约束力，政策制定主体容易倾向于拥有短期时间观念。另外，借助人工智能等现代化信息技术降低政策结果的不确定性，在组织结构建设中，有必要完善那些与组织信息保存、组织学习等有关的机制。

第二，重视时间规则的建设，发挥时间规则的积极效应。一方面，社会系统、政治系统、行政系统分别建构了时间规则，这些时间规则约束并影响着政策制定过程、政策制定主体的权力、政策问题和政策目标等政策要素的选择、政策制定主体之间的互动。另一方面，来自中国决策程序的建设与发展的经验案例表明，政策制定主体并非一开始就能够充分认识到时间规则及其意义，识别出时间规则对公共政策制定的影响，并重视对时间规则的建设。然而，随着决策程序的不断完善和优化，政策制定主体的权力得到了优化，政策制定过程得以科学化，政策制定主体之间的互动也得到了加强。因此，政府决策者有必要加强时间规则的建设，以发挥时间规则的积极效应。

针对公众日益增长的政策需求及决策者拥有的时间有限，应该设置能够让政策过程适应治理节奏的时间规则，这类时间规则为政策制定确立适宜的节奏，防止政策制定过快带来的政策质量问题，制定过慢所产生的政策延误。针对决策程序建设仍然存在着公民与专家的参与权未能得到切实保障的问题，应继续将公民参与、专家论证作为最终决策的前置程序。通过这一时序规则的嵌入，在约束政府权力的同时保障公民与专家的参与权，以及维护公众的权利。除此之外，设置相应的时间规则以便对公民参与作出时间性规定，从而改变以往把公民参与视为一次性行为的局面，进而促使公民参与成为多次、多阶段进行的行为。政策领域中的分权化改革通过赋予下级政府制定自主权，尽管提高了下级政府的政策能力与政策绩效，但也为上级政府带来了动员性、协调性、拖沓等难题。为此，可适当建立回应性、截止时间、计划表、责任性等时间规则予以约束。当然,这些时间规则在设置过程中需要考虑到不同地方政府的一些差异性。随着多个政府职能部门共同制定政策的情形不断增多,政策制定将可能面临动员、协调、一致性等同步化难题。在跨部门政策制定方面,可设置决策计划表、任务表、工作要点等相应的时间规则,推动跨部门决策按照适当节奏开展,促进部门之间的有序互动,以避免出现因为多个部门之间的注意力、利益等难以统一而导致跨部门政策流产等情况。

第三,将时间规则纳入政策分析对象,提高对不同时间规则的识别能力和平衡能力。一方面,时间规则普遍且有意义地存在于政策制定领域中,政府决策者需要了解目前的时间规则的类型、性质特征,以及它们各自对政策制定的影响方式和影响内容,并根据这些影响作出有针对性的行动安排。比如,具有速度效应的时间规则会导致政策制定过程出现简化和删减,进而将原本是政策制定环节应解决的难题转移到了政策执行环节,增加了政策执行的复杂性和难度。这就需要政府决策者在执行环节加强协商,进一步细化政策方案,以保障公共政策的有效性。具有时刻效应的时间规则会通过触发效应来影响政策方案、政策目标等政策要素的选择,可能导致政府决策者优先选择短期型政策目标和政策方案。这也需要政府决策者识别这类时间规则的影响,要求他们自身及引导社会公众等社会主体关注问题的解决而非短暂的政策出台。另一方面,政府决策者有必要对时间规则的发展趋势作出一定的预判。社会成员、政治制度、行政组织可能会建构新的时间规则,并对政策制定带来时间约束与限制。一些时间规则也可能发生性质特征的变化,进而对政策制定带来区别于以往的约束和影响。

具有不同时间特质的时间规则会对公共政策制定规定不同的时间内容,带来差异化的时间约束和影响。在多重时间规则影响下,政府决策者需要平衡不同时间规则对政策制定带来的差异化影响。网络时代、短期型社会问题、公共危机等时间规则没有留给政策制定足够充分的时间,政策制定需要快速启动并完成。而决策程序、责任性等要求政策制定按照特定的流程次序,并花费较长时间用于政策沟通和协调的开展。一旦忽略这些时间规则的差异性和矛盾点,或是将政策制定置于单一类型时间规则下进行考量,社会可能会质疑公共政策的效果和合法性。因此,应当提高政府决策者对此的平衡能力,综合考量各类时间规则的影响内容和影响结果。

第四,审时度势,正确运用时间策略。政策实践需要注意到时间的战略性—游戏性的侧面。政策制定主体应该学会把时间从一个受限制的、易逝去的因素转变为灵活的因素。政策制定具有时机性特征,公共政策具有时效性,政策制定主体不仅需要面对来自时间规则的约束,而且要向公众的政策诉求作出回应,所有这些都激励着政策制定主体去运用时间策略。正确地运用时间策略,有助于政策制定过程维持合适的节奏,提高公共政策的绩效与合法性。然而,一旦错误地运用时间策略,不仅会降低公共政策绩效,而且将可能为公共政策带来合法性危机。

为此,在政策实践中,一方面,由于政策时机往往短暂且稍纵即逝,政策制定主体应当学会牢牢抓住时机,顺势而为。当政策时机迟迟未到时,同样应该学会创造与设计时机。面对政策制定过程所涉及的时间要素,政策制定主体有必要认清它们,适时掌握它们,并能够依据外在环境的变化与组织内部需要,对这些时间要素作出相应的调整,从而提高政策绩效与合法性。与此同时,政策制定主体要学会为不同的公共政策匹配不同类型的时间策略,或是针对一些时间策略将其常态化,发挥时间策略的积极功能。另一方面,政策制定主体能够始终认识到时间策略的双重特性,即时间策略不仅是一种事实陈述,而且涉及来自不同主体的价值判断。因此,政府决策者在政策制定过程中运用和选择时间策略的时候,不应该只是将其视为技术过程、理性计算的过程、制度输出的过程,而应当能够充分考虑民意或公共利益,使民意或公共利益这个向度一直贯穿政策制定的时间策略运用和选择过程中。恰当的时间策略运用,应当有助于政策制定过程的优化、提高公共政策的绩效和合法性。

三、有待进一步研究的问题

本书尝试把时间重新找回来,作为一个分析单位,并将时间置于公共政策制定研究的分析中心,建构关于时间与公共政策制定的一般性分析框架,探究时间与公共政策制定的复杂内在关系。本书对此作出了努力和探索,但还是存在着一些不足。我们尽可能收集了来自不同政策领域的大量案例,然而,受到相关研究条件和案例时间的限制,研究所运用到的案例材料主要通过文献法收集而来,其中一些案例补充了实证调研。尽管对这些案例材料进行了文献之间的相互印证,但还是有较多案例因为未能开展实证调研,论证上有所欠缺,需要进一步深入挖掘和补充实证资料。案例收集过程中有注意到国别、政策领域、政策层级等方面的多样化,但总体上还是以来自中国的政策实践案例居多,因而没有能够对国内和国外案例进行对比分析。如果有来自国外的更多实证案例作为论据,有助于本书形成的相关结论具有更加宽泛的适用性和解释力。

当我们将政策制定实践中大量的时间"鲜活"起来,公共政策制定中的时间研究,作为一项公共政策研究的新议程,其实存在着很多可供未来进一步探讨的问题。未来可供探讨的问题可以将本书提出的分析框架作为一个靶子,对分析框架中的内容做出更深入的研究;也可以围绕本书提出的关于时间与公共政策制定之间的关系的观点,进一步挖掘"按照时间进行的政策制定"(policy making by time)和"政策制定的时间治理"(policy making with time)两大主题。基于政策制定主体视角,形成的三个时间性分析维度是否会随着考察视角的不同而有所增加?考察时间与政策制定之间关系的空间差异。在不同的空间维度下,比如不同的制度环境中,时间观念、时间规则和时间策略是否存在着其他的表现形式,表现形式的差异化背后反映了什么样的具体问题等。

本书指出了时间观念、时间规则和时间策略会对公共政策制定带来多个方面的影响。那么,为了更好地完善政策制定过程、提高公共政策的绩效和合法性,影响政府决策者时间观念形成的那些因素之间有何强度差异?政府决策者是如何看待时间规则和时间策略的?社会公众对于政策制定过程中的时间表现有什么样的需求。对不同时间策略类型的运用效果进行比较,以寻求有效的时间策略。探究时间规则的设置与上下级政府政策制定之间的关系,以及时间策略的运用和社会公众对管制型政策认同度的提高等。当然,围绕"按照时间进行的政策制定"(policy making by time)和"政策制定的时间治理"(policy making with time)这两大主题还有更多的内容值得且需要进一步探究。

主要参考文献

[1] Adam, B. *Timescapes of Modernity*, Routledge, 1998.

[2] Adam, B. *Time*, Polity Press, 2004.

[3] Adler, E. Scott and John D. Wilkerson. *Congress and the Politics of Problem Solving*, Cambridge University Press, 2012.

[4] Anderson E. J. *Public Policymaking: An Introduction*, Houghton Mifflin College Div, 1990.

[5] Avery, G., "Uses of Time in the EU's Enlargement Process", *Journal of European Public Policy*, 2009, 16(2).

[6] Barke, Richard and Kristie Champlin Gurley, "Public Policy Models in Deep Time", presented at the Annual Meeting of the Midwest Political Science Association, Chicago, Illinois, April 11-14.

[7] Baumgartner, Frank and Bryan Jones. *Agendas and Instability in American Politics*, University of Chicago Press, 1993.

[8] Béland, D., "Reconsidering Policy Feedback: How Policies Affect Politics", *Administration & Society*, 2010, 45(2).

[9] Blake, D. J., "Thinking Ahead: Government Time Horizons and the Legalization of International Investment Agreements", *International Organization*, 2013, 67(4).

[10] Bonfiglioli, Alessandra and Gino Gancia, "Uncertainty, Electoral Incentives and Political Myopia", *The Economic Journal*, 2013, 123(568).

[11] Borghetto, Enrico, "Legislative Processes as Sequences: Exploring

Temporal Trajectories of Italian Law-making by Means of Sequence Analysis", *International Review of Administrative Sciences*, 80(3).

[12] Box-Steffensmeier, Janet M. and Bradford S. Jones, "Time is of the Essence: Event History Models in Political Science", *American Journal of Political Science*, 1997, 41(4).

[13] Bridges A., "Path Dependence, Sequence, History, Theory", *Studies in American Political Development*, 2000,14(1).

[14] Cohen, Michael, James March and Johan Olsen, "A Garbage Can Model of Organization Choice", *Administrative Science*, 1972, 17(1).

[15] Cole, A., "A Strange Affair: The 2002 Presidential and Parliamentary Elections in France", *Government and Opposition*, 2002, 37(3).

[16] Daugbjerg, C., "Sequencing in Public Policy: the Evolution of the CAP Over a Decade", *Journal of European Public Policy*, 2009, 16(3).

[17] De Vries, M.S. *The Importance of Neglect in Policy-Making*, Palgrave Macmillan, 2011.

[18] Dionne, K. Y., "The Role of Executive Time Horizons in State Response to AIDS in Africa", *Comparative Political Studies*, 2011, 44(1).

[19] Donnelly, P. and Hogan, J., "Understanding Policy Change Using a Critical Junctures Theory in Comparative Context", *The Policy Studies Journal*, 2012,40(2).

[20] Dyson, K., "The Evolving Timescapes of European Economic Governance: Contesting and Using Time", *Journal of European Public Policy*, 2009, 16(2).

[21] Dyson, K., "The Evolving Timescapes of European Economic Governance: Contesting and Using Time", *Journal of European Public Policy*, 2009, 16(2).

［22］Eisner, Marc A. *Regulatory Politics in Transition*, Johns Hopkins University Press, 1993.

［23］Elchardus, M., "The Rediscovery of Chronos: the New Role of Time in Sociological Theory", *International Sociology*, 1988, 3(1).

［24］Feder-Bubis, P. and Chinitz, D., "Punctuated Equilibrium and Path Dependency in Coexistence: The Israeli Health System and Theories of Change", *Journal of Health Politics, Policy and Law*, 2010, 35(4).

［25］Gibson, J., "Political Timing: A Theory of Politicians' Timing of Events", *Journal of Theoretical Politics*, 1999, 11(4).

［26］Goetz, Klaus H., "Time and Power in the European Commission", *International Review of Administrative Sciences*, 2014, 80(3).

［27］Goetz, Klaus H. and Jan-Hinrik Meyer-Sahling, "Political Time in the EU: Dimensions, Perspectives, Theories", *Journal of European Public Policy*, 2009, 16(2).

［28］Goetz, K. H., "A Question of Time: Responsive and Responsible Democratic Politics", *West European Politics*, 2014, 37(2).

［29］Goetz, K. H., "How Does the EU Tick? Five Propositions on Political Time", *Journal of European Public Policy*, 2009, 16(2).

［30］Goetz, K. H., "Temporality and the European Administrative Space", paper presented at the 2nd EU Consent Plenary Conference, October 12-13, 2006, Brussels.

［31］Goetz, K. H., "Time and Power in the European Commission", *International Review of Administrative Sciences*, 2014, 80(3).

［32］Goetz, K. H. and Meyer-Sahling, J. H., "Political Time in the EU: Dimensions, Perspectives, Theories", *Journal of European Public Policy*, 2009, 16(2).

[33] Gulick, L., "Time and Public Administration", *Public Administration Review*, 1987, 47(1).

[34] Hacker, J. S., "The Historical Logic of National Health Insurance: Structure and Sequence in the Development of British, Canadian and US Medical Policy", *Studies in American Political Development*, 1998, 12(1).

[35] Haydu, J., "Making Uses of the Past: Time Periods as Cases to Compare and as Sequence of Problem Solving", *American Journal of Sociology*, 1998, 104(2).

[36] Hogwood, B. W. and Peters, B. G. *The Pathology of Public Policy*, Clarendon Press, 1985.

[37] Hood, C. *The Blame Game*, Princeton University Press, 2011.

[38] Howlett, M. and Goetz, K. H., "Introduction: Time, Temporality and Timescapes in Administration and Policy", *International Review of Administrative Sciences*, 2014, 80(3).

[39] Howlett, M., "From the Old to the New Policy Design: Design Thinking Beyond Markets and Collaborative Governance", *Policy Science*, 2014, 47(3).

[40] Howlett, M., "Process Sequencing Policy Dynamics: Beyond Homeostasis and Path Dependency", *Journal of Public Policy*, 2009, 29(3).

[41] Howlett, M., "Why are Policy Innovations Rare and So Often Negative?", *Global Environmental Change*, 2013, 29(1).

[42] Jacobs, A. M. *Governing for the Long Term: Democracy and the Politics of Investment*, Cambridge University Press, 2011.

[43] Jacobs, A. M., "The Politics of When: Redistribution, Investment and Policy Making for The Long Term", *British Journal*

of Political Science, 2008, 38(2).

[44] Joe, S. and Sanford, S., "A Public Transformed? Welfare Reform as Policy Feedback", American Political Science Review, 2007, 101(1).

[45] John, P. and Margetts, H., "Policy Punctuations in the UK: Fluctuations and Equilibria in Central Government Expenditure Since 1951", Public Administration, 2003, 81(3).

[46] Jones, Charles O. An Introduction to the Study of Public Policy, Brooks/Cole Publishing Company, 1984.

[47] Jordan, J., "Policy Feedback and Support for the Welfare State", Journal of European Social Policy, 2013, 23(2).

[48] Kendall-Taylor, A., "Instability and Oil: How Political Time Horizons Affect Oil Revenue", Studies in Comparative International Development, 2011, 46(3).

[49] Kingdom, John W. Agendas, Alternatives, and Public Policies, 2d ed., Harprt Collins, 1995.

[50] Kirst, Michael and Richard Jung, "The Utility of a Longitudinal Approach in Assessing Implementation", in Walter Williams, ed., Studying Implementation, Chatham House, 1982.

[51] Kline, D., "Positive Feedback, Lock In and Environmental Policy", Policy Sciences, 2001, 34(1).

[52] Koehler, G., "Time, Complex Systems and Public Policy: A Theoretical Foundation For Adaptive Policy Making", Nonlinear Dynamics, Psychology and Life Sciences, 2003, 7(1).

[53] Konig, T., "Divergence or Convergence? From Ever-Growing to Ever-Slowing European Legislative Decision Making", European Journal of Political Research, 2007, 46(3).

[54] Kono, D. Y. and Montinola, G. R., "Foreign Aid, Time

Horizons and Trade Policy", *Comparative Political Studies*, 2015, 48(6).

[55] Kovats, L., "Do Elections Set the Pace? A Quantitative Assessment of the Timing of European Legislation", *Journal of European Public Policy*, 2009, 16(2).

[56] Kumlin, S. *How Welfare States Shape the Democratic Public: Policy Feedback, Participation, Voting and Attitudes*, Edward Elgar Pub, 2014.

[57] Lagro, E., "The Temporality of Enlargement: Comparing East Central Europe and Turkey", paper presented at the Biennial Conference of the European Studies Association, May 17-20, 2007, Canada.

[58] Lasswell, Harold D. *The Decision Process: Seven Categories of Functional Analysis*, University of Maryland Press, 1956.

[59] Lasswell, H. D. *The Decision Process: Seven Categories of Functional Analysis*, University of Maryland Press, 1956.

[60] Lass-Lennecke, K. and Werner, A., "Polices, Institutions and Time: How the European Commission Managed the Temporal Challenge of Eastern Enlargement", *Journal of European Public Policy*, 2009, 16(2).

[61] Lewis, D.E. and Strine, J. M., "What Time is it: The Use of Power in Four Different Types of Presidential Time", *The Journal of Politics*, 1996, 58(3).

[62] Lindblom, C. E. *The Policy Making Process*, Prentice Hall, 1968.

[63] Linz, J. J., "Democracy's Time Constraints", *International Political Science Review*, 1998, 19(1).

[64] Loomis, B. A. *Time, Politics and Policies: A Legislative Year*, University Press of Kansas, 1994.

[65] Magnus, E. *The Time of European Governance*, Manchester

University Press, 2002.

[66] Meyer-Sahling, J. H., "Time and European Governance: An Inventory", Presented at the Biennial Conference of the European Studies Association, May 17-20, 2007, Canada.

[67] Meyer-Sahling, J. H. and Goetz, K. H., "The EU Timescape: From Notion to Research Agenda", *Journal of European Public Policy*, 2009, 16(2).

[68] Mittenzwei, K. and Bullock, D. S., "Towards a Theory of Policy Timing", *The Australian Journal of Agricultural and Resource Economics*, 2012, 56(4).

[69] Newman, J. and Howlett M., "Regulation and Time: Temporal Patterns in Regulatory Development", *International Review of Administrative Sciences*, 2014, 80(3).

[70] Newman, Josha and Michael Howlett, "Regulation and Time: Temporal Patterns in Regulatory Development", *International Review of Administrative Sciences*, 2014, 80(3).

[71] Nowotny, H., "Time and Social Theory", *Time & Society*, 1992, 1(3).

[72] Pierson, P., "Increasing Returns, Path Dependence, and the Study of Politics", *American Political Sciences Review*, 2000, 94(2).

[73] Pierson, P., "The Path to European Integration: A Histtorical Institutionalist Analysis", *Comparative Political Studies*, 1996, 29(2).

[74] Pierson, P., "When Effect Becomes Cause: Policy Feedback and Political Change", *World Politics*, 1993, 45(4).

[75] Pierson, P. *Politics in Time: History Institution, and Social Analysis*, Princeton University Press, 2004.

[76] Pollitt, C., "Bureaucracies Remember, Post-Bureaucratic

Organizations Forget?", *Public Administration*, 2009, 87(2).

[77] Pollitt, C. *Time, Policy, Management: Governing with Past*, Oxford University Press, 2008.

[78] Pommeret, A. and Prieur, F., "Double Irreversibility and Environmental Policy Timing", *Journal of Public Economic Theory*, 2013, 15(2).

[79] Rose, R. *Lesson-Drawing in Public Policy: A Guide to Learning Across Time and Space*, Chatham House Publishers, 1993.

[80] Sabatier, Paul and Hank Jenkins-Smith. *Policy Change and Learning: An Advocacy Coalition Approach*, Westview Press, 1993.

[81] Schedler, A. and Santiso, J., "Democracy and Time: an Invitation", *International Political Science Review*, 1998, 19(1).

[82] Schmitter, P. and Santiso, J., "Three Temporal Dimensions of the Consolidation of Democracy", *International Political Science Review*, 1998, 19(1).

[83] Skocpol, T. *Protecting Soldiers and Mother: The Political Origin of Social Policy in the United States*, Belknap Press, 1992.

[84] Skowronek, S. *The Politics Presidents Make: Leadership from John Adams to George Bush*. Cambridge, Belknap Press of Harvard University Press, 1993.

[85] Skowronek, S. *Presidential Leadership in Political Time: Reprise and Reappraisal*, University Press of Kansas, 2008.

[86] Smith, T. A. *Time and Public Policy*, The University of Tennessee Press, 1988.

[87] Stone, D., "Learning Lessons and Transferring Policy across Time, Space and Disciplines", *Politics*, 1999, 19(1).

[88] Studlar, Donley T. and P. Cairney, "Conceptualizing Punctuated and Non-punctuated Policy Change: Tobacco Control in

Comparative Perspective", *International Review of Administrative Sciences*, 2014, 80(3).

[89] Thelen, K., "Timing and Temporality in the Analysis of Institutional Evolution and Change", *Studies in American Political Development*, 2000, 14(1).

[90] Tholoniat, L., "The Temporal Constitution of the European Commission: A Timely Investigation", *Journal of European Public Policy*, 2009, 16(2).

[91] Tucker, H. J., "Visualizing Timescape Issues in the Comparative Study of the American States", *International Review of Administrative Sciences*, 2014, 80(3).

[92] Tucker, Harvey J., "Visualizing Timescape Issues in the Comparative Study of the American States", *International Review of Administrative Sciences*, 2014, 80(3).

[93] Whipp, R., Adam, B. and Sabelis, I. *Making Time: Time and Management in Modern Organization*, Oxford University Press, 2002.

[94] Wright, J., "To Invest or Insure? How Authoritarian Time Horizons Impact Foreign Aid Effectiveness", *Comparative Political Studies*, 2008, 41(7).

[95][英]埃德蒙·柏克:《自由与传统》,蒋庆等译,译林出版社2012年版。

[96][美]曼瑟·奥尔森:《权力与繁荣》,苏长和、嵇飞译,上海人民出版社2005年版。

[97][美]B.盖伊·彼得斯:《政府未来的治理模式》,吴爱明、夏宏图译,中国人民大学出版社2013年版。

[98][美]保罗·A.萨巴蒂尔、汉克·C.詹金斯-史密斯:《政策变迁与学习:一种倡议联盟途径》,邓征译,北京大学出版社2011年版。

[99][美]保罗·A.萨巴蒂尔:《政策过程理论》,彭宗超等译,生活·读书·新知三联书店2004年版。

[100][英]保罗·皮尔逊:《拆散福利国家:里根、撒切尔和紧缩政治学》,舒绍福译,吉林出版集团有限责任公司2007年版。

[101][美]保罗·皮尔逊:《时间中的政治:历史、制度与社会分析》,黎汉基、黄佩璇译,江苏人民出版社2014年版。

[102][美]彼得·古勒维奇:《艰难时世下的政治:五国应对世界经济危机的政策比较》,袁明旭、朱天飚译,吉林出版集团有限责任公司2009年版。

[103][美]布莱恩·琼斯:《再思民主政治中的决策制定:注意力、选择和公共政策》,李丹阳译,北京大学出版社2010年版。

[104][美]布鲁斯·布鲁诺·德·梅斯奎塔、希尔顿·L.鲁特:《繁荣的治理之道》,叶娟丽、王鑫等译,中国人民大学出版社2007年版。

[105][美]查尔斯·E.林德布洛姆:《决策过程》,竺乾威、胡君芳译,上海译文出版社1988年版。

[106]陈晓枫、余超:《中国式汽车限购的合法化治理》,《江苏行政学院学报》2015年第5期。

[107]邓剑伟:《社会管理政策的多源流分析:议程、方案与机制》,《东北大学学报》(社会科学版)2013年第3期。

[108]丁煌:《林德布洛姆的渐进决策理论》,《国际技术经济研究》1999年第3期。

[109]堵琴囡、唐贤兴:《找回时间:一项新的公共政策研究议程》,《公共行政评论》2016年第2期。

[110]堵琴囡:《公共政策制定中的时间研究:以S市"小汽车限购"政策为例》,《北京科技大学学报》(社会科学版)2018年第3期。

[111]堵琴囡:《邻避运动中的我国地方政府回应过程研究——基于动机—能力解释框架》,《云南行政学院学报》2016年第3期。

[112]冯克利:《时间意识与政治行为》,《开放时代》2010年第8期。

[113][美]弗兰克·鲍姆加特纳、布莱恩·琼斯:《美国政治中的议程与不稳定性》,曹堂哲、文雅译,北京大学出版社2011年版。

[114]韩志明、刘羽晞:《"加速"与"减速"的变奏曲:理解城市治理的时间维度》,《党政研究》2021年第4期。

[115]韩志明:《街头官僚的时间政治:以基层执法人员的工作时间为例》,《甘肃行政学院学报》2017年第2期。

[116]何俊志:《结构、历史与行为:历史制度主义对政治科学的重构》,复旦大学出版社2004年版。

[117][奥]赫尔嘉·诺沃特尼:《时间:现代与后现代经验》,金梦兰、张网成译,北京师范大学出版社2011年版。

[118][美]杰克·奈特:《制度与社会冲突》,周伟林译,上海人民出版社2009年。

[119][美]孔飞力:《叫魂:1768年中国妖术大恐慌》,陈兼、刘昶译,上海三联书店2014年版。

[120]李彬:《透支的权力:地方政府决策失误的深层观察》,湖北人民出版社2003年版。

[121]李芝兰、吴理财:《历史记忆影响着乡镇改革决策》,《中国社会科学内刊》2008年第1期。

[122][英]理查德·惠普、芭芭拉·亚当、艾达·萨伯里斯:《建构时间:现代组织中的时间与管理》,冯周卓译,北京师范大学出版社2009年版。

[123]练宏:《注意力分配——基于跨学科视角的理论述评》,《社会学研究》2015年第4期。

[124][加]梁鹤年:《政策规划与评估方法》,丁进峰译,中国人民大学出版社2009年版。

[125]林尚立:《建构民主:中国的理论、战略与议程》,复旦大学出版社2012年版。

[126]林兹:《总统制危机(下)》,《国外理论动态》2011年第2期。

[127] 刘圣中:《历史制度主义》,上海人民出版社2010年版。

[128] 刘瑞明、金田林:《政绩考核、交流效应与经济发展:兼论地方政府行为短期化》,《当代经济科学》2015年第3期。

[129] 刘振艾:《时间观与行为模式》,《湖北社会科学》2009年第11期。

[130] [美]迈克尔·豪利特、M.拉米什:《公共政策研究:政策循环与政策子系统》,庞诗等译,生活·读书·新知三联书店2006年版。

[131] 孟天广、李锋:《网络空间的政治互动:公民诉求与政府回应性》,《清华大学学报》(哲学社会科学版)2015年第3期。

[132] [英]米切尔·黑尧:《现代国家的政策过程》,赵成根译,中国青年出版社2004年版。

[133] 聂辉华、王梦琦:《政治周期对反腐败的影响——基于2003～2013年中国厅级以上官员腐败案例的证据》,《经济社会体制比较》2014年第4期。

[134] [法]皮埃尔·卡蓝默:《破碎的民主:试论治理的革命》,高凌瀚译,生活·读书·新知三联书店2005年版。

[135] 沈传亮:《决策中国:改革开放以来中央决策体制的历史演进》,人民出版社2014年版。

[136] [美]斯科特·巴雷特:《合作的动力:为何提供全球公共产品》,黄智虎译,上海人民出版社2012年版。

[137] 宋林霖:《中国公共政策制定的时间成本管理研究》,天津人民出版社2016年版。

[138] 唐贤兴、堵琴囡:《时间中的公共政策制定:一个概念化的分析框架》,《复旦学报》(社会科学版)2015年第6期。

[139] 唐贤兴、唐豫鹏:《社会转型时期的公共政策:走出短期化的诱惑》,《理论学习月刊》1997年第2期。

[140] [美]托马斯·R.戴伊:《理解公共政策》,谢明译,中国人民大学出版社2011年版。

[141] [美]托马斯·R.戴伊:《自上而下的政策制定》,鞠方安、吴忧译,中国人民大学出版社 2002 年版。

[142] 汪铮:《历史记忆、认同构建与政策行为:两种分析框架》,载《复旦政治学评论》(第 12 辑),上海人民出版社 2014 年版。

[143] 王满传:《公共政策制定:择优过程与机制》,中国经济出版社 2004 年版。

[144] 王绍光、樊鹏:《中国式共识型决策:"开门"与"磨合"》,中国人民大学出版社 2013 年版。

[145] 王绍光、鄢一龙:《中国民主决策模式:以五年规划制定为例》,中国人民大学出版社 2015 年版。

[146] 王新明、王中伟:《领导者更迭与政策行为短期化及其约束机制探析》,《领导科学》2013 年第 7 期。

[147] 文宏:《间段均衡理论与中国公共政策的演进逻辑——兰州出租车政策(1982—2012)的变迁考察》,《公共管理学报》2014 年第 2 期。

[148] 向玉琼:《基于时间情境重构政策效率的内涵》,《江苏行政学院学报》2020 年第 3 期。

[149] 向玉琼:《建构时间:论政策过程中的时间与管理》,《浙江学刊》2020 年第 2 期。

[150] 薛刚:《地方政府公共决策中短期行为的成因分析》,《上海行政学院学报》2009 年第 1 期。

[151] 薛澜、赵静:《转型期公共政策过程的适应性改革及局限》,《中国社会科学》2017 年第 9 期。

[152] 鄢一龙、王绍光、胡鞍钢:《中国中央政府决策模式演变:以五年计划编制为例》,《清华大学学报》(哲学社会科学版)2013 年第 3 期。

[153] 杨寅:《行政决策程序、监督与责任制度》,中国法制出版社 2011 年版。

[154] [以]叶海卡·德罗尔:《逆境中的政策制定》,王满传、尹宝虎、张萍译,上海远东出版社 1996 年版。

[155]［美］约翰·W.金登：《议程、备选方案与公共政策》（第二版），丁煌、方兴译，中国人民大学出版社 2004 年版。

[156]［英］约翰·哈萨德：《时间社会学》，朱红文、李捷译，北京师范大学出版社 2009 年版。

[157]［美］詹姆斯·E.安德森：《公共政策制定》（第五版），谢明等译，中国人民大学出版社 2009 年版。

[158] 张康之：《合作的社会及其治理》，上海人民出版社 2014 年版。

[159] 张康之：《论风险社会中的时间及其价值》，《中共中央党校（国家行政学院）学报》2020 年第 5 期。

[160] 赵静、薛澜：《回应式议程设置模式——基于中国公共政策转型一类案例的分析》，《政治学研究》2017 年第 3 期。

[161] 周超、颜学勇：《从强制收容到无偿救助——基于多源流理论的政策分析》，《中山大学学报》（社会科学版）2005 年第 6 期。

[162] 周黎安、赵鹰妍、李力雄：《资源错配与政治周期》，《金融研究》2013 年第 3 期。

[163] 周晓中：《公共政策的"时间"问题》，《中共中央党校党报》2012 年第 2 期。

[164] 周雪光、练宏：《政府内部上下级部门间谈判的一个分析模型》，《中国社会科学》2011 年第 5 期。

[165] 朱亚鹏：《政策创新与政策扩散研究述评》，《武汉大学学报》（哲学社会科学版）2010 年第 4 期。

[166] 踪家峰、岳耀民：《官员交流、任期与经济一体化：来自省级经验的证据》，《公共管理学报》2013 年第 4 期。

后 记

进入博士期间,我的博士导师唐贤兴教授告知我,他在阅读公共政策相关主题前沿性英文文献后,发现"时间与公共政策"这个主题日益受到公共政策研究者的关注,并提供了他的诸多思考,但现有研究还存在很多值得进一步探讨的问题。受到唐老师的启发,尽管那时候的我,还懵懵懂懂地"消化"着唐老师所讲,但在心里已经产生了疑问:时间与公共政策制定之间是什么样的复杂关系?对这种关系的揭示,如何有助于我们理解公共政策制定实践?带着这些疑问,我埋头开始查找和阅读大量文献,经和唐老师商量后,以此作为博士论文的选题。2016年6月,我顺利博士毕业,入职浙江理工大学法政学院,成为公共管理专业的一名老师。之后我以博士论文为基础,申报了国家社会科学基金后期资助项目,并获得了立项。由此,与"时间与公共政策制定"主题的结缘,从学生身份一直延续到教师身份。

在"时间与公共政策制定"的研究之路上,可以说,兴奋和痛苦并存。尽管国内外研究文献从不同的角度强调了时间对于公共政策制定的重要性,但仍然较为碎片化。这意味着该主题有很大的空间可以耕耘,这是让人兴奋的。可也正因为该主题尚未成为公共政策制定领域的主流议题,在撰写过程中,面临着如何对时间因素进行正确把握、如何充分论证时间与公共政策制定之间关系等诸多难点,常常因为一些想不通、理不顺的问题而辗转反侧,难以入眠。为此,本书能够最终成稿并在复旦大学出版社正式出版,受惠于学界前辈的教诲、指导和点拨,也得益于很多同仁和朋友的慷慨帮助和鼓励。

非常感谢我的博士导师唐贤兴教授。他知识渊博、才华横溢、治学严谨、睿智理性。在本书的写作和修改过程中,唐老师给予了高屋建瓴的建议,很多的迷茫和困惑总是能够在唐老师的点拨下烟消云散,焦虑和忧愁也因为唐老师的鼓励而荡然无存。唐老师为本书作了序言,贡献了全书最有力量的文字。唐老师胸襟坦荡、不拘小节、潇洒乐观、和蔼可亲,每当唐门子弟被问及如何形容我们的导师,最 nice、最潇洒、最聪明、最睿智、最可亲、最有活力等总是成为大家脱口而出的答案。

我要感谢复旦大学唐亚林教授。无论是在读博阶段,还是在高校工作期间,唐老师都给予了我无私的指导与帮助,也在学术上给予了很多的提携和建议。即便已经取得了非常显著的治学成绩,唐老师依然每日思考写作,阅读唐老师的朋友圈和"唐家弄潮儿"公众号基本成为我每日必行之事,促使我不断追求学术专业、社会情怀和美好生活。本书能够在母校出版社——复旦大学出版社出版,也是得到了唐老师的推荐。同时感谢复旦大学公共行政系竺乾威教授、朱春奎教授、李春成教授、李瑞昌教授、陈水生教授在我求学和书稿写作中给予的指导和温暖帮助。感谢南京大学孔繁斌教授、同济大学朱德米教授、华东师范大学孟溦教授给予的宝贵建议。

感谢我的硕士导师华侨大学副校长王丽霞教授。没有王老师的鼓励支持,我不会走上学术的道路。王老师至今一直关注着我的成长,无论遇到哪方面的难题,求教于王老师,她总是会在繁忙的公务中挤出时间为我答疑解惑。感谢华侨大学国际关系学院叶麒麟教授、华侨大学政治与公共管理学院赖诗攀副教授、厦门理工学院文化产业与旅游学院卓萍副教授,亦师亦友地帮助我。

感谢我在浙江理工大学法政学院的领导和同事们对我科研和教学等各项工作的关心和帮助,特别是王健院长、谭立章书记、李熠煜教授、陈艾华教授、阳盛益教授、金碧华教授、冯国境教授、刘其君副教授、刘国翰副教授、李力东副教授、钟冬生副教授、刘叶副教授、张建伟副教授、周佳博士、张筱青博士、赵梦楚博士、汪维佳博士、金蕾博士、李春峰博士、刘婷婷博士、韩娅宁博士、施远涛博士、刘思齐博士、任正委博士。感谢周佳博士和张筱青博士在我犹豫彷徨时帮助我重拾信心,在我失意难过时给予我温暖支持,在我欢乐欣喜时与我共享喜悦,相互之间的鞭策、鼓励与支持让我们始终保持初心,成为更好的我们。

"三人行,必有我师焉",书稿写作过程中的一些思路也得益于与华东师范大学刘乐明副教授、山东省委党校王连伟副教授、湖州师范学院肖方仁副教授、贵州财经大学田恒副教授、浙江省委党校胡重明副教授、上海对外经贸大学马婷博士、南京师范大学马天航博士、中国海洋大学李燕教授和毛万磊副教授、上海市委党校崔杨杨副教授的交流与探讨,感谢他们在知识上给予无私分享。感谢求学路上诸位学友和唐门、王门等同门兄弟姐妹的暖心鼓舞。

感谢本书的责任编辑朱枫女士,朱老师非常认真且专业地提出了文稿中存在的问题,为本书的高质量出版付出了心血。感谢孙程姣女士,孙老师是本书的原始一审和二审,为本书的修改提供了宝贵的建议。两位老师竭尽全力统筹书稿的各项事宜。当然,本书出版后可能还存在一些错误或瑕疵,应由我本人负责。

  要感谢的人太多,难免挂一漏万。衷心感谢一路走来在各方面给予我温暖的前辈、老师、领导、同事和朋友。最后,深深地感谢我的家人。亲爱的爸妈支持我的各项决定,成为我坚强的后盾。感谢我的姐姐与姐夫,他们在背后默默的付出与支持让我更加坚定地走在"我想要"的人生轨迹上。感谢两位可爱的外甥女佐佐和小爱,为我带来了很多欢乐,排解了书稿写作过程中的压力。一路走来,无论高兴、难过,还是痛苦、焦虑,总是有一群善良可爱的好友陪伴我成长。感谢张秋梅、王佳娜、俞冬萍、王刚、陆群、任海潮、蔡巧兰、赵继江、陈凡、陈晓云、高上友、詹彦凯、林静、庄小红、陈心香、易丽军、于克晓等小伙伴。

图书在版编目(CIP)数据

找回时间:时间与公共政策制定研究/堵琴囡著.—上海:复旦大学出版社,2023.9
ISBN 978-7-309-16792-4

Ⅰ.①找… Ⅱ.①堵… Ⅲ.①公共政策-研究-中国 Ⅳ.①D63-31

中国国家版本馆 CIP 数据核字(2023)第 054356 号

找回时间:时间与公共政策制定研究
Zhaohui Shijian:Shijian Yu Gonggong Zhengce Zhiding Yanjiu
堵琴囡 著
责任编辑/朱 枫

复旦大学出版社有限公司出版发行
上海市国权路 579 号 邮编:200433
网址:fupnet@fudanpress.com http://www.fudanpress.com
门市零售:86-21-65102580 团体订购:86-21-65104505
出版部电话:86-21-65642845
常熟市华顺印刷有限公司

开本 787×960 1/16 印张 19.25 字数 335 千
2023 年 9 月第 1 版
2023 年 9 月第 1 版第 1 次印刷

ISBN 978-7-309-16792-4/D·1159
定价:76.00 元

如有印装质量问题,请向复旦大学出版社有限公司出版部调换。
版权所有 侵权必究